- 四川外国语言文学研究中心 2016 年度一般项目成果：
  "英文法学论文写作的理论与方法研究"（项目批准号：SCWYH16-13）
- 中国法学会 2016 年度部级法学研究一般项目成果[项目编号：CLS（2016）C32]

法学论文的撰写、编辑与发表

Academic Legal Writing: Law Review Articles, Student Notes, Seminar Papers, and Getting on Law Review

Fifth Edition

【美】尤金·布洛克 / 著　朱奎彬 / 译

西南交通大学出版社
· 成都 ·

四川省版权局
著作权合同登记章
图进字 21-2016-238 号

This translation of *Academic Legal Writing: Law Review Articles, Student Notes, Seminar Papers, and Getting on Law Review, 5th Edition* by Eugene Volokh is published and by arrangement with LEG Inc., d/b/a West Academic Publishing.
© LEG Inc., d/b/a West Academic Publishing.
Simplified Chinese edition ©2017 by Chengdu Southwest Jiaotong University Press Co., Ltd.
All rights reserved.
本书原版为英文版，由 LEG Inc., d/b/a West Academic Publishing 在美国出版，中文简体版经 LEG Inc., d/b/a West Academic Publishing 授权，由西南交通大学出版社独家出版。版权所有，违者必究。

图书在版编目（CIP）数据

法学论文的撰写、编辑与发表／（美）尤金·布洛克著；朱奎彬译．—成都：西南交通大学出版社，2018.1

书名原文：Academic Legal Writing: Law Review Articles, Student Notes, Seminar Papers and Getting on Law Review 5th Ed.

ISBN 978-7-5643-5887-7

Ⅰ.①法… Ⅱ.①尤…②朱… Ⅲ.①法学－论文－写作②法学－论文－编辑 Ⅳ.①D90②H152.2

中国版本图书馆 CIP 数据核字（2017）第 275069 号

法学论文的撰写、编辑与发表

[美] 尤金·布洛克 著
朱奎彬 译

出 版 人　阳 晓
责 任 编 辑　赵玉婷
封 面 设 计　何东琳设计工作室

印张	18　字数　482千	成品尺寸	185 mm×260 mm
版次	2018年1月第1版	印次	2018年1月第1次
出版	西南交通大学出版社	地址	四川省成都市二环路北一段111号西南交通大学创新大厦21楼
印刷	四川森林印务有限责任公司	邮政编码	610031
网址	http://www.xnjdcbs.com	发行部电话	028-87600564　028-87600533
书号	ISBN 978-7-5643-5887-7	定价	78.00元

图书如有印装质量问题　本社负责退换
盗版举报电话：028-87600562

To my beloved wife and sons,

Leslie Pereira,

Benjamin Pereira Volokh, and

Samual Pereira Volokh

*

作者简介
About the Author

尤金•布洛克（Eugene Volokh）：加利福尼亚大学洛杉矶分校加里 T•施瓦茨教授（Gary T. Schwartz Distinguished Professor of Law）。他在该校教授言论自由法、宗教法、刑法、侵权法、著作权法和法律学术写作的课程。从教之前，他曾任美国第九巡回法院亚历克斯•科津斯基法官以及最高法院桑德拉•奥康纳大法官的助理。

从 1994 年任教以来，已经独立（或者在少数情况下与他人合作）在多家法学评论上发表文章 75 篇，其中，3 篇发表在《哈佛大学法律评论》，3 篇发表于《耶鲁大学法律学刊》；还有 5 篇发表于《斯坦福大学法律评论》。他还曾经撰写过 80 多篇专栏文章，刊登于《华尔街日报》《纽约时报》《华盛顿邮报》《新共和周刊》及其他多种报刊上。他编写过由基金会出版社出版的教材《第一修正案及其相关法律》。他还是每日更新的名为 Volokh Conspiracy 的法律博客(2002 年开设)的博主。同时，他也是《美国传统词典》用法委员会以及美国法律学会的会员。

他在法学院学习期间所写的文章《言论自由和职场骚扰》(《加州大学洛杉矶分校法律评论》，1992 年）被 210 部以上学术著作以及 15 个法院判决所引用。这使该文成了 20 世纪 90 年代到 21 世纪初引证率最高的由学生所撰写的文章。而且，他还是这一代法律评论作者中引证率最高的三人之一。他有 6 篇法律评论文章还得到了最高法院大法官判决意见的援引。

为更好地打磨本书"担任法律评论编辑"一章中给出的建议，2006 年春，他匿名参加了加州大学洛杉矶分校的法律评论写作比赛并获胜。他的一分耕耘就是你的一分收获。

译者简介
About the Translator

朱奎彬：法学博士，西南交通大学公共管理与政法学院副教授、硕士生导师、学术翻译，西南交通大学首批"全英文教学"（EMI）骨干教师，瑞士苏黎世大学访问学者（2016—2017）。主要研究方向为诉讼法、法学教育。

曾在《香港法律学刊》（*Hong Kong Law Journal*）、《中国刑事法杂志》等刊物上发表过学术论文二十余篇。合作翻译出版译著三部：《公正审判：欧洲刑事诉讼传统与欧洲人权法院》（中国政法大学出版社 2012 年版）、《警察审讯与美国刑事司法》（中国政法大学出版社 2012 年版）、《日本刑事司法的语境与特色——以检察起诉为例》（上海交通大学出版社 2017 年版），发表学术译文近十篇。与美国、德国、英国、瑞士、日本、韩国等多国同行建立了常规性学术交流机制，多次担任境内外国际学术会议与学术讲座口译。

序
Preface

亚历克斯·科津斯基法官

多年前，我面试了一个打算来为我当见习助理的应聘者。他以破纪录的成绩从一个名牌法学院毕业。他的推荐信中满是这样的话，"（他是）科津斯基的翻版"，"（他）甚至比您还优秀"。这小伙子真是炙手可热。

他的面试很顺利，我几乎当场下定决心聘用他，然而，我突然注意到一个关键问题："那么，你确定好你的法律评论短论的选题了吗？"

"已经写好了"，应聘者回答。然后，他潇洒地从公文包拉出一份一英寸厚的文件，一下就放在我的办公桌上。我吃惊地把该文拿起来，看了看标题：《（土地、财产等的）归属与准入权的可让渡和可遗赠性》。

确保这不是在开玩笑后，我就开始琢磨为什么有人会写这样一个晦涩难懂的话题，也许这小子终究不是那么聪明。因此，我决定在聘用前，最好先认真读一下此文。

应聘者离开后，他的文章就像一块砖头一样压在我书桌的一角。几乎每隔一段时间，我都会把它拿起来，翻一翻，并尝试阅读，但一直未能读下去。它确实写得够好了：句子很容易理解且彼此之间逻辑清晰。尽管如此，我还是不喜欢，因为我对该主题完全没有兴趣。相反，我的心里开始对作者产生怀疑。他何以要写这样一个枯燥乏味的论题呢？或许他表面看起来才华横溢，但其实是一个隐藏起来可能随时爆发的傻瓜？我真的能相信他在见习期间面对无数敏感问题的判断吗？他会不断地纠结于琐碎细节而偏离问题的实质吗？

写论文对于青年法律人的重要性无论怎么强调都不为过，尤其当文章得以发表后。而成绩不可避免会有一定的模糊性和主观性：A^-真的就比B^+好很多吗？推荐信或许更加有用，但它们仍然依赖于别人的判断，就像陈旧的助推器。诸如"极好"和"非凡"的描述由于被重复使用而显得苍白无力，尽管"科津斯基翻版"这样的说法仍是相当罕见的。

而论文则非常不同。它是申请人未经第三方评估者过滤的原始作品。通过阅读论文，你可以自己评估学生的写作、研究、逻辑和判断能力。句子流畅通顺还是呆板费解？他的论证符合逻辑吗？他是否预见并反驳了异议？其主题是否既广泛而实用，又具体而充实？文章有说服力吗？文章读起来有趣吗？写文章需要有如此多技艺，任何其他工作上可能的成功皆无法与之媲美。一篇文笔优美、研究精巧、思想深邃的论文能够帮助作者获得律所工作或担任法官助理的机会。如果你立志从教，这更是不可或缺的。

学生发表的论文在法律发展过程中也是非常有用且影响深远的。一些法律评论短论和评论甚至已成为经典，被律师、法院和学者广泛引用，更多的（论文）则提供了有用的帮助，如对某个研究实体有所裨益或提出一个针对某待开垦新领域的重要见解。但大多数论文的读者范围却并未超过学生作者的近亲属（immediate family），在法律大潮中连一个涟漪都没有激起。

为什么这么多发表了的学生论文并未实现其写论文的初衷呢？(非学生的学术作品很可能也面临同样问题）答案很简单，大多数学生不知道写什么，或者如何去写。寻找有用并且有趣的论题；确定论文的范围；提出一个论点并测试其可行性；避免（论点）被抢先（发表）而胎死腹中；尽可能将文章发表在好杂志上，这些都是大多数学生所未接受过的训练。我的应聘者尽管智商很高，但走偏了，原因是没有人引他入门，或教他如何保持在正道上前进。每一年都有许多学生会与他犯同样的错误。

本书填补了法学研究的一处空白，教会学生如何去找一个论题，进而如何将其打造成一篇有用、有趣，且可以发表的文章。本书还介绍了有关写作、研究和发表程序的详细而有帮助的内容。本书作者发表过各种法律主题的文章，被公认为法学界最闪亮的名家之一。

但我跑题了。

我一连几个星期都想着我应聘者的命运，却从来没法让自己去读那篇沉闷文章前几句之后的内容。最后，我给他打电话，给予他见习机会，并强烈暗示（并不完全作为条件）他应把自己那篇论文丢进最近的垃圾桶而另起炉灶。我向他解释了糟糕之处，以及一篇好文章应该是什么样。"你本可以实现你的理想，"我告诉他，"但如果这篇烂文章不幸被发表，只会阻碍你成功申请到最高法院见习机会或获得法学教职。"

应聘者感激地接受了建议。他扔掉了那篇题为《……可遗赠性》的论文，并开始写一个新论题。几个月后，他写出了一篇成名之作，此文也是该法律领域的开山之作。最终，他成了最高法院的法官助理，成为了一个广受尊敬和文章经常被引用的法律学者。他的名字叫尤金·布洛克。

导论
Introduction

一篇优秀的学生论文可以让你得高分，获得一个相当不错的法律评论编委职位和好的发表机会。这些成绩可以反过来帮助你就业、见习，并且如果你愿意，还可以帮你谋得教职。而发表优秀学生论文和担任法律评论编辑的经历将提升你的写作能力，这可能是一个法律人的最重要技能。同样，在你担任法官助理见习期间或者担任执业律师之初，写一篇好文章可以给（学术或其他方面的）老板和客户留下深刻的印象。

你的文章可能会影响法官、律师和立法者。法学是研二学生就能写（而不只是合写）学术文章的为数不多的学科之一；而这些文章在业内往往还能受到别人重视。律师会阅读它们，学者会对其进行讨论，而法院（包括美国最高法院）也可能会引用。

有时，学生和年轻执业律师的文章会产生巨大影响。兹举数例，仅限于自 1990 年以来发表的学生文章（20 世纪 80 年代或此前的则不胜枚举）：

• Kendall W. Hannon 的 *Much Ado about Twombly – A Study on the Impact of Bell Atlantic Corp. v. Twombly on 12(b)(6)Motions* (Notre Dame L. Rev.2008)一文被超过 115 部学术著作和 3 个判例所引用。

• James F. McDonough, III 的 *The Myth of the Patent Troll: An Alternative View of the Function of Patent Dealers in an Idea Economy*(Emory L.J. 2006) 被 105 部以上的著作和一个判例所引用。

• Kennan D. Kmiec 的 *The Origin and Current Meaning of Judicial Activism*(Calif. L. Rev. 2004) 被 95 部学术著作和 4 个判例所引用。

• Kevin Werbach 的学生论文：*Looking It Up: Dictionaries and Statutory Interpretation* (Harv. L. Rev. 1994)已被超过 125 部学术著作、13 个判例以及 16 份诉讼文书引用。（由于万律的诉讼文书数据库的收录是有局限的，这里的诉讼文书引用计算数据可能大大低于实际情况。我也只列出了超过 10 份诉讼文书引用的文章情况。）

• Bradley Karkkainen 的学生论文：*"Plain Meaning": Justice Scalia's Jurisprudence of Strict Statutory Construction* (Harv. J.L. & Pub.Pol'y 1994)已被 135 部学术著作、2 个判例引用。

• Chris Ford 的学生论文：*The Administrating Identity: The Determination of "Race" in*

Race-Conscious Law (Cal. L. Rev. 1994)，当 Ford 在其他法学院学习时，发表于《加利福尼亚法律评论》（排位前 10 的法学期刊），已被 115 部学术著作、3 个判例所引用。

• Jonathan Drimmer 的学生论文 *Cripples, Overcomers, and Civil Rights: Tracing the Evolution of Federal Legislation and Social Policy for People with Disabilities* (UCLA L. Rev. 1993)被 135 部学术著作所引用。

• Jim Ryan 上法学院时发表的论文 *Smith and the Religious Freedom Restoration Act: An Iconoclastic Assessment* (Va. L. Rev. 1992)已被超过 155 部学术著作、1 个判例以及 15 份诉讼文书引用。

• Mark Filip 上法学院时发表的论文：*Why Learned Hand Would Never Consult Legislative History Today* (Harv. L. Rev. 1992)已被 100 多部学术著作、11 个判例以及 27 份诉讼文书引用。

• Craig A. Bowman 和 Blake M. Cornish 的论文：*A More Perfect Union: A Legal and Social Analysis of Domestic Partnership Ordinances* (Colum. L. Rev. 1992)已被超过 130 部学术著作、4 个判例所引用。

• Rachel Godsil 上法学院时发表的论文：*Remedying Environmental Racism* (Mich. L. Rev. 1991)已被 160 多部学术著作、2 个判例所引用。

• Janet Hoeffel 上法学院时发表的论文：*The Dark Side of DNA Profiling: Unreliable Scientific Evidence Meets the Criminal Defendant* (Stan. L. Rev. 1990)已被超过 105 部学术著作、27 个判例以及 15 份诉讼文书引用。

• Victor J. Cosentino 上法学院时发表的论文：*Strategic Lawsuits Against Public Participation: An Analysis of the Solutions* (Cal. Western L. Rev. 1990)被 20 部学术著作，21 个判例以及 26 份诉讼文书引用。

• 本书作者的文章，*Freedom of Speech and Workplace Harassment* (UCLA L. Rev. 1992)已被超过 210 部学术著作、15 个判例以及 25 份诉讼文书引用。

正如你所看到的，有影响力的作品不仅能发表在综合性法学杂志上，也能发表于《哈佛法律与公共政策研究》这样的专业性刊物上。即便是学生所写的文章，也有机会发表在排名前 10 位的法学院刊物上，比如法院引用率排行榜上排名第二的刊物——《加利福尼亚西部法律评论》以及《圣母大学法学评论》和《埃默里法学杂志》。

学生写的法律评论文章之影响力并不局限于少数有重大影响的作品。法院每年至少约有 500 条引文引用的都是学生文章。这意味着，在所有法院引用的法律评论文章中，1/8 是学生写的文章。同时，较之于典型的非学生文章，典型的学生文章有大约 40%的机率被引证，这对于学生的作品来说是很高的比例了。而法律评论文章每年引用学生文章约 1.5 万条。

虽然排名前 10 位的期刊的确得到了畸高的引用，但在我考察过的样本中，超过 70%的法院引文（2006年约为500条引文）来自于非前10名期刊上的文章，50%以上的引用来自25名以后的期刊，10%以上来自专业期刊（包括许多排名在前10名之外学院的期刊）。至少包含了5次引用的样本刊物包括：美利坚大学、亚利桑那州州立大学、贝勒大学、佐治亚州州立大学、印第安纳州州立大学、北卡罗来纳州州立大学、圣约翰大学、天普大学、华盛顿大学和威斯康星大学的法律综合性期刊。

写文章毫无疑问是你要做的最有难度的事情之一，无论你要写的是法律评论短论，还是独立研究课题，或是第一年实习中的某个附带项目。你上法学院之前的写作经验以及你的第一年写作课程将帮助你做准备，但只有部分作用。创作出有助于增进我们对法律的理解的原创学术作品绝非易事。

课程论文往往不那么高不可攀、耗时费力，部分是因为它们不要求达到可发表的水平，但它们同样对提高你的写作能力大有裨益。如果你对它们投入足够精力，你可以很容易地使之发表，并从你的努力中获得额外收益。

在本书中，我尽量根据我自己的写作经验和与他人讨论中获得的启发来给出一些意见，你可以将其与你所获得的其他经验结合起来。这些想法对我是有用的，我希望对你的写作也有帮助。

这本书的不同部分涉及你写作的不同阶段。如果你只想了解到法律评论做编辑的情况，我建议你阅读第二十六章"担任法律评论编辑"、第八章"完成初稿和零稿的写作"以及第十章到第十七章关于写作和编辑的内容。如果你正在写一篇短论、课程论文或一篇普通文章，我建议你：

1. 浏览目录，看一下本书涉及的各个主题。

2. 首先阅读第一章选题、第二章测试组和第二十七章学术道德。

3. 如可能，请阅读第二十章，它转载和分析了一篇非常成功的学生文章。仔细研读这篇成功的文章可以帮助你在自己文章的写作中取得成功。

4. 如果你正在写一篇课程论文，请再阅读短小精悍的第二十二章。

5. 一旦你发现了一个潜在选题，阅读第九章有关研究内容和第十八章如何正确使用证据。（只有当你计划使用社会科学的证据才读十八章的第七到九节。）

6. 当你准备开始写作时（当然，我希望你很快就开始），阅读第三章到第八章，它会告诉你怎样来构建你的文章。

7. 当你接近初稿的最后阶段时，考虑再次重读第一章，看看你如何能利用你写作中所学到的东西来完善你的文章。

8. 一旦你的初稿完成后，便要集中精力修改。这时，阅读第十章到第十七章关于写作和修改的内容。

9. 如果你是一个法律杂志的职员或编辑，阅读第十八章和第二十三章，以帮助你了解如何更好地审校别人文章的引注，以及你自己如何更好地进行写作。

10. 当你准备发表文章，或发表经修改后可达到发表要求的课程论文，请阅读第二十四和二十五章。

想得到更多建议，请阅读：Elizabeth Fajans 和 Mary R. Falk 的 *Scholarly Writing for Law Students: Seminar Papers, Law Review Notes, and Law Review Competition Papers* (2011 年第四版)。

致谢
Acknowledgments

Many thanks to Laurence Abraham, Bruce Adelstein, Alison Anderson, Stuart Banner, David Behar, Stuart Benjamin, Paul Bergman, David Binder, Julie Marie Blake, Andrew Brady, Dan Bussel, Stephen Calkins, Dennis Callahan, Paul Cassell, Michael Cernovich, Chris Cherry, Larry Dougherty, Jason Dreibelbis, Joseph Fishman, Cassandra Franklin, Eric Freedman, Dana Gardner, Jim Gardner, Bryan Garner, Ken Graham, Sharon Gold, Kendall Hannon, Justin Hughes, Sera Hwang, Alan Kabat, Brian Kalt, Pam Karlan, Orin Kerr, Ken Klee, Kris Knaplund, Adam Kolber, Mae Kuykendall, Terri LeClercq, Sandy Levinson, Nancy Levit, Jacob Levy, Jim Lindgren, Dan Lowenstein, Elaine Mandel, Jonathan Miller, Michael Mulvania, Steve Munzer, Michael O'Donnell, Steve Postrel, Deborah Rhode, Stephen Rynerson, Greg Schwinghammer, David Sklansky, Bill Somerfeld, Clyde Spillenger, Chris Stone, Lauren Teukolsky, Suja Thomas, Martin Totaro, Rebecca Tushnet, Hanah Metchis Volokh, Sasha Volokh, Vladimir Volokh, Alysa Wakin, Bruce Wessel, Ziggy Williamson, Neal Wilson, Virginia Wise, Steve Yeazell, Tung Yin, and Amy Zegart for their advice; to the UCLA Law Library staff—especially Laura Cadra, Xia Chen, Maureen Dunnigan, Kevin Gerson, June Kim, Jennifer Lentz, Cynthia Lewis, Linda Karr O'Connor, and John Wilson—for all their help; and to Sara Cames, Michael Devine, and Leib Lerner for their thoughtful and thorough editing, proofreading, and cite-checking. And, of course, my deepest thanks to Judge Alex Kozinski, who taught me most of what I know about legal writing.

目　录
Contents

第一章　确定写什么（选题） 001
- 一、论　题 001
- 二、选　题 002
- 三、新颖性 007
- 四、有深度 008
- 五、实用性 009
- 六、规范性论点的合理性 011
- 七、历史与实证性论点的合理性 014
- 八、把你的观点传达给读者 015
- 九、一般应避免的主题和结构 015
- 十、如果你一定要写判例评析 017

第二章　测试组：使规范性主张更合理 019
- 一、何谓测试组 019
- 二、通过测试你的建议你可能有哪些发现 020
- 三、完善测试组 021

第三章　写作战略 023
- 一、你的两个目标 023
- 二、你的关键论据 023
- 三、找出你的关键论据 023
- 四、记录下你的关键论据 024
- 五、运用你的关键论据 024
- 六、一个范例：理论性很强的文章 024
- 七、另一个范例：有更强历史性和理论性观点的文章 028

第四章　导论的写作 033
- 一、导论的作用 033
- 二、说服读者 033
- 三、具体揭示存在的问题 034
- 四、阐明论点 034
- 五、锁定关键问题 034
- 六、迅速而有力地做到上述要点 035
- 七、开始导论的多种方法 035

八、将导论概括成路线图 ·································· 041

第五章　"背景"部分的写作 ·································· 043
　　一、关注必要的事实和法律规则 ·································· 043
　　二、总结先例，但不要每一个都总结 ·································· 044

第六章　论证部分的写作 ·································· 046
　　一、展示你的描述在理论上和实践上的合理性 ·································· 046
　　二、写得具体些 ·································· 046
　　三、运用测试组 ·································· 046
　　四、与对立观点进行争辩，但重点放到自己的论点上 ·································· 046
　　五、将问题朝着对你有利的方向转化 ·································· 048
　　六、拓展、比较以及补充性问题 ·································· 049

第七章　结论写作及随后工作 ·································· 053
　　一、结论写作 ·································· 053
　　二、初稿完成以后重写导论 ·································· 053
　　三、决定该搁置的内容 ·································· 054

第八章　完成初稿、零稿的写作 ·································· 056
　　一、文思枯竭且跳过 ·································· 056
　　二、"零稿" ·································· 056
　　三、写作中的各级标题 ·································· 057
　　四、加一个目录 ·································· 057
　　五、记录下自己所有的想法 ·································· 058

第九章　研究小技巧 ·································· 059
　　一、发现案例和事例 ·································· 059
　　二、理解法律 ·································· 060
　　三、明确何时开始写 ·································· 063
　　四、深度挖掘关键资源 ·································· 063
　　五、深度挖掘法律规则的主题 ·································· 064
　　六、与学院图书管理员进行讨论 ·································· 065
　　七、图书和专著的利用 ·································· 067
　　八、采用最佳格式打印 ·································· 067
　　九、在 HeinOnline 数据库中检索法律评论上的旧文章 ·································· 067
　　十、ATLEAST，NOT W/和 SY，DI（）检索功能的利用 ·································· 067
　　十一、查找早期的英美法资料 ·································· 067

第十章　修改：基本原则 ·································· 072
　　一、修改：两种写作 ·································· 072
　　二、修改：两种阅读 ·································· 072

三、反复修改 ··· 073
　　四、隔段时间再修改 ··· 073
　　五、如果你发现有段落并无标红待修改的情况，就重新检查修改一次 ·········· 074
　　六、如果你要反复阅读才能读懂，那就对其进行重写 ······························ 074
　　七、追问"为什么？" ·· 074
　　八、质疑"为什么不？" ·· 074
　　九、利用你假想的批判者 ··· 074
　　十、求助一两名你信任的同学 ··· 074
　　十一、战胜恐惧 ·· 075
　　十二、没有蠢笨的读者，只有忙碌的读者 ·· 075
　　十三、摆脱知识桎梏 ·· 075

第十一章　修改：从导师处获得帮助 ·· 078
　　一、从导师处获得特别详细的建议 ·· 078
　　二、给导师一份已经过仔细校对的文稿 ·· 078
　　三、尽快将修改稿提交给导师 ·· 078
　　四、要把每一条建议都看成是对全文的建议 ·· 078

第十二章　写作：要关注逻辑问题 ·· 080
　　一、不要过于武断 ··· 080
　　二、不要求全责备 ··· 080
　　三、不要用错误的替代性表述 ·· 080
　　四、逻辑要严密 ·· 081
　　五、不要进行空泛的批判 ·· 081
　　六、要慎用比喻 ·· 081
　　七、不要使用未经界定的术语 ·· 082
　　八、不要使用未经论证的主张、"按理说"以及"引发关切" ················· 082
　　九、校对、校对、再校对 ·· 083

第十三章　检查段落层面的问题 ·· 084
　　一、没有共同主题的段落 ·· 084
　　二、冗长的段落 ·· 084
　　三、缺乏联系的段落 ·· 084

第十四章　写作：注意句子层面的问题 ·· 085
　　一、删繁就简 ··· 085
　　二、不必要的引导语 ·· 085
　　三、其他不必要的表述 ··· 085
　　四、偏题的冗余细节 ·· 086

第十五章　注意单词与短语上的问题 ··· 088
　　一、法律术语/官腔 ·· 088

  二、名词化 ·· 088
  三、用长的同义词来替代短语（或单词）·· 089
  四、参见附录一 ·· 089
  五、写得过分庄重 ··· 089
  六、过度抽象 ··· 089
  七、被动语态 ··· 091
  八、简单的措辞问题 ·· 091
  九、不注意一个词的本义 ··· 091
  十、插入语不当带来的错误 ··· 092
  十一、不注意单词的习惯用法 ·· 092
  十二、没有重视你的疑惑 ·· 092
  十三、使用不必要的标新立异的词汇 ··· 093
  十四、提示：阅读《用法指南》 ··· 094
  十五、熟　语 ··· 094
  十六、比　喻 ··· 094
  十七、典故（雅文化与俗文化）·· 096
  十八、缩　写 ··· 097

第十六章　写作中需要注意的修辞问题 ·· 098
  一、过于辛辣的批判 ·· 098
  二、对人不对事的批判 ··· 098
  三、讽刺性批判 ·· 099

第十七章　修改：三个练习 ··· 100
  一、句子的修改 ·· 100
  二、基础修改 ··· 104
  三、修改得更具体 ··· 104
  四、更多的修改 ·· 105

第十八章　正确运用论据 ··· 106
  一、阅读、引用原始文献 ··· 106
  二、检查所援引的研究 ··· 112
  三、明智地做出让步 ·· 113
  四、谨慎地采用术语 ·· 113
  五、避免可以预见的误解 ·· 115
  六、理解你的信息来源 ··· 115
  七、正确处理调查结论 ··· 119
  八、对你的假设持明确态度 ··· 125
  九、确保你的对比是合理的 ··· 131
  十、一个材料来源审核练习 ··· 136

  十一、小　　结 ··· 138

第十九章　写作与研究：时间规划与小结 ······································· 139
  一、规划你的时间 ··· 139
  二、小　　结 ··· 140

第二十章　一篇优秀的学生范文 ··· 141

第二十一章　将实务工作转化为文章 ··· 176
  一、概　　述 ··· 176
  二、提　　炼 ··· 176
  三、深　　化 ··· 177
  四、拓　　展 ··· 178
  五、联　　系 ··· 178

第二十二章　课程论文的写作 ·· 179
  一、引言：课程论文与学术论文之比较 ······················ 179
  二、搞清楚指导老师的预期 ··· 180
  三、确定写作主题 ··· 180
  四、规划好你的时间 ··· 181
  五、发表论文 ·· 181

第二十三章　核查他人文章中的引注 ·· 182
  一、给引注核查者的建议 ·· 182
  二、对法律评论编辑的建议 ··· 183

第二十四章　发表与传播 ·· 184
  一、考虑在校外刊物发表 ·· 184
  二、标题的选择 ··· 190
  三、摘要的撰写 ··· 194
  四、同法学杂志编辑一起工作 ····································· 196
  五、在发表之前公开 ··· 200
  六、传播已发表的文章 ·· 201
  七、规划你的下一篇文章 ·· 202

第二十五章　参加写作竞赛 ··· 203
  一、为什么要参加 ··· 203
  二、不提供发表机会的征文竞赛 ································· 203
  三、保证发表的竞赛 ··· 204
  四、提供发表机会的竞赛 ·· 205
  五、征集已发表作品的竞赛 ··· 205
  六、征集未发表作品的竞赛 ··· 206

第二十六章　担任法律评论编辑 ········· 207
　　一、何谓法律评论？ ········· 207
　　二、为什么要担任法律评论的编辑？ ········· 207
　　三、在哪家法律评论担任编辑 ········· 208
　　四、入职法律评论 ········· 209
　　五、写作：背景 ········· 209
　　六、选拔赛到底什么样？ ········· 209
　　七、竞赛之前就要开始准备 ········· 210
　　八、开始之后的时间表 ········· 214
　　九、对案例评析的特别建议 ········· 227
　　十、个人陈述 ········· 227

第二十七章　学术道德 ········· 229
　　一、切勿抄袭 ········· 229
　　二、坦诚行事 ········· 231
　　三、公平而礼貌地对待竞争对手 ········· 232
　　四、合理对待发表你文章的法律评论编辑 ········· 232
　　五、保密原则 ········· 232
　　六、恰当处理材料来源 ········· 233
　　七、让他人可获取你的数据 ········· 233
　　八、结　论 ········· 234

附录一　不通顺的单词和短语 ········· 235
　　一、不必要的正式用语 ········· 235
　　二、文　体 ········· 237
　　三、冗词之简化 ········· 239

附录二　习题答案 ········· 240
　　一、编辑练习 ········· 240
　　二、理解你的资料来源，第116页 ········· 246
　　三、《今日美国》调查报告，第124页 ········· 249
　　四、《酒驾研究》，第131页 ········· 251
　　五、资料来源与检查练习，第136页 ········· 251

附录三　投稿函范例 ········· 256
　　一、致法律评论编辑函：投稿函 ········· 256
　　二、致潜在读者函：赠送单行本 ········· 257
　　三、致潜在读者函：赠送单行本给对其作品有实质依赖者 ········· 258

尾　注 ········· 260

译后记 ········· 266

第一章 确定写什么（选题）

好的法学文章应该有自己的观点，且该观点具有：新颖性；创造性；实用性；合理性；并且上述特点应被读者所认可。[①]

无论作者是法科学子、年轻法律从业人员还是经验丰富的专家、学术大家，对论文的评判标准都是一样的。鉴于本书大部分读者会是学生，接下来我便会提到这些学生作者，并以打分人或者指导老师的身份来举例。当然，本书同样适用于其他有学术抱负的作者。

一、论　题

（一）基本论点

大多数优秀的原创学术论文都有一个基本论点——有关这个世界的一个主张。这可能是一个关于事物本身的描述性观点（如一个历史性观点、一个关于法律效应的观点、一个法庭如何解释法律的观点）；也可能是一个规范性的关于我们应该做什么的观点（如一部法律或宪法条文应该如何解释，应该颁布何种新法规，一项法规或普通法规则应如何修改……）；还可能是两者的结合，既有描述性观点也有规范性要求。总之，你要把该观点浓缩成一句话，例如：

（1）"某法律是违宪的，因为……"
（2）"立法机关应该制定以下法律……"
（3）"该法的恰当解释是……"
（4）"该法可能有以下副作用……"
（5）"该法可能有以下副作用……因此，应当予以反对或修改为……"
（6）"由于法院以下述方式解释该法律……因此，该法应该做以下修改……"
（7）"多项不同的法律规定实际上在某些方面是冲突的，而这些冲突会导致我们……"
（8）"我的实证研究显示该法律规则意外地导致了……，因此应做如下修改……"
（9）"我的实证研究表明：该法有如下积极影响……，因此，应予保留并推广到其他司法区。"
（10）"从[女权主义/天主教/经济]的角度审查该法律，我们认为，该法有问题，应当修改为……"
（11）"……的传统观念是错的，因为……"

来看几个具体的例子：
（1）"禁止花钱进行器官移植侵犯了患者保护自己生命的宪法权利。"这符合上面的例1。
（2）"对公民发现犯罪而不报案进行处罚有时候会挫伤他们报案的积极性，因为没有及

[①] 该标准借鉴了下述文献，谨致谢忱：Stephen L. Carter, Academic Tenure and "White Male" Standards: Some Lessons from the Patent Law, 100 Yale L. J. 2065, 2083 (1991)。

时报案的人将会意识到自己犯罪了,因此更不愿意对警察讲。"这属于例4。

(3)"在监护权案件中,法院判决有较强宗教信仰的父母胜诉的几率高于不太有宗教信仰父母胜诉的机率,这违反了政教分离原则。"这属于例8,因为它隐含了一个新的描述性主张(有关法院的作为)和一个规范性主张。

(4)"虽然很多人认为自由派大法官较保守派大法官对自由言论的视野更开阔,但事实证明,肯尼迪大法官对言论自由的视野最开阔,布雷耶大法官最狭隘,而其他大法官则处于自由与保守之间的模式。"这属于例11。

用一句话来概括你的观点,有助于你集中讨论,并将核心观点传达给读者。而且,要知道大多数读者只能记住你文章里的一句话(如果许多读者只读摘要或引言,尤其如此)。你要明白你那句话到底想说什么,并以此来构架你的文章,以便让读者理解你的主要论点。

(二)描述性和规范性论点

最有趣的论点往往集描述性与规范性于一体,既告诉读者一些他们不知道的现实(如,法院判决;法律规定如何改变人们的行为;以及为何某一规则以特定方式规定),同时又对其应当如何做提出建议。描述性话语是有价值的,许多人更容易被新事实而不是新思想或新法律主张说服。规范性建议也是有价值的,因为它回答了许多实事求是的读者在听到一个事实性描述(即使很有趣的描述)后不可避免地提出的"所以呢?"的问题。

你当然可以写一篇纯描述性或纯规范性文章(不过看到第16页的"只解释法律的文章"那部分讨论的纯描述性文章,你可能想避免这种情况),但把描述和规范结合起来能写出一篇更有趣、更令人印象深刻的文章。所以,在提出论点时,你应该努力使之同时在描述性与规范性上体现新颖性、创造性、实用性与合理性。

例如,你要写一篇关于言论自由和公共设施内反骚扰法的文章。根据该法,当公共设施的所有者允许种族、民族、宗教或性别歧视存在时,法院和行政机构会要求该所有者进行损害赔偿。你可以用第一修正案的判例和第一修正案理论来分析公共设施内反歧视环境规则,并解释为什么它们(在规范层面上)应该被保留、改变或废除。

但如果你能够找到相关案例,包括很难找得到的行政机关之决定,就表明该法律真的存在问题,不良的公共场所环境法确实(在描述层面)限制了本来有价值的言论,那么你的论点会变得很有力。这能更好地说服那些质疑是否真的存在问题的读者相信你的主张是实用的。它还能帮助你更具体地表达规范性论点。而且即使读者不认可、忽视或遗忘了你的规范性论点,他们仍然能从你的描述性观察中发现有价值的东西,从而肯定你做出的贡献。

二、选 题

(一)发现问题

为了提出论点,你必须首先找到一个你感兴趣的领域中的问题,无论是理论性、经验性还是历史性问题。你的论点就是你解决这个问题的方案。

这里列出一些技巧,并列出运用这些技巧找到论题的例子(在脚注中)。这些例子能帮助你更具体地体会这些技巧。我在一些示例上标注了提供者的学校排名,读者可以看到即使非出身顶级名校,也一样可以发表精彩的学术文章。

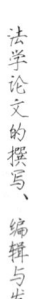

（二）据课堂阅读或讨论的案例选题

回想你在课堂阅读时遇到的让你觉得"这里有一个重要问题没有解决"或"这个理由没有说服力"的案例。① 但是，要避免每个人都感兴趣的论题，因为该论题可能已经有很多人研究过了。寻找那些相较于其他人更吸引你的论题。"为了……能有一些新东西，选择与众不同的方向进行写作。"②

同样，回顾课题讨论时那些能够吸引你但尚未得到妥善解决的问题。

（三）据案例教科书上的问题选题

阅读案例教科书上附在每个案例后的问题，这些问题通常指出了很有趣且尚未被解决的问题。③ 不要只看你自己的那一本，而应该看该领域所有案例教科书。

（四）从最高法院最近的判例引发或遗留的问题中选题

阅读你感兴趣领域中最高法院最近的判例，看看它们是否遗留了开放性的重大问题或引发了新的模糊或不确定的问题。④

（五）从你的研究助理工作中选题

如果你在担任某教授的研究助理，留意那些可能对你有用的论题。你不仅可能找到适当的选题，还能从相邻法律领域中学到更多知识，并且与可能愿意帮助你的老师建立起联系。⑤

---

① 一个毕业于排名前五十的法学院、现为联邦地区法院法官助理的人如是说："我写过有关防止校园屠杀案件中大学责任的短论。因为我在研一的侵权法课程中阅读过 Tarasoff 案，并且发现，未能预见到其他人行为之责任，这种观点特别有意思"，"我建议学生找出他们真正感兴趣的东西，想方设法来利用最近的案例（例如弗吉尼亚技术学校的枪击案），作为讨论的话题……而后来法官告诉我，这篇短论是她考虑聘请我的因素之一。"

② 一位律师写道，"我修了一个隐私法的课程……回到 1997 年，那个时候，有关网站是否应当收集儿童玩游戏时注册的信息等是一个'大热点'——因此在那个课程中大约有五或十个人都说他们将会写一篇有关该话题的文章。不用说，我另辟蹊径，选了一个当时几乎没有人写的题目，就是有关性犯罪罪犯的在线数据库及其隐私的影响。最后，该文发表在《美国刑事法评论》上，并且，在数年以前我还看到第九巡回法院引用了这篇文章。

"我也选修了著作权法的讨论课……看到该课程的大多数人都在写侵权相关文章，因此，我再次打破常规，写了有关许可权的文章，包括当著作权人本来不打算以任何形式对作品进行利用的情况下，对各种形式的强制许可之建议。这样一来，我不仅得了 A 等，而且还将此文提交参与 Burkan Memorial 写作竞赛，获得了一定的奖金，除此之外，这篇文章还被《著作权学会学报》录用，被一本著作权法的案例选集所节选。"

③ 一名刚毕业在联邦巡回法院法官处担任助理的学生说："在我第一学年通读侵权法案例书上作者评论的时候，想到了这个题目。案例书上优秀的评论经常会提出未解决的法律问题。"

④ 一名毕业于排名前 25 名学院的、现为联邦法官助理的法学院学生说："我知道我要写一篇[有关最近最高法院判决]的短论，因为这个判决是三个月前刚作出的。我做的第一件事是阅读早前有关判决的文献。我注意到就该判决的实际效果方面存在分歧，这促使我想对判决做一个统计研究，考察一下每个曾经[在具体情况下适用判决意见的地区法院]（并且将其与适用"旧标准"的前一年的控制组案例相对比）。在那里，我阅读了大量的类似统计研究，例如 Lee Epstein 教授、Kevin Clermont 教授的研究等。我的短论最后很受欢迎（在两年之内有 20 个法律评论引用，有一个上诉法院的引用，还有几本案例书的引用）。我认为，这篇文章有助于我被提升为主编及后来担任法官助理。"

⑤ 一个毕业于法学院大学排名 75 位的学生说："我基于助教工作所获得的信息确定了法学评论文章的选题。文章以改革所谓的国际航空旅行'双边制度'为题。这个问题在我为教授找（欧盟航空规定的）资料中处于边缘化的地位。但我真的想进一步探索这个主题，它也很契合法学杂志的关注点，因此我就问教授是否允许我利用为他收集的部分研究材料。他表示同意……。我将这篇文章作为我的写作能力证明来找工作，最后获得了普遍的肯定，说我虽选了一个非常模糊的主题，但是把它解释得让普通读者都能理解。"

一个毕业于大学排名 50 位的法学院学生也有类似感触："我的研究想法是在为侵权法、反垄断法教授做研究助理期间获得的，这位教授很慷慨地让我协助他研究新的问题。我最后获得了美国法律家协会反垄断分会的年度写作奖，这是一个莫大的荣誉，我很受鼓舞。"

找到这种选题的可能性甚至可以成为你应聘研究助理的理由之一。

（六）向老师请教选题

请教你的老师们，他们的研究领域中是否存在被不当忽视的空白点。有些老师甚至可能会给出具体问题，①但这是可遇而不可求的，因为多数老师认为寻找问题是学生的工作。但是，去请教几位老师也没什么坏处，万一有那么几位确实愿意给些建议呢？

（七）向执业律师询问

询问执业律师他们面临的悬而未决的重要问题。如果可能，你可以主动询问有学术意识的律师，比如那些写法律评论文章、专论或实务文章的律师，尤其要问那些和你一起工作的律师，他们会更愿意提供帮助。

请律师们给出一个具体问题建议，而不只是指出一个潜在的广阔领域。就如我上文中所提到的，有些（并非全部）老师可能不愿意给出具体问题，因为在他们看来，寻找问题是学生应该自己去做的工作，但执业律师就没有这方面的疑虑。②

（八）通过检索万律（Westlaw）获取最新重大判例的摘要信息来选题

通过检索 Westlaw Bulletin，Westlaw Topical Highlights 数据库（检索右侧的选项 Westlaw/Secondary Resources/Westlaw Bulletin 和 Westlaw Topical Highlights）。这些数据库会总结值得关注的最新案例；许多案例中包含了法律改革趋势，可能值得分析。

（九）关注有趣的新闻报道选题

当阅读新闻报道时，留意有趣的法律问题。③这对于国际法文章的写作尤其有用。正如一位教授所言"国际法期刊与综合性法律评论不同，许多优秀学生短论是从商业刊物和报纸上提炼问题的。"当然，这种做法对其他领域也有帮助。

---

① 一名毕业于学院排名大致在 70 位，现在是联邦行政法院法官助理的学生说："我的学生短论发表了，它是我获取当前这个法官助理职位的决定性因素。我感觉我很幸运地选了一个好题目。在第一学年暑期，我在当地主要办理青少年被告人的公设辩护人办公室实习。因此，我感觉写一篇有关青少年或者刑法的文章非常好，但却不知道怎么确定选题。于是我就给我们一年级的刑事诉讼法的教授写邮件（他碰巧已经写了有关我们州青少年法律的文章），我就问他目前有关青少年法律的能恰当地用来写短论的关键性问题。他给了我一张题目清单，列举了几个建议的选题，其中一个就包括将新的"性捕猎者"法律适用到青少年性犯罪裁判中的可行性。最后我的题目就确定为《亚当·华殊法》与《宾夕法尼亚未成年人法》冲突之研究。我认为完全靠我自己是想不出该题目的。"

② 一位法学教授说："我给一位公益律师打电话，我第一份法律工作就是在他那里做的。这是在我大学的最后一年。他在法学院法律评论工作时，知道如何写好一篇学生短论。他告诉我一些该组织所关切的新抵押方案的宪法关键问题。我写了一篇很好的短论并且收到了该律师的反馈。这篇短论使我在学院获得了一点奖金，也被引用过，并帮我谋到了一份教职。"

③ 一位毕业于大学排名 25 位的法学院的学生（现在在一个联邦巡回法院任法官助理，任职的部分原因可能是因为他的学生短论）："我的想法来自于一份报纸，是在大约十一版上的一篇文章。这篇文章讨论了一个未决诉讼，针对的是一家能源公司被指控在印度尼西亚侵犯人权。它提到了地区法官咨询了国务院有关该案对美国与印度尼西亚外交关系影响的看法。我感觉这是有趣的，就做了一点研究，看看这是不是一种常态。结果发现，这种做法曾在类似案件中多次出现，所以，我就在我的一篇短论中对那些案件进行了研究。"同样一位法学教授及前联邦法院法官表示："我写学生短论的想法来自于阅读华尔街杂志的电子版社论。它强调了一个棘手法律问题。我研究了这个问题，发现写的人很少，就从那里找到了选题。"

（十）通过阅读法律博客选题

专门阅读你感兴趣领域的法律博客。博客上常常会发布一些有趣的、棘手的、悬而未决的案例。①

（十一）通过寻找旨在解决尚无定论问题的文章选题

在特定领域中找出试图发现尚无定论问题的文章。有些文章会有诸如"一个研究方向"的副标题，意味着作者想让其他人来解决该问题。另一些文章不会有这么直白的标题，但你能了解到有哪些教授在该领域从事研究。搜索"研究方向"的文章，请教这些教授他们是否了解这方面的文章。②

（十二）通过回顾你的经历（如见习生或者暑期助理）选题

回顾你的各种经历，比如在律师事务所的暑期实习③，或在法官办公室实习，或参加公益组织活动。④（参见第二十一章：征得老板同意，将实际工作转化为文章。）

（十三）通过回顾你上法学院之前的经历选题

回顾你进入法学院之前的经历，无论是学术方面、专业方面还是个人生活方面。你能够把那时学到的有趣的事情和法律问题联系起来吗？

例如，你的本科历史课有没有提到一些有趣但尚未被充分讨论的历史上的法律争议呢？

---

① 一名法科生说："我的学生短论描述了第九巡回法院的意见是如何加重发送短信广告者责任的。这篇文章后来被发表。我发现这个题目是因为间或会浏览法律与技术的博客帖子。首先我用了一个博客上的帖子评估这个判决的重要性；然后，我查阅了社科研究网和谷歌学术来确定是否有其他人已捷足先登。我查找了已发表文章，包括商业性的数据库、律商、万律以及HeinOnline，最后得出结论，我的选题是重要的，于是我决定填补该空白。"

② 一名学生说："我的短论题目部分源于最近在《加州大学洛杉矶分校法律评论》上发表的文章《持有和使用武器权利的落实[为了自卫：分析框架和研究方向]》当中提出的研究建议。我正在写《Walsh法案》强制释放的条件，而作者将其作为研究计划的一部分提出来了。对我来说，这个研究方向提供了大量非常集中而有针对性的题目。我认为这对于我的法律评论的……同行评审有用。"

③ 一位法学教授说："我的第二篇法学评论文章是有关保险范围的争论。文章被法律评论、联邦地区法院的判决意见引用过两次，被州法院的判决意见引用了两次，至少有两个初审法院的备忘录和6个上诉法院的诉状中引用过。题目来自于我第二年暑期实习的一个长期研究任务，我花了大约三周的时间来梳理有关'引发'全面的、一般保险责任条款时间方面的所有司法区的相关判例法。我征得律所同意，利用研究备忘录（当然不能利用客户信息）作为我研究的背景。在将其转化为一篇评论文章时，我加了一些自己的规范分析。

"我觉得该评论得到了法院判决意见（以及诉状等）的引用是因为它是一个跨越诸多司法区而又普遍存在的现代诉讼问题，但因为不是那么'吸引眼球'，而没有引起太多学术关注。"

④ 一位法学教授说："我的短论想法来自于我在一个公益组织中做志愿者的经历。当时我遇到了一个棘手的法律问题，我就开始去研究它。这个经历不仅带来了一篇短论，并且还开启了一个长期的职业关注点，我由此写了多篇文章和一本书。"

同样一名刚毕业的，现为联邦上诉法院的法官助理的学生说："第一年暑期，我为一个著名的民权团体工作。我的老板让我写一份有关公司是否有宗教言论的权利备忘录。我发现，正如老板所预期的那样，在这个主题上几乎没有什么文献。因为该团体考虑的是该论题对尚未得到发展领域中诉讼的潜在影响。诸多律师给予第一年实习生类似的视野广阔未经探索的题目，不是因为这个题目不重要，而是因为老板可以雇得起一年级的学生来花无限多时间探索这种未知领域。我将其选择作为我短论的题目是因为：（1）它可以填补文献的空白；（2）能够满足真正的诉讼需要；（3）考虑到理论和法律在一个新涌现的领域当中的合理挑战性；（4）避免因案例评论的事实边界局限所造成的实用性上的限制；（5）它是我已经知道的东西，能在法学院最忙的两个月中写作完成。我的短评最后得了三个奖，并赢得了在社会科学研究网上前十位的下载率。"

你了解的国外情况中,有没有利于你基于此国法律进行比较研究的内容呢?你知道哪些过去一起共事的人能为你提供有用的建议吗?①

(十四)通过研讨会或座谈会选题

参加你感兴趣主题的法学院研讨会或座谈会。这通常能让你认识到该领域一系列热门并尚未被解决的问题。同样,去参加附近其他法学院的研讨会或者座谈会。如果你想,你甚至可以要到每个学校的邮寄地址列表。②

寻找到一个足够重要、有趣而且你能够驾驭的问题。

(十五)在课堂上探寻将来的论点

如果你计划从现在开始的一到两个学期写一篇文章,你可以在课堂上寻找论点,尤其是在你喜欢的课程中。通过这种方式选题的关键是以一个学者而不是一个普通法科生的眼光来对待课程。

你的课程作业,无论是案例、法规还是宪法性规定,都有可能会让你面临许多有歧义的、模糊和矛盾的问题。你还可能经常读到肤浅的、循环的、或推测性的论点。

许多律师和法科生的自然反应是去回避这些问题。我们假定一个判例已经阐明了一项规则(尽管该判例中充满了适用起来不确定的模糊定义。)我们学习这种标准化的结论,这样就可在考试中照搬答案,不论这种结论的依据充分与否。我们对法院已经提出的五种不同措施视而不见,而宁愿去相信符合教科书案例所说的"少数"服从"多数"规则。

这种方法(大多数情况下)能让你在课程上取得成功,甚至能让律师在很多案子的办理中取得成功,因为作为律师,要处理的许多案子只会涉及几个有争议规则之一,或许这个规则在你司法管辖区内已经解决,无可争论,或事件仅涉及规则明确的核心而不是模糊的边缘地带。甚至一个有效先例是以循环论点为基础的,它也仍然是有效先例,因此,这种合理论证上的缺陷一点都不会束缚你的手脚。

但如果你将来打算成为学者,即便只是一个想在法学院写一两篇文章的临时性学者,你也需要采取不同的方法。你要找出模糊、矛盾、循环论证、未经证实的假设。它们会提供给你写出更令人瞩目的好文章的契机。

所以,如果你在学习材料中发现了这些问题,要高度重视。你需要检视判例的注释,看看是否已经有文章讨论了该问题。这些文章可能是跨领域的,但可能它们讨论得还不够充分,这恰好能进一步引导你的思考(或有更多有待反驳的观点)。询问老师他是否认为该论题值得一写,或者是否已被他人充分讨论过了。密切关注这些讨论,因为其他学生认为最令人不满意的地方将成为你自己展开工作的天然基础。

---

① 最近的一个毕业生说:"在法学院毕业前一年,我在莫斯科的一个美国开设的离岸双向基金会工作。我以前的老板是一个律师(但更多的是一个企业家)。他对法律改革和机构建设的问题很有见地。他建议我考察一下俄罗斯拍卖的私有化。两年后,该考察结果所写成的文章被全文发表。"

② 最近一个毕业生说:"我在其他学院的刊物(耶鲁的国际法刊物)上发表了研究成果。我的文章想法是在参加一个我感兴趣的领域的学术座谈会时获得的……亲眼看到他人在该领域中对什么有兴趣或存在激烈争论……这是一种高效确定哪个问题是有待深入研究的学术富矿……如果你有机会参加一个你所感兴趣主题的会议(我很有幸的是会议就在我自己的校园中举办),我当然建议你去参加。"

（十六）咨询你法学院的老师

一旦你暂时选定了一个问题，将该问题向你的导师进行展示。你的导师会比你更了解该主题是否已经有过充分讨论，或（既有研究）有没有达到你的深度。

同样，与在你学院执教这一学科的老师们交流。即使你之前不认识他们，大多数老师也很乐意花点时间来帮助学生。

即使你不再是学生了，你还是可以联系学院的老师。老师们觉得有义务帮助校友，尤其是那些他们认为最终会加入教学群体的人。如果你不太习惯和一个之前不认识的老师交流，请让其他你认识的教授（面对面或以电子方式）引荐一下。

（十七）保持虚心

在研究过程中保持虚心，乐意接受你阅读和思考的内容所达致的任何结论。

同样，要愿意改变或提炼问题。记住你的目标是找到能写出最好文章的问题，不要被最先想到的问题或方案束缚思维。

（十八）确定初步对策

确定解决问题的最佳方法。在描述观点时，最好的方法是那些最能合理解释你所发现事实的方法：如历史事实、法律适用方式或人们的行为方式。

对于规范性部分，最好的解决之道是一部新法规、新宪法规则、新普通法规则、新法律解释、新执法方法，或将基本原则适用到某类案件时的方式等。你的论点可以是："州立法机关应该制定以下条例……"；"法院应该这样解释宪法条款……"；"本法在下述情况下应被视为违宪，但在另一些情况下则合宪……"。

在发现的实际案例中检验你的解决方案，也通过一些你能想象到的假想案例测试一下你的解决方案。这个方案能产生你认为正确的结果吗？它是否足够清晰，能让法官、陪审团或行政官员一致适用呢？如果对这两个问题之一的答案是否定的，改进你的方案使其更正确和清晰（我将在第二章中以"测试组"来讨论该过程）。

该方案不必完美，即使你担心其在一些不同寻常案件中会产生不良后果，提出一项规则也无大碍。但坦率地在实际案例中检测你的方案能告诉你是否找到了合理解决方案。如果连你都不这么做，你的读者就更不会这么做。

三、新颖性

（一）增加专业知识内容

为了凸显价值，你的文章必须有新颖性，要讲一些其他人没有讲过的内容。观点原创还不够，你的文章要为本领域增添新的专业知识。

实际上，最佳办法是找到一个讨论还不多的题目。次佳的办法是找到一个还没有发表过的观点，即使在该论题下已经有许多人提出了其他观点，但如果你真的很想写一个别人已经提过的观点（例如，反对种族歧视的平权行动是否合宪，死刑是否适当，等等）也没有问题，只要确保你的观点与基本原理结合起来具有新颖性即可。

例如，你想批判反色情法。许多人都认为反色情法案是违宪的，因为它妨碍自我表达（self-expression），或因为它太含糊了。你不能又写一篇表达同样观点的文章。

但提出一个不受保护的色情行为的构成新标准就可能是一个有新颖性的建议（可能还很实用，如果你主张即便联邦最高院不采纳，州最高法院也应该采纳该方案，参见第9页"把你的观点适用于其他管辖范围"）。所以，如果你能为自己的观点提出新颖的理由，反色情法完全违宪的观点同样也会有新颖性。例如，"反色情法是有问题的，因为我的一项研究表明，该法主要反对同性色情"这样的观点就挺新颖（该观点和我下面会提到的其他观点都只是举例。我无意担保其正确性或建议你这样去写）。

要是你已经选好了论题和基本理论并做了四周的研究，却发现他人已经发表了同样的观点，也没有必要绝望，下文可能会帮到你。

（二）通过细微差别展现新颖性

通常你可以透过细微的差别展示你观点的新颖性。例如，不要说"禁止非误导性商业广告是违宪的"而说"禁止非误导性商业广告是违宪的，除非未成年人是该广告的主要受众"。你的观点越复杂就越不可能和其他人撞车。当然，你还需要确保该观点是：① 实用的；② 正确的。

一些使你的观点更精妙的小建议：

（1）考虑特殊因素。例如，政府利益或个人权利，有时在你论点的某些情形下涉及而其他情形却没有，你能修正自己的观点将这些因素纳入吗？

（2）考虑可以用来论证你论点的论据。这些论据是否在一些案例中贴切，而在另外一些案例中却不当呢？也许你应该适当缩小你的论点。

（3）对大多数法律问题来说，单纯的"是"或"非"就能带来很多讨论，尝试你是否能提出一个合理的介于两者之间的答案，有时"是"而有时则"不是"。

四、有深度

假设国会正在考虑一项关于在网络上受到诽谤后的联邦法诉权的议案。你想主张此法案不违反宪法第一修正案。

你的观点可能具有新颖性，但却很浅显。大多数和你讨论该问题的人会说："你是对的，但用不着你来向我解释。"诽谤法经恰当限制后，曾反复被认定为合宪。已经有很多人认为在网络空间同样适用该法律，除非你能解释联邦网络诽谤法与州诽谤法适用于网络空间有何差别，否则你的观点就显得很平庸。

像这样的观点只是对既有法律的适用和将早就存在的观点适用到略有差异的事实上而已，都显得浅显。记住你的读者们（例如你的老师、法律评论的编辑和其他在本领域工作的人士）都很聪明，还有些高傲。他们很可能会说"好吧，我只要一刻钟就能把这些解释清楚"，即使事实并非如此。

如何避免浅显平庸呢？添加一些大多数评论家不会想到的变化吧。例如，联邦网络诽谤法不仅合宪，而且更高效，是因为它设定了全国统一标准。它是否在有些情况下更高效，而另一些情况下就很低效呢？它是否出人意料地还和其他联邦法律有联系呢？让你的论点更微妙可以使之更加新奇。

如果可以的话，向以下的人描述你的观点：（你导师之外）研究这方面的老师、愿意对你的观点给出批评意见的同学，以及已经在该领域执业的律师。如果他们觉得你的观点太浅显，那就改善你的观点，或者，如果你自信自己的观点有创意，凝练你的表述以更好地展示其具有创意的一面。

五、实用性

你花了很多时间在文章写作上。你也希望读者们花时间来读这篇文章。那么这篇文章就要深具实用性，至少有一些读者能从中找出具有专业价值的内容，当然如果有更多的读者能够从中受益就更好。

（一）关注悬而未决的问题

如果你认为美国最高法院对 Doe v. Roe 案的判决有误。你可以写一篇相当不错的有关法院是如何出错的文章。这篇文章可能对一些学者有用，但 Doe 判例已经成为法律，除非法院重新审视该问题，基本没人能从你观点中获益。

你要自问：如何让我的文章更有实用性，不仅仅对于学者，还要对律师、法官，以及对质疑目前最高法院判例不感兴趣的学者都有用呢？一个好方法就是关注 Doe 判例遗留下来的问题或者 Doe 判例衍生出的问题，并解释为什么它们要参照 Doe 案，同时分析几个同领域最高法院的其他判例。这样的文章对任何一位考虑这类问题的律师、学者或法官都是有用的。

（二）把你的观点适用于其他管辖范围

假设 Doe 案坚持认为一些特定的警察行为不违反宪法第四修正案。这使得 Doe 案成为有拘束力的第四修正案先例，但仅在州宪法上有说服力，因为法院可以通过解释州宪法给予州政府官员比联邦宪法更多的保护。

"各州法院解释自己的州宪法保护会得到不同结果"，这一观点比单纯的"法院弄错了"更实用。法官们更容易接受修正后的说法，律师们更倾向于进行辩驳，而学者们更喜欢在其基础上进行（理论）构建。你的文章对于愿意挑战法院判例法的学者是有价值的，对其他很多人也是有价值的。

（三）在你的描述性发现中纳入规范性表达

你可以通过揭示一些重要事实做出宝贵的学术贡献：历史事实；关于法官或其他政府官员是如何适用法律的事实；人们或组织如何应对某些法律的事实；等等。但如果你的观点中还提到了这些发现与当前热议的话题相关，那么你的贡献会更具价值，更令人印象深刻。你可以基于自己的发现提出规范性主张，或指出你的发现与其他规范性论点的关联性，即使你本人并不赞成这些观点。

实用主义者在读一篇纯描述性文章时常常会问"所以呢？"如果你回答了这个问题，他们就更有可能认为你的文章有价值。但如果太牵强，就不必回答：如果你对 14 世纪英国物权法的发现没有明显的现代意义，你最好坚持一个具有说服力的历史观点而不是加入一个没什么说服力的规范性观点。但如果你发现了可行的规范性观点，就把它们纳入进来吧。

（四）考虑提炼一个在政治上更可行的主张

如果你的主张很激进，而且无论你如何努力地论证，都很少有人能接受。例如，如果你想敦促法院适用严格审查限制经济自由——比 Lochner v. New York 案更甚。你可能有一个有力论证，但法院很可能不愿接受你的理论。

试着采取一种更温和的说法。例如，你会认为，法院应严格审查限制进入某些行业或企业的主体。这种说法上的改变就不那么激进，而且你还可以用更具体的论据来论证该论点，尽管该论据无法适用于更广义的论点。

可能法院还是不愿做到那一步。你可以要求更低度（但仍然重要）的审查吗？你可以去寻找判例，也许是以州宪法为依据的那些判例，最好这些判例能够佐证你的理论，展示你的批判，让他们认识到你的理论比他们预想的更可行。

或者你可以把你的建议缩小到以法律干涉履行合同义务，而不是全面的经济限制。这样你就能在宪法文本中找到更多支持，确定一个比较狭义（且看起来不那么激进）的主张会得到来自州判例的更多支持：事实证明州法院以州宪法解释合同条款要比用联邦条款更严格。

如果你非常想写那个激进的主张，那就写吧——你可能就此开启一项极具学术价值的争论，或许你最终会获胜。但总的来说，要求对目前学说进行适度调整的主张比激进的主张更实用，尤其是在学生或刚从业律师的论文中。通过提出一个更加稳健的主张，你仍然可以坚持你的基本道德判断，且你的文章会对人们产生更大的影响。许多法律运动都是通过累积跬步之力而取得巨大成功的。

（五）避免不必要地疏远你的读者

你要确保你的观点尽可能吸引读者。你无法取悦每个人，但要避免使用过于华丽的辞藻、举例或术语而毫无必要地疏离那些可能被说服的读者。

例如，你要写一篇关于言论自由的文章，顺便用反堕胎言论作为案例。如果你称之为"反对给予（堕胎）选择权的"言论，你的读者可能会认为你是站在支持堕胎的立场上的。一些反对堕胎的读者可能会因此不接受你其他更重要的观点。而一些提倡堕胎合法的读者也可能对"反对选择"这个用词感到恼怒，因为他们认为你试图用贴标签来表明政治观点而不是有理有据地论证。如果你提倡堕胎合法，想想看你对一篇把你的立场称为刽子手（"anti-life"）的文章的反应——这会使得你对这位作者的其他观点抱什么态度呢？

通过尽量使用中立的语言来避免这些情况。例如，"尊重选择"（"pro-choice"）和"尊重生命"（"pro-life"）似乎最不容易引起冲突。许多术语自身就带有政治立场，但以上两种说法则比较中性，也许是因为频繁地使用使它们几乎不带感情色彩。但在任何情况下，要找到那个你和你的读者都最能接受的字眼。

同样的术语还有"gun lobby""gun-grabber""abortionist""fanatic"等。你可能觉得这

些术语是最准确的，但这还不够。许多读者会谴责这些术语是在试图以情感而不是逻辑来解决问题，因而会不太接受你的实质性观点。同样，如果你以纳粹、斯大林主义者、塔利班组织的观点和行动来进行类推，你很有可能就是在自找麻烦——除非这种类推十分贴切。

尽量避免使用让那些不太熟悉该领域的人感到困惑的太过专业的术语，或给你的作品贴上不必要的有争议学派的标签（无论是否公平）。如果你不得不使用术语来清晰阐明你的理论，也是可以的。但如果你写的某个论题的文章其实并不需要某种方法（例如，法律经济学、批判文学或者女权主义法学），那就不要用这些学科的专业术语。用平实的语言代替这些专业术语能提高文章清晰度和认可度，还能避免有些人在阅读时将术语与意识形态偏见挂钩。

同时，加入一些观点和案例来增加文章的政治吸引力。如果你提出了一个看似保守的主张，但是你可以有力地证明该主张可以帮助到穷人，那就这样写。如果你提出了一个看似自由主义的主张，但是却有力地证明了这个主张也符合传统或宪法原意，那就这样写。

你当然可能要提出一些不受欢迎的主张，尤其是当你需要它们来支持你的观点时。这也是学者的工作之一。如果你真的想要加入争论的某一方，你可以主动挑起争论——即便你本来并不一定如此。但一般来说，别让无谓之争弱化你的核心论点。

六、规范性论点的合理性

在第二章中，我将更多地向你介绍测试组，一个会让你的论点更合理的重要工具——重要到要单独写一章。以下是一些其他建议。

（一）避免太含糊

愿意折中无可厚非，但要注意过于折中的建议会陷入模棱两可。例如，你认为单一性别的教育项目既不必然违法也不必然合法，那么，你的如果"其既公平合理又有利于增进平等"则该项目就应该合法的主张就可能不正确。这只能说明法官希望采用这样的标准而已。

很少有法律标准具有绝对精确性，但标准必须足够缜密以便为决策者提供一定指引。下面是使标准更清晰的三个小建议：

（1）每当你使用诸如"合理"（"reasonable"）或"公平"（"fair"）这样的词语时，问问自己你对这个语境下的 "合理性"（"reasonableness"）或"公平性"（"fairness"）是怎么理解的。然后试着用更平实的表述来替代这些特殊定义。

（2）当你想要进行"权衡"（"balancing"）并敦促法庭考虑"整体情况"时，问问自己你到底想表达什么意思？在考虑全局时人们到底要考虑哪些情况？如何平衡你提到的各种因素？你的主张越具体就越可靠。

（3）如果可能，采用已经被先例打磨过的表述来把你的标准和现有学说结合起来（但这个方法有局限性，我们会在下一节中讨论）。

因此，"如果有控制组研究表明男女分校教育项目比男女同校的教育项目更高效，那么分校教育项目就有合法性"的观点就比"如果是合理的，那么男女分校教育项目就是合法的"的观点更站得住脚。相较于后者直接使用"合理性"这个抽象概念，前者的说法指出了合理性的具体定义，教育的有效性——这似乎更容易让人倾向于选择该种教育。虽然这仍不是一个可预测的模型,但比只提"合理性"标准要好些。①

第二章将会展示测试组会如何帮助你找到和解决问题。如果将你的主张适用于你的测试组,并发现它通常无法给你什么明确答案,你就会知道你的主张太模糊了。一旦意识到这一点,你可以自问"我认为这些案子的结果应该是什么样的呢?为什么呢?"回答这些问题,再把你的答案合并到原来的主张中,你就会得到一个更具体的观点。

(二)避免依赖抽象法律概念

"合理性"至少听起来确实很含糊,而其他术语,例如"中间审查""严格审查""限缩解释"和"重大国家利益",字面意思似乎挺清晰的,但事实上很空洞。在此意义上,比如,对言论内容进行严格审查可带来相对可预测标准,这种来自判例法的可预测性能够告诉你哪一种利益更紧迫,何为立法本意,而"严格限于紧迫的国家利益"这个表述却无法告诉你。"严格审查"和"严格限于紧迫的国家利益"并非标准本身,他们不过是标准的名称而已。

因此,"审查枪支管制法是否与政府的某项重大利益实质问题相关"[即中间审查]——这样的主张本身并没有多大意义。为了使该主张更有实用性,你要解释何为重大利益以及何为实质相关。

只是说"法院应该借鉴其他情形下的中间审查判例法"是不够的。中间审查标准在不同案件事实和法律适用情况下不同。例如,在性别分类案中的中间审查标准以高要求著称,而限制表达行为的中间审查标准常常被证明是比较低的。如果你仔细观察两个标准中的因素,你会发现它们差异显著,而且理由充分(因为激发标准的潜在宪法关注点不同)。同样,在20世纪80年代,中间审查在商业言论案中采用的标准也相当低,但到20世纪90年代和21世纪初,其标准就要高得多,与此同时,它开始得名"中间审查"。

解决之道是,用霍姆斯大法官的话来说,"考虑事情而不是说法"。[1]②不要依靠"实质性""重要的"或"中间"等词语来解释限制哪种利益具有正当性;以及何时应当允许限制措施放松或收紧,何时不能如此;解释何时法院需要法律实现立法初衷的实证证据,以及何时它们可以依靠内心直觉。当然,你可能无法涵盖所有可能情况,而且在一些问题很相近的案件中,你的标准可能会变得含糊不清。但你的建议依然越具体越好。

另外,测试组(参见第二章)可以帮助你发现该问题和提炼观点。正如前文所述,把你建议的标准应用到具体问题上,可以帮助你看清它确实具有实质意义,还是仅仅是个说法而已。

(三)不要提无法阐明所适用实质标准的程序性建议

程序性建议可能有用:预先设计出正确的实体性规则一般不大可能或在政治上不切实际,因此,我们能做的也只能是设计确保正确的规则最终能出现的程序而已。例如,宪法本身就主要是通过程序结构(如两院制、三权分立等)来保护自由的。如果你真的认为解决问题的正确方法是建立更好的程序,你就可以这样主张。

---

① 有些人主张,非常具有灵活性的标准事实上要比看起来非常严格的标准更好。如果你持有该观点,你可以反对我在这里提的建议,不过你要记住,很多读者都会很自然地担心你那含糊的标准的实际效果究竟怎样。为了使你的文章更有可信度,你必须将该标准变得更有确定性或说服这些读者接受其不确定性。

② 本书的注释是尾注,从260页开始。它们一般包括支持正文主张的证据或引注其他材料来源。

但须知，法院和行政法官与立法机关不同，它们一般需要可适用的实体规则，即使这个规则不够明确。仅为这些实体行动提出程序建议是不够的——如果你的主张中包括了要求这些机构进行审查的程序性内容，就必须告诉它们应该适用什么实体规则来审查。

因此，如果你想对学校管理人员面向中小学生的言论予以限制，但由于你意识到很难设置一个明确规则来分辨哪些限制是好的，哪些不好，你可以拟定一项法规，规定进行任何此类限制都要受行政法官审查。这可能是一个较好的解决方案，但你还应该追问：这些法官应该适用什么实体标准呢？

你的答案可能是"法官要确保任何限制都是合宪的"。但如果那样，① 你要将其解释清楚；② 你要解释为什么引入行政法官和传统法官会有重大差异；③ 你要对这样的问题进行讨论：该主张是否会大大限制教育官员，而宪法本来赋予他们对学生的言论方面很大权力[参见：Tinker v. Des Moines Indep. Comm. School Dist.（1969）]。另外，你的答案很可能是"行政法官必须自主决策限制措施是否总体上良好"。如果这就是你的答案，你要将其阐释清楚，并讨论行政法官是否善于进行这样的教育决策。

或者，你可能会希望行政法官能适用一些隐性实体规则，例如，"学生的政治性言论必须得到保护，除非有确凿的证据表明该言论已经扰乱了学校的教学秩序"。如果是这样，你需要讲清楚你的主张并不只是程序上的，同样还涉及实体层面。

同样，我们倾向于认为法院应该采纳某类证据。例如，人的文化背景引导出特定的行为方式方面的证据。为什么不采纳这样的证据呢？我们不信任陪审员吗？证据越多越好，难道不是吗？

好吧，或许，这很大程度上取决于我们希望陪审员如何考虑这些证据。比如，被告杀人是因为该被杀者的行为在被告人的文化背景下被认为是奇耻大辱：受害者谩骂被告；被告人人格被被害人践踏；[2]被告人受到被害人同性恋的挑逗；或被害人是被告人的妻子，却与另一名男子调情。可以设想一下，被告人希望将这些文化信念作为他被指控谋杀的辩护证据，以此让陪审团认定他是激情杀人而非谋杀。

如今，挑衅的存在通常可以减轻罪责——从谋杀降为激情杀人，只要社会认为这是合理的。只要这一实体规则存在，采纳文化因素证据就不太明智，因为陪审团无法依法赋予证据恰当的证明力，而这些证据很可能引发偏见或分散注意力。

当然，如果适用这一实体规则，只要从文化上来看被告遭到挑衅，就能将谋杀罪降为激情杀人，那么法庭就必须采纳被告的文化证据，而无论该文化实际为何。但是该实体性主张会引发争议，因此要论证清楚。你只有通过揭示其背后的实体假设或促使其有效的实体变化，才可以让你的程序性主张变得完备。

以下主张同样如此：

（1）"法院应该严格审查 X"（严格审查适用什么标准？）

（2）"法院必须仔细调查该事实"（在调查中他们应查找什么具体问题，该问题在何种标准下发挥何种作用？）

（3）"行政官员必须对记录上的行为说明理由"（那么，这些理由又应当按照何种规则来进行审查？）

（4）"应当举行一个让利害当事方有举证机会的听证会"（该证据将与何种法律规则相关呢？）

关注程序往往是很好的，但在这样的案例中常常有一些未言明的潜在实体建议，应将其阐明。

七、历史与实证性论点的合理性

（一）从历史学者和有实务经验者那里寻找建议

如果你在写一篇关于诽谤法历史发展的文章，或者卖淫法的实证分析。你可能会选择一位侵权法学者或刑法学者作为你的主要导师，因为你想在这些法律上获得实质性帮助，或者是因为你更了解这些教授。

但你还得从历史学家或实证研究学者那里寻求非正式帮助。这些专业人士能为你在研究方法、素材资源、避免弯路等你的主要导师稍逊的方面提供一些实用技巧。他们不必负责指导你，但如果他们愿意在研究一开始就与你讨论甚至阅读你的初稿，那就大有裨益了。

如果你不知道系里的哪一位教授是合适人选，或你担心这位教授太忙，没有时间与你交流，你可以请你的主要导师牵线搭桥。你的主要导师会很乐意帮忙，因为他意识到自己的方法可能有局限，并希望你能够得到不受这些局限之人给你的建议。而且，你的主要导师甚至还可以协助你得到其他学院的历史学者或实证研究学者的帮助。

（二）阅读书籍和非法律文章

许多法科生（甚至法学教授）有这样一个习惯——只依靠万律和律商联讯来做研究。这很方便，而且对于纯法学问题来说常常也不错。

但这对于历史学、社会学、经济学等方面的研究就不够了。在这样的研究中，你得在期刊上搜索相关领域的文章。你还应该去看书，尤其是当你的写作涉及历史，因为相对于法律研究，历史研究更多地涉及文献、书籍。向你的参考咨询馆员寻求帮助来找到所有这些书（例如，查询 JSTOR 这样的数据库）。

（三）当心望文生义

语言学家将看起来相似的外语同形异义词称为翻译者的"熟面孔"。典型例子是西班牙语的"embarazada"意为怀孕，而非尴尬（embarrass）；俄语的"magazin"意为商店，而非杂志（magazine）。如果你不谨慎，这些熟面孔就会愚弄你，让你犯错。

同样，（如果只回溯 200 年）过去的语言和现代语言非常相似，但有时会出现"熟面孔"现象。对于现在的大多数读者而言，"militia"既指国民警卫队也指小规模准私人武装，而在 18 世纪晚期的美国，该词指的是被视为潜在的军事力量的年龄在 45 到 60 岁的全部成年男性公民。[3] "Free state"在今天通常指独立国家，但在 19 世纪早期常常用来表示非蓄奴州。在 18 世纪的政治学著作中，又被（大体）用来指涉民主、共和或者君主立宪的国家。[4]

在其他文本中也存在类似情况：单词和短语的含义发生着微妙的变化。曾经的法律术语失去了技术层面的意义而回归了原意，反之亦然。语法和标点习惯也经历着变迁。

所以在你贸然假设"某个词语在 1830 年、1730 年或现在都表示同一个意思"之前，先去做一些调查。有些文本中使用的词语被赋予现代涵义后是否看来很奇怪？同一时期的法律词典是如何解释该词的？专门研究此领域的学者是如何解释该词的？

（四）考虑你是否限制了自己的数据采集而导致归纳不完整

如果你正在研究最高法院 1963—1990 年宗教活动自由条款的影响。你想找到下级法院是如何适用该原则的——在驳回宗教活动自由诉求时，要求进行严格审查。这种严格审查真的很严格吗？还是如有些人认为的"理论上严格，实际上宽松呢"？[5]因此，你决定梳理1980—1990 年所有涉及对宗教活动自由诉求适用宗教活动自由条款的联邦上诉案件。

这是一个很好的问题，事实上该问题能产生一流的学生论文（我们在第二十章再细谈此问题），但你要意识到一个重要限制：如果只看联邦案件，你可能会错失一种可能性——某些州法院在适用联邦自由条款时比联邦上诉法院更严。这种可能性是反直觉的，但在很大程度上是准确的。然而，你把数据采集限制在联邦案件中会导致你遗漏该发现。

而遗漏该发现可能会进而导致你的概括所具有的合理性远远不及你通过更大数据采集得来的概括。例如，联邦案件可能引导你得出结论——实际上，法院的宗教活动自由条款严格审查标准并没给宗教原告人提供实质性帮助。但是，如果州法院对这一条款的适用确实帮助了诸多当事人，则该结论可能在某种程度上不合理或不完整。

当然，你的时间有限，无法涵盖一切。你必须通过一定的方式限制你的数据采集范围，哪怕只收集网上有的案例。或许你还需要用另一些方式进行限制。但一开始就要想好如何对数据采集进行限制，以及这种限制是否会导致遗漏数据，并因此使你得出不够全面的结论。

（五）尤其注意正确使用论据（详见第十八章）

正确使用论据的章节会提供对传统理论文章也有帮助的内容；但有些方面——例如，关于阅读、引证、引用原始资料或谨慎使用调查证据与关联性证据——对历史或实证研究文章特别有帮助。在开始你的研究之前好好读一下那一章。

八、把你的观点传达给读者

你的观点不仅要有新颖性、创造性、实用性和合理性，而且你要向读者们展示它确实具有以上特性。更多的内容见后文（第四章"四、阐明论点"，第 34 页）。

九、一般应避免的主题和结构

这里有一些你可能要避免的文章类型，但这些规矩并非一成不变。例如，有时期刊会邀请你写一篇判例评析，或者你的文章可以解决一个只在某一州的法律体系下会发生的重要又有趣的问题。尽管如此，我坚信你会认为下面的这些建议在大多数情况下是有帮助的。

（一）提出了一个问题却不给出解决之道的文章

给出解决方案会让你的文章更具新颖性、创造性和实用性，而且更令人印象深刻。你要通过解决问题而不是去批判他人的主张向读者展示自己的创造性法律思维。如果你觉得可以有好几个解决方案，那很好——对它们都进行讨论，然后评价每个方案的优缺点。

（二）判例评析

一篇描述一个案子然后对其进行评论的文章读起来太缺乏深度，即使它具有新颖性。同样，因为这篇文章只关注一个已决案例，其实用性很有限。例如，与其发表的短论相比，《哈佛法律评论》的"新案与大案"栏目被法庭引用的概率低 10 倍，被法律评论文章引用的概率低 4 倍——尽管"新案与大案"栏目的发表数量是判例评析的两倍。在其他期刊上"新案与大案"栏目也和判例评析不一样（有一些篇幅较短），但在我看来，所有期刊上的文章判例评析的价值都低于关注问题解决的文章。

作为应聘学术岗位的敲门砖，招聘者会认为一篇判例评析的文章分量不够。我认为，对律所恐怕也一样：完全没能展示你研究和整合不同文章中信息的能力。

如果你从一个具体案件上找到了自己的论题，那很好。但不要只关注该案件本身，要关注所涉及的问题，并把针对该问题的案例都找出来。

（三）只涉及一个州的文章

只关注一个州法律的文章只对那个州的人有实用性。这样的文章仍然是有价值的，尤其是当该州很大时，但你为什么要这样限制自己呢？

其他州可能会有相似法律，或者可能在考虑这方面的立法。把你的文章建构为这类法律的一般性讨论，即使只是重点关注两三个州的重点案例。

当然，不同州的法律可能互不相同，这就可能要求进行一些专门讨论。虽然这意味着更多工作，但正是这些考虑、这些差异可能会使文章更具实用性、精妙性（sophisticated）、精密性，令人印象深刻。

（四）只解释法律的文章

这类文章是很有用的，有时候还很有新意，但一般容易显得平淡。读者们可能会说："对，我不知道这个，但只要稍作研究也能得出该结论。"只有当你的读者非常忙碌，并且是正在寻找一份较好法律总结的律师时，这样的文章才适用。而当你的读者是一位教授、一名法律评论编辑或者（正在找有创造性思维之助理的）法官时，就不太好了。

当然也有例外。例如，展示这部法律的适用和大多数人的想法完全不同就很有新颖性。但在你的描述中加入规范性因素会很有帮助。这部法律应该被这样适用吗？如果不应该，如何修订法律来避免这种情况呢？如果应该，需要进一步阐明或扩大解释以便利其实施吗？

（五）对他人成果的商榷

将你的文章框定在与"史密斯"教授的文章进行商榷常常会导致你的读者被限定在读过"史密斯"教授文章的群体中，而且会导致人们认为你（无论是否公平）是被动思考者而非主动创新者。

如果你文章的灵感来自于你与"史密斯"教授的分歧，没问题，坚持并论证你的观点，并在此过程中驳斥"史密斯"教授的观点。在脚注里引证"史密斯"教授的文章。"史密斯"

教授的反对观点能帮助体现你观点的重要性和新颖性。但不要把"史密斯"教授当成你写作的主角。

（六）最高法院或国会近期可能会关注的论题

你不会想写一篇很快就被一项新的联邦法规或者最高法院判例取代的文章。那样，最好的结果是你不得不彻底修改你的文章；最不幸的可能是你不得不完全放弃此文。如果你正在写关于某州的法律，你同样要高度关注该州新法规和高级法院的判决。

遗憾的是，学生们发现论题的一个常用方法是寻找巡回法院的分歧点。这导致文章主题被先占的风险很高。巡回法院的分歧源于多个巡回法院对一个特定问题产生了不同看法。该问题十分值得一写，因为这显示了有一个重要的问题还没得到妥善解决。但巡回法院的分歧对大法官们来说也是解决该问题条件成熟的信号。

所以如果你的问题涉及巡回法院的分歧，检查一下最高法院考虑该问题并抢占你选题的可能性有多大。首先，确保每一个涉及的案件都是已经被驳回上诉或已过上诉期间。其次，询问研究该领域的教授，他们认为法院是否会在近期对涉及该问题的案件进行审理。最后，向专门研究最高法院的教授请教同样的问题；他们有时与研究专门学术领域的教授有不同视角。

即使你的问题中不涉及巡回法院分歧，你也同样要做这三件事，因为该问题很有可能由于其他原因而引起最高法院或国会的关注。不要因为存在先占的风险就退缩——最高法院和国会每年只会解决所有问题中的一小部分，但要考虑到先占的可能性。

最后，不要写你认为最高法院马上就能解决的论题，还寄望于你的文章能在审理案件之前被发表。当然，如果诉讼当事人或大法官阅读了你的文章还予以引证，那就太棒了，但这是小概率事件。一旦法院作出判决，你的文章很有可能被忽视，因为学者和律师都想找涉及新判决的文章而不是判决之前就已发表的文章。

十、如果你一定要写判例评析

正如我在上文中所说，我不建议大家写判例评析。但有些期刊会要求你写判例评析，或如果你写了判例评析他们会给你专门的发表机会。如何让你的判例评析尽可能有价值且给人留下深刻印象呢？

记住，你仍然要有自己的观点，而且要具有新颖性、创造性、实用性和合理性。对于一篇判例评析来说，你的观点可以是与案件有关的独立主张。例如，"大多数观点在这几个方面误解了先例"；"法院应当适用的规则是这样的"；"这些悬而未决的问题要用这种方法解决"。对于一篇传统的文章，有一个主要观点比有几个次要观点好；但是在判例评析中，就不一样了。

以下是一些很不错的论点：

（1）最明显的是对多数意见内在的批评，即①曲解或误用了先例；②曲解了制定法或者宪法文本；③有不当的逻辑跳跃；④对某些对立观点无回应，等等。你不必批判多数意见的结果。例如，你可以主张，多数意见的结果是正确的，但理由却是错的。但你应该不同意多数意见的某些推理，否则你对多数意见就没有增进多少价值。

（2）批评多数意见，指出其可能导致的恶果。为此，你可能希望针对多数意见建议的标准创设一个测试组（见第二章），看一下哪些案例能暴露出多数意见结果的弱点。

（3）批判多数意见的模糊性和不确定性。测试组在这里也是有用的。

（4）批判赞同意见或者反对意见。你不想仅仅将自己局限于此，但你也不想批判多数意见，因为那样读者们可能想知道，在你之前，其他意见是否同样包括了所有优点。

（5）提出一项更好的规则，而不是提什么意见。

（6）如果一个判例并未明确宣布一项规则，或者宣布的是一条含糊规则，用该案、先例加上你自己的建议总结出一项清晰的规则。

（7）对多数意见留下的未决问题进行解释，并提出解决方案。

（8）对多数意见引发的未决问题进行解释，并提出解决方案。

第二章　测试组：使规范性主张更合理

一、何谓测试组

当你要作出规范性建议时（无论是新法典、法律解释、宪法原则、普通法规则，法规还是实施方针），很容易"一叶障目不见泰山"：你专注于促使你写下这篇文章的那种情况——你通常对这种情况深有体会——而忽视那些你的建议可能同样适用的其他情况。这可能导致你的建议经不住仔细推敲。

例如，你对政府资助生育而不资助堕胎不满。你可能因此而建议制定一条新规定"如果政府资助一项与行使宪法权利无关的决定，那么政府也要为行使其他权利投资"；或者你可以简单地建议"如果政府资助生育，那也就必须资助堕胎"，并给出一个普遍性的主张作为正当性依据。但你可能未意识到这种普遍性主张会带来的后果——当政府资助公立学校的同时，它还得资助私立学校（因为那也是一种宪法权利）；在资助禁毒言论的同时还得资助赞成使用毒品的言论。

至少在归纳的最初阶段，你的论点是错误的，或者说还不够全面。但仅专注于你的核心案例让你无法意识到自己的错误之处。

避免这种错误的一个方法是从计算机程序设计中得到的灵感：测试组。测试组是一系列案例，程序员用它们来测试程序是否能运算出正确结果。一个用于计算程序的测试组在诸多其他案例之外，可能包括以下检测用例：

（1）测试 2+2=4。
（2）测试 3-1=2。
（3）测试 1-3=-2（因为对于正负数，程序的运作可能不同）。
（4）测试 1/0，得出错误信息。

如果所有测试案例都能得到正确结果，那么程序员就有把握认为这个程序能够正常运行。如果有一个得出了错误结果，那么程序员就要修正程序——并非放弃而是改进。这样的测试是软件设计开发的基本组成部分。例如，在进入法学领域之前，我就曾编写过一个电脑程序，用了 50 000 行测试组对 140 000 行代码进行测试。

我们可以用类似的方法来测试法律建议。在你提出某个特定的建议之前，你可以设计一个包含了你的建议可能会适用的各种情况的测试组。[1]

假设，你对仙人掌禁令[2]不满，因为它干涉了美国某些印第安人的宗教信仰。你认为，

---

[1] 例如，参见：Jennifer E. Rothman, *Freedom of Speech and True Threats*, 25 Harv. J.L.& Pub. Pol'y 283,336(2001)举了学生写文章时所用的这种测试组之一例。该测试组最终被写入了发表的文章中。

[2] 美国原住民认为仙人掌是一种"神"药，会产生一种精神状态，使其使用者感觉更接近上帝。但出于对仙人掌作为药物的精神作用，19世纪80年代到20世纪30年代之间，美国当局禁止了涉及仙人掌的美洲原住民宗教仪式。目前，仙人掌在美国五十个州被认定为非法物质。美国联邦法律目前依然限制宗教仪式使用仙人掌。该禁止会涉及是否尊重相关宗教团体的文化与信仰的问题。（译者注）

政府不应干涉这种事务，不应对宗教信徒施加这种家长式法律。那么，你就应该设计一系列包括了不同的家长式法律下赋予宗教豁免请求的测试案例。例如：

（1）由想帮助临终病人安乐死的医生或想得到医生帮助的患者提出的协助自杀禁令的宗教豁免；

（2）由想要自杀的身体健康的邪教成员寻求的协助自杀禁令的宗教豁免；

（3）要求喝马钱子碱（极端危险行为的一例）禁令的宗教豁免；

（4）要求对毒蛇的处理禁令的宗教豁免（不太危险行为的一例）；

（5）要求对不戴头盔驾驶摩托车的宗教豁免（不太危险行为，但不同于 3、4 项，为诸多非宗教信徒也有的诉求之一例）。[6]

概言之，一旦你提出一项规则，你就得通过将其适用于所有可能的情况来测试它，看看该规则能产生什么结果。

二、通过测试你的建议你可能有哪些发现

这种测试可以提供哪些信息？

（一）发现错误

你可能会发现你的建议导致的结果连你自己都认为是错的。例如，假设你最初的建议是刚才我们讨论过的那样：宗教异议人士一定不应受制于家长式法律。想想协助自杀的案例（上面列表中的案例 2），你可能开始怀疑自己的建议，并得出结论：不应该允许人们帮助身体健康的人自杀。这个建议是欠考虑的。

对此你能做些什么呢？

（1）你可能认为这个建议会产生错误的结果是因为它没有考虑到在某些案例中可能出现的相反关注——例如，特别需要防止人们自愿承受几乎必然的极其严重的伤害甚至死亡，而不是低度的受伤风险。如果这样，你可以修改进行测试的建议，例如限制其范围（把直接、严重、不可逆转的伤害设为例外）。

（2）另一个可能性是这种测试激发你提出新建议。在我们的例子中，认为仙人掌法案应有宗教豁免可以用另一条更好的规则进行表述。例如，通过测试案例，你可能会得出结论：你真正反对仙人掌禁令的原因是它确实不公正（仙人掌并不那么具有危害性），而非其家长式作风。

你或许稍后会提出一个新规则：无论这项法律是否有家长式作风，如果宗教行为不会造成任何伤害，法律就应当赋予宗教豁免。

（二）避免模棱两可

你可能会发现这个建议非常模糊。如果说这项建议的意思是"当信教者的宗教信仰价值高于政府保护人民的价值"时，提出异议的信教者应该豁免于家长式法律。在仙人掌法案里，这项建议能够让你满意，因为你很清楚政府保护人们不受仙人掌伤害的价值弱于宗教信仰的价值。

但是，当你将这一建议应用到其他案例中去时，你可能会发现这个建议对法庭提供的指导太少了，并且你可能会发现自己的想法错了。这就需要你清晰阐明自己的假设。

（三）发现意料之外的结果

你起初可能认为这个建议所得到的结果是错误的，但后来却意识到它是对的。例如，在将建议适用于测试组之前，你可能认为信教者也不应受到安乐死禁令的豁免。但在根据建议进一步思考这个问题时，你可能会得出结论：自己关于安乐死的直觉是错误的。

记住这一发现，并在你的文章中对此进行讨论：这有助于展现你主张的价值所在，你的建议所带来的结果虽然不符合直觉，但却是合理的。

（四）明确你的建议的价值

你可能会发现这个建议正好符合你所设想的结果。这使你对这一建议的合理性更有信心，并且它甚至提供了一些在文章中用得上的事例来说明这一建议的合理性（在第六章之三，46页，有进一步的讨论）。

三、完善测试组

如何为你的测试组加入好的案例？这里有一些建议：

（一）明确测试主体

测试组是用来测试作为论点之基础的法律原则的。有时论点本身就是一条原则：例如，如果建议是"对宗教应豁免于家长式法律之请求进行评估的适当规则是[如此这般]"，你可能需要可以适用这条规则的若干案例。

但有时论点只是对原则的适用：例如，"提出异议的信教者应当享有仙人掌禁令的豁免权"，该观点可能是建立在更宽泛和含蓄地描述何种豁免权的请求权应得到批准的原则之上的。这样一来，你就需要运用一系列案例来测试该基本原则。其中一个案例中应当涉及仙人掌禁令，但其他的则不涉及。

（二）使用真实的测试案例

每个测试案例都要具有现实性：它们都应该是可能发生的情况。无论是来自于法院的判决还是新闻报道，基于现实事件的案例很好。你不必精确还原现实事件，确有必要时还可以做细微改编——其目的是让读者认识到案件可能会按照所描述的方式发生，但不一定已发生。不过，你要确保任何改编都尽可能保持测试案例的现实性。

（三）引入著名先例

测试组里要包括这个领域的著名先例。这有助于你和你的读者确认你的建议与这些先例具有一致性，抑或能解释哪些著名的先例会据该建议被推翻。

（四）引入质疑的案例

起码有一些案例会质疑该假设。你要找出可能使假设得出不理想结论的案例，并将其加入到测试组中。持批判态度的读者（包括你的导师）总会考虑到这些案例。尽早考虑这些较为棘手的案例，若有必要，根据它们来修改你的假设——这比等你修改论文时再考虑这些案例而花费更多时间要好得多。

（五）案例要具有多样性

测试案例要有实质性的差异，因为它们的目的在于为一个观点提供尽可能广泛的测试。如果你在测试一个关于家长式法律的观点，你不能只关注药品方面的法律，或者只关注旨在保护儿童的家长式法律。你要考虑各种不同种类的家长式法律，每一种都选一两个不同案例。

（六）引入产生不同结果的案例

这些案例要能够得到不同的结果。例如，你提议的是判断某类型法律的合宪性的规则，你要找到一些你认为应当认定为违宪的法律，一些不违宪的法律，以及一些其是否违宪存在争议的法律。

（七）引入不同政治立场的案例

这些案例要尽可能多地涵盖不同政治立场下适用的事件和法律。比如你是一个自由主义者，你认为言论自由条款禁止政府资助基于倡议主张的项目。你已经拓展了这个观点，因为你之前认为政府不应被允许资助反堕胎的倡议，并且你的假设确实能在这个案例中实现你认为正确的结果。

但是对自由主义者可能会喜欢的宣传项目来说，例如赞成资源回收的宣传，或推进接纳同性恋的广告活动呢？如果测试组里有这些案例，这会很有帮助。也可加入普遍流行的项目，例如禁毒广告，或者小政府自由主义者可能会喜欢的项目，如尊重产权的宣传（如反涂鸦的宣传）。这些大量的不同案例能够帮助你了解到你的假设是否考虑周全合理，你是否会在深思熟虑之后否定自己的假设。

（八）引入牵涉不同利益和政策的案例

你要特别注意，从两方面来考虑政策主张和公私利益，并找一些与不同观点和利益都有一定关系的案例。例如，你在写关于如何用宪法权利来解释携带武器的权利，测试案例显然会主要集中在公民想自卫和政府想防止滥用枪支的情形中。

但在不是预防犯罪而是预防自杀或事故的法律中呢？对有的公民来说，这不仅关涉持枪权的问题，这也涉及隐私权的问题——例如，公民想隐蔽而不是公开地携带枪支，因为他们不想向每个人透露自己的行为，或者公民不希望自己拥有枪支或秘密携带枪支的执照作为公共记录公开呢？你要在测试组中加入这些涉及特殊问题的法律方面的案例。

第三章 写作战略

一、你的两个目标

在任何领域，要开展大型项目你都需要对目标了然于胸，并据以制定一个战略。学术写作的目标有二，即让读者确信：其一，你的主张是正确的；其二，更重要的是你的文章值得花时间去读。

二、你的关键论据

要达成你的目标，你需要认识并牢记你的关键论据——那些能够说服读者相信你的文章是值得一读的，且能够证明你的论点是正确、有创造性而重要的东西。很多东西都可以成为你的关键论据，兹举数例：

（1）直接或通过类比能支持你论点的先例；
（2）支持你论点的制定法或规定；
（3）支持你论点的经验事实；
（4）证明你论点很重要的经验事实；
（5）你所提假设的积极现实意义；
（6）你所批判主张的消极影响；
（7）引起读者注意并引发其阅读兴趣的历史发现；
（8）能够丰富读者思考且读者可以用来处理其他问题的有关先例、制定法、规定和理论；
（9）让读者觉得对其将来工作同样有用的你所提问题与其他问题之类比。

但这些论据不能太笼统，否则就平淡无奇了。"第六修正案"不能作为你的关键论据，即便你文章的写作离不开第六修正案。"批判种族理论"也不能作为你的关键论据。而另一方面，你的假设会受制于第六修正案或能得到"批判种族理论"的支持之原因却能作为关键论据。同样，你对"第六修正案"或"批判种族理论"的分析所提出的创见可以作为关键论据。

三、找出你的关键论据

你在思考、研究和写作时，怎么才能找出这些关键论据呢？

1. 找出你思考问题的核心

- 你为什么要相信自己所找到的答案呢？
- 是什么样的洞见说服你相信这个答案是正确的呢？
- 是什么说服你认为这个问题是重要的呢？

- 你在假设中发现了什么样的复杂含义呢？

你可能也愿意和朋友讨论你的问题。是什么引起了他们的兴趣？又是什么看起来能说服他们？

2. 找出你的案例的弱点

这个弱点对应于最强的对立论点。这些也有可能是先例、制定法、宪法规定、事实或者现实影响。它们是读者读你文章时可能提出的反对意见。

你对这些对立论点有何回应呢？既然有这些对立论点，那么为什么你还要相信自己的分析呢？每一个这样的回应一旦被你提出来并使其最为有力，就可以成为一个关键论据。

它不仅有助于强化你的主张、驱散读者的疑虑，而且有助于使你的论点更充分、更有深度和说服力。

3. 找出你文章的其他价值

还要问你自己，除了证明你的主张，你的文章还增进了哪些价值？对于那些对你的观点没有兴趣，或者可能不同意你观点的读者，你的文章有什么用呢？其用处可能在于：

- 你的结论对其他相关主题的意义，尽管你的结论是尝试性的；
- 在证明自己论点的过程中你对必然面对的混乱先例所进行的理论总结；
- 在你的研究中所发现的有趣历史事实；
- 在你的研究中所发现的有趣经验事实。

四、记录下你的关键论据

在你发现这些关键论据时把它们写下来。专门建立一个文件，以防止它们在你的研究笔记和文章初稿中被弄丢。经常回顾该关键论据列表，不断地予以充实。通过使其细节更具体、更有洞见、更有力度来对其予以丰富。

该列表就是你文章的中心。列表的内容越好，你的文章就越好。

五、运用你的关键论据

在你导论中提到所有这些论据。这样就可以向读者展示阅读本文有多大收获（第四章将进一步介绍导论写作。）虽然有一些论据写入导论可能太琐碎或太复杂，但注意尽可能将其纳入到导论中。

尽量以突出和例证这些论据的方式来架构你的文章。如果你对于你的分析如何能够影响其他主题有洞见，那么将其单列一部分讨论。如果有一些事实和理论发现一旦被读者看到，就可以改变他们对文章主题的看法，所以应尽量将其放在文章前面。

六、一个范例：理论性很强的文章

（一）提出关键论据

我们来将这些原则运用到一篇虚拟文章中。假设你提出法院下了一道禁令要求游行示威者停止展示堕胎产生的令人恐怖的胚胎。你进行文献检索时发现本领域的写作不多。你进行研究后发现：其他案例中人们有权展示这些形象或由于展示这些形象而曾经遭到逮捕或起诉。

你发现，授权这种禁制的法院以及支持这种禁制的政府官员出具了以下四条理由：

（1）这种形象会伤害看到它们的儿童；

（2）这些形象可能会分散司机的注意力，因而酿成事故；

（3）这些形象可能会激怒成年路人；

（4）这些形象可能会激怒路人，而这些人可能会袭击展示该形象的人。

你认为这些主张是不对的。你认为先例支持你的主张。你发现最高法院 1975 年在 Erznoznik v. City of Jacksonville 判例中撤销了禁止可以在公路上看到屏幕的汽车电影院放映包含裸体镜头影片的法律。这个判例反驳了论点 1、2 和 3，并且第 4 个论点让你感到吃惊，这是不可接受的"反对者的否决权"（heckler's veto）的论点，并且法院在大多数情况下（并非始终）也是反对的。

你还认为，除了该理论还有一个有力的理论基础来保护这种恐怖形象（不管你是否同意其信息）：你认为它们是堕胎公共讨论中的要素。

你怎么才能把这些有效地组织到导论中，或者整篇文章都围绕它来写呢？

（1）你的第一项论据可能是促使你写该文章的观察发现：恐怖形象是<u>宝贵的政治言论，一般都不能因为其内容而被禁止</u>。（我将为每一个论据的主旨加上下画线。）那对你是很有用的；我们在这里暂且不谈暴力视频游戏或其他娱乐形式（尽管它在宪法上也是受保护的）。

（2）现在我们来看，我们从反对论点当中能够提出何种论据。人们为何支持禁止这些形象呢？他们可能认为言论并不是真的那么有价值：或许具有过度煽动性或过于情绪化而不是理性论辩。实际上，如果你要论证支持、保护这种展示，你可能会不仅仅将它们与诸如移民、经济等详细论点进行对比。

要回应这些特定对立论点，就要问你自己：为什么那些真诚相信这些形象背后信息的人会认为它们不仅有价值，而且极为可贵呢？

一种答案是那些人叵能会认为这种<u>形象的恐怖反映了行为的恐怖</u>。他们认为堕胎是血腥谋杀，而恐怖的形象是准确而有效反映这种真相的最佳手段。他们会说，不管你是否同意，我们根据宪法第一修正案有权用这种方式来表达我们对道德真相的看法。

（3）诉诸感性而否定别人的观点如何呢？在这里，你同样可以把相反论点转化为一个关键论据。你会发现，1971 年的 Cohen v. California 案中，美国最高法院强调了感情表达的重要价值。（在该案中支持了科恩穿着写有"狗日的第一修正案"的夹克衫）：

Much new linguistic expression…conveys not only ideas capable of relatively precise, detached implication, but otherwise inexpressible emotions as well. In fact, words are often chosen as much for their emotive as their cognitive force. We cannot sanction the view that the Constitution, while solicitous of the cognitive content of individual speech, has little or no regard for that emotive function which, practically speaking, may often be the more important element of the overall message…

In the same vein, we cannot indulge the facile assumption that one can forbid particular words without also running a substantial risk of suppressing ideas in the process. Indeed, governments may soon seize upon the censorship of particular words as a convention guise for banning the expression of unpopular views.

总之，这种语言看起来更适合于恐怖形象，而不是简单的粗话。最高法院第一修正案判决保护那些采用"其他方式无法表达的感情"的语言。由于存在这样的价值："感情上的影响，从现实看来，经常可能是整个信息所意图传递内容中最重要的要素"——现在这就是你的一个论据。

（4）现在，让我们转向为了限制信息而提出的常见理由。首先，很多人发现这种材料具有侵犯性。但你有一个有力回应：最高法院的先例主张，言论不能仅因其可能会冒犯不愿意听的人就受到限制。你有 Erznoznik，Cohen 案以及焚烧国旗案等先例来支持你的主张。

（5）第二个理由在于有的人可能真的会因为听到（或由于他们的孩子会接触到这样的言论）并受到该言论的严重冒犯，而想袭击讲话的人。对此，用最高法院的其他先例来反驳：最高法院已经从总体上反对了这样一种观点——由于有"反对者的否决"，言论就应当被消声——除非它是针对某人当面进行侮辱，或者除非有理由认为该言论可能引发警察无法阻止的暴乱。

（6）但是，当你去研究反对者否决权案例时，你会发现：判例法中有关反对者否决权的理论并不像想象中那么清晰。在最高法院和下级法院都存在一些不确定性，尽管一般观点认为：不能因为讲话人会受到暴力袭击就禁止某种言论。

不要去试图掩盖，相反，将讨论反对者否决权案例的机会加进去，并解释为什么你的观点更好。那有助于使你的文章更有意思、更精妙并更有说服力。事实上，在导论中应当强调这种复杂性，以展示你文章的价值可能远远超越恐怖形象争议。

（7）第三个理由是有的司机可能会被巨幅的彩色恐怖宣传画分散注意力。司机或许会被激怒或感到恶心，或者他们的眼睛不看路而是去看宣传画。用你关键的论据之一 Erznoznik 案的详细阐述来进行反驳：Erznoznik 案反对了巨幅彩色移动的裸体画像或其他绘制品可能会分散司机注意力的论点。

（8）这里同样可能比乍看起来的问题更复杂。最近的判例（例如 City of Renton v. Playtime Theatres）似乎暗示了：根据"副作用"理论，出于对可能分散司机注意力之担心而对某些标志内容的限制是中性的。你认为那不正确，那这里你也应当讨论为何分散司机注意力的主张应当受到更全面的对待，并且解释为什么你的观点是正确的。

（9）第4个理由：有些儿童可能会被看到的恐怖画面吓住。的确，最高法院曾经判决：政府应当限制那些本来受宪法保护的与性有关的材料以防止儿童看到。但是在 Erznoznik 案中判决政府不应当限制防止儿童接触纯裸像的言论。最近的暴力视频游戏案 Brown v. Entertainment Merchants Association 判定：政府不能够限制言论以保护儿童不受暴力描绘的侵扰。

（10）这里有一些支持你理论要点的事实：一些仅有十二三岁的女孩就不得不决定是否堕胎。年纪不大的男孩和女孩对有关堕胎的观点可能会影响他们是否（以及如何）进行性行为。或许他们之间不应该发生性行为，通常同他们发生性行为也是一种犯罪行为。但关键问题是年纪不大的十几岁的孩子，甚至是不到十岁的孩子有时候会有性行为。

在这个方面对未成年人（至少对于十多岁的人和十岁以下的儿童）有关堕胎的言论尤其重要。实际上甚至比普通的政治决定言论更重要，如果政治决定言论要付诸行动必须要等到他们年满十八周岁。

（11）到目前为止，我们还没有谈论你的主张在实体上的强度。但要记住不仅要说服人们相信你的论点是正确的，而且要让他们相信你的文章是值得一读的，你写的内容是重要的。

你的读者可能会认为，这种对于反对堕胎言论的限制是极为罕见的。我们经常听到的是限制堕胎诊所外的言论、诽谤法律诉讼、竞选募资言论限制等。但我们很少听到对恐怖形象的禁令。实际上，有的人会认为，显然，禁止展示恐怖图像是基于内容的限制，是违宪的，而他们听过的有关接受这种限制的判例都是孤立而异常的。

在这里，你又可以把看起来比较薄弱的论点强化：你的研究已经向你展示<u>这个问题出现了十多次，法院支持限制这样的言论至少有多次</u>。这个数量不算多，但依然有助于显示该问题是真实的，是值得阅读的。

（12）还有一个潜在的弱点是：你的很多读者可能都不愿意听到反对堕胎的信息，他们有可能对第一修正案保护这样的信息没多大兴趣。但你可能认为不应该这样。我们对于保护我们完全不赞成之观点和我们认为是正确或至少可能是正确的观点之言论应当同等关注。但较之于站在对立面的说话人，更加关注站在自己一边的说话人是人之常情。

将弱点变为强项。你能否找到其他言论可能会引起同样的敌意或者同样涉及第一修正案之论点的例证，就像堕胎的胚胎形象那样的呢？结果你是能够找到的。

<u>已经有限制动物被杀戮或被虐待的恐怖图像之努力</u>。虽然这种努力已经变得很罕见，但如果限制反堕胎恐怖图像得到支持，那这种努力就可能会更常见。强调这一点有助于向读者展示这些限制实际可以适用到广泛的言论上去。

（二）围绕这些关键论据来修改你的导论

下面是将这些论据放到你的导论中的方法。方括号中的序号（如[1][2]……）标明了前一节中哪个论据得到了运用：

In recent years, government officials and citizens have often tried to restrict the public display of "gruesome images" of aborted fetuses.[11] Several court decisions have agreed that such displays can be restricted.[12] People have likewise tried to stop animal rights activists from displaying gruesome images of animals being harmed.

[1] Yet content-based restrictions on this sort of political speech are almost always unconstitutional. And that doctrine is especially apt because gruesome images have long been important to political advocacy—[12], not just anti-abortion and animal rights advocacy, but anti-slavery, anti-lynching, anti-war, and pro-war advocacy as well.

[2] Gruesome images, advocates believe, simply show the gruesome reality. The reveal what is otherwise deliberately hidden, and in the process illuminate what their backers believe, （rightly or wrongly） to be deep moral truth.

In the words of Cohen v. California（there, said in the context of offensive speech）, gruesome images convey what is "otherwise inexpressible."[3] And though such images primarily appeal to emotions, the First Amendment firmly protects the "emotive function" of communication, "which, practically speaking, may often be the more important element of the overall messages ought to be communicated."

Restrictions on such images are usually defended on four grounds: (1) preventing violent reactions against the speakers, (2) preventing offense to passersby, (3) preventing distraction of drivers, and (4) shielding children.[5]But courts have generally rejected the "heckler's veto"argument for restricting speakers based on the fear that they would be criminally attacked by the would-be vigilante and censors.

[4] Courts have likewise held that people cannot be shielded in public places from offensive political speech. [7]And the Supreme Court has generally rejected content-based restrictions on supposedly distracting speech. All signs are intended to attract the viewer's attention, which necessarily means distracting the viewer from other matters. Allowing the government to suppress signs with a particular content poses too grave a risk of discrimination that actually stems from the viewpoint of the speech, and not its distracting quality.

[9] Courts have also generally rejected content-based restrictions aimed at shielding children from supposedly harmful materials, at least setting aside pornographic material (which the Supreme Court has long treated differently). Indeed, the Court has recently held that children cannot be shielded from supposedly harmful violent video games. And as early as 1975, the Court struck down an ordinance that banned the display of nudity on drive-in theater screens that could be seen from public roads. The Court rejected the arguments that the ordinance was needed to prevent harm to children, offense to passersby and distraction of drivers.

These precedents should similarly protect supposedly harmful anti-abortion images. [10]And that is especially so because, unfortunately, many young teenagers and even pre-teenagers are having to decide whether to get abortions, and whether to engage in sexual conduct that may lead to their wanting an abortion. Speech about abortion that is visible to children is thus even more important than speech about, say, whom to vote for in the next election.

This article will begin (in Part I) by showing how important gruesome images have been throughout American history, in many circumstances beyond the anti-abortion movement, and how the emotive function of such images merits full First Amendment protection. Part II will then explain the various ways that gruesome images have been restricted, whether through injunctions, criminal prosecution, or threat of arrest.

Part III will discuss the justifications offered for restricting such images, and explain why those justifications are unsound. [6]In the process, it will summarize the surprisingly complex lower court caselaw on the "heckler's veto" doctrine. [8]And it will also explain why selective restrictions on certain speech that allegedly especially distracts drivers cannot be reframed as content-neutral restrictions on the "secondary effects"of speech.

七、另一个范例：有更强历史性和理论性观点的文章

这里有一个略微不同的范例。这篇文章有更多的历史和理论色彩，论点主要是规范性主张，很复杂，并且很难在文章的导论中进行阐述。（与前一个例子不一样，上篇文章依靠了少数几个主要的先例，这篇文章试图总结最高法院的十几个判例。）因此导论在开头简要地解释

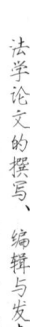

了文章最重要的实践性关键论据,也就是文章致力于提出一个出人意料、少有研究的第一修正案之例外的全面性理论规则:

> Since 2006, the Supreme Court has been reviving along-dormant and little-defined First Amendment exception: the exception for "speech integral to criminal or [tortious] conduct." The leading case cited as support for that execution, Giboney v. Empire Storage & Ice Co. (1949), hadn't been cited by the Court at all from 1991 to 2005. Since 2006, the Court has cited Giboney six times, "Speech integral to criminal conduct" is now a standard item on lists of First Amendment exceptions.
>
> The Court has used this exception to justify prohibitions on distributing and possessing child pornography, on soliciting crime, and on announcing discriminatory policies. Lower courts have used it to justify, among other things, restrictions on speech that informs people how crimes can be committed; on doctor speech that recommends medical marijuana to their clients; on union speech that "retaliates" against union members by publicly criticizing them for their complaints; and on intentionally distressing speech about people. Government agencies have used the exception to justify restricting the publication of bomb-making instructions, offensive speech by protestors near a highway, and more.
>
> The Court has offered "speech integral to [illegal] conduct" as one of the "well-defined and narrowly limited classes of speech" excluded from First Amendment protection. But if this exception is indeed to be well-defined and narrowly limited, courts need to explain and cabin its scope. This Article—the first, to my knowledge, to consider the exception in depth—aims to help with that task.

然后文章的导论转向了兴趣各异的读者——他们都可以从文中读出各种有价值的洞见。首先,对对历史有兴趣的人:

> In the process, the article observes several things, both about the current state of law and how it involved:
>
> 1. The "speech integral to [illegal] conduct" exception, though largely dormant during the late early Burger Court and the Rehnquist Court, was very important in the early decades of free speech law, and had roots going back to the 1910s. The Court saw it as connected not just with the law of solicitation and conspiracy, but also the law of fighting words and threats. The limits on what constitutes punishable incitement, from the Holmes and Brandeis post-World War I dissents to Brandenburg v. Ohio and NAACP v. Claiborne Hardware, were attempts to chart the boundaries of this doctrine.
>
> 2. This exception was also central to Justice Black's (and, to some extent, Justice Douglas's) supposedly "absolutist" vision of the First Amendment. Justice Black's distinction between conduct and speech was closely linked to the view that some speech that causes or threatens illegal conduct should itself be treated as a form of conduct.
>
> Indeed, though Justice Black and Douglas famously rejected First Amendment exceptions for obscenity, libel, and incitement, they had no problems with exceptions for fighting words, solicitation, and threats. The "integral to [illegal] conduct" exception helps explain that position.

3. And the history of the exception also helps explain its revival during the Roberts Courts. Over several cases, Chief Justice Roberts and Justice Scalia have been articulating a vision of the First Amendment in which the exceptions to protection are not the product of "categorical balancing" by the Court, but are rather supposed to be found in history and tradition.

Given this, the Justices have to answer a question: how to explain existing exceptions that the Justices do not reject, but that (unlike, say, libel, obscenity, fighting words, and incitement) lack a solid historical provenance? This is a similar question to the one the Justices Black and Douglas had to answer: How to explain existing exceptions that those Justices did not reject, but that look like they should

be rejected under their absolutist test? The answer Justice Black gave is that the "speech integral conduct" doctrine left room for such exceptions.

The Court is now returning to that same doctrine, armed with that doctrine's historical authority, and seeking the same thing: an umbrella that can cover restrictions on speech such as child pornography, solicitation, threats of discrimination, and the like. Labeling such speech "conduct"-or, as Justice Douglas tended to call it, speech "brigaded" with conduct-helps avoid (or, in the view of cynics, conceal) more thorough going balancing.

现在导论转向了这个理论如何能够吻合于有关何者应当是第一修正案的恰当理论基础的学术争论。并非所有的读者都对这些理论问题感兴趣，正如并非所有的读者都对历史论点感兴趣。但很多人有兴趣，因而值得告诉他们本文对他们可能有用：

4. But the "speech integral to illegal conduct" doctrine—together with its links to the threats and fighting words exceptions—was not just convenient safety valve to protect what would otherwise be an excessive absolutism. Rather, it is consistent with a particular understanding of free speech, which one might call a "rule-of-law freedom" model of speech.

Under this model, people have to be free to advocate for changes in the law, the economy, and society, and to use social and economic pressure to push for such changes. But people must comply with valid laws that regulate nonspeech conduct. And they must also avoid speech that helps cause illegal conduct, or that threatens to commit illegal conduct.

Given that speech sometimes both constitutes advocacy of social change and helps cause illegal conduct, the question is where the rule of law calls for the line to be drawn. In many ways, that was the question that the Court during Justice Black's tenure was facing, and that Justice Holmes was struggling with in his shifting free speech votes from 1911 to 1927.

然后导论又转向了理论观点（也可以将其放到更靠前的部分）：

5. The Giboney opinion and the ones that followed it, especially in the 1950s, were not clear in their scope. What is unsurprising, since the Court was just beginning to develop free speech doctrine then, and since the more libertarian Justice Black wing of the Court was struggling at the time with the more pro-restriction Justice Frankfurter wing. And precedents since the 1960s have cut back on some of the broader implications of Giboney and its earlier progeny.

6. Give all these precedents, the best understanding of the "integral to illegal conduct" exception is this:

(a) When speech tends to cause, attempts to cause, or makes a threat to cause some illegal conduct (illegal conduct other than the prohibited speech itself)—such as murder, fights, restraint of trade, child sexual abuse, discriminatory refusal to hire, and the like—this opens the door to possible restrictions on such speech.

(b) But the scope of such restrictions must still be narrowly defined, in order to protect speech that persuades or informs people who will not engage in illegal conduct. That some category of speech has historically been unprotected, because it causes or threatens illegal conduct, does not tell us where the boundaries of the exception should be drawn. The history of the incitement and fighting words doctrines, for instance, shows the Court's narrowing of the historically unprotected zone (as the Court has done with regard to some of the historical exceptions aren't tied to other illegal conduct, such as the obscenity and libel exceptions).

In a sense, then, the Giboney doctrine should be seen less as a single exception than as a guide to generating other exceptions. For instance, Giboney cited cases authorizing punishment for advocacy of illegal conduct and for insulting speech as involving speech integral to illegal conduct. But while the risk of illegal conduct posed by such speech has indeed led the Court to recognize First Amendment exceptions (for incitement and for fighting words), the Court has been careful to define those exceptions narrowly, to protect potentially valuable speech.

Likewise, the child pornography exception has been explained as an application of the Giboney principle, because distribution and possession of child pornography helps cause criminal production of child pornography. But there too the Court has made clear that not all speech that creates a market for criminally obtained speech (for instance, for unlawful interception of cell phone calls) is constitutionally unprotected.

但文章却提出了一些有微妙区别的理论。因此导论分别予以讨论，以便读者能从各方面看到文章对他们的有用之处：

7. On the other hand, the Giboney doctrine can't justify treating speech as "integral to illegal conduct" simply because the speech violates the law that is being challenged. That should be obvious, since the whole point of the modern First Amendment doctrine is to protect speech against many laws that prohibit such speech. Yet many lower courts have indeed used Giboney that way, for instance to uphold laws restricting professionals'(such as psychotherapists')speech to their clients.

Giboney has thus become, at times, a tool for avoiding serious First Amendment analysis—a way to uphold speech restrictions as supposedly fitting within an established exception, without a real explanation of how the upheld restrictions differ from other restrictions that would be struck down. Understanding the limitations on the Giboney doctrine is critical to avoiding such misuse of Giboney.

8. Relatedly, Giboney can't justify treating speech as "integral to illegal conduct", even when the speech violates a law that equally forbids both conduct and speech (usually a law that bars conduct that produces, is intended to produce, or is likely to produce a certain result). The Court has recently made clear, in Holder v. Humanitarian Law Project, that even generally

applicable laws are subject strict scrutiny when they apply to speech because of the harm assertedly caused by its content. Moreover, when Giboney was decided, the Court has already so held in several other leading cases—and continued to do so in many leading cases between Gilboney and Holder.

I am not a fan of the "speech integral to illegal conduct" exception, but it seems to be here to stay. The question is what it does, and should, cover.

第四章 导论的写作

一、导论的作用

一段易懂、有趣的导论是文章成功的关键。导论有三个主要功能：其一，吸引读者阅读；其二，把你的基本观点展示给不愿读完全文的读者，使之遇到有关你观点的问题时能回想起来，再回过头来阅读；其三，为继续阅读的读者提供一个解释下文内容的框架。为了实现这三个目标，导论必须做到以下四点：

（1）具体揭示存在的问题；
（2）阐述观点；
（3）表述关键问题；
（4）迅速而有力地实现上述三点。

我们已经在第三章第六节中讨论了一下导论。这里我们将更详细地阐释。

二、说服读者

同大多数其他的法学写作一样，法律评论的文章（及其导论）都是一种说服性写作。

当然，法学学术研究相比法律辩护更应秉持公正。它应当建立在你对正确答案的诚实评价的基础之上，而不是建立在客户需要你说什么的基础上。必须要承认对立论点的存在以及你论点的其他局限性，这不仅仅是为了保持你文章的可信度，也是作为学者的一种学术诚信（参见第二十七章第二节，231 页）。如果你用公允而不那么具有偏向性的口吻来写作，效果会更好。

但从根本上来说，法学学者的写作依然是说服性写作：

（1）一旦你确认发现了正确答案，你就必须说服读者相信这是正确答案。
（2）你必须说服读者相信，你的文章是有价值的（或者就像第一章第五部分注释中所讲的，尽管你的主张有局限性，但依然是有价值的）。
（3）你必须说服法律评论的编辑相信你的观点有新颖性和创造性，以便他们接受发表你的文章。如果你也能说服其他读者相信这一点，让他们进行阅读，并接受所阅读的内容，也是有益的。
（4）广而言之，你必须说服读者相信文章是值得他们花时间和精力来阅读的。

本书的大部分剩下的内容都将把关注点放到这种说服技巧上。

清晰、有力、精准，所有这些在很大程度上都很重要，因为它们有助于你说服读者继续阅读并接受所阅读的内容。

三、具体揭示存在的问题

你的导论应该让读者感觉："哇！我要读下去。"获得这种反应的最佳做法是：提出一个亟待解决的重要且有趣的问题。这可以是一个描述性问题（如：这项法律是有效的吗？这条法律规则是怎么来的？）或者是一个规范性问题（如：这种情况下应当怎么办？）无论如何，你要说服读者相信自己应该花时间来阅读该问题。

最重要的问题都应该是具体问题。不要只用"法律不公正或具有压迫性"，"忽视执行成本"或"执行上的困境"这样的笼统表述。给出具体例子，真实案例也好，虚构案例也罢，以此来说明法律为何会没有成效。让读者产生"真有意思，看来该领域的法律确实不完善"或"我想知道正确答案"的想法。

这当然就涉及证明你主张的实用性（参见下文），但导论本身就非常重要：它能吸引人们阅读你的文章。

四、阐明论点

导论需要言简意赅地阐明你的论点，简要地展示其创新性、独特性以及实用性。告诉读者可以期待什么，并且向他们展示：你的文章会通过发现和解决问题做出有价值的独创性贡献。

特别注意"言简意赅"。导论需要言简意赅。它应该使读者想要进一步阅读，它应该简洁并且让人容易记住你的基本观点，以及其他你在文中提到的有趣的结论，甚至对于那些仅仅只想阅读你的导论的读者也如此。

展示文章新颖性和独特性的最佳办法是委婉简述你的论点和论据，令读者产生"我从来没有想过这点"的想法。但是，如果你认为人们有可能会误以为你的话题已经得到了充分讨论、你的观点已经有其他人提出来了，你就可以明确指出"奇怪的是，鲜有学者考虑过（该问题）。"

实用性最好也通过委婉的方式来表达。"这一点很有用"，这种表述对增加你论点的说服力没什么帮助。相反，正确的做法是在你的导论中尽量清楚地总结你的重要发现，以及它们可能的现实或理论意义。

五、锁定关键问题

每部法律都影响重大。理想状态下，无论你如何呈现问题，理性的读者对法律的判断都是相同的，因为他们会考虑到所有影响因素。但实际上，你的表达方式（你向读者呈现问题的方式以及如何将其注意力引向特定方向）非常关键。

设想一篇有关枪支管控的文章。严肃地考虑枪支管控的问题要涉及许多方面：每年有成千上万的人死于枪击；当警察不能够及时赶到犯罪现场时，身处险境的人需要用枪支来防身；特别是要关注妇女，没有枪支，其自卫能力很弱，而她们又是某些特定犯罪的受害者。法律规定了持有与使用枪支的权利，但是由于对枪支在自卫上的作用存在不确定性，宪法第二修正案和各州对枪支的有效管控也存在不确定性。

无论你的立足点如何，你的文章都会面对所有这些问题。因此，用何种言辞表达这些问题很重要。如果你以"2006年，美国有将近13 000起枪击案件"[7]开篇，并贯穿全文，读者就更可能从这个角度去看待所有证据。如果你开篇即强调"警察遥不可及，每年成千上万甚至数百万人要用枪支来防范犯罪行为"，[8]读者可能就会从不同的角度去看你的论据。

你要在导论里构建起基本框架，使中立的读者吸收和同意你的观点。写作时必须谨记这点！

六、迅速而有力地做到上述要点

导论的前几句话就可以让读者决定是否继续往下读。不要用他们熟悉的或笼统的话来开头，应当以某些具体的表述迅速传达你的观点。

例如，我曾经草拟过这样一个导论（我已经对每个句子编上号，便于讨论）：

[1]竞选言论一直是学者和评论家中的一个有争议的话题。[2]人们非常关注最高法院对Buckley v. Valeo案中个人开销、捐款和使用的处理。[3]国会最近对竞选筹资改革的审议提供了一个理想的机会来重新审视1976年最高法院关于限制联邦竞选活动对言论自由的影响。

[4]本文简要讨论了这种对个人言论限制的影响，媒体对言论的不当对待，以及2000年Nixon v. Shrink Missouri Government PAC案判决中最高法院若干大法官所出具的理由。

[5]让我先谈一个具体情况。[6]想象你对一个特定候选人就某事的立场感到愤怒。[更具体的细节如下，旨在表明你有花钱来表达你对该候选人的看法的权利，这是第一修正案赋予你的基本权利。]

……

前两句对于不熟悉该领域的人来说都非常浅显，第三和第四句不那么简单了，它指出了文章的主题，但却沉闷乏味。第五句也一样。

只有第六句——"想象你感到愤怒"——引人注目。它提出了比概括更有趣的具体情境，同时迅速为核心论点打下基础：你有权花钱来表达自己的观点。

用这句话开始你的导论，不要把它藏在五句笼统的话之后。如果你依然想写一些更概括的观点，那就在你成功引起读者注意之后再写。

七、开始导论的多种方法

最后，这里提供一些开始导论的好方法。这些并非是唯一的选择，但它们通常是有效的，并且可以对前面所提及的方法进行一定说明。

1. 从你试图回答的具体问题开始

从你试图回答的具体问题开始导论，例如：

政府可以采取何种措施来阻止它们认为的邪恶和危险的言论呢？商界、团体或者个人又应当采取何种措施呢？……

这说明文章是写什么的，也展示了这篇文章的实用性。因为大多数读者很快就会明白这些问题都是很常见的。后面的语句使之更具体，并使文章的实用性更明显。

可能存在的问题是："邪恶而危险的言论"的定义是模糊的，你必须确保后文中有具体的例子或者以这个例子来开场。("政府可以采取何种措施来阻止它们认为的邪恶和危险的言论,例如,偏执、鼓动革命、煽动暴力的言论?")

以下是开始这篇导论的反例:

言论自由是美国民主结构(fabric)的重要组成部分。毫无疑问,大量的言论不能被政府禁止。在勃兰登堡诉俄亥俄州案中,法院认为,即使宣传暴力也不应受到限制,除非这种宣传旨在并且可能引发即刻的暴力行为。

然而在某些情况下,对邪恶和危险言论的一些反应按理说(arguably)是适当的。可能值得考虑的是政府官员和其他人是否可以采取一些步骤来阻止这种言论……

第一句以陈词滥调开场;第二句表述了一些众所周知的内容;第三句总结了大多数读者都知道的法律规则,而即便是不知道的读者也不会通过读这种文章来学习这些。

第四句提出了问题的核心,但不够直接且用词浮夸("arguably"这个词将在本书第82页讨论)。第五句是整个导论中第一次提及主题,但它也没有向读者点明这就是主题。我还见过更糟的:一篇写到第5页都未提及主旨的文章。

你可能寄希望于读者会读到第五句,然而他们会略读。有些读者即使读到了这一句也不会意识到它已点明主旨。有些人会因为文章有"兜圈子"的迹象而失去兴趣。因此,别那么笼统,尽早清晰具体地阐明你的观点。

2. 以具体的例子开始

引导人们去设想一个具体场景,让人们想知道"如何解决这个问题?"例如:

某些言论所提供的信息让人很容易犯罪或侵权。考虑一下:

(a) 教授如何制作炸弹的教科书。[每个范例都加了脚注注明该问题所涉判例或者事件]

(b) 为了写实,与上述内容相同的惊悚或神秘的小说。

(c) 一篇关于如何对加密的有著作权的材料进行解密的网站或科技文章。

(d) 报纸披露了犯罪案件中证人的姓名,使犯罪分子很容易威胁或者杀害该证人……

这些案例都不是煽动性的:这些言论并不是在鼓励读者去违法犯罪。然而,这种文章可能为那些已经有犯意的人提供犯罪信息,这类文章应受言论保护吗?

这同样迅速向读者传达了主旨,并通过合理且具体的例子:(a)使主旨更清晰而不抽象;(b)表现了文章的实用性。这些例子一眼看来似乎各不相同,但把它们放在"使人们更容易理解犯罪与侵权行为"的标题下,就能发现它们的相似之处。该文在新颖性、创造性和实用性上的贡献就在于展现了这些相似之处。

3. 以讲故事开始

如果你想以讲故事开头,要确保这个故事是生动的。

波比·雪莱是一个不忠的诗人。他与哈丽特·韦斯特布鲁克结婚时,后者16岁。但三年后,抛弃了她而与玛丽·沃斯通科福特·戈德温结婚。当雪莱离开哈丽特时,他们的女儿只有一岁,哈丽特还怀着他们的儿子。

两年后的1816年,哈丽特投水自尽。当雪莱决定自己抚养孩子时,哈丽特的父母拒绝将孩子交给他,雪莱于是与之对簿公堂。虽然,根据当时的英国法律,父亲拥有几乎绝对的权利,雪莱还是成为英国历史上首批失去子女监护权的父亲之一。

雪莱也是一个公认的无神论者。而法院主要依据其信仰而不是他的不忠或不可靠，剥夺了他的监护权。雪莱不应该负责孩子的教育，大法官解释道：雪莱信奉无神论和性自由，并会对其孩子灌输同样的价值观。二十年后，约瑟夫·斯托利大法官也写道：一个父亲因"信奉无神论和性自由"可能失去其监护权。

雪莱的情况可能看起来像另一个时代和地域的东西。事实证明，时间和地点居然是2005年的密歇根州，一个现代雪莱可能被剥夺监护权，部分依据是他"不定期参加教会活动，并提出没有证据表明他会带上[自己的孩子]参加宗教活动、或者遵守教规的意愿或能力"。而在1992年南达科他州，除非孩子的父亲"同意向法院出具一份有关他将如何开始[为孩子]提供某种学习宗教思想教育的机会的计划"，否则他有可能坐牢。

在2005年阿肯色州，2002年佐治亚州，2005年路易斯安那州，2004年的明尼苏达州，2005年的密西西比州，2006年的纽约州，2005年的北卡罗来纳州，1996年的宾夕法尼亚州，2004年的南卡罗来纳州，1997年的田纳西州和2000年的德克萨斯州，情况也如此。2000年，密西西比州最高法院要求一位母亲每周带她的孩子去教堂，认为"[儿童]的最佳利益是接受定期和系统的思德训练"；在1996年，阿肯色州最高法院也要求如此。部分原因是每周到教堂，而不是每两周才去，对孩子的"道德教育"更好。

这样写是有风险的：开头的三段通过讲述一则发生在19世纪英国的故事引入一篇关于现代美国法的文章。这使一些读者非常震惊，并展示了文章切中时弊：直到今天，美国一些法庭仍然更倾向于信任有宗教信仰的父母——这在第四段中有所提及。在这种主题下，稳妥的开篇方式可以是：

在全国各地，从密歇根州到密西西比州，再到宾夕法尼亚州，儿童监护权判决往往有利于更有宗教信仰的父母，或更经常上教堂的父母。我认为，这一般违反了"宗教自由"和自由言论条款。一般不应允许法院考虑父母的宗教信仰，即使将其作为最佳利益分析的一部分考量……

或者：

在全国各地，从密西西比州到密歇根州，再到宾夕法尼亚州，儿童监护权判决往往有利于更有宗教信仰的父母，或更经常上教堂的父母。例如，有法院指责父母，其"不定期到教堂，且没有任何证据表明其有任何意愿或能力与[孩子]一起参加宗教活动"。例如，有的法院要求父母去教堂，才赋予父母监护权，除非其"同意向法院提交一个计划，说明其将如何为[儿童]在[其]被监护期间，提供思想上的机会来学习教义。"

另一方面，雪莱是一个著名诗人，涉及著名历史人物的事例会比较有趣。这个故事非常戏剧化，充满背弃、自杀等元素，以及《弗兰肯斯坦》的作者（波比·雪莱）的一段情感史。这个故事通过引导读者思索"不幸且守旧的思维方式是怎样的"来说服读者，并且进一步提出这种思想现在仍然存在（"雪莱案看来仿佛发生在另外一个时代和地域，然而它却发生在2005年的密歇根州……"）。

这个故事是相当生动的，可以使读者持续关注三段。同时它也很切题，有助于阐述问题和说服读者。如果你有一个生动、具体而且不是老生常谈的故事，讲故事可能是一个开篇的好办法。

4. 以生动具体、能够说明你观点的假设开始

你也可以从生动具体的或者你试图进行对比的一系列假设开始。

四个女人命悬一线。

爱丽丝已经怀孕七个月,怀孕威胁她的生命;医生估计她的死亡概率为20%。她的胎儿长期以来一直存活,所以爱丽丝不再有 Roe / Casey 案规定的按需堕胎的权利。但是因为她的生命处于危险之中,她有一项宪法权利:通过请医生终止妊娠来拯救自己的生命。即使怀孕只对她的健康构成严重威胁而不危及生命,她也有权进行治疗性堕胎。

一名男子闯入凯瑟琳的家。她相当担心他可能杀她(或者严重伤害、强奸或绑架她)。正如爱丽丝可以通过杀死胎儿来保护她的生命,凯瑟琳可以通过杀死攻击者来自卫,即使攻击者并非在道德上有罪,例如,如果他是疯子。凯瑟琳有权自卫,即使承认这一权利可能让一些人使用虚假的自卫要求来逃避谋杀罪。

艾伦身患绝症。没有经过验证的治疗能拯救她。实验性药物治疗似乎是安全的,因为它已通过美国食品药品监督管理局(FDA)的第一期测试,但联邦法律禁止临床试验以外的治疗,因为它没有被证明通过第二期试验为有效(并进一步检查安全性)。尽管如此,2006年华盛顿特区巡回法院合议庭在 Abigail Alliance for Better Access to Develop mental Drugs v. Von Eschenbach 案中的裁决撤销了原禁令,现在正在接受全庭审查,将保障艾伦通过请医生开展治疗以拯救她生命的权利。

奥利维亚快要死于肾衰竭。肾移植可能会挽救她的生命,正如堕胎会拯救爱丽丝,致命的自卫可能拯救凯瑟琳,一个实验性的治疗可能拯救艾伦。但是,联邦政府对器官买卖的禁令严重限制了肾脏的获取,因此,奥利维亚必须等待捐赠肾脏多年;在她得到捐赠前,面临20%的死亡风险。不对货物或服务给予补偿使它们难以获取。如果只允许医生们免费地进行堕胎或实验性治疗,爱丽丝和艾伦将面临更大危险。如果武器只能捐赠,凯瑟琳很可能不能用枪或刀来保卫自己。同样,奥利维亚保护自己生命的能力被器官买卖禁令所削弱。

我的主张是,所有四个案件都涉及个人推定的自卫权——在凯瑟琳的案件中称为"致命性自卫权",我在其他案件中称之为"医疗自卫权"……

这同样是有风险的。第一,(不计算导语)作者的主张到第五段才被提到;第二,前两个句子描述的是众所周知且无争议的理论。那就是作者的目的:设计两个无争议的例子,这样一来,作者可以辩称:后面的两个例子与前面的例子类似。但不耐烦的读者可能不高兴,因为前两个段落都在讲耳熟能详的东西。

然而,在第三段,作者的主张就已清楚地埋下伏笔:"用药物保护生命"和"用堕胎和致命的自卫保护生命"之间已经进行了对比。如果前四个段落所作的类比是有力的,那么它就是阐述文章主旨的最佳方式,让读者一开始就用作者的类比来看问题。

顺便说一下该导论没有写的东西:它没有铺垫性描绘实体正当程序、抽象讨论法院与悲剧性选择;也没有写法院有时必须以反民主程序的方式捍卫重要的基本权利。

相反,它从对理解文章主旨至关重要的两个具体假设开始,之后很快就跳到文章试图解决的两个争议上。对所有这些何以能与宪法未明确列举权利相协调进行全面讨论的内容应该放在文章的某个部分,但不应放到导论开始处。导论的目的是向读者迅速传递本文会增进哪些特殊价值。

5. 以解释争议开始

如果你的文章从既有的争议出发,你可以从列举争议开始,通过大量细节展示你的贡献。

这个方法的弊端是，除非阅读多个段落，否则不容易理解你的贡献，但潜在的好处是，你的贡献的重要性在随后将体现得特别清楚。以平和的语气来列举争议，读者在对待你的主张时就会有更好的反应。

例如：

第二修正案规定"一支管理良好的民兵队伍，是捍卫free state之安全所必需的"。"人民持有和携带武器的权利不受侵犯。"但在建国那一代人看来何谓"free state"呢？

有人说这是指"联合起来不受联邦压迫的状态"。正如一位华盛顿巡回法院的法官所言，"该修正案是为了回应联邦政府控制的国家常备军对'各州'（'State[s]'）自由的威胁而起草的"。

这种解释倾向于支持第二修正案的权利为州权，并且凭直觉这可能是依据最充分的观点——毕竟，"State"出现在文本中，似乎指的是每个州的需要和利益。该解释会认为，该权利只为各州明确遴选为其防御力量的人，也许是各州征募的国民警卫队。并且，它认为修正案不适用于州以外，例如，哥伦比亚特区："哥伦比亚特区不是第二修正案意义上的一个州，因此就不适用第二修正案"。

但是，如果"free State"被理解为意味着"摆脱专制的自由国家"，这将倾向于支持修正案的个人权利说。"人民的权利"（"[T]he right of the people"）将更容易被理解为是指人民作为自由人的权利，即使该权利的公共利益说也有合理性，如同第一和第四修正案中的"人民的权利"一样。无论其是否被州征募为防御力量，都享有该项权利，因为权利不限于保持各州独立于联邦政府，它将适用于所有美国人，包括各州的人或华盛顿特区的人。

我们看到一个类似的争论，从詹姆斯·麦迪逊的原始提案，最初的提法是"security of a free country"到最终变成了"security of a free state"。一些人认为，改变是朝向州权利的一个故意的实质性转变，其以宪法用"state"一般都指的是州之联合（state of the union）（除非"foreign State"才意指"外国"）。其他人不同意，认为这种改变纯粹是表述性的，有时，其依据是并不存在关于该变化的争论的记录。

本文简单地主张：没有必要进行假设。有充分的证据表明术语"free state"的原始含义。"free state"经常见于建国时代以及此前时代的作品中，特别是那些已知对建国者们产生了有力影响的作品：《布莱克斯通评论》（我将在第二部分和第三部分讨论），孟德斯鸠的《论法的精神》（第四部分），休谟的文章（第五部分），特伦查德和戈登的卡托的信札（第六部分），以及许多其他被建国时代的美国作家引用的欧洲作家的作品（第七部分）。它也被许多美国著名作家使用（第八部分），包括1787年的约翰·亚当斯，1785年的詹姆斯·麦迪逊和1774年的大陆会议。

使我们清楚地认识到"free state"这个短语是什么意思的这些来源，令人惊讶的是，没有被研究第二修正案的文献所研究。在18世纪的政治话语中，"free state"是一个众所周知的政治术语意即"自由国家"，即专制主义的对立面。

[更多细节见下文]

从轻松地表达问题开始导论（就如同第四章"七、开始导论的多种方法"之（一），35页的例子）。然后，列出了"free state"一词在宪法第二修正案中的地位（而不是对宪法第二修正案进行更广泛讨论）。作者希望读者读到第六、七段看到文章主张时，会想要知道这个争议应当如何解决。令人担忧之处在于，读者还没有读到第六、七段就会跳过或不想读了。

下面的例子在开篇第一段就提出主张，你自己来比较何者效果更好：

第二修正案规定"一支管理良好的民兵队伍，是捍卫 free state 之安全所必需的"。"人民持有和携带武器的权利不受侵犯。"但在建国那一代人看来何谓"free state"呢？本文认为，这一短语一贯被理解为"自由国家"，即专制主义的对立面，而不是"防止联邦压迫的州之联合"。正如一位华盛顿巡回法院的法官所言，"该修正案是为了回应联邦政府控制的国家常备军对'各州'（'State[s]'）自由的威胁而起草的"。

这种解释倾向于支持第二修正案的权利为州权，并且凭直觉这可能是依据最充分的观点——毕竟，"State"出现在文本中，似乎指的是每个州的需要和利益。该解释会认为，该权利只为各州明确遴选为其防御力量的人，也许是各州征募的国民警卫队。并且，它认为修正案不适用于州以外，例如，哥伦比亚特区："哥伦比亚特区不是第二修正案意义上的一个州，因此就不适用第二修正案"。

但是，本文的结论是：这样的主张与那些已知对建国者们产生了有力影响的作品之用法相冲突：《布莱克斯通评论》（我将在第二部分和第三部分讨论），孟德斯鸠的《论法的精神》（第四部分），休谟的文章（第五部分），特伦查德和戈登的卡托的信札（第六部分），以及许多其他被建国时代的美国作家引用的欧洲作家的作品（第七部分）。它也被许多美国著名作家使用（第八部分），包括1787年的约翰·亚当斯，1785年的詹姆斯·麦迪逊和1774年的大陆会议。

那些著作中该术语的意思是"摆脱专制的自由国家"。这样的解释将倾向于支持修正案的个人权利说。这样的解释使得更容易将"the right of the people"理解为人民作为自由个体的权利，尽管该权利的公共利益说也有合理性，如同第一和第四修正案中的"人民的权利"一样。无论其是否被州征募为防御力量，都享有这项权利，因为权利不限于保持各州独立于联邦政府。它将适用于所有美国人，包括各州的人或华盛顿特区的人。

同样，本文所涵盖的证据也有助于解决下述变化之争议：詹姆斯·麦迪逊的原始提案中，最初的提法是"security of a free country"，最终变成了"security of a free state"。一些人认为，改变是朝向州权利的一个故意的实质性变更，其以宪法用"state"一般都指的是州之联合（state of the union）（除非"foreign State"才意指"外国"）。其他人认为这种改变纯粹是表述性的，有时，其依据是并不存在关于该变化争论的在案记录。后一种观点（赞成个人权利的观点）看来是正确的。[更多细节见下文]

6. 以你打算反驳的主张或者传统观点开始

如果你的文章试图反驳某些主张或者某些传统观点，你可以通过迅速指出要反对的主张开始。但一定要快，不要在他人的主张上多费口舌，要迅速、及时地向读者提出你想说的观点。

举例如下：

哪些大法官一般对言论自由持广义说，而哪些又持狭义说呢？传统观点一直告诉我们，这应该大体按"自由主义"/"保守主义"来区分，就像20世纪70年代和80年代的大部分情况那样。但事实证明，这不再正确了。[本文继续提供证据。]

另一个例子：在简短的导论中简明扼要地表述对方观点：

最高法院经常主张，基于内容的对完全受保护言论的限制是有效的，如果它们"被严格限于为服务于紧迫的国家利益"。我认为这是错误的。

这是描述性错误：法院会取消一些限制，我会举出例子——即使它们限于严格服务于紧迫的国家利益。这也是规范性错误：我认为，法院取消这些限制是正确的。官方的标准不只是错误的，而且是有害的。它将法院和立法者引向错误的结论；它导致法院不诚实地（disingenuously）适用标准；它分散了我们寻找一个更好方法的注意力。

在简要重申严格审查原则（第一部分）之后，我将举出三个言论限制的例子，如果严格审查框架得到认真的考虑，我认为这些限制是符合标准的（pass muster），但仍然会并且也应当被取消（第二部分）。然后我将指出法院依赖不合理的理论结构付出的一些代价（第三部分），最后（第四部分和第五部分）提出两种替代方法的粗略基础——我承认，这只是粗略基础。

第一种替代方法是法院承认有三要件的严格审查标准，我称之为"允许裁剪"。而不仅仅是考量政府利益的大小，或者手段的采取是否严格限于实现该利益。它询问这些手段是否是根本不允许的，而无论它们所服务的利益有多么紧迫，这些手段仍然违背了言论自由条款的一些基本禁令。我认为，这是一个与法院"严格限定"要件（"narrow tailoring"prong）下所要求的考量不同。

我更喜欢的是第二种选择：法院从手段-目的审查转向分类规则，例如，实质性禁止（per se ban）政府作为主权者实施的基于内容的言论限制——加上例外的类型：例如挑衅言论、淫秽和有版权言论的例外。我认为这个框架将更好地指引法院的分析，并避免严格审查可能会得出的错误结果。

该导论有缺陷。首先，第二个方案不够精确和具体（这是该文的一个普遍性问题）。其次，如果能在第二段中提出几个具体的例子而不是告知读者可以去文章第一部分看，效果应该要好一些。

该导论的优点在于足够精炼，集中展示了文章所增进的价值等。文章以详细阐述意图反驳的论点开头，但对于对立观点的表述足够精炼，并没有让其喧宾夺主。

八、将导论概括成路线图

《法律评论》上的文章常常在导论结尾来一段所谓的"路线图段落"，例如：

这篇评论在第一部分中解释了骚扰言论法所限制的内容与方式。第二部分回应了一些法院和评论家提出的论点，即骚扰法在某些现有的第一修正案原则下已经具有正当性。例如，对时间、地点或方式的限制，或保护被动受众的目的——但发现没有一个论点有实质价值（merit）。最后，第三部分介绍了针对性言论/非针对性言论的区别，并认为它是在必须保护的工作场所骚扰言论和可以限制的工作场所骚扰言论之间进行区分的最实际可行的场合（most practical place）。

有一些路线图非常好：读者会发现这对理清文章的思路很有用，会知道去何处寻找特定的分析部分。作为作者，在开篇列出路线图也十分有用，能够提供一个很好的写作思路。

但若将路线图作为单独列出的一段，会让人觉得生硬、枯燥、味同嚼蜡。相反，我们可以尽量将导论本身组织成路线图。导论被认为是其下正文的纲目，因此，要以有说服力并有条理的方式来总结你的文章，标注出各部分的推进。这样一来，路线图可以合并许多段落而不增加段落，且与导论其余部分浑然一体。以下是一个对此予以说明的完整导论（这是一篇合著文章的导论，故文中称"我们"）：

假设我们认为一本新书将诽谤我们,而要求法院对该书的出版发出初步禁令。我们认为,我们根据诽谤的实质性主张可以胜诉,而不禁止书中言论会导致我们无法弥补的伤害。

不幸的是,法院肯定会说:基于内容对言论禁止的初步禁令构成公然违宪的事前限制。也许在对案情进行审理后,法院会认定该言论确实是不受宪法保护的诽谤,我们还可以得到一个永久性禁令,尽管该前景尚不明了。但是,我们绝不可能仅仅基于胜诉的可能性就得到预先禁令(禁止被告继续实施某项行为)。对于反对淫秽和其他言论的预先禁令也是如此,哪怕这样的言论最终在审理后被认定是不受保护的,且被告可能会因此受到刑事或民事惩罚。

然而,在版权案件中,即使被告进行的是创造性改编,而不仅仅是文字复制,预先禁令却很容易获得。这是为什么呢?

诚然,最高法院认为版权法是宪法允许的言论限制,虽然版权法限制了我们可以书写、记录或表演的内容,但第一修正案本来就不保护侵犯版权的言论。而诽谤法和反淫秽法同样是宪法上有效的言论限制,但法院却拒绝在那种情形下发出预先禁令。反对事前约束的"第一修正案正当程序"规则甚至适用于据称在宪法上不受保护的言论。那么,它为什么不适用于涉嫌侵权的言论呢?

我们下面来探讨这个问题。在第一部分中,我们讨论版权案件中的预先禁令的历史以及与此类禁令有关的现行法。在第二部分,我们通过对以下问题解释来提出我们的中心论点:为什么版权法是一个言论限制;为什么对言论发布预先禁令一般是违宪的;至少作为一个原理和概念问题,很难看出版权法何以能被第一修正案另眼相看?此外,我们认为,赋予版权法免于第一修正案正当程序规则的一般限制在其他背景下可能带来损害(discrediting)那些规则的危险。

在第三部分中,我们回头来追问:该问题是否对事前限制理论本身产生了质疑——即版权法对预先禁令的容忍是否正确,言论自由原则对这种禁令的谴责是否有错。在第四部分中,我们讨论了版权法原则和自由言论原则之冲突的影响,并提出了使版权法符合宪法要求所需变化的建议。我们的结论是,版权案件的永久禁令通常应该是合宪的,并且在明显涉及文字复制,而没有合理使用或单纯复制思想而非表达之抗辩的情况下,发布预先禁令也是合宪的。但是,其他预先禁令通常应该是违宪的。

在第五部分中,我们简要探讨关于其他知识产权——商标权、发表权、商业秘密和专利权的这些问题。我们的结论是,问题不仅限于版权,至少在商标和发表权案件中,预先禁令有时可能违反第一修正案。最后,在第六部分中,我们探讨了按照我们的建议修改法律所涉及的某些实际问题。

第五章 "背景"部分的写作

一、关注必要的事实和法律规则

有时导论下面有一个叫"背景"的部分。遗憾的是，一些作者倾向在文章中尽可能多地去介绍背景，最重要的部分却说不清楚。

结果，许多学生的文章在导论中花了 80%的篇幅来写"背景"，而只剩下 20%来解释和阐述自己的主张。这样做背后的原因是：描述基本的法律、事实或历史比清晰地阐述或论证一个新的主张更容易。另外，如果你花了数周时间来做研究，你很难忍痛割爱，只保留几页内容。

然而，你写文章的目的是要陈述和证明自己的观点，那才是重点。你应当积极地实现这一目标。你的观点和论据就是你对该知识领域的增进，而你的成就的大小取决于你所增进部分的价值。虽然你无法在不解释一些事实和法律理论的基础上证明自己的论点，但论证时要尽量简洁。

因此，要将该部分看作"为理解你的问题所必须解释的内容"。例如，你要撰写一篇有关法律应当如何对待非致命武器（例如，电击枪和辣椒喷雾器）的文章，你需要解释对于理解规范制度所必不可少的、有关非致命武器的事实。例如，你应当注意到，这些设备可能会带来的伤害，装载一次能够使用多少次，在何种情况下它们的工作效果不佳，等等。

不要解释电击枪的历史，除非这种解释对于理解规范制度是必不可少的。同理，不要解释辣椒喷雾器的化学原理。这种跑题可能会使读者远离文章中心思想——法律应当如何对待非致命武器。

同样，如果你要写的是监护案件中有关宪法第一修正案与对亲子言论限制的问题，你就需要简单解释一下基本概念。例如，法定监护和自然监护之间的区别以及监护与探视之间的区别。你也需要简单解释一下你要分析的家事法律规则。你可能还要简要总结一下第一修正案的规则，尽管你也可以将其留在实体性分析部分，在你需要适用该规则的时候再将之引入。

但是，不要写有关法律的小论文（mini-treaty），甚至不要描述你将在后面涉及的所有的法律和事实。在该部分中，你要做的是让读者获得理解你的内容所必备的法律和事实框架。当你在后面提出论据进行论证时，你有充足的时间来详细展开。

另外，不要详细讨论过去几个世纪中法律规则是如何演化的，除非这是理解今天的规则所必需的。不要去详细讨论与该规则相关的典型案例，除非它们对理解这个焦点问题是必不可少的。在有必要时，将先例总结为一个便于陈述的规则（如有必要，可在脚注中引用先例），而不是对每一个先例进行论述。

二、总结先例，但不要每一个都总结

再对我刚刚提到的总结问题多说几句：你应当对先例进行归纳，而不是描述或解释"法律为何是那样的"。如果历史对于解释法律的意义是必要的，你当然要提到它；如果历史是无关紧要的，就不要提及。你的主要任务是证明你的论点。离题之论可能看起来很有趣，但实际上，它们所带来的结果却是分散读者的注意力，导致其停止阅读正题。

同样，如果有一个代表性的案例需要与你所写的场景进行对比和类比，你可以在论证部分再详细交代。在背景解释部分不要重复所有细节。如果案件的事实确实与理解法律没有关系，那就不要过多谈论。

相反，你应简单地陈述一下相关规则。无论涉及哪个细节，都要在脚注中引述权威的观点。设想一下，你在写一篇有关诽谤法如何适用于对同性恋关系的诽谤（这种异常复杂问题）的文章，你想设定要承担宪法第一修正案的责任就必须证明"何种主观方面"的基本标准。你不能像下面这样写：

1964年，最高法院在纽约时报公司诉沙利文案中作出了一项具有里程碑意义的诽谤判决。警察局局长沙利文起诉"纽约时报"，声称其对他做了虚假陈述。六名大法官认为，在公职人员提出的诽谤案中，在公众关注的问题上，原告不能追责，除非他证明了被告明知该陈述是虚假的，或对该陈述虚假的可能性放任不顾。其他三位大法官在公众关注的事项上明确禁止公职人员追讨诽谤损害赔偿。

三年后，在柯蒂斯出版公司诉布茨案中，最高法院将这一规则扩大到不是公职人员的公众人物。布茨是一个州立大学足球教练，被指控将球队的赛训方案泄漏给一个与之比赛的球队，但在技术层面，他是由一个私人组织而不是由国家雇用的，因此不是一个公职人员。最高法院的结论是，虽然他是非国家雇佣人员但不应该改变宪法的定性分析。

但在1974年，最高法院大大减少了对被告的保护。在 Gertz v. Robert Welch Co. 案中，律师 Elmer Gertz 起诉 John Birch 协会的杂志出版商诽谤，该刊一篇文章指控其有犯罪记录。最高法院认为，当陈述针对的是私人时，原告人如果能证明被告人对该陈述是否虚假存在疏忽，就可以追讨损害赔偿，而推定和惩罚性损害赔偿仍然必须证明被告人明知或者放任陈述的虚假性时才有权主张。

最后，在1985年 Dun & Bradstreet v. Greenmoss Builders 案中，法院进一步削减了对被告的保护。Greenmoss Builders 指控信用评级公司 Dun & Bradstreet 虚假地声明 Greenmoss 申请破产。法院认为，如果陈述是关于纯粹的私人关注事项，原告仅证明被告存在疏忽就可以主张惩罚性和推定性的损害赔偿。最高法院的意见甚至为在这种情况下适用严格的赔偿责任打开了大门，尽管它没有具体面对该问题。

在一篇有关现代诽谤法的文章中，详细叙述最高法院过去的判例没有多少帮助，叙述法律演化的历史也不重要。即便你的确在该历史基础上提出了自己的论点，或与以往的案例事实进行类比，而且你在后文进行论证时，也需要引述该历史或事实。但是你不能指望读者在背景部分就记住这些要点。

与之相反，要将案例归纳为一项规则：

第一修正案规则在诽谤案中有两个主要因素：（1）原告是否是公众人物（包括但不限于公职人员），以及（2）该陈述是否属于公众关注的问题。

原告只有在被告明知该陈述是虚假的或对该陈述虚假的可能性放任不顾时，才可在公众人物/公众关注案件中追责。在私人/公众关注案件中，这种相同的明知或放任标准适用于惩罚性和推定性损害赔偿，但即使被告只是对该陈述的虚假性有疏忽之过失，原告也可以主张损害赔偿。而在私人关注的案件中，即使被告只是疏忽，原告也有权主张各种损害赔偿；法院已经开启了在这种情况下被告甚至可能承担严格责任的可能性。

然后，将相关判例以及适当说明放在脚注中。

还有一些方法来总结规则。例如，你可以采用一个表格、编号或项目列表来表述，这往往比简单的叙述更为清晰。但在任何情况下，都要让读者了解有助于理解你文章的必要的背景——不要用与你的观点不相关的背景去浪费读者的时间。

第六章 论证部分的写作

本部分通常位于你的导论及背景之后、结论之前——你可以通过下述方式出彩：论述你的观点的正确性；你所提出的方法是你所发现问题的最佳解决之道。下面给一些提示：

一、展示你的描述在理论上和实践上的合理性

不要仅停留于论证你的规范性假设（如果你有这种假设的话）是符合判例法的。你也要向读者展示你的主张在实践上和理论上都是合理的。作者们往往习惯用纯理论演绎来论证某项法律违宪或阐述应当如何解释某项法律，但这种做法往往很难说服读者。尽可能地论证你的假设有实际意义，且符合逻辑，即既合乎实际，也有扎实的理论基础。

二、写得具体些

从真实案例或现实的假设出发，用具体例证来支撑你的理论观点。这可以使你的论点更清晰，证明你观点明确，而不仅仅是在玩理论戏码，并且这能使你更清楚自己的观点，并促使你对其反复斟酌。

三、运用测试组

测试组可以用来向读者以及你自己证明你的主张是正确的（参见第二章）。测试组包括一系列具体案例。这些案例会涉及你的假设的诸多方面。如果运用得当，它将证明你已经考虑到你的主张所可能有的多种含义，而不仅仅是符合你观点的那些。

至少，在你的初稿中要尽量去提及测试组中的每一个案例。[1]然后，如必要，去掉那些显得累赘的案例。

四、与对立观点进行争辩，但重点放到自己的论点上

敢于面对所有对立观点，并与之争辩。

不要像这样去写："有些人认为该法律符合被动受众理论，乍看来确有道理。我下面来引述他们是怎么说的：……但进一步阅读，却不是这样的，因为……。"

---

[1] 在已发表文章中利用测试案例的范例参见：Jennifer E.Rothman, *Freedom of Speech and True Threats*, 25 Harv.J.L.&Pub.Pol'y 283,336-66(2001) 以及 Eugene Volokh, *Freedom of Speech, Shielding Children, and Transcending Banancing*, 1997 Sup.Ct. Rev.141,183-87.

相反，应该这样来写"该法律并不能依据被动受众理论来被证明具有正当性，因为……"。引述对立者的观点并反驳其主张，但不要让其在你的讨论中喧宾夺主。

并且，如果可能，最好从正面清楚地阐述论点，并暗中反驳对立论点。这里有一个例证：假设你主张，市政当局可以自由地禁止在法院和其他政府建筑中说粗话，并驱逐这样的人。你会认识到有一个明显的对立的观点，在科恩诉加利佛尼亚州，403 U.S.15（1971）这个判例中，美国最高法院推翻了对科恩的定罪判决。他因穿了一件写着"他妈的草案"的夹克而被定罪。在该程序中，最高法院裁决：出言不逊者一般受到第一修正案保护。那你怎么办呢？

首先再次仔细阅读科恩判决，看看该案有什么独特性。最高法院在科恩案中强调本案不仅适用于法院：

首先，科恩受审依据的是适用于全州的法规。任何基于为科恩被逮捕地的法院保持适当的庄重气氛之理由来试图支持该定罪的企图都会因为下述原因而失败：该法中没有任何言辞可以使上诉人注意到某些种类的本来允许的言论或行为，根据加州法律，在某些地方却是不允许的。

其次，你的研究必须明确展示出有特别的第一修正案规则来规范政府建筑中的言论。诸多政府建筑都是"非公开场合"。政府可以在其中施加基于内容的言论限制，只要限制在观点上是中立的且有合理性。例如，可参见：ISKCON v. Lee，502 U.S.672（1992）。

鉴于此，你如何将该观点整合进科恩判决呢？下面是一个不太有效的整合方式：

乍看来，科恩诉加利福尼亚州案，403 U.S 15（1971）可能保护史密斯的言论。在科恩案中，最高法院撤销了因在一个法院穿着一件写有"他妈的草案"的夹克而对科恩的定罪判决。在该案中，法院认为：粗话一般受第一修正案保护。但科恩规则在这里不适用，因为那个案件涉及的是"一部适用于整个州的法规"。最高法院认为，对于"为了在政府建筑中如法院中保持庄重气氛"的规则，情况就不同了。法院只是认为，在那个案件中适合用来限制法院中的言论，而不是认为包括法院的所有地方，都可以讲粗话。

该写法不太好，它从承认科恩判决（即便只是"乍看来"）与你对立开始。诚然，你希望准确地讨论科恩判决，因为乍看来它确实对你不利，但如果你可以适当地避免它，则无需说明。

如你可以重新将科恩案打造得对你有利则更好。假设你在早前已经提到了 ISKCON v. Lee 判决，你可以这样写：

在科恩诉加利福尼亚州一案中，最高法院特别打开了通向该规则的大门："寻求在[一个]法院中保持适当的庄重气氛"，只要那些规则"让[访客]注意到某些本来允许的言论，在某些场合是不被允许的。"特别是，科恩案中法院撤销了对科恩因其在夹克上展示粗话的定罪，只是因为"科恩受审根据的是适用于整个州的法规"，而不是根据一个仅限于法院的规则而受审。诸如 ISKCON V. Lee 这样的判例证明：限制特定非公开场合中言论的有限规则确实是合宪的。

该方法将科恩案构建为一个对你有利的判例，诚实而准确地对待该判例，因为它确能给你的立场提供好的论据，而且，它反驳了对方基于科恩案的论点，却并没有在诉状中给对方留有辩驳的可乘之机。

当然，这种有利性也有局限。如果确实存在一个坚决反对你的判例或者事实，你不能假装视而不见。如果有可能，你应当尽量将其整合以使论点变得有力。

五、将问题朝着对你有利的方向转化

（一）优化你的论点

直面你的观点在逻辑和实践上所面临的问题，不要试图把它们隐藏起来。正确做法是，忠于你的读者，这样会更有效，并且也会使你对自己的作品感觉良好。

首先，克服难题有助于将一个平庸直白的论点转化成一个更细腻、更有趣的论点。假设本领域的主流判例并不如你所希望的那样完全支持你的论点，那么不要直接将其忽略，而要解释其他先例或政策论证如何能弥补这一漏洞。

例如，假设你的论点是部分建立在这样一项主张之上——公立的、只招收单一性别学生的初中的做法是违宪的，那么你可以像某些人所做的那样，仅仅引述"Mississippi University for Women v. Hogan"和"United States v. Virginia"这两个判例来支持你的主张。但这两个判例并不能够涵盖如此宽广的理论。它们涉及的是大学教育，强调了两个案件中课程的具体特点。如果你仅仅依靠这两个判例，很多读者都不能够被说服，你同时也会丧失展示你推理技能的机会。相反，你要解释一下，广泛呈现在最高法院平等保护理论中的政策何以能弥补先例和你所提出主张之间的罅隙，或者解释为何在存有罅隙的情况下，你的案例在事实层面与先例的情况相似。

在事实、历史描述、制定法、宪法文本或政策主张出现含糊的情况下，你同样可以这么做：承认存在模糊不清的地方，解释为何你的选择优于其他选择。通过阐释如何处理难题而不是假装难题很容易解决来凸显亮点。

（二）凝练你的论点

这些难题同样可以使你的论点更加稳健、精准。设想你的论证在大多数而非全部情况下支持你的主张，例如，虽然单一性别的中小学教育通常是违宪的，假设这得到了有力证明，但特别针对受到性虐待和有精神障碍之学生的一些项目却另当别论。

或许你可以把自己的观点由"单一性别的公立学校是违宪的"修改为"单一性别的公立学校是违宪的，但对那些难以教育（hard-to-teach）孩子反而有利"。这样会更为理性并更有创新性和创造性。

（三）承认不确定性

你的论点所面临的某些难处使你不得不承认不确定性的存在，并且这些难处能够让你做到在面对不确定性时，尽量证明你的论点是最好的。

这会使你的作品看起来更有价值，并且是经过深思熟虑的，毕竟，在我们的生活或法律中，能够在逻辑上得到证明的东西很少。由于证据匮乏，我们必须经常尽可能地去做最合理的猜想。假设你有足够证据来使你的论点站得住脚，承认这一点并不会带来很大损失，即便这无法得到正式证明。

假设判例的最佳解读方式是：除非有强有力的证据证明这样的课程安排有教育意义，否则单一性别的中小学教育就是违宪的；并且假设人们对这些证据也没有一致看法。那么，尽可能采用有利于你的证据，承认存在不同观点，并且尽最大努力提出在经验上、逻辑上和理论上最有利于你的论点的主张。比如，你可以主张，面对事实分歧，法院应当谨慎地站在不歧视（因而是主张男女同校教育）的一方。

这一点对历史性或经验性主张尤为重要。很难确定的是，在几十年或数个世纪之前人们究竟相信什么或者做着什么，也很难确定此时此刻在成千上万的法院或者工作场所正在发生什么。深入思考这些问题的读者会意识到这些。清晰而有力地描述你的主张，并解释为何你对于历史或数据的解释是最佳的，但同样要承认依然存在其他解释的可能性。

（四）承认代价问题

最后，这些难题可以让你认识到自己的建议并不是没有代价的，相反，这在很大程度上会牺牲重要的政府利益，可能产生副作用，有时很难执行。即使你不承认这些问题的存在，有质疑精神的读者自己就会看到这些问题。而如果你忽略这些问题，读者们可能会对问题的严重性作最糟的假设。

然而，如果你承认你所提出的建议会付出很大代价，并解释为何其利大于弊，那么你就可以说服很多读者。没有人会指望某个新建议是完美的，解释建议的不利面实际上使其更可信，并使你看起来更加坦率和现实。

六、拓展、比较以及补充性问题

（一）使你的文章更丰满：超越基本主张

到目前为止，我们都把关注点放在核心论点上：新颖性、创造性以及实用性就是你对法律知识王国的贡献。这是你文章的核心所在，你应当将关注点主要放到解释和证明它们上面。

然而，大多数主张可以提供超越其最狭隘边界的洞见。这些主张有意想不到的含义，尽管对这些含义并不一定必须进行讨论。不过，探讨这些问题却可以提升核心论点的细腻性，使得文章更具有创新性与创造性。

说得更远些，从更多角度分析问题而不是囿于一个狭隘观点，将使你的文章更为丰满与精妙。这样的文章对感兴趣的人来说更加有用。并且，如写得好，这些联系将会使人们对你和你的文章评价更高。

（二）联系：从更广泛的争论入手

开头就要问自己，你所提出的某些问题是否属于已经存在学术争论的更大范围问题的特例？例如，如果你要写的是特定个体的权利，是否存在现有个体权利理论可以据以展开你的分析呢？如果你在解释某个制定法规定，在各法律评论上是否存在关于这一制定法之目的或总体影响方面更广泛的讨论呢？

假设你要讨论的问题是：某个特定陈述是否应当作为传闻证据规则的例外而在法庭上被采纳为证据。从总体上讨论传闻证据规则的研究成果很多——首先，是否应当推定将传闻证据一律排除？是否应该有一个专门的自由裁量规则（"如果有充分的证据表明其可信，就应当容许传闻证据被采纳"）？或建立排除传闻证据原则，但详细列出例外规则，等等。这些争论中的某些内容是否有助于支持你的论点？它们是否提供了某些你应当予以驳斥的对立观点呢？

与更宽泛的问题相关联未必总是有帮助的。有时更宽泛与理论化的问题不受欢迎，因为它无法在具体案件中给出正确答案。而在其他情形下，更宽泛的讨论可能会大大提升你的具体问题的抽象性：如果你讨论的是某种施加给特定重罪的限制是否违反了法不溯及既往条款，且你已经有大量理论和政策主张来进行分析，那么讨论有关法院是否依靠自然法或宪法本旨的话题意义就不大了。

但有时，理论可能的确会提供有价值的洞见。即便对理论的运用并没有形成你论点的核心，却也有助于对论点具体方面的阐释，或提供应当予以反驳的重要对立观点。而且，讨论理论有助于让读者相信：（1）你没有忽略某些对立观点；（2）你是一个非常精细的思考者，你熟悉重要文献。但这点无需做得太过——相关性不大、不必要的或并不新颖的理论分析有时会让读者产生疏离感，而不是给其留下深刻印象。综上，如果你的理论工作做得好，你的文章将更发人深省。

（三）联系：发起更广泛的争论

正如广泛争论可以运用到更狭义的问题上，对一个小问题的好的解决方法可以说明更大的问题。如果你已经令人信服地表示正确答案是 X，而有一些更宽泛的理论说答案应当是 Y，那么你的具体论点就应当是证明广义观点是错的（或者说至少在这里并不适用），其他相反理论可能更好。例如，如果你表示，具体言论应当受到宪法第一修正案的保护，尽管其可能得不到言论自由理论（"观念市场""宪法张力方法"，或任何你自己的说法）的保护，那么你就可以利用你的结论来质疑广义观点的价值。

如果写得好，这种联系可以使你的写作更有深度、更有价值，也因此更令人印象深刻。对不仅基于抽象法律，并且基于具体案件，与恰当结果吻合的更宽泛理论，人们往往要么接受，要么反对。对某些宽泛的理论观点，你的文章可以提供有力的实际支持，或提出有力的实践反例。

（四）联系：引入相似领域的内容

有的情况下，最好的联系并不来自于更宽泛的理论，而是来自于相似领域。比如，假设你正在探讨的是有关购买枪支等待期间的规定违反了州宪法规定的持有和携带武器的权利。[①]那么，你是否可以与堕胎、游行许可或者投票案中的等待期进行类比呢？

类比不必是完美的，通过指出在你的领域和其他领域中，乍看相同实际却不同的差别，往往可以丰富你的论点。你的读者可能已经考虑到这些明显的相似之处，你的讨论可以消除读者先入为主的错误观念。同样，比如，指出在正当防卫、堕胎权、言论自由权，投票权方面的差别过程本身就可以使你的主张更具有说服力。并且，有时与从更宽泛的讨论当中引入争论一样，这种类比有助你提炼自己的主张。

（五）联系：向相似领域拓展

一旦你发现相似领域中的对比能给你正在研究的问题以启发，你就应当再次问一下，你

---

① 例如参见：Wis.Const.art.I,¶25(enacted 1998)"人民有权持有武器以保护安全、自卫、狩猎……"。

的解决方法是否也能给相似领域提供一些思路。如果你的结论认为，购买枪支的等候期并没有不当地增加正当防卫权的负担，你是否能够归纳出更一般性的主张，即行使其他宪法权利的等待期限也是如此呢？如果你认为答案应当是：在不同情形下，结论不同。那么你是否能够提出一个一般性原则来区分不同情形：哪些情形下等待期构成负担，哪些情形下又不构成呢？尽管它并不能解决所有问题，你是否至少可以指出不同点，使其有助于在两种背景之间进行区分呢？

在你研究的大方向上，即便尚不存在更广泛的学术争论，你的主张也可能产生一些值得注意的影响。例如，你的观点是：某项制定法可能有助于解释其他法律规定，你并不需要对其他规定进行全面分析，但它们至少应有助于强调你论点的含义，或许你自己可以开创一个更宽广的学术讨论。

（六）考虑辅助性问题

最后考虑一下，你的论点被接受会发生什么情况？首先要问一下，那些采纳你所建议之规则的人要采取什么措施才能使规则良好运行。

实施你所建议的法律规则时，检察官是否会以未曾预料的方式来行使自由裁量权？你的实体性建议是否有隐含性程序运用（nonobvious procedural applications）呢？是否会带来某些证明问题，而要求改变某些证据规则或者至少需要改变某些审判技巧？讨论这些问题有助于使你的文章更有价值、更完备，并且可能会产生出新的有趣洞见。

例如，你要争论的是披露了某些个人的性生活史的言论应当被看作恶行（tortious），如果对这样的言论追究责任不会违反宪法第一修正案的规定。这种实体性宪法观点可能会有（如何审理这种案件）程序影响。例如，你通过类比某些诽谤案件中的规则，可能会主张：尽管在这种案件中应当允许损害赔偿，但应当禁止惩罚性赔偿。或你可能会探究：这种言论是只应当采用损害赔偿，还是也应当允许法院对这样的言论发布禁令，尽管有明确的规则反对事先禁令。

你可能还会发现，在某些背景下，你的主张有意想不到的实体影响。比如，你是否将论点推广到对于照片或录像的披露呢？即便法律规则是一样的，它是否可能对处于不同情形下的行为产生不同影响呢？

要反思一下，该规则将会给其他侵权规则带来何种影响？它是否会使其中某些规则变得不必要呢？是否会使其他规则变得更重要呢？例如，在某些最近判例中就以发表权来禁止未经授权的名人肖像（photographs of celebrities）的传播。你所建议的隐私权是否会对发表权产生不必要甚至不良限制呢？

（七）一些提醒

要讨论一篇文章的所有影响可能存在一些风险：

（1）如果你要全面讨论它们，你的文章可能会过于冗长。

（2）如果你一笔带过，读者可能会认为讨论太粗糙、太模糊，论证不足；而这个坏印象可能会抵消读者对你最初核心论点的良好印象。

（3）如果你没有把你讨论的结构组织好，有些联系可能会跑题（tangents），而这可能会分散读者对于主要观点的注意力。

（4）如果你非要建立联系，你可能会发现你所进行的类比很牵强（ring true）。

对策如下：

（1）提出一个有力的核心论点；

（2）将那些联系以及对于理解你的观点所必需的涵义合并到该核心论点中；

（3）更详细地讨论其他联系和影响——或许单独用一节来讨论——同时，阐明你的主要论点的确是站得住脚或与之吻合的；

（4）对于你所做的比较以及建立的联系保持警惕，果断删掉那些看起来缺乏说服力的联系。

因此，首先要确保读者能够理解你的主要论点并形成深刻印象。然后，一旦他们认同你，你将会更从容地对待任何更宽泛但与你的论点有关的内容。

但对跑题的内容要忍痛割爱。要向读者、你的同事中能给你提出建议的人、你信任的人、善于思考的朋友，以及法律评论编辑展示你基本写完的初稿。如果其中一些读者告诉你有些联系实际上是无用的，要果断删掉。

的确，让你删掉那些你辛辛苦苦写出来的内容是很痛苦的，但你可能会发现每当你砍掉一个联系时，你都可以保持两个联系。如果你仅仅保留那些必要联系，你所保持的那些有联系的内容会使你的文章更丰满，并给人更深刻的印象。

第七章 结论写作及随后工作

一、结论写作

结论写作即提醒人们此文章所增进的讨论价值。简要地总结文章主旨，以及最重要的补充性（subsidiary）结论，这是读者所期待的。

二、初稿完成以后重写导论

（一）根据你观点的变化重写导论

鉴于你在完成正文初稿之后观点存在改变，需要重新写作导论部分。重写导论可以：
（1）重新阐释你的论点；
（2）提出更好的论据以支撑你的论点；
（3）找更好的例证来论证你的论点；
（4）找到你论点中更富有新意的结论或换一个角度思考。写一篇文章会改变你对某个主题的看法。即便你得出的结论和当初近乎一致，但你现在对论据的理解肯定比当初更加深刻。

以新获得的理解来改写你的导论。你会发现，新的导论更契合后面的正文内容，更能提升文章的可读性。尤其要简洁地提炼出文章中读者应当吸收的所有重要结论——不单纯是你的论点，还包括论点的多重意义。例如，那些在最后几页中讨论过的事项。

很多读者只读你文章的导论。要确保他们能够从导论中获取更多信息，既有助于让他们理解你的观点，也可以使他们对你作为一名法官助理、同事、合伙律师、法律顾问或法学学者有更高评价。

（二）强调重大发现与创见

你的文章看起来可能开始于提出和证明一种新颖、有创造性、实用并正确的主张。但你在写作过程中，可能会发现另一些新颖、有创造性、实用且正确的论据，你要以此来论证你的核心论点。（如果你学过计算机或数学，可以将其认为是子程序或辅助定理。）

这些额外发现相较于你的主要观点可能不太重要，但它们依然是有价值的。尽管一些读者没有被你的主要观点说服，或没有从你的观点中汲取到对他们有用的信息，但他们可能会接受并利用这些额外发现。

要确保你的导论包含了所有发现，以便那些只阅读文章导论的读者能从中学到东西，而阅读了全文的读者不会忽略其重要性。你甚至可以明确表达，你的文章提出了多个相互关联但却各不相同的探究结果。例如：

在第三部分，我认为在子女监护个案中施加的这些言论限制是违宪的，除非限制严格限于防止一方家长破坏儿童与另一方的关系；我希望，即使对那些不同意提案本身的读者来说，导致这一提案的意见也是有用的。扼要叙述如下：

1. 最佳利益标准使法院可以根据父母的言论作出监护决定，并发出限制其言论的禁令。法院利用了这种自由，并且肯定还会这样做，对于一个范围广泛的（对不少人来说是令人惊讶的）父母意识形态范围进行限制——根据不同时间和地点，是对无神论者还是激进的有神论者，种族主义者还是种族多元主义者，同性恋还是反同性恋。这些限制的广度应该考虑哪些主张基于言论的儿童监护权裁决免于宪法审查之人的意见。

2. 第一修正案不仅涉及法院对父母言论发布禁令，而且涉及法院因为父母对孩子说过或可能对孩子说的话，而作出监护或探视决定。正如"平等保护条款"禁止基于种族歧视的子女监护权判决，"第一修正案"也推定禁止基于父母受宪法保护的言论的子女监护权的歧视性判决。

3. 即使父母的言论是宗教性的，自由言论条款的保护也许比宗教条款的保护更重要，尽管几乎所有的学术研究和大多数诉讼都忽视了自由言论条款。

4. 如果完整家庭中的父母有第一修正案权利与他们的孩子说话，该言论没有据称违反孩子的"最佳利益"而为法律所禁止，那么离异家庭的父母一般应该享有相同权利，除非该言论破坏了孩子与父母中另一方的关系。

5. 完整家庭的父母应该可以自由地与子女说话，但不主要是因为父母的自我表达权利，或他们子女听取父母意见的利益。相反，其主要原因是今天的儿童听众将成长为下一代的成年人。下一代有权不受政府干预，听取广泛的想法；对亲子间的意识形态言论的限制对于今天的多数人或精英们巩固自己的想法，阻止他们对手的意识形态在在未来被听到是一个有力的方式。第一修正案是对这一障碍（entrenchment）的必要检查。

6. 一般情况下对言论进行保护，而当该言论会对儿童心理产生即刻伤害时，就取消该保护，这种做法似乎很有吸引力。但这种方法可能被证明毫无助益；法院很难可靠地预测言论是否会造成伤害，很难可靠地确定某些现有的伤害是否确实是由该言语（还是由离异本身或父母另一方对该言论的谴责）所造成的，并且很难在某些教导造成的当下不适与潜在的长期利益之前进行权衡。

这些分论点是相互关联的，它们有助于证明一篇文章的总论点，而且某些论点还有独立价值。

第 1 点描述即便对于那些没有被文章主要论点说服的人来说也是有趣的。第 5 点对于父母言论权讨论得更为规范，甚至超出了儿童监护的范畴，对于那些写作此类论题的人来说，可能是有用的。值得强调的是：第 6 点批判了"保护无害言论"的观点，对那些迅速认可如下观点的人很值得提个醒——父母言论权应当受保护，但当这些言论有害时，就应当予以限制。

你的文章可能还会涉及其他附带发现。一定要确保对这些发现进行适当强调。

三、决定该搁置的内容

"诗写不完，就搁笔吧。"① 对于很多文章而言，不存在理论上的终结点，你可以一直讨论其他与你的核心论点相关的有趣法律问题，比如，如果你写的是实体性言论自由问题（如

---

① 一般认为是法国诗人 Paul Valery 所言。

讨论第一修正案与禁止不良工作环境中骚扰的法律之间的紧张关系），你可能会从中发现一些有趣的程序性问题：一些有关骚扰性言论禁令是否应被看作预先限制？是否应当有一个以言论为根据的独立上诉审查机制？

有时你没有时间或者耐心来做决定。但如果不是这样，你何以知道何时应对这些有趣论点忍痛割爱呢？

对此不存在固定答案，但我的建议是：详尽论述你的观点，然后用一小部分内容去定义并粗略概述其他观点，但并不需要彻底解决所有问题。一般而言，如果你讨论的主要观点有足够深度，你的文章就写得很好、很充实。那也就没必要再对那些不太相关的内容进行彻底探究。

但将这些偏题的讨论作为进一步研究的有趣路径，并简单给出一种尝试性看法，可以充实你的文章，并使文章变得更切题和实用。你的论题引出了这些相关问题，这个事实本身就足以说明你的论题很重要。

特别要注意对观点内涵以及你的论述框架的阐释。这些不仅有助于凸显你论题的重要性（开始写作前即已存在的研究必要性），还能凸显出你的分析研究对该论题的贡献。例如，如果你提出了一项标准，简单讨论一下其他标准或者类似标准可适用的地方。如果你提出了一个分类方案，可以简单讨论一下它还可以在哪些领域适用。

这些尝试性讨论需要精简到什么程度是一个见仁见智的问题；你想以此说服读者相信文章存在一些有趣的东西，但你又不希望它们太长而导致文章变得过于臃肿，占用你太多时间。这里有如下四个小建议：

（1）向你的导师寻求建议，但这应该在你初步完成主要讨论之后进行。在你完成初稿前，你的导师连你能否处理好这些核心论点都没有把握，更不用说那些主题外的内容了。

（2）在开头就要指明这些论点是通向未来研究的门径，你只对它们进行粗略讨论。人们的评价与其预期相关，如果他们被提前告知某些方面讨论是简略的，那么他们就不大可能去深究那些论述不详尽之处。

（3）应在多大程度上延伸写作内容取决于你核心论证的深度。如果你对核心论点的分析很到位，读者可能会认为你补充性讨论的观点有意思，你若对其充分关注，就能将其处理好。

（4）当读者告诉你那些偏题的论述毫无说服力或分散注意力时，你就应当把它们删掉，或放到以后的文章中去讨论。

最后要注意，你文章所涵盖的广度必须和你所选取的那些与之相关的焦点问题相契合。如果你有机会让自己的文章更有深度，你一定要勇于尝试，至少可以让你先前的观点更合理（除非你意识到你的论述冗杂）。那些得不到充分支持的主张以及那些得到理论支撑但却得不到大众认可的主张都会弱化你的论点。

第八章　完成初稿、零稿的写作

一、文思枯竭且跳过

在写初稿的过程中，如果在某个部分感觉思路闭塞停滞不前，那么可以直接把这部分跳过继续往下写，留到之后再补充。你也可以只列出框架，甚至只写出可能并不关联的几段话。

然后继续往下写，不要让局部难题打乱整个写作计划。人们往往会对某一部分感到厌倦，甚至对自己究竟想说什么一头雾水。这时，如果你抛开这部分而去写其他部分，通常会感到柳暗花明。而在完成初稿后，不论文字多粗陋，你会发现润色与修改可能要简单得多。

快速完成初稿并迅速修改完善，这会给你的导师更多宝贵的反馈机会并可能会更多次地通读你的修改稿，而这可以使你勤勉自律的好学生形象跃然纸上——这当然是你希望留给评分者的良好印象。

二、"零稿"

为了使初稿的写作更顺畅，"零稿"必不可少。这里的"零稿"是指介于写作提纲与初稿之间的文字。具体而言，是这样写成的：

（1）如可能，以相当完整的导论开头。鉴于第四章之"一、导论的作用"，第33页所列出的理由，一个好的导论会让你思路清晰，抓住文章的论述重点。

（2）列出你预想的初稿的结构，包括各级标题。

（3）在每一小部分写出一两句论证概要。例如，你的论文主题为宪法第一修正案与工作场所性骚扰法的关系，那么其中一部分可以这么写：

A. 挑衅言论

工作场所性骚扰法案适用"挑衅言论"的例外不具有正当性，因为它不仅仅限于非面对面且不会立即引发争端的言论。

（4）接下来，当你已尽可能填充了各部分内容后——或如果你在写某些部分时受阻——重新审视那些你在每部分写下的那几句话，并将其扩充成一两个段落，例如：

A. 挑衅言论

工作场所性骚扰法案适用"挑衅言论"的例外不具有正当性，因为它不仅仅限于非面对面且不会立即引发争端的言论。并不是所有的攻击性或羞辱性言论因为其言论的性质都具有可罚性，适用挑衅言论的例外情形需要符合以下要求：（1）缺乏价值；（2）可以在不干扰其他有价值的言论下被限制，因为人们依然可以通过其他方式表达观点；（3）可以轻易引发当场冲突。而在性骚扰法中并未将自己限于这个狭小的范围，而是也涵盖非一对一的言论 [举例说明]。

以"科恩诉佛罗里达州"案为例讨论上述限定。

（5）尽量将这一扩写继续下去。从一个段落再扩写成多个段落，几个段落组成一个完整的部分，并以此类推。

（6）暂时不要去管文字、语法及脚注等。可以大胆采用项目符号和编号列表。采用一切有助于你尽量去详尽表达实质论点的方法。

（7）避免一些太抽象或没有理论依据的论述，看一下，你在接下来的写作中能否换成更具体的表述或用更多论据来论证。但对这一问题并不需要过分在意，因为"零稿"同初稿的最大不同在于有些零稿并没有具体而详尽的论证。

三、写作中的各级标题

文章的各级标题对读者很重要。即使文章的篇章结构再严谨，读者偶尔也会分辨不清文章的结构，此时，文章的各级标题有助于读者厘清脉络。试着选择一些切题的小标题，例如"识别同未成年人沟通时缺乏价值的言论"要好于"背景""标准之适用"等宽泛的标题。而且，小标题更醒目，也会令读者更容易抓住文章主旨。

但其实小标题最重要的功能在于能让你厘清自己的思路，通过将一个部分细化为几个小部分，给每一小部分拟一个恰当的小标题，可以让你更容易看出组织结构上的问题。例如，颠三倒四或离题万里而破坏文章逻辑的问题。

当然，文章的各部分中的各小部分内容之间难免会有交叉，但你应当尽你所能地将这些相似的论述内容都放到相邻段落中，而不能让文章各部分颠三倒四地不断重复某一点。一篇分论点七零八落地分散论述的文章很容易让读者不知所云。你的总论点的确要分散到文章的各部分论述中，读者们对此会从总体上把握，但分论点不要让读者这样费劲。

恰当的小节位置通常容易被找到。例如，当你在处理一个由多要素构成的标准时，通常每项设立一个小节，即便某个部分只有寥寥数个自然段。构成一个标准的诸多要素中的各个要素实际上还可以细分；要考虑让每个更细的分支独立成一个部分。要乐见有四五个层级的划分方式。如果你试图讨论多个事实场景、政策主张、法律规定等内容，最好将每项单独作为一个小部分，这时的原则就是宁可细分，不可含混。

完成整篇文章的写作后，你可能想要删除一些低层级小标题，尤其是那些内容单薄，且删除后并不影响文章的整体结构的部分。尽管如此，这类小标题在帮助厘清写作思路时曾经发挥了作用，即便它们无助于读者阅读。

四、加一个目录

目前大部分文字处理系统都可以自动生成目录。用好这个功能，不仅有助于读者把握文章的结构，更重要的是让你对自己文章的框架有整体认识。目录能为你指出遗漏或冗长的部分。

此外，目录还可以让你重新审视各部分标题的矛盾之处。检查小标题的级别一致性以及语法规范性。

一定要确保你的目录是自动生成的：例如在 Word 文档里，同时按 Ctrl 键加 Alt 键再加从

1 到 3 的数字，可以将标题设定为从一级到三级的标题字体，全文设置成功后便可自动添加目录。

五、记录下自己所有的想法

在你写作时，有时会冒出一些新奇但却没办法马上用到文章中的想法（例如，因为它们与另一部分或你有待研究的部分相关），此时应当在你忘记前立即记录下来。我会将我这种想法记录在我的主文档中——要么存在电脑上，要么写在我正在编辑的打印文稿上——给其做个文字标记，如"**."。既可以将其放到你打算最后讨论的位置，也可以在该文档或者你正在处理的文档的开头或结尾处的"待办事项"中列明。由于做了特殊标记，可以让你在以后要用时迅速找到，不至于丧失这些奇妙的灵感。

同样，在一个写作任务接近尾声时，写下你的下个计划。[10]这不仅能让文思不竭，还会让你下一次动笔时驾轻就熟。

第九章 研究小技巧

写一篇文章,你要做 5 件基本工作:

(1)找出规范该领域的法律规则,以及可以帮助你发现改善法律规则之政策主张的判例以及制定法。

(2)找出你选题范围内的学术文献,你需要:① 思考判断你的研究是否有创新性贡献;② 提出你可以作为依据的重要主张或试图反驳的主张;③ 找出那些你原本可能找不到的法律规则或案例。

(3)找出那些可以帮助你具体而生动地说明你的问题或解决办法的案例或事件。

(4)找出每一尤为重要的案例或事件的细节以及你打算在文章中突出强调的地方,包括那些可能不会出现在寻常之处的细节(比如在上诉法院判决报告中的细节)。

(5)找出通常是来自于其他学科、有助于论证你论点的实证研究。在某种程度上,你的论点要建立在事实问题的基础上。

你在动笔前必须从总体上理解如何检索与某个写作主题相关的判例、制定法以及《法律评论》上的文章。你在第一年上的研究课上肯定学习过,因此,我只补充一些我认为对于写作文章和会议论文特别有用的技巧。

一、发现案例和事例

第一章之二(第 2 页)讨论过发现有趣写作主题的方法。其中有些方法自身就指出了一两个案例,这些案例显示了现实生活中问题的起源。

仔细审视这些案例,找出更多和它们相似的案例。这些案例的作用在于:

(1)帮助你找出对问题的看法;

(2)向你介绍那些案例当中由法官和律师所提出的观点;

(3)揭示出你的论题可能隐含的问题;

(4)有助于让读者更进一步理解你所探讨的主题;

(5)帮助你说服读者,即确实存在需要予以解决的问题;

(6)形成测试组的骨架,以便构思你的论点。(参见第二章)

在开始举例时,一般而言,例子越多样化越好。

怎么能找到这样的例子呢?这里有一些技巧:

(1)查一下你最初案例所引述的那些判例;

(2)查一下那些引述你查到的最初案例的判例;

(3)查一下那些有可能存在于隐含该论题案例中的关键词。如果这些关键词查到的案例太多,就说明它同你研究的问题相关度不大。将你的万律搜索限于 SYNOPSIS 领域——例如:

SY（copyright & parody）将会找到案件摘要中包含两个词的判例，而不仅仅是全文包含该词的判例。而 SY、DI（copyright & parody）将会找到所有在摘要或标题中包含检索词的判例。

律商"概览"的特点也是相似的，尽管它看起来相较于 SY、DI 所找到的案例要少，既会减少误报，也会减少你本想找的案例。

（4）采用万律的关键数字系统，可以帮助你找到一个特定主题上的案例，这些案例是无法通过具体的全文检索词来查找到的。在你所研究的整个领域中，利用万律的美国法律分析查一下案例摘要（headnotes）是有帮助的。同时，看一看在你所找到的切题案例中用的是什么案例摘要名称。然后用该标题到万律中去找，如你想找第 92 类中 1550，就查"92k1550"。

（5）检索行政机关关于该问题的决定。很多领域（例如公共场所歧视法方面）的判例往往早于联邦和州或地方机构的判例，且这些案例也没有诉至法院。虽然可利用的"所有的行政机构"数据库并不存在，只能单独去查找每个机构的裁决，但这些裁决在万律和律商中都能找到。你可以运用相关的万律和律商数据库（万律中 IDEN 数据库能帮助你找到其他数据库）查找它们。

（6）查询涉及该问题的法院判决意见。万律在初审法院判决数据库（Trial Court Orders）中收录了某些初审法院的判决意见。律商的 CourtLink 服务中有一些，Bloomberg Law 中也收录了不少。

（7）查找律师针对你的主题所提出的一般性意见（通过万律和律商查）。

（8）查一下有关你的主题的诉状和法院诉讼文书，例如，通过万律的 Briefs and Trial Court Documents 数据库或律商的 briefs；motions 和 pleading files，以及 Bloomberg Law 查找。

（9）查一下报纸或杂志上讨论该事件的文章，尽管这些文章可能根本没有电子版。

（10）在网上查找（例如用谷歌搜索）其他一些事例。

（11）全面查找立法史资料库，看看是否有相关制定法草案曾被提出来试图解决你的问题。

（12）如果你要查询涉及特定主题的制定法，就需要查询一下市政法典。与你的图书管理员沟通一下，找到查阅市政法典最佳的地方。但是这些查阅途径中掺杂了很多效果不佳的各类数据库，比如：Lexis Municipal Codes，MuniCode.com，AmLegal.com，Sterling Codifiers.com，Conway Greene.com。（还有一些在该市的政府网站上。）

二、理解法律

（一）扩大视野

一旦你选定了你的主题，那么就要找出所适用的法律总体框架。例如，如果你计划要写言论自由以及被动受众的论题，就要学习言论自由法的概要；如果你计划要写赋予服装设计版权的可行性，你就要学习版权法的框架。

开始的时候就要找一本简洁的、旨在向学生或者律师介绍该领域法律的书。"基本概念与基本观点"系列书籍、"西方经典文丛"以及马修·班德的"理解文丛"等丛书对此就很好。此外，还可以问问一下图书馆的研究咨询员或本领域的教授，请他们推荐一些其认为最佳的入门书。

即便你在这门课程的成绩很好，你也要这么做，因为：第一，你可能已经遗忘了某些重要细节。第二，很少有课程能涵盖整个领域，而可能遗漏某些主题，而有些主题可能对你的问题非常重要。

当然，有很多书并不能够直接关联到你的具体问题，但某些部分会有联系，而你也不会知道哪些部分会有联系，哪些部分没有联系。

例如，如果你想写言论自由与被动受众的议题，那么你就不仅要理解涉及被动受众的案例，而且至少也要知道以下内容：

（1）以内容为基础的限制和与内容无关的限制之间的区别；

（2）政府所扮演的角色，究竟是主权者还是经营者，抑或是 K-12 学校的教师之间的区别；

（3）商业言论限制与其他限制之间的区别；

（4）涉及淫秽内容，讨论有些人不经意间可能会接触到侵犯性材料的案例；

（5）在言论自由法律方面准确界定"严格审查"含义的案例，它们很多都出现在选举募资案件中；

（6）处理侵犯性言论的基本原则；

（7）各种言论自由程序规则，例如，模糊无效（void-for-vagueness）规则以及越界无效（overbreadth）规则。

而且，要提出支持你论点的政策主张就必须依靠一些原则。你甚至必须到不相关的领域中去提炼这样的原则。如被动受众的问题与煽动法和诽谤法关系就不大。但当你写被动受众的内容时，你就必须讨论一下：思想自由市场、寒蝉效应以及诸如此类的观点，你会希望与教唆和煽动方面的主导案例中的立论方式进行对比。

（二）获取细节

在你广泛理解了你要写作的整个领域以后，你需要详细了解该具体问题的更多细节。

（1）从一本专著开始。仔细阅读讨论你的选题所涉及的章节，以及那些你发现与你的主题相关的章节。高度重视脚注、法律更新页（pocket parts）以及其他更新的地方。

如果有多部专著，通过询问图书管理员或者本领域内的课程教授筛选出最好的一本。在某些领域中，不同著作的观点是有差异的。如果你想要研究的领域内也存在这种情况，那么你就要对其中最好的著作进行多方面的仔细阅读。

（2）在你阅读完专著之后，回头去找出看起来最重要的判例和制定法，然后从头到尾将这些重要的判例和法条仔细阅读。

专著一般简洁地总结大多数判例，却经常忽略重要政策主张以及隐含的局限性，甚至忽略其中重大理论的细节。虽然一部著作经常给你一个广阔法律背景的良好感觉，但有时它会忽略某些背景内容。而这些内容虽与大多数法律人没有多大关系，但却往往与你的论证高度相关。因此，对于某些判例和制定法本身的阅读，专著是无法取代的。

（三）查找其他著作（文献检索）

一旦你找到研究法律的感觉，你需要阅读涉及你具体主题的文章与书籍，这是因为：① 它们可能会谈及一些有用的东西；② 你需要提出一个新主张（或者至少为你的主张提供一个新论点）。因此，你需要知道哪些是别人已经提过的观点。

你如何才能找到这些著作呢?

首先,要检索法律期刊的索引,以及法律资源索引(这些可以见于万律的 ILP 和 LRI 数据库),当然也要检索你图书馆的目录。

其次,对于很多选题来说有大量判例非常重要,以至于该领域任何严肃的文章都必须予以讨论。你需要检索提到这些判例的所有文章。如果文章太多,就用律商词频(ATLEAST)功能,找出那些提及这些判例较为频繁的文章。在进行词频检索时,应当利用判例简称,因为文章在引用判例时,引注全称只有一次,后面都采用简称。

再次,向你的老师或者那些教授本领域课程之人询问有关论题的文献标题或者作者。人们经常会忘记特定的标题,但是能够记住写作这个主题的作者。虽然建议参考专家教授的意见,但是很少有学者知道某个领域的所有东西。因此,你应当自己检索,以确保你不会选择那些已经被淘汰的观点。

最后,要尽量找出那些甚至在该主题上还没有发表的文章。通过检索社会科学研究网站数据库(SSRN)以及法律知识库(Bepress Legal Repository)。这些数据库并不包括所有没有发表的文章,有的文章其实已经发表了。但该检索至少可以让你发现在你的主题上某些尚未发表的文章。

其中某些文章对你的研究来说可能是有用的。如果其中某篇文章确实已经先占了你所考虑写的主题,那最好先学习该文而不是等到其有 6 个月发表之后才学习。要将你的检索时间限定在最近一两年之内,以免检出大量已经在律商和万律中查到的已发表文章。

(四)鉴别你所发现文章的相关度

这里有一条关于我的堂妹(Hanah Metchis Volokh)(当时还是学法律的学生)的信息。她就遭遇了某些我曾经遭遇过的问题:

在我写论文并开始进行研究的时候,我觉得已发表的文章都没有涉及我想写的问题。

比如,我刚想到写现在这篇论文——国会豁免法律违反了权力分立原则。我开始在万律中进行检索"国会的调查"以及"权力分立"的关键词。我发现居然已经有 20 篇文章。我的天!这个选题人家都写过了!我最好还是重新选题。

直到几天后,等我把这些文章打印出来并阅读了其实际上所写的内容,我才发现,有些文章与我的想法根本没有关联。然后,我发现其中一篇文章的分析恰恰是我准备写的对 Chadha/Bowsher 的判例分析。我很吃惊,我的想法已经被涵盖了。我最好还是换新题目吧!我大概花了整整一周时间来阅读 Sklamberg 的文章。最后,我才认识到,他得出的结论跟我的是相反的。我依然可以写这篇文章。事实上,如果不同意其观点的话,就很容易写一篇文章。

这种惊讶完全可以理解。法律评论文章成百上千。我们中的大多数人都会有种挥之不去的担心:我们想写的东西肯定有人已经写过了,而且还写得更好。特别是当我们刚开始法律生涯时,很容易产生这种想法。我们忘记了,实际上几乎所有文章写的都是其他主题。那些文章所涉及某个问题时,往往仅仅是顺带提及,并且,讨论我们想写主题的文章其实与我们的观点可能是不同的,或者写得不好。基于以上种种,我们总会惴惴不安。

不过,还有两个相反的问题:第一个问题是我们并没有认真进行文献检索,或者检索得太迟,我们老是担心被抢先。这一想法很糟。如果你在一开始没有发现有关该主题的其他文献,你最后可能会与它的观点撞车,或者你的导师或者法律评论的编辑将会发现。

最好在一开始就查阅该主题内的其他著作。这样就更容易使你能及时改变自己的观点,而使其不同于过去的文章。(更详细的阐述,参见前述的第一章之三,7-8 页)。并且,此时很容易将其作为一个对立观点,纳入你的文章中。

第二个问题是,我们可能会低估或高估我们所阅读文章的重要性。或者正因为太过担忧而误解这些文章的要旨,我们通常没法尽可能冷静细致地阅读这些文章。

因此,抛开你的担心,尽可能多阅读文献。要将文献检索作为凝练你观点的基本手段,而不是去确定是否要舍弃或改变你的观点。在某些情况下,彻底改变是需要的,但这种情况极为罕见。特别是当你已经采用我们在第一章中所建议的方式凝练了你的观点的情况下,要尽早进行文献检索。要带着信心和真正的兴趣而非不安去检索文献。

三、明确何时开始写

你什么时候该完成你的研究,这难以准确确定,因为你总需要承担一些风险,那就是你还没有查阅到关键案例或者没有找到其他完美例证。

要认识到在开始进行写作的时候并不意味着停止你的研究。它仅仅是意味着要将你的主要精力转移到写作上去。当你进行写作时,你会发现你最初的研究得到了补充。你将认识到你最初的研究并未针对问题的某些重要方面。这个补充性研究在开始写作前是无法进行的,因为直到思考过整个问题之前,你并不知道其必要性。甚至到你将自己的答案写出来前,你可能都还没有把该问题真正思考透彻。在你写作之初,你对判例法及事实背景的理解也并不能达到完美境地。最初,你只需要知道基础内容就可以了,在后面再弥补即可。

正如 Pam Samuelson 所指出的那样:这里很关键的是要有自知之明。[11]我们很多人(包括我自己)都将研究作为一个拖延手段,因为研究较之于写作更可控,也不是那么望而生畏。如果你属于这种类型的人,就要强迫自己更早转入写作阶段。相反,如果你发现研究很容易开展,那么,你就应当花费比通常所做研究更多一点时间。

四、深度挖掘关键资源

到目前为止,我们讨论的是研究法律规则和例证,但是一旦找出了关键案例、制定法以及事例,你可能想深入研究每个资源。比如你可以:

(1)追溯你所撰写的制定法的早前版本,制定法委员会的报告以及对于该法的讨论。

(2)追溯下级法院的判决,包括并未发表过的,以及某些关于你当前所讨论问题的关键性判例。

(3)追溯控告书、起诉书、庭审笔录、书证以及这些案件的摘要。

(4)调查为何会提起这个诉讼,了解其是否源于一个律师群体的诉讼策略?抑或它是否来源于当地特殊条件?

通常情况下,这些深入的研究可以给你有关法院为何不理会某些观点的一个特别视角(或者在诉状中根本就没有提及该观点)。为何法院的判决是一个未曾预料到的结果?制定法的目的是什么?等等。有时,下级法院的判决,特别是起诉状可以为你指出你不曾想到过的其他观点或对立观点。但是要注意：某些观点可能听起来并不合理。

有时，研究的结果也会给你一个有关在该案中所发生情况的详尽图景。这幅图景有助于你更具体更有说服力地说明问题。例如，一个已经公开的上诉法院判决可能会表示支持一项命令"限制父亲跟其子女讨论任何有关宗教或哲学的问题"。但除了当事人以外，没有其他人看过的未发布的法院判决会告诉你：作为圣战主义者（jihadist）的父亲将孩子取名为穆加希德·大卫和穆加希德·丹尼尔；而母亲试图使其子女免受圣战主义的教义教导。这就使得该事件变得更为有趣而复杂，并且可能为你的讨论提供一个更好媒介。

查询这些文件可以帮助你摆脱令人尴尬的错误。例如，我知道有一篇案例评论文章得出一个结论认为：复审法院应当发回特定案件以对事实进行重新认定（该案例评注是一个在线《法律评论》的补充材料中，该案还在审理时，此结论就做出了）。但得到证明的事实却是：本来认为法院必须予以认定的事实，法院已经知悉，因而不存在不确定性。看一下法院记录或诉状就可以把该点搞清楚。

如何才能够找到某些资源呢？

（1）有一些可以在万律或律商中找到。

（2）从 Bloomberg Law 数据库中可以迅速找到最新的联邦法院文件，如果你所在学校有的话。

（3）如果你的学校没有 Bloomberg Law 数据库。你可以询问你的图书馆研究助理从"法院公共电子档案"（PACER）数据库获取最新的联邦法院文件。但图书研究助理们可能并不会直接让你去访问法院电子档案（PACER）数据库，因为它每一页要花费图书馆 10 美分。但是他可能会愿意帮你做一个小范围的检索。

（4）更好的情况下，图书馆管理员可能会帮你去查找资料，甚至包括帮你完成那些很难找到的文件检索任务，只要你礼貌地向他们咨询，并解释清楚为什么这个文件对你的学术研究来说是重要的（有关获取图书管理员帮助的方法，可以参见 65 页以下的材料）。

（5）如果你虚心向正在办理与论题相关案件的律师请教问题，并且明确表示，你将努力写作一篇严谨的法律评论论文，他们会很高兴地将一些未公开的案件材料送给你。即使一方当事人的律师不帮助你，另一方的律师也可能会帮助你。有时他们还会很慷慨地对你谈及尚未公开的信息：比如，他们可能会告诉你这个案件是否采用和解结案，以及和解的梗概。

五、深度挖掘法律规则的主题

（在有限的时间里）你应该尽可能地学习更多与你描述法律规制的主题相关的知识。

例如，你在写作"平等保护的条款是否禁止狱政部门释放更多男性囚犯"，因为男监狱囚犯比女监狱囚犯更多，反之亦然。你考虑该题目可能是因为你阅读了一篇有关某监狱狱政的文章。但问一下其他地方的监狱：它们是否也有同样的政策，是否有一些监狱奉行性别无涉的政策。尽管有一些监狱认为这样的政策不可行，是否依然有一些监狱认为奉行性别无涉的政策更容易呢？不同的监狱是否有不同的以性别为基础的政策，而其中一些政策可能比其他政策更具有歧视性呢？

还要试图搞清楚监狱是如何设计的，以及它们是否可以通过某些渠道来设计成能够最大程度减少以性别为条件的释放限制。例如，是不是所有的监狱都是这样建设的：针对男性囚犯和女性因犯分别建立专门的关押场所，当所关押的男性过多以至于牢房空间难以负荷时，便需要建新牢房来分流被关押的男性。或者一些监狱的建造方式可以便于监狱管理人员转变其使用性质，这也就是说空置的女性牢房是否就能够在男性囚犯太多时被利用起来。或至少让监狱管理人员清楚，在两者都是同样过分拥挤的情况下，是否应当适用同样的提前释放条件呢？

这些问题可能在起初看起来与宪法性问题并没有直接关联。这在理论上可以进行抽象回答。但在实践中很少有法律问题能够完全抽象回答。经常有理论（例如，在平等保护条款中，更少限制的手段）要求法院仔细审查事实。更重要的是，当你做这些追问时，你根本就不知道会发现什么问题。在你与一些人谈话之前，你可能连应当提什么问题都不知道。

因此，要找那些对于该主题有个人独到见解的人，尽可去找在该领域中做研究的人。在本例中，要找犯罪学家和研究监狱政策的人，甚至要找的是在本领域工作的律师。人们经常将有些人尊为专家来寻求意见。有的专家可能由于太忙无法给你帮助，但有的专家可能会乐于给你一些时间。

不过，在寻求他人帮助之前，你要自己开展研究工作。首先，这将帮助你知道提什么问题。其次，有助于让他人更愿意帮助你。你要让人感觉他们的帮助是对你自己努力工作的补充，而不仅仅是试图利用他们的帮助来取代你自己的工作。

六、与学院图书管理员进行讨论

大多数法学院的图书管理员都很乐于帮助学生进行研究。他们可以在具体问题上提供帮助。例如"我怎么才能够获取到这个没有发表的资源？""我如何才能够获得这样的数据呢？"他们也可以帮助你制定一个总体研究计划——包括文献检索，查找相关判例和制定法，查找相关报纸文章，甚至检索该主题下的某些一般性领域。

不要不好意思去咨询图书管理员。他们虽然很忙，但是回应别人的咨询是大多数学院图书管理员日常工作的一部分，而他们通常也会乐在其中。这些图书管理员通常接受了职业律师的培养，他们拥有相应的资质但却不愿致力于律师事务所的工作。而研究才是他们想做的，因此，他们经常都会遇到与你相同的工作任务，并能很快发现你可能遗漏的内容。

1. 如果你已经选定了一个题目

如果你已经选定了一个题目，你可以与相关研究咨询员约个时间谈谈，看看他能否给你一些建议。你要事前做一些工作：首先要思考一下你的研究计划，有任何研究思路闪过你脑海时要及时把它记下来，并且告诉图书管理员你的发现。在寻求建议之前，先做一些工作往往是很好的。如果你将自己的努力意愿展示出来了，你会受到更认真的对待。但不要等到你已经做了几个月有价值的研究之后才去咨询，在刚开始时就要向专业人士求助。

前去赴会时把你已经完成的研究工作列出来，打印好带上，最好用美观的排版格式将它打印出来。而且要准备好解释清楚你的文章要写什么，你不必全部确定，但你描述得越准确，对方就越容易为你提供有用建议。先把你的题目写下来，要确保它已经反映了你的想法。

2. 如果你在寻找一个题目

如果你在寻找一个题目，图书管理员可以帮助你指出可以到哪里去找。他们对该领域的文献以及最佳的法律新闻服务活页本等是非常熟悉的。但你还是需要自己查找后再向图书管理员求助，这样能够清楚地向他们表明你已经查找过哪些资料，以及你是在哪里查找到的。但如果你已尽力了，却什么都没有找到，那么就不必犹豫，大胆去寻求图书管理员的帮助吧。

图书管理员也可以为你指出其他与你研究目标相关的领域。这些领域你可能会觉得有趣，但没有图书管理员的点拨，你可能压根儿不会往那方面去思考。你可以专门就此向他们咨询些问题，看看他们是否曾经思考过这些问题。

有一点必须记住：尽管图书管理员可以帮助你指出资料的可查之处，可以帮助你做文献的检索，但是他们却无法告诉你，你所考虑的某个观点是否是具有新颖性、创造性、实用性、与正确性。

想要得到相关建议，你应当请教该领域中的某一位教授。虽然教授会告诉你，其建议无法取代谨慎地带着批判眼光进行的全面文献检索，但至少在该领域写作过的学者可以给你有关哪些选题和论点更有可能取得成功，而哪一些则不然的更好感觉。了解特定领域中哪些适合做出出色的学术研究是教授的工作，而不是图书管理员的工作。

3. 如果你对于特定的任务存在疑问

当你对具体任务有问题的时候，你应当询问图书管理员。例如，利用万律和律商查询的最佳办法是什么？如何找到非常规资源（比如，可能没有出现在万律或律商中的行政机关的决定）？等等。

这些问题最好采用邮件方式询问，这将有助于帮助你准确找出问题。在你的邮件中，应当提到你已经尝试过的方法和你已经找过的资料，以便图书管理员为你提供更好的帮助，并使他们意识到，你并非动辄就向他们提问。邮件要进行校对，保证清晰、准确，看起来更专业。

4. 如果你需要蓝皮书方面的帮助

如果你对蓝皮书的某个部分存在疑问，你可以自己在蓝皮书中查找或向法律评论的编辑进行询问。但那并不是图书管理员的工作,（一旦你学习过蓝皮书后）你可以自己解决该问题，其他人也如此。

5. 以正确的态度与图书管理员进行交谈

上文多次强调应当毫不犹豫地向图书管理员求助，但是要记住，你在向他们求助、提出问题和致谢的过程中一定要有礼貌。

不要缺乏耐心。只有这样，图书管理员才能够找到你所需要的东西，毕竟图书管理员还有其他需要花时间的工作。

要为那些帮助你的图书管理员减轻负担，尽可能地把你的问题说清楚，同时尽可能地采用书面形式提供信息（比如，所有有关法院程序的细节，你已经查找过的内容清单，等等）。

最后，如果图书管理员向你提出有关你研究的一个问题,（例如,"你要找的是州的还是联邦的案例？""你找到了吗？""你什么时候检索的？""你找到了什么？"）回答"我不知道"时不要感到很尴尬。你很想不懂装懂，但如果这样给图书管理员一个错误的方向，那么你们都不会感到愉快。

七、图书和专著的利用

不要忘记图书和专著,包括那些只有纸本的材料。不要仅仅在万律或谷歌图书中检索。当下,人们将关注点放到网上检索时,很容易忽略这些资料。但是这些资料的数量远远超过你能在网上找到的。

八、采用最佳格式打印

在打印判例时,尽量用万律的"Wset Reporfer Zmage"格式。我发现,较之于万律或律商二栏式格式,这种打印格式看起来更好。

同样,在打印文章时,用 HeinOnline 的格式,你的图书馆可能订了。这样你可以像在原刊上那样阅读该文章。

九、在 HeinOnline 数据库中检索法律评论上的旧文章

万律与律商是很强大的搜索引擎,通常适合用来查询刚刚发表的法律评论的文章。但对大多数刊物,这两个数据库一般都没有追溯收录 20 世纪 80 年代到 90 年代之前的数据。如果要查询早年的文章,你就应该使用 HeinOnline,该数据库较全地收录了早期的文章。

十、ATLEAST,NOT W/和 SY,DI( )检索功能的利用

如果你的查询结果出现了很多错误,用律商与万律的词频(ATLEAST)与 NOT W/ 检索或万律的 SY,DI( )功能查找。

(1)兹举一例:律商检索"ATLEAST3(版权)"会找到所有至少提到"版权"三次以上的文献。这就会排除掉很多提及版权(例如使用这个词来附带叙述法院早期判例的判例)的文章,但却不会大量遗漏的确关注版权的文章。

(2)用律商"rico NOT W/2 puerto"命令查找的是除了与 puerto 连用的两个词中出现 rico 之外的 rico,因此会查出 RICO 条例,但排除了 Puerto Rico 的内容。这不同于 rico AND NOT puerto,因为后者会过滤掉同时提及 Puerto Rico 和 RICO 案的内容。你可以清楚地归纳出这点。

(3)正如我在前面提到的,万律检索命令 SY,DI(检索词)可以查找那些所有在简介(Synopsis)——一般以万律风格列出的判例开头部分——以及在该案摘要(Digest)条目中包含检索词的判例。这能使你在案件开头就可以抓住万律认为的该案核心信息,避免陷入其他冗杂内容,即可跳过那些仅在事实部分,以及那些附带简要讨论的其他案件的信息中提及该词的判例。

注意:SY,DI( )检索会漏掉很多万律没有收录其简介与摘要(synopses and digests)的未发布判例——但排除掉未发布判例可能是你的目的之一。

十一、查找早期的英美法资料

这里提供一些查找 18 世纪到 19 世纪英美法的建议。

1. 古代著作

查找所有你可能找到且与你所讨论主题有关的古代或几十年以前的专著,同时也要广泛查找其他有联系的相关论文:布莱克斯通的《评论》与美国版的《评论》。这些著作将会让你受益:

(1)为你揭示当时法律规则的宏观情况;

(2)为你提示一些你本来可能会错过的案例(既包括美国法也包括英国法);

(3)提醒你在那个时代采用的法律术语是什么,由此让你知道如何检索电子版。

2. 古老的英国判例

建国之初的美国法院频繁地引用英国判例。那个时代的大多数法律(侵权法、合同法、财产法、刑法、证据法等)都是建立在革命之前英国普通法基础之上的。英国法院经常碰到美国法院所碰到的问题,在很多法律领域根本没有美国法。当时美国法院的很多判决并没有发表,因此,英国判例法比美国判例法更容易找到。当时有影响的著作仍旧依靠大量引述英国判例法。

因此,当你既要查询美国判例法,又要查询英国判例法时,你可以发现很多当时专著中的引用。你也可以在 HeinOnline 的法学期刊全文数据库中的英国判例汇编数据库中找到相关资料。

3. 现代史的书和文章

读一些有代表性的现代有关那个时代的法律和政治体系方面的书和文章,即便与你的主题并不紧密相关。但这些著作可以给你一种有关那个时代的政治、法律、经济、生活方面的认知,并让你摒弃那种站在现代的角度去臆测那个年代的假设,这些可能与你的写作有更直接的联系,但是这些资料你可能无法单纯从网络检索获得。

4. 网上数据库

不要仅仅依靠万律和律商进行检索。虽然几乎所有被报道过的案例都可以在万律和律商上检索到,但是依旧有很多早期的案件并未被正式报道,并且在 1900 年以前,著作和其他信息资源要比现在重要得多。因此,要询问图书管理员各种网络数据库方面有关历史资料和数据的查找方法。其中一些关键的资源包括:

(1)18 世纪前的英国书籍(不限于法律书):Chadwyck-Healey 的《早期英国图书在线》(EEBO)。

(2)18 世纪英国的书(不限于法律,还有来自于英国国外的书籍):《盖尔 18 世纪在线典藏丛书》(*Gale's Eighteenth Century Collections Online*)。

(3)18 世纪和 19 世纪美国的书籍和小册子(不仅限于法律)以及发行的报纸(这些报纸有时会收录那些本来没有公布的法律判决以及陪审团的起诉等):里德·克斯的《美国档案》。

(4)19 世纪和 20 世纪早期英国与美国的法学著作以及其他法律书籍:《盖尔近代法律全文》(*Gale's Making of Modern Law*)。

(5)19 世纪和 20 世纪早期美国的法律著作和其他法律书籍:HeinOnline 的《法学经典论文》。

(6)19 世纪美国的杂志(不限于法律):ProQuest 的《美国在线期刊系列》(1741—1900)。

（7）从17世纪到20世纪英国和美国审判和其他法律文件的报告：Galenet的《现代法的形成：审判》。

（8）1220年到1865年《英国法院判例汇编》（无论引注释为Eng. Rep.还是具体的报道员）：HeinOnline的英国判例数据库。

（9）某些早期的书：查谷歌图书。

5. 万律和律商数据库中没有的报道

如前所述，大多数美国的案件报道汇编（reporter volumes）现在都可以在万律与律商中查找到，但并不是所有的。如果你要彻底地去考察从18世纪到19世纪早期的美国的资料来源，你就应该去查询案例汇编索引，如：艾迪生报告（宾夕法尼亚）、纽约市政厅记录、史密斯的《新罕布什尔州高等法院和最高法院的判例汇编》，以及怀特的《俄亥俄州判例汇编》，网址：http://volokh.com/writing。我贴出了并没有被上传到律商和万律上的一长串《美国判例汇编》（尽管该列表可能是不完备的）。

这些早期来源中有一些佳作就像后面几节中提及的专著、自传以及其他书籍中一样。因此，比如在写作一篇关于象征性表达与第一修正案原义的文章时，我就依靠了几十个在18世纪到19世纪早期的案例来源来支持我的结论。这些案例来源包括了几个万律可以找到的判例，但也包括其他的信息来源：

（1）《纽约市政厅记录》中的一个判例；

（2）《艾迪生的报告》中所记录的大陪审团起诉；

（3）圣乔治·塔克版的《布莱克斯通评论》和Chancellor Kent的《美国法评论》节选以及治安法官的手札；

（4）有一个编辑关于早期宾夕法尼亚立法方面的短论；

（5）一位由后来成为联邦法官的立法人士所写并发表在《宾夕法尼亚国民大会的程序和辩论》的论文；

（6）一位著名律师发表在报纸上的有关诽谤的文章；

（7）大陪审团的起诉决定，转载于弗兰西斯·华顿的《美国州审判》（Francis Wharton's State Trials of the United States）；

（8）在报纸上发表的关于四名庭审法官对陪审团的指导。

所有这些都是重要的资料，它们揭示出那个时代法律的实际状况。如果我局限在律商或万律查找，我就不会发现他们。

6. 关注过去的法律习惯

"研究过去好比研究外国：那里有截然不同的行为方式。"[12]你应该注意这些差别，尤其是细微差别。如今天我们假设任何在《案例汇编》上发表的内容，如《美国判例汇编》要么是法官们的意见，要么是出版商所加的眉批。但在19世纪，出版的《判例汇编》经常是以律师们的辩论摘要开篇的，所以那些你在万律中可能查找到的经典引述可能只是出自某个律师的主张而不是一个大法官的立场。

同样，我们一般认为《美国判例汇编》源于美国最高法院。但实际上，《美国法律汇编》第一卷是宾夕法尼亚州法院的判例。同样，很多见于第二卷、第三卷、第四卷来源于宾夕法尼亚、德拉华法院、下级联邦法院以及联邦上诉法院（该法院根据《联邦条例》建立）。这些表述（例如"The Supreme Court recited these requirements in the The Amiable Isabella[, 19 U.S. 1, 5（1821）]。在 Purviance v. Angus, 1 U.S. 180（1786）一案中，最高法院判决道……"）其实是有误的。Purviance 不是由美国的最高法院来颁布实施，而是由宾夕法尼亚的高等上诉和复审法院判决的。

因此，要仔细地阅读。尽可能少做假设，仔细审视出错迹象。这个案件的判决时间是 1786 年，这一年美国最高法院建立了吗？某某大法官发表的法院意见出现在这个案例报告的中间部分，那么之前的材料可能不是法院的意见吧？

7. 注意古老的引注格式

古老的判例经常所采用的引注格式与你所习惯的引述表达是大相径庭的。它们经常引用当时人们熟悉的专著，如"Bl. Com."来代表《布莱克斯通评论》。它们还以判例颁布者的名字来给判例命名，因此 Marbury v. Madison 案一般引注为"1 Cranch 137,"而美国判例汇编的信息当时尚不存在。古代判例所采用的引注方式，今天称为"指示性引用"，如："2 Wils.K.B. 203."

如果你不太清楚引注的含义，你应该去查一下参考书，如 Bieber 的《法律缩略语词典》，基本上可以在谷歌图书上找到。你可以继续用万律和律商（能够发现诸多的替用名称）或 HeinOnline（让你可以采用只是引注的方式去查案例）尝试去找一个案例。或如果你用这些办法都找不到，你可以咨询一下图书馆的咨询员。

8. 用正确的检索词查找

较之于数年之前，现在你可以在网上查找诸多历史资料。但是你需要知道你真正想要检索的是什么？

例如，在万律数据库全中文查找（"知识产权"）& date（bef1/1/1900），你可以找到 4 个案例，但这并不是因为 19 世纪的律师并不将版权看作财产权（这是我听到的一些人的看法）。相反，他们表述为"文学财产权"，如果你在全文中查找（"文学财产权"）& date（bef1/1/1900）可以查到 58 个。如果你要在早期的案件中找到我们今天称之为象征性表达，或者表达行为，你就应该检索"signs"一词（这个词常见于"signs or pictures"短语中）。如果你在找"出版自由"，你就应该查"liberty of the press"。

同样，如果你想找早期的有关民事审判陪审方面的资料，你就应该检索"第九修正案"以及"第七修正案"。第一届国会提议了 12 条修正案；我们今天称为《权利法案》的修正案是第 3 条到第 12 条。前两条当时没有被批准，但是在之后的 25 年内还有很多人将这些未被批准的条款计入。因此，比如，1815 年的 Hunter v. Martin 案提到"修正案第九条"以及"第九修正案"，指的是民事审判当中的陪审制；"第十二修正案"指的是我们今天所称的第十修正案，而第八修正案指的是第六修正案的迅速审判和陪审团审判的权利。

18 世纪晚期到 19 世纪早期的文献也有一个与现代文件显著的字型差异（font difference）：有些"s"字母被打印得非常像现代的"f"，因此，"Congress"可能看起来就像"Congrefs"——而电子扫描软件经常将它扫描成"Congrefs"。

很多电子数据库对此都有纠正，但有的却没有。因此你在检索时应考虑到这个因素，以便你试图去找诸如这样一个短语"free state"，你可能要去找"free ftate"。

你怎么能够发现这些现代术语的古代译法呢？

首先，集中你的注意力，如果你阅读的是一个古老的版权法案例，注意到该案在讨论"文学财产权"，你就要意识到这个词可能是帮助你找到更多其他相关案件的检索词。

其次，阅读古老专著要留心其采用的是什么术语。

最后，单独查询那些你找到的判例与专著所引用的判例，而不要指望通过电子检索找到你所需要的所有判例。

第十章 修改：基本原则

一、修改：两种写作

修改是写作程序的关键组成部分。但是与写作初稿相比，它也要求有不同的习惯和方法。

不少人发现，在写作初稿时，连贯性和自我批判性不太必要。写作时，修改或重调结构会阻碍他们的写作思路，影响初稿写作。这也是我的经验。

但是，当初稿写作完成以后，你必须改变态度：你必须严谨而注重细节、精益求精；你必须愿意重写你已经写过的内容，甚至删掉其中某些部分；你必须从作者的视角转移到读者的视角。很多情况下，你所面对的是阅历有限的读者（要想办法简单而清楚地传达你的想法），有时还是一个很挑剔的读者（要想办法正确而精准地表达你的思想。）

这很棘手，有时甚至很伤脑筋。但如果你希望最终的成果是准确而有说服力的，这就非常重要。

二、修改：两种阅读

修改所涉及的阅读是不同寻常的。

一般来说，当我们在工作或学习中阅读时，目标仅仅是吸收信息、理解作者想说的内容。为此，我们很少需要将注意力放到写作存在的问题上。当我们读一份判例、书状、一篇文章时，我们不想去考虑"哦，这里有个拼写错误""嗯，那是多余的"或"我可以写得更好"。

考虑这些问题只会让我们从目标上分散注意力。因此，我们就养成了忽略所阅读内容中存在的问题的习惯。我们不会去管诸如打字的错误、语法的错误。这是一个良好的习惯，因为，对我们所阅读的95%甚至更多的信息，都仅仅要求搞清楚作者想说的内容即可。

但当我们为修改而阅读时（不管我们是在修改自己的作品还是同事的作品，或是作为法律评论编辑履职时），我们都要彻底改变我们的阅读方法。仅仅搞清楚作者想说的内容是不够的。实际上，当我们是作者时，这种阅读特别容易转化为一种很随意的跳读。因为我们知道我们想说的内容。

相反，我们要找出作者在字面表达的意思是什么；我们要找出如何写得更好。更困难的是（因为这是不熟悉的东西），当我们阅读的时候，我们还要考虑读者可能会对某些内容存在误解，即便我们本来已经做了正确的解释。

这样的阅读技能是很难掌握的，关键在于：其一，练习；其二，意识到你需要以这种方式来阅读，并不断提醒自己。

三、反复修改

高中的新闻学老师教导我们说,"文章不是写出来的,而是改出来的"。① 要计划在预定时限之前写完初稿,这很难但却很关键。

打印出初稿,进行一次彻底修改,并把修改内容加进去。你要在打印稿上而不是在电脑上修改。因为一般来说,这样更容易查出错误。在你修改时,你要问自己如下几个问题:

(1)(对于每句话)读者对这句话要传达给他们的信息是否已经了解?
(2)(对于每句话)该信息或其中一部分是否在前面的句子中已经表达过了?
(3)(对于每句话)本句和前一句紧密关联,是否在重复前一句已经说过的内容?
(4)(对于每个字,每个短语或句子)我是否能删除它而不改变原意?②
(5)(对于句子中的每个短语)它的表达方式是否符合一般人的说法?
(6)(对于每个单词)该词是否恰当准确传达了我想表达的意思?
(7)(对于每个名词)该名词是否可以用其他动词、形容词或者副词来取代?

其他更多技巧需要查阅一下:Bruce Ross-Larson 的 Edit Yourself 一书。该书着重讨论了对词句的修改;C. Edward Good 所著的 Mightier Than the Sword 和 A Grammar Book for You and I,以及 Bryan Garner 所著的 Elements of Legal Style,以及 Steven Pinker 的 The Elements of Style,这些书都是最基本的写作指导用书。

如果时间充裕,你可以将草稿放置一天再修改,不然就将其搁置几个小时再修改。如此反复进行。

就我的写作经验而言,我倾向于在投到法律评论之前,进行大约 10 次彻底修改。我在给科金斯基法官做助理时,写一份判决意见一般要改 30 到 40 次。这其中包括 20 到 30 次对判决意见实质内容的修改(其他修改主要是引注的查核)。据说,巴尔扎克在没有文字处理软件的情况下,对一本书的书稿彻底修改了 27 次。[13]

修改是痛苦、费时耗力却又必不可少的工作。除非你是一个写作高手,你的初稿可能存在严重缺陷。或许你的第二稿甚至第五稿的情况也如此。你在修改中,要保留某些旧版,当你把第十稿和初稿进行对比时,你就会发现它们之间有天壤之别。

如果你误用了一个措辞或犯了一个微小的语法、拼写甚至标点上的错误,你就俨然成了一个不知道如何使用自己工具的工匠。你就丧失了可信度,哪怕你所说的内容是有实质意义的。

四、隔段时间再修改

如果你有时间把你的最新稿放一到两天后再次阅读。那时,你就会带着"新的目光"③——一个新的视角来读,并有能力仔细地读你所写的东西,而不仅仅由于对内容过度熟悉而浮光掠影。

---

① 贝弗利山庄高中教师吉尔斯·K. 切斯特顿。
② 细心的读者可能发现,上文列举的这些旨在查找冗余内容之问题本身就是多余的。我是故意这样写的,当你在寻找经常被忽视的内容时,如冗余内容或其他内容时,采用几种略微不同的方法往往是有帮助的。而这便是少数几个冗余内容有用的地方。
③ 该说法要感谢科津斯基法官。

五、如果你发现有段落并无标红待修改的情况，就重新检查修改一次

无论如何，在最初几稿的修改中，每个段落，甚至每个句子都可能存在需要修正的地方，以便让表述更清晰有力。如果你在某个段落中一个缺陷都没有发现，那说明你看得不够仔细。

六、如果你要反复阅读才能读懂，那就对其进行重写

在你阅读草稿时，注意你重新阅读一个句子或段落的次数。如果你写的内容把你自己都搞懵了，你的读者怎能不更糊涂呢？如果读者很难理解你写的东西，往往不会再往下读。

你可能会这样辩解："这本来就是很复杂的材料。"你或许是对的，但你的工作就是使得这些材料变得尽可能清楚、简明。准确的解释可以让你的段落更具有可读性。要记住，你的读者并不懒，但却很忙。

七、追问"为什么？"

在你阅读自己提出的观点时，自问一下，一个对你的主张持怀疑态度的读者（而不是一个赞同你观点的人）会说什么？你为此所做出的修改将会回应这些读者的质疑，从而充实你的观点，使之适合所有读者。

因此，对你论证中的每个句子都要反问"为什么？"比如，你的句子是，"这个结果不民主"；你要问问自己"为什么是这样的？"本句或前后句必须回答该问题（除非你的答案不言而喻）。如果你没有找到答案，就要将答案加上。

八、质疑"为什么不？"

对于同一个句子反问"为什么不？"为什么一个通情达理的人不会做相反设想呢？就什么是"民主"是否可能存在各种不同的定义呢？对那些影响你预设结论准确性的东西，是否还存有合理怀疑呢？如果你认为有合理反驳，一定要予以应对。

九、利用你假想的批判者

设想有个你所敬重但观点与你相左的人。他可能是你身边的一位朋友、教授或者法官。再设想一下，如果你是他，在阅读文章时会提出何种对立的观点呢？你的逻辑是否会给他留下深刻印象呢？他是否会看出其中的某些瑕疵呢？

十、求助一两名你信任的同学

请一名同学来阅读你的草稿，这名同学必须：① 聪明；② 愿意仔细阅读你的文章；③ 愿意进行批评甚至严厉批评。当然，那些很喜欢你的人可能可以满足第二个条件，但不太

可能满足第三个条件。满足三个条件的人很少，但也最有价值。请他们吃饭，聊表谢意吧！

注意：首先要确保你的老师并不反对其他人来读你的草稿。大多数老师都不会反对。至少对你的习作论文，抑或甚至是你的课程论文，他们是不会反对的，但事先搞清楚这一点终归是好的。

十一、战胜恐惧

对于批判性地阅读你的作品有恐惧感是很自然的。如果你的主张是错误的怎么办呢？如果你发现一个致命的对立观点怎么办呢？如果你需要重写怎么办呢？

这些担心是可以理解的，但几乎都是缺乏根据的。如果你的主张有问题，你可以予以纠正。大多数对立观点都没有得到回应。如果你发现了一个没有得到回应的观点，你可以修正你的主张而不必将所有东西抛弃，你的草稿代表了大量研究和思考，即便你对它进行了重大修改，你依然可以利用大部分你已经写出的内容。

如果你发现你的观点是错误的，那么读者（包括那些给你作品打分的人）也会认识到该问题。在你提交论文前，最好把它改掉。

十二、没有蠢笨的读者，只有忙碌的读者

很多写作技巧都强调简明、清晰、精炼。所以避免不必要的长句或复杂的句子，直奔主题。让你的段落短一些，降低阅读难度，不要使读者丧失阅读兴趣。

有些作者因为这些建议就认为读者是懒惰和愚蠢的。这些作者认为给他们的那些建议是在"调低"写作高度来迎合蠢笨的读者。毕竟聪明的读者不会介意充满长句与长词的冗长段落——他们会重实质而不是形式。

但其实根本不是这样的。勤奋而聪明的读者是很忙的人，恰恰是因为他们非常勤奋和聪明，他们只能花尽可能少的精力来读你的文章。这并不是因为他们懒惰或者蠢笨，而是因为他们有其他事要做。

他们可以去弄懂复杂的单词和句子，但是较之于简单而清楚的表述，这种努力会耗费他们更多时间。我本来是可以干其他事情的，为什么要浪费我的时间来读这些冗长的东西呢？他们会如此自问。你只能用最容易的方式来吸引他们宝贵的注意力。

十三、摆脱知识桎梏

所有的学术写作都受制于"知识桎梏"。如果你写的东西要启迪读者，那么顾名思义，你对该主题就应该比读者知道更多的东西。通常，你了解的要比读者多得多。即便你只是一个法科学子，你在写作上所花的功夫也将会使你成为那个特定主题上的一流专家。

但是，恰恰因为你知道得太多，而读者对此了解得太少，你很难从读者的角度来考虑问题。要修改你的作品，你需要从读者的视角去审视，但是，你的知识往往会使你丧失该视角。

这表现在诸多不同方面：

1. 术　语

你学了很多新的术语、判例的名字、理论以及学术典故。你使用这些东西与利用其他词汇无异，浑然不觉，然而你的读者可能不懂。

2. 过于抽象

一旦你深入到某个学科后（例如，经济学、社会学、文学批评等），你就会对该学科所采用的抽象表述习以为常。你对"qualified privilege"（有条件的特免权）在诽谤案件中的含义或对于"price elasticity"（价格弹性），甚至更具有技术性的概念在经济学中的含义了然于胸。你不仅知道它的字面意思，而且还知道该词的内涵。这是好现象，它说明你所花的所有学习时间都没有白费。

但是，你可能会不经意地认为你的读者也能领会这些概念。但是同你不一样，他们实际上根本没有花时间来学习这些。你可能在某部分中对该词进行过界定，而后你就会假定，一旦你界定过该概念，你的读者很快就能理解你的用法。这不太好。你的读者可能很快就会被搞懵而把你的文章抛在一边。

将你的抽象表述减少到最低程度。如果有一个简单的替代这种抽象表述的用法，那就用上。如果你的确需要利用抽象表述，因为它能锁定一个重要洞见，那就要不断地给出具体例证来帮助读者理解该抽象表述的含义。

3. 省略某些步骤

你理解自己的论证结构，并且深以为然，就很容易忽略部分论据，甚至部分解释，因为这对你来说是显而易见的，但对于读者来说，却并非如此。你要克服这种倾向。

4. 错误的结构

现在你已经学了你的主题方面的很多东西，你脑子中的结构围绕着你所知道的东西而构建。例如，如果你的主题有一个悠久而复杂的学理发展史，你可能会认为，应根据该历史发展的时间顺序来写。最初这个规则是一种情况，然后它被改变了，随后它再次被革新了，此后，它被完全重写了，再后来，大部分的内容又变回到原来的样子。

这整个过程对你来说妙不可言，但读者可能会觉得该历史没有意思。如果你的主要论点是该规则应当如何，那么历史最多与之具有间接联系。读者想知道的是：该规则当前如何？以及，你建议的规则是什么？为什么你的建议更好？而规则的历史只会让他们感到困惑并分散其注意力。

同样，你可以围绕着你从某些其他法律领域或者学科中借鉴而来的概念结构来组织你的讨论。只有一部分结构有可能与你的论证是相关的，因此，该部分对你的读者来说是重要的。但是，一旦你深入到这个其他领域，你便会自然地倾向于把整个结构照搬过来，这需要警惕。

例如，你想主张版权法当中的合理使用标准对于商业秘密案件也提供了有帮助的洞见。合理使用标准有四个要件，每一个要件都有更细的要件。你只想引入部分要件，例如，对于商业秘密的披露是否为了盈利、新闻报道、批评，或者为了教育目的，以及该使用会在多大程度上影响商业秘密的价值。这很好，讨论一下那些你想引入的要件，因为，这对读者来说是很重要的。

但是，要避免使你的论证结构完全采用合理使用标准的结构。（如果完全借用版权法当中的合理使用标准,那就会成为:① 使用的目的和性质;② 商业秘密的性质;③ 被使用部分的量以及在整个商业秘密中的重要地位;④ 使用对于商业秘密潜在的市场价值的影响。)这种结构与你的思考过程相关联,有助于你决定合理使用需要借用哪一部分。但是,它对读者来说,除了那些实实在在成为你建议组成部分的内容,其他的并不相干。

  始终把关注点放到读者需要知道的部分,以及为此目的对读者有帮助的结构上,而不要把焦点放到你为了提出建议需要找的东西,以及你为此必须学习的那个结构上。

第十一章 修改：从导师处获得帮助

一、从导师处获得特别详细的建议

在你进行了多次修改以后，你的导师可能会愿意阅读你的作品，并给你提出建议。不同导师的做法是不一样的。有的老师不愿意阅读草稿，特别是研讨课论文；而有的老师则希望至少能够阅读一次这样的草稿，甚至多次阅读修改稿。还有的老师会只给你一个有关实质性问题的笼统评论，而其他老师可能会帮你修改至少一两个部分。

无论你的导师是怎样的导师，你问得越多就可能获得越多。你应该事先问一下导师：第一，他能否全面阅读你的初稿；第二，他是否会给你提出写作和实体问题上的建议。有的时候，如果你问得相当得体——表明你真心希望提升自己的写作质量——导师将会同意给你更多帮助。

二、给导师一份已经过仔细校对的文稿

不要让给你提建议的人去读你的初稿，甚至是第三稿。相反，在提交你的修改稿前要先进行多次校对（在提交定稿之前，还要做更多校对）。

首先，你希望导师查找出你自己无法找到的问题——你在好几次自己修改之后仍无法察觉的问题。

其次，写得不好的文章让人很难读下去。文稿越难读，导师越不可能仔细去读。

最后，让导师来对你的文稿提建议，而你自己却还没有进行修改，导师可能会感觉你在浪费他的时间。你不能够给编辑或将来给你打分的人留下这种印象。

三、尽快将修改稿提交给导师

尽可能快地向导师提交修改稿。这和前面提的建议有矛盾，但你对两个目标都要心中有数。

阅读你的文稿并给你提出深入评论是需要耗费导师大量时间的。而这件事情并非导师日程上唯一的事情。你越早提交，就可能越早得到反馈，然后就有更多的时间来再次审读它，并且就越容易说服导师来读下一稿。你不能让导师感到时间很匆忙，因为那样他给出的评论就会比较表浅。

四、要把每一条建议都看成是对全文的建议

把每一条建议都看成是对全文的建议，而不仅仅是对局部的建议。如果你的导师圈出了

一个词组"it's",告诉你它应当是"its",那么你就需要对全文的这个词组进行检查。

对于更有概括性的评论也要这样对待。导师有理由认为,一旦将某个句子标为"此句多余"或对一些段落标出"太长",你就应认识到自己的整篇文章可能都需要再精炼化。他们不会再花时间来把其他类似问题都一一标出来。

因此,在你阅读标注的草稿时就要列出导师帮你发现的问题清单,然后要在下一次修改中找出并纠正更多的同类问题。

第十二章　写作：要关注逻辑问题

一、不要过于武断

要尽量避免使用"从不""总是"这样的措辞，如"this law would be completely unenforceable"或"could never be enforced"。什么是"Completely""Never"、"Really"？温和的主张有时候看起来并不那么有说服力，但它们更有可能是正确的。

二、不要求全责备

人们经常批判法律，称其不够完善。"这部法律的目的是防止儿童因过失用枪而伤害自己或其他儿童。然而，法律自身却未能充分防范所有由过失用枪造成的死亡。"

这样的批判显然是没有力度的。没有哪部法律可以阻止所有伤害。该问题通常是，这部法律是否弊大于利，或是否有其他更好的替代手段存在？你不能只通过强调法律总是没有达到预期效果来回避这些难题。①

更广泛地看，你暗含的假设是法律被截然分成两种类型（如完善的法律和完全无效的法律。这样的划分经常会忽略第三种类型的存在），实际上，某些法律能够解决部分问题但不能解决全部问题。

三、不要用错误的替代性表述

"色情文学究竟该归类于自由言论还是话语暴力？""基于种族意识的纠偏行动方案是应当许可的还是有歧视性的？""演讲者的动机是艺术性的还是商业性的？""美国外交政策的目标是威慑其他国家，还是谋求合作呢？"

这些非此即彼问题的答案可能是"兼而有之"。在某些定义中，色情言论也可以看成是"话语暴力"，但其依然受到宪法保护。基于种族考虑的纠偏行动可能具有歧视性，但依然在宪法保护之列。演讲者可能既出于艺术动机，也有赚钱目的。美国有些政策可能既想与其他国家合作，又想让其惧怕美国。

提出"x还是y"的问题应该倾向于这样一种暗示：两者必取其一。如果该暗示是不正确的，你提的这个问题就会使读者感到迷茫，这样可能会使你的论点站不住脚。如果你确实认为x与y是相互对立的，比如，话语暴力永远不可能受到自由言论条款的保护，那么你就得证明这种相互对立的关系，而不是仅仅假设性地提出"是x还是y"这样的问题。

---

① 这里的引述和写作与修改章节中的其他引述都引自我读过的真实文章。

四、逻辑要严密

逻辑论证是由数个步骤组合而成的。例如,"所有的 a 都是 b,x 是 a,因此 x 就是 b",法律论证并不是形式逻辑的推演,但依然必须符合逻辑,不能出现未经证明的联系。

假如你的论点大致如下:

(1)基于性别进行的区分要受到最严格审查;
(2)男女分校属于基于性别的区分;
(3)因此,男女分校制是违宪的。

这样的逻辑并不完全合理:第2点和第3点只是证明了学校区分要受到最严格审查,而并没有涉及该区分是否违宪。你必须通过证明男女分校没有受到最严格审查,以此来填补男女分校是违宪的这个结论的逻辑空白。

在你写论证部分之前以及在写完后都要进行梳理,用一句话总结每个论点,就像我之前列出来的那样。看一下你的论点之间是否环环相扣,如果它们在你的梳理清单上并不完全吻合,那么它们可能会破坏你文章的协调性。

五、不要进行空泛的批判

仅仅指责法律"有寒蝉效应"或"产生滑坡效应"或"将大多数人的道德强加于少数人",以及"侵犯个人隐私"是不够的。大多数法律都要限制人们的行为(禁止谋杀的法律、反歧视的法律、禁止虐待动物的法律),都会将大多数人的道德施加于少数人,有时这是正确的。虽然很多法律都有寒蝉效应或者会侵犯个人隐私,但我们通常会容忍这些法律,因为它们利大于弊。几乎每一部法律都有给我们带来滑坡效应的危险,但那并不足以让我们去反对这些法律。

批判要具体化。要解释一下为什么这种寒蝉效应比我们可以容忍的其他的寒蝉效应更糟糕;寒蝉效应这个词的准确含义是什么?解释一下这个滑坡效应是否比其他滑坡效应更显著,或者为何将特定道德原则施加于少数人就是错的,或者为什么这种侵犯隐私的行为是不具备正当性的,然而其他侵犯却是被允许的。

当你在批判一部法律时,特别是当你使用概括性语言去批判时,问问自己这些批判是否同样适用于你所支持的法律。如果可以适用,就要凝练你的批判,清楚具体地表明为什么这项法律不好,而其他法律却是好的。

六、要慎用比喻

比喻可以使你的写作变得生动,但也可能会掩盖文章的逻辑错误和不周密性。

就字面来看,比喻本身就具有不准确性。社会无法"滑坡",法律也不会有什么"寒蝉效应"。然而,这些词能指涉一些真实现象,但仅当其在描述具体机制而不仅仅是抽象比喻时才会如此。当我们说这个决定会产生"滑坡效应"时,它实际上是对如下说法的简化:"一个貌似无懈可击的决定可能会导致其他更棘手的问题"。[①]当我们说"这个演说限制有寒蝉效

[①] 确有关滑坡论的更多讨论,参见:Eugene Volokh, The Mechanisms of the Slippery Slope, 116 Harv.L.Rev.1026(2003)。

应"时,它是对如下说法的简化:"该言论限制可能会阻止某些言论,尽管该言论限制表面上并不包括那些言论"。

一旦你这样去拆解比喻,你就会明白需要用更具体的解释去理解比喻。为什么这个裁决会引发其他棘手问题?同样,何种言论可能会受到该限制呢?会受到怎样的限制呢?

很多人都忽略了这些解释,或许是认为比喻的含义在字面是不言自明的。在物理世界,我们可以说"注意那个车道,那是一个滑坡",而不需要进一步解释,因为我们知道,滑坡的机制是由重力和摩擦力不足共同造成的。

但这些物理机制明显不能涵盖法律上的"滑坡",当我们运用"滑坡"这个比喻时,我们的论证是不完整的,除非更详细地给出有关该比喻确切含义的解释。当你看到一个比喻,你要问你自己,"该比喻在多大程度上可以指涉实际现象",并且你要描述该现象。如果你认为这个比喻有助于读者理解你的论点,你可以同时保留这个比喻的本体与喻体。但要记住,你论点的核心应当是本体而不是喻体。

七、不要使用未经界定的术语

对那些你提到却没有经过具体界定的抽象概念要持怀疑态度,如"父爱主义""隐私权""民主的合法性""基本公正""演进中的伦理标准""严格限定的特别立法""善意"等。这些抽象说法可能是有用的,但它们也是相当含糊的。因为,第一,读者可能不明白你究竟是什么意思;第二,你自己也可能搞不清是什么意思;第三,在不同情况下,它们可能有不同含义。

阐明你每个术语的含义。"父爱主义"是由什么构成的?(父爱主义是好还是坏?)"基本公正"是不是由现行法律来界定的?抑或仅仅是你自己的道德判断呢?如果是后者,什么是道德判断?为什么是正确的?演进中的伦理标准是不是通过国家的立法来表达的?抑或是由法官所信奉的某些标准构成的?要让法律目的受到严格限定需要满足什么要求?

许多术语都无法准确界定。这虽然无伤大雅,但如果你发现它们太含糊,你可以反问一下你自己:它们是否真有助于论证?在任何情况下,要尽量给出清晰的定义来帮助你强化论证。这既有助于你自己理解论点,也让读者更容易理解。

八、不要使用未经论证的主张、"按理说"以及"引发关切"

作一个论断,你需要确保有足够论据来证明它(除非其不言自明)。"按理说"或"可以认为"这样的说法是不够的:这就承认了你的陈述是具有争议性的,而你却没有解释为什么读者应该接受你的主张。如果你认为有些论点是正确的,那么就给出你的论据,解释为什么它比与之对立的观点更有说服力。

同样,仅主张一些建议"引起了宪法上的关切"或"是有问题的"还不够。如果你认为建议实际上是违宪的,或实际上无根据,那么就要解释为什么你这么看。[①] 仅仅暗示可能性

[①] 当你在运用这样一项规则(对制定法的解释应当尽可能避免这些问题)时,只需证明存在"有关制定法违宪的严重问题"就可以了。但即便如此,仅仅表示制定法引发了合宪性问题是不够的,你还必须证明它们实际上是"严重的"问题。

或者希望该暗示能阐述你的主张是远远不够的。

九、校对、校对、再校对

所有这些要点都强化了你对每一修改稿进行通读的必要性。用新的眼光来看待你的论证。反复地、仔细地阅读你自己所写的东西——这是唯一能让你发现上述类似问题以及下文将提及的写作错误的办法。

第十三章 检查段落层面的问题

一、没有共同主题的段落

每一段都有一个主题思想。每一段的首句就应当表达该主题思想。这就是为什么我们称其为主题句的原因。同时,其他句子也应与该思想相吻合。如果不吻合,就应当划分成不同段落。

二、冗长的段落

要避免冗长段落,因为人们更倾向于一次性读完一个段落。但如果他们必须一次性阅读20句,他们很可能会望而生畏,进而跳到下一个段落。

在一定程度上,其实作者们对于文章最佳段落的平均长度并没有共识。我推荐的长度是两句到四句,也许有人可能更喜欢五句到六句。但我确信:第一,一个句子通常太短,尽管有时很好,如当其用于引出多个段落时。第二,一旦一个段落中有六个中等长度的句子或者四个很长的句子,将会耗费读者很多注意力。

一个涉及论证宏大思想内容的段落经常可以很容易地拆分成多个段落。而每一个段落只涉及其中的一个小主题思想。当然,要尽量确保这种拆分符合讨论的自然结构。每一个新段落都以主题句为开端。

有时,你可能希望拆分无自然断点的段落。例如,如果你的一个主题句后面有六句很长的说明,那么你就应该把该段落拆分开,好让读者有一个喘息机会。当然,你需要斟酌一下总体效果,以确保段落之间不会显得缺乏联系。

三、缺乏联系的段落

每段在逻辑上都应该和前一段有联系。当读者开始阅读一个段落时,他应该能理解该段同前面一段的关系。

这并不意味着你每一段都要用"此外""另一方面"等连接词来开头。过渡句有时是有用的,但并不是万能的。有时,它们会分散注意力。比如,本段与上段的连接就没有明确的过渡,但首句中的代词"这"就可以起到该作用。

重复上一段中的一个词或概念,特别是对上段最后一句话中的词或概念的重复,是另一种连接(connecting)手段。前句的"另一种"这个词的作用就是这样的。当你在以这种方式重复一个词时,你可以对该词略作变化。例如,通过利用本段第一句中的"连接"一词,就能将上一段最后一句话中的"连接"(connected)一词连上了。这样的连接使得读者自然地从一个思想过渡到另一个思想,使思路更清晰。[14]

第十四章　写作：注意句子层面的问题

一、删繁就简

当你意识到两个句子语意相近时，要适当删减其中一句或一部分。如果你为了表达清晰，特意用了重复语句，那还不如一次性阐明。

特别是"换言之"这种说法其实就是在暗示你第一次的表述有缺陷。你的重复描述可能会引起一些想开门见山的读者不满。并且，这可能使读者产生误解：第二句和第一句说的并不是同样的问题。尽管采用了相差无几的字词，有些读者会认为，两句话在表达不同内容，并耗费时间去寻找这种根本就不存在的差异。

同样，避免如下表述"any and all""null and void"或"cease and desist"，这种表述将两个单词用"and"或"or"连在一起，实际上两词的意义却是相同的。除非冗余单词具有法律意义（如"a cease-and-desist letter"），删掉其中一个（变成"all""void"或者"cease"或最好变成"stop"）。

这些冗余的并列用法常常是陈词滥调，但作者却往往对其情有独钟。例如，"新名词一般比它们所取代的描述具体动作与属性的词的表述更抽象、更概念化"（本书早前版本中就是这样写的）。这句话中，"抽象"和"概念化"在某些情况下有细微差别，但在这里却没有。用"抽象"一词就可以了，以免使读者感到困惑：哪个名词更抽象，而哪个又更概念化。

有时，重复在修辞上是有用的。在强调一个重要论点时，重复确实有助于更好地澄清问题。例如，一篇文章的导论和结论就必须重复正文中一些说过的内容。不过，通常情况下，重复会影响你的写作效果。

二、不必要的引导语

"应当指出，见多识广的枪支拥有者已经知道：……""在探究了该行为的含义之后，我建议……"。画线部分的句子没有增加任何实质性内容，它们只不过是人们讨论正题之前的套话而已。因此，这些引导语应该删掉。

三、其他不必要的表述

说得宽泛一点，每个句子、每个短语都应当有特定目的，对你的论证都应该有作用。以一篇学生论文中提到的内容为例："州法应当反对该提议，因为它是一个错误的解决方案"。"因为它是一个错误的解决方案"向读者传达了什么额外信息呢？

同样，来看另外一例：

鉴于该国每年都会发生大量年轻人被枪支伤害的事故,每个人都认为:枪支安全问题是公众关心的重大焦点问题。

概言之,每个人的确都这么认为,这句话明显是多余的,它既没有增加任何实质性内容,也没有增加任何修辞上的新意。

要么删掉该句,要么使它更具体。例如:证据表明,在 2006 年,美国大约有 55 名 14 岁及以下的儿童死于枪支事故,而大约有 2500 人在这样的事故中受到非致命伤害(得到治疗并痊愈出院和被送医或住院的人数各占一半)。如果你用具体的数据来替代含糊的"大量"这个词,对很多读者来说,你就是在叙述有新意的内容,进而给读者一个提示:他们应当如何关心该问题。

最后,来看一篇有关竞选募资文章初稿的首段(在前面的第 35 页也曾提及):

竞选言论一直是学者和评论家中的一个有争议的话题。人们非常关注最高法院在 Buckley v. Valeo 案中对个人开销、捐款和使用的处理。国会最近对竞选筹资改革的审议提供了一个理想的机会来重新审视 1976 年最高法院关于限制联邦竞选活动对言论自由的影响。

本文简要讨论了这种对个人言论限制的影响,媒体对言论的不当的对待,以及 2000 年 Nixon v. Shrink Missouri Government PAC 案判决中,最高法院多名大法官所出具的理由。

让我先谈一个具体情况。想象你对一个特定候选人对某事的立场感到愤怒。[更具体的细节如下,旨在表明你有一项第一修正案上的基本权利来花钱表达你对该候选人的看法。]……

第一句增加了什么内容呢?微乎其微,几乎所有读者都已知道这是一个有争议话题。第二句话也如此。第三句话提到了一些重要的事,表明了此文与"国会最近所考虑的竞选募资改革"有关,但剩下大部分句子都是在做无用功。

存在大量没有必要的概括——文章开头要为下文奠定基调。下面是把冗余内容删掉后的新版:

想象一下,你对一个特定候选人对某事的立场感到愤怒。[更多具体细节]……

法律可以以防止腐败或让人们平等发声的名义限制这种言论吗?法律可以允许媒体对选举进行报道,同时限制他人的言论吗?这些问题因新近颁布的竞选募资法案而特别突出。本文将简要讨论这些问题,特别关注大法官们在 Nixon v. Shrink Missouri Government PAC 案判决中的论点。

新版本依然不完美——最后两句话虽显笨拙——但至少每部分都对论证补充了一些东西。

四、偏题的冗余细节

围绕文章论点的需要来组织你的叙述,而非仅仅围绕你做研究时所掌握的事实内在结构。

当你在写文章的过程中学到不少东西后,就很容易按内在结构(比如按照事实发生的时间顺序)来将所有事实都写到文章中。比如,你阅读了与你运用的原理有关的所有最高法院判例。你会想对每个判例进行一番描述。又如,你在写非致命武器(如辣椒喷雾器)法律规制的文章时,会倾向于写以下内容:详细地解释这种武器的工作原理、所使用的化学物质以及化学物质之间的细微差别等。

但并不是所有这些细节对你的论证都是重要的。读者会认为其中大部分都是不必要(而且枯燥)的内容。

首先，应该将你的重点放在读者的期待上，并将冗余内容删掉。

其次，以对读者最有用的方式阐明剩下的内容。

比如，如果州的法律限制辣椒喷雾器的用量为 2½ 盎司（1 盎司为 28.3495 克），那么，就不要把关注点再放在上面。相反，应该搞清楚防身情况下的用量是多少（1 盎司、5 盎司、还是 10 盎司？）。读者希望知道该限制实施起来效果如何，而不是从物理或化学角度如何界定。

第十五章 注意单词与短语上的问题

一、法律术语/官腔

以普通人的口吻来写，而不要像律师或者官员那样写作，不要写"反对法案是必要的，因其极少或无法以实现预期目的为基础"，而要写成"我们应该反对该法案，因为它无法实现立法目的，如减少暴力"；"立法者应当反对该法案，因为它无助于减少暴力"；"该立法建议不利于减少暴力"；或写成"该建议不能实现所预期的目的"，可以用平实的表述来达到同样的目的。

同样，用"枪比……更有用"代替"枪比……更具有实用价值"；写成"可以使更少的人接触枪支"，而不是"会对人们接触枪支产生消极影响"。用"以这种行为方式"（"made through this form of behavior"）去取代"用这种方式"（"made this way"）。

设想一下向你的亲友谈论你的文章是有帮助的。他或许是一名有经验的律师，要是他并非你所写的特定领域的专家则更好。我将其叫作劳丽阿姨。但你可以将其设想成你生活中最适合的那个人。

劳丽阿姨将你（她最喜爱的侄子或侄女）带出去吃午餐期间，谈及了你的文章。"你在写一篇法学评论的文章吗？""是关于什么的文章呢？""我认为此项新法律会对手枪的获取产生不良影响"。或者，"我反对该法案，因为它是建立在如下需求基础之上的：该手段收效甚微，或者不能够达到预期目的"。如果你在随和但严肃的对话中不会使用某表述，你一般就不应将其用在写作中。

二、名词化

前几段中的3个例子说明了一个共同的法律术语现象："名词化"——将动词、形容词、副词转化为名词或名词短语。动词短语"we should oppose"（我们应该反对）成了名词短语"opposition to the bill is needed"（反对该法案的必要性）；副词短语"are far more useful than"（xx比yy更有用）成为名词为中心的"have a far greater utilitarian value than"（xx的实用价值优于yy）；形容词短语"could make handguns less accessible"（能够使得手枪不易获得）成了名词中心的"could negatively affect the accessibility of handguns"（能够对手枪的可获得性带来负面影响）。

名词化会增加字数，使文章篇幅变得更长，并且可能会因增添一些介词或动词短语而使文章更复杂。它还可能使文章更不具体，更缺乏生动性，因为新名词（"opposition""value"和"accessibility"）往往较之于它们所取代的具体行为（"should oppose"）或者定语（"more useful"或"less accessible"）更抽象。当你看到一个抽象名词时，要考虑一下你是否能用具体的动词、形容词或副词取代其含义。

三、用长的同义词来替代短语（或单词）

法学写作者往往倾向于用较长的短语去取代较短的同义词。律师们经常用"a large number of"而不用"many"；将"near"写成"in close proximity to"；将"the legislature"说成"the legislative branch of government"。

有时，较长的表述可能增加了某些重要的微妙之处。例如，我们写"the legislative branch of government"是为了强调立法机构和其他政府部门的区别。尽管如此，诸如这样的简洁表达"the executive""the legislature"以及"the judiciary"通常也可以表达出同样的微妙含义。所以，当你看到一个很正式的短语其实只表达了一个基本概念时，要想一下可否用一个词取而代之。

四、参见附录一

如果你真的想学会用平实语言来写作，那并不难。不过，对于一些你可能希望避免的词或短语，附录一（235页）给出了一些小技巧。

五、写得过分庄重

有些人主张正式用语和法律术语可以增加文章的庄重性，表述越正式，文章读起来越好。比如，在《葛底斯堡演说》一文中，"Four score and seven years ago"听起来就比"Eighty-seven years ago"或"in 1776"要好。

但是，《葛斯底堡演说》是纪念牺牲将士的演说，并且林肯有一群倾向于赞同他观点的忠实听众，加之整个演说时长只有3分钟。大多数法律评论的文章都不满足这些条件中的任何一个。出于实用考虑，它们应该是观点明确且易读懂的，并且你希望你的文章看起来是睿智的，有时甚至是煽情的，而正式文体不会给你这种感觉。

因此，当你在阅读初稿时，针对每个句子都要反问自己：一般人是这样表述的吗？我曾经听到过一个能言善辩的非法律人在晚宴上如是说吗？"Opposition to the bill is needed on the grounds that the means will produce little or no desirable ends"（"反对该法案的必要性是基于这些手段对于预期结果的实现收效甚微或毫无作用"），这样的说法符合该标准吗？

六、过度抽象

在表述文章观点时，你应采用那些能具体描绘人们所面临问题的词，而不用抽象的词（即便抽象的词并非特殊法律术语）。想一想下面这些表达方式：

... when law enforcement is unavailable.（当执法不力时。）
Considering the amount of violence that is connected with guns ...（考虑一下与枪支相关的暴力案件的数量）

... will have a positive effect.（将会产生积极影响。）

它们是用平实的英语写成的，这并不难理解——但其论点却是通过诸如"unavailable"、"violence"和"positive effect"以及比较含糊的"law enforcement"这样的抽象词语来表达的。

你希望得到保护时，你具体指希望谁来保护呢？你下意识的最实在答案是"警察"而不是"执法人员"。你希望他们做什么呢？你的一般答案应该是"及时赶到"而非"能获得"，"当警察无法及时赶到"立即就会引起读者的现实关切；而"当执法不力"的表述却没有这个效果（我认为"[及时赶到] 阻止杀人、强奸或抢劫"可以从上下文推断出来；如果不能，类似这些表述就应写明。）

同样，不要采用"考虑一下与枪支相关的暴力数量"而用"考虑一下枪支杀害、伤害或者威胁了多少人"。杀害、伤害和威胁是人们真正担心的，而"暴力"只不过是对其的抽象表述而已。读者能在思想上理解"暴力"的意思，但他们不会像对"杀害""伤害"或"威胁"那样产生代入感。

描述具体影响，例如，"将阻止诸多的谋杀和自杀"，而不要写成"有积极影响"。没有人喜欢抽象的"积极影响"，他们希望明确、具体的好处，如果你解释了其好处，人们更能被说服。

再举一例：

The waiting period provides a vital time frame, which allows an individual the time to reconsider their actions and consequently, lives will be saved.

这句话就有多个毛病："individual"是"person"的法律术语；"a vital time frame"是含糊的；而"their"是复数，"individual"是单数。其更深层次的问题在于写得过度抽象。更好的行文措辞应当是：

The waiting period can prevent impulsive murders and suicides, by giving people time to calm down [可替换为：and reconsider their plans].

不要很笼统地写成"time to reconsider their actions"以及"lives will be saved"，而是具体解释了应当考虑采用何种行动（impulsive murders and suicides），以及能拯救谁的生命。它提供了更多细节，为读者描述了具体场景（an impulsive person needs to calm down, or else he'll commit murder or suicide），因此，使论证更有说服力。

但在两种情况下，抽象表述比具体表述更好。

第一，有时你需要用一个更抽象而不是具体的术语。例如，"murder"通常就是一个比"homicide"更贴切的术语，但如果你讨论的是所有杀人方式（包括 manslaughter、justifiable homicide 和 excusable homicide），你就应当用更准确的术语。

第二，有时，担心该问题可能太过刺激（这就是有的文章用"sexual assault"取代"rape"的原因），或者因为你在描述对方观点，因此你有意软化语气。第二个原因并不值得赞扬，但或许是可以接受的，你应当诚实、全面和清楚地描述对方的观点，但却没有必要将其变得富有感情色彩。

但这些是例外。告诉读者对他们重要的内容才是原则（the police not coming in time），而不是去用抽象的表述（law enforcement being unavailable）。

七、被动语态

很多人建议将被动语态——"行为是由该人做出的"（主语是受动者）或"行为被实施"——变成主动语态"该人实施了该行为"（主语是施动者）。

一般来说，这是个好建议。被动语态经常使写作不够直接，"被动语态应该被避免"不如"你应该避免用被动语态"。并且，被动语态有时也掩盖了责任主体，正如一个耳熟能详的说法，"错误被犯了"被替换为"我们犯了错误"。

但是，当你的讨论点更多地集中于宾语而不是主语时（施动者），你可能要用被动语态，因为它有一个相似关注点。例如，如果你写的是美国《爱国者法》，用被动语态（该法在"9·11"袭击之后很快就被制定了）可能就比主动语态（在"9·11"后不久国会就制定了该法）要好。该被动语态将关注点恰当地放在该"法律"而不是"国会"上。

八、简单的措辞问题

措辞不当是极其危险的，因为它会影响你的可信度。在某些方面，这可能比你写得不简洁、太抽象更糟糕：尽管用错了词，你的意思也还可能非常明确，但这可能使有些读者认为你是文盲或逻辑混乱。

读者的这种回应可能不公平，但现实就如此。所以你需要注意这一点。

如果仔细地、带着怀疑的眼光校对词句，你会发现很多措辞上的问题是很明显的。重读每一句话并问自己：这真是我想说的吗？

以我所阅读的学生论文中的两个句子为例："the police already have alternate counts to chase criminals" 以及 "citizens' suspicions of intrusive gun control laws are at a height"。如果作者重读了该句，他们必然会发现错误。（"At a height"可能在词汇运用的技术上没错，但却相当不符合语法习惯，因此，对读者来说，这无异于令人讨厌的错误。）

如果你发现你在校对时经常看不出该类错误，一个明显的迹象就是老师不断地在你的草稿上标出措辞问题，那么你就要尽量将该句子大声朗读出来。正如一位法律评论编辑所言，"你的耳朵较之于眼睛更能迅速地告诉你是否写错了"。

九、不注意一个词的本义

看下这个句子，"枪支是自杀最致命的形式之一"。其意思是清楚的，但你仔细读，它的意思又不准确。原因有二：其一，所有的自杀（而不是试图自杀）顾名思义全是致命的；其二，枪支是自杀的工具，而不是自杀的一种形式。因此，"枪支是自杀的最致命工具之一"的表达略胜一筹。而"用枪企图自杀很有可能成功"这样的表达可能更准确。

这种反对意见可能是迂腐的，但很多读者会提出来。有的人会自觉或不自觉地将这种逻辑错误看作头脑缺乏逻辑性的证明；有时（虽非此例），错误会使句子含糊不清或难以理解。

诚然，英语的确充满了不合逻辑的熟语：例如，"Ice cream"冰淇淋并不是由冰制成的，"iced cream"（冰冻的奶油）更合乎逻辑，但"Ice cream"（冰淇淋）却是标准表述，而"iced cream"

（冰冻的奶油）却不是。然而，除了这些既定习惯用语，你最好用符合逻辑的表述方式。

十、插入语不当带来的错误

如果惯用表达方式或（看起来）不合逻辑的两个部分被其他词间隔开，就特别容易出现选词不当的错误。例如，在"激情犯罪"（crimes done in the heat of passion）中，惯用表达方式"crimes done"是很清楚的；而"crimes which would have been done in the heat of passion"就不太清楚了。你需要再次带着怀疑的眼光仔细校对文章，找出这类问题。

十一、不注意单词的习惯用法

一个更为微妙的问题是，不注意单词的习惯用法。考虑一下，这个说法"the crime is not that serious（it is only negligent）。"没有任何理由要求我们不能说"过失犯罪"（"negligent crimes"）；毕竟我们通常会说过失杀人（"negligent homicide"），或"过失的虚假陈述"（"negligent misrepresentation"），但人们通常并不使用该短语。

同样，"crimes done in the heat of passion"这样一个表达方式在逻辑上是没有错的，但它却不符合搭配习惯——罪行一般是"犯"（"committed"）的而不是"干"（"done"）的。读者会觉得"crimes done"很奇怪、拗口。当你在找法律术语时，反问自己，"人们通常是这样说的吗？"。

罗马诗人贺拉斯说："习惯意志可以左右语言的确定性、正确性和标准性"。如果你背离了习惯用法，你就会冒疏远读者的风险，至少你很可能会分散他们的注意力。坚持用习惯用语，可以让读者专注于你的观点，而不至于因你的措辞而分心。

十二、没有重视你的疑惑

有时，当你在写作或编辑时，你会意识到有些词语的用法可能不是很正确。不要忽视该问题。相反：

（1）花点时间去查词典。现在查词典比以前容易得多，到 Dictionary.com 网站上（检索）或查阅布莱克法律词典就可以了。如果你认识到你误解了这个词，你就能避免尴尬，不仅在当下，而且在将来。

（2）使用用法词典查找单词。如果可能，买一本用法词典，把它放在办公桌上——《韦氏英语用法词典》《新福勒现代英语用法》和《布莱恩加纳现代法律用语词典》都不错。这些用法词典会告诉你某个具体的词存在什么争议并将帮助你避免引起对某些特殊用法有成见（无论合理与否）之读者的不满。

如果你自己没有词典，你可以在谷歌图书上搜索《韦氏英语惯用法词典》。

（3）在网上搜索，看看哪几种选择更常用。如果你不确定使用哪一个词或短语"esthetic""aesthetic""premier lawyer in the country"还是"premiere lawyer in the country""forbidden from carrying"或"forbidden to carry""al-Qaeda"或"al-Qaida"——看看其他人是如何使用的。你可以通过万律的案例或期刊数据库进行搜索；或通过律商重大新闻资讯（如专业论文数据库、新闻；律商的 MAJPAP）来检索，甚至是在谷歌上看那些点击量大的。

　　如果有一种用法较其他用法能得到更多点击量，那就采用该比较流行的用法。如果点击量相同，也就意味着这些用法都是标准的（尽管你可能依然要查用法词典，以防另一个用法是某些自诩的纯粹主义者不喜欢的）。

　　（4）询问朋友。如果你仍然不确定究竟某个用法听起来是否是错的，或者是否符合语法习惯，或者说哪种用法更好，去问问别人。

　　（5）如果你不想让写作或编辑的进程受到干扰，就没有必要立刻去查单词或短语，只需标出可能出现的错误，稍后去查即可。

十三、使用不必要的标新立异的词汇

　　使用不必要的标新立异的词汇会有两大问题。

　　（1）简单的表述很少会出错：你知道其意思，你通常使用它们正是由于你认为词可达意。而人们往往不太熟悉标新立异的词汇，人们有时用这些词恰恰是因为它们标新立异。而这增加了作者出错的风险。

　　因此，例如，我有时会听到人们说用"fulsome"来表示"全面"或"彻底"。比如，"a fulsome analysis"。可是，fulsome 一个常见的含义是"倒胃口，尤因过分或过度或者言不由衷的奉承"。

　　一些人甚至宣称这种贬义是唯一正确的定义，而"fulsome"在"彻底"意义上是误用。我想他们自己错了："fulsome"在常见写作中两层含义都有，且都见于词典。但使用"fulsome"来表示"彻底的"（"thorough"）的含义仍然是不明智的，会让一些人反感，并使其他人分散注意力。为什么要用许多读者理解为贬义的词来表达褒义呢？

　　同样，我有时会听到人们用"nonplussed"（"不知所措"）来表示"unfazed"（"无所畏惧"）或"unperturbed"（"坦然"）。但其在词典中的定义是"迷惑不解"。即使"unfazed"的意思已经变得很常见，是一个标准替代性定义（我并不如此认为），但很多人依然会这样理解。最好完全不用"nonplussed"，并且当你的意思是"unfazed"时，当然要避免用它。

　　当然，问题是当你不知道它们是陷阱时，如何避免落入这样的陷阱。一个办法是坚持简单和普通的表述。如果"thorough"固有一种贬义，那么你现在就应该知道这些了。更标新立异的（fancier）和罕见的用法，如"fulsome"，很可能会带来曲高和寡的风险。

　　（2）即使你作为作者知道一个标新立异词语的涵义，你的读者却未必知道。不管该词在抽象意义上有多好，如果你的读者不知道该词，它也没有多大作用。也许这是他们的问题，也许如果我们的教育系统运作得更好，他们就会知道这个词。但当你选词时，这些并不重要。

　　重要的是，如果用一些大多数读者都不知道的词汇，你便无法有效地表达你的观点。在最好的情况下，这些词汇也会使他们分心，因为他们会试图从上下文中推断，甚至通过查字典来弄清其含义。在最糟的情况下，这甚至会使他们感到困惑。无论是哪一种情况，都可能会让读者感觉生僻，使他们不大可能读下去，或者即使读下去，也无法读懂你的论点。

　　特别要注意的是，避免使用你刚刚学到的单词（除非这些单词是当你在法学院学习时学到的，几乎也是所有法律人都在法学院学习过的专业法律术语）。如果你在上法学院之前数年内也没有学过该表述，许多读者（法科生、律师，甚至法官和学者）都可能会与你学会该词之前的认知水平相同。

你也不用担心不用标新立异的词汇会使你的论文看起来"没有档次"。据我的经验，人们对于标新立异的词汇的不当运用都会很敏感，并且尽管这些词汇的运用在语意表达上并无不妥，但是读者通常都不会喜欢。

但是，在一个全部由简单词语构成的段落里，读者不会在意标新立异的词汇：他们只关注简单表述想表达的内容，而这恰恰就是你想让读者注意的。说服和打动读者的是论证质量，而不是华丽辞藻。

十四、提示：阅读《用法指南》

避免用法陷阱的最好办法是获得良好的《用法指南》，并从头到尾阅读。《韦氏英语用法词典》是我的最爱，不过你也可以选择其他书。

这些《指南》的可读性很强，因为它们更像微型《百科全书》，而不像传统词典：它们不仅仅包括一个定义，而且往往会简单地讨论词汇所涵盖的每种用法。这些讨论通常都是很有趣却不失睿智的。

阅读《指南》可以提醒你地雷埋在哪里。你可能不知道，"disinterested""enormity"和"historic"（这只是很小一例）这样的词之间有何差异，但《用法指南》却会告诉你。

读这样的指导书需要时间，但也没有必要一口气读完。如果你能每天读几个条目，你将会学到如何避免许多潜在的令人尴尬的问题，而你的学习过程也可以是兴趣盎然的。

十五、熟　语

一般应避免过度使用冗长的熟语表述，如（借用一下我从本书草稿中砍掉的例子）"more than meets the eye""law of the land""flat wrong""time and time again""mix and match""done to death""abandon ship""chock full"或"go back to square one"。

这些熟语看起来像是提升读者注意力的有效手段，并且有时它们确实能做到这一点，这就是为什么建议"避免熟语"有时似乎言过其实。但一般而言，该意见是中肯的。有些熟语可以提高新颖性、生动性（我往往也写"once upon a time"），并增加文采。但过度使用会耗尽多数熟语的这一价值。作者倾向于高估自己的选择，认为熟语会增添文采，但实际上根本不会。

因此，使用熟语可能弊大于利。有些熟语会让一些读者感觉不舒服，且几乎所有熟语都使句子更长、更复杂。单个熟语可能没有太大影响，但它们结合起来所需要的额外心译（mental translation）负担却会叠加起来。而且，熟语会妨碍你的原创性想象力，而这种想象力又因其新鲜感对（吸引读者）很有帮助。

十六、比　喻

大多数熟语和所有隐喻（见第 81 页）都是比喻：它们使用的单词和短语的含义是超越字面意义的（例如，"像瓷器店的公牛"）。比喻有时是有帮助的，但它往往也是危险的，原因恰在它表达了非字面意义。当你使用时，你应该谨慎，时刻注意其本义以及比喻义。

1. 过度依靠比喻义而非其本义

比喻的第一个危险在对隐喻的讨论中已提到：作者有时会认为，比喻用法会说服读者或解释自己提出的建议。但是，"让法院来裁判该问题，无异于将牛赶入瓷器店"是一个不完整的表述；"法院应该在言论自由和个人隐私的需要之间进行平衡"并不是一个完整的建议。只有当笔者回答以下问题后，它们才会变得完备：法院究竟为何无力做该判决呢？法院究竟应该如何处理泄露他人隐私信息的言论呢？

如果你已经使用本义，例如，"court aren't going to do a good job of deciding questions like this"，你应当看到该说法需要充实（flesh out）。但比喻语言在隐藏本义的同时，也掩盖了这一需求。

2. 忘记比喻的本义

第二个危险是忘记了比喻有两层不同含义，用喻义时忽略本义会分散读者注意力或产生混淆。

（1）混合隐喻，如"the political equation was thus saturated with kerosene"就是一例。单独看，"the political equation"（"政治平衡"）和"saturated with kerosene"（"浸透煤油"）只能传达自己的比喻意义，而在很大程度上忽视了其字面意义。但当你把它们放在一起时，读者会发现它们的字面含义不相匹配，进而分散了注意力（无意间觉得可笑）。我最喜欢的（可能是杜撰的）一个例子即是如此："这一研究领域是如此的纯洁无瑕，没有人的眼睛曾经涉足过。"

（2）甚至一个简单的比喻用法也会被周围的概念无意中突出本义："谋杀重罪规则已被文学搞死"的说法不论是作为有意还是无意的笑话，都是不恰当的。"Done to death"（"搞死"）本身只传达其比喻意义——"exhaustively covered"（"全面覆盖"），但当它在讨论谋杀重罪中使用时，读者也会联想到其本义，而分散注意力。如果你觉得该笑话相当搞笑，分心也值得，但通常情况却并非如此。

（3）一些文学作品或历史事实的比喻义可能与它们的本义相悖。比如，"decimate"（"消灭"）一词本意为每十个人中要被杀掉一个，作为集体惩罚（因此，开玩笑说"你可以发现古罗马人真狠，他们的语言中有'每十个人中要被杀掉一个，作为集体惩罚'这个说法"）。其喻义"to dramatically reduce"（"大大减少"）已经完全约定俗成，但有些人还是会想起旧用法，而这会分散读者的注意力或惹恼他们。

同样，"East is East and West is West, and never the twain shall meet"（东就是东，西就是西，东西相逢永难期）有时用来表明两种文化是不可调和的。但吉卜林的诗继续写道："but there is neither East nor West, Border, nor Breed, nor Birth/When two strong men stand face to face, tho' they come from the ends of the earth"（"但是，当从地球两端走来的两个巨人面对面站在一起时，无东也无西"）。因此，熟悉该诗的人可能会联想起与引述"East is East"的人所想表达之意截然相反的意思。

你可能会认为这种反对有学究气，毕竟，你使用的是现代含义，而不是原始意义。但是，当作者选择文学或历史典故来表达现代意义时，会让那些知道该典故的人联想起文学或历史起源（本义）。如果其本义会让读者从本想表达的意思上分心，这便是作者的错。

3. 错用比喻词

由于人们不考虑（或不理解）其本义，因此比喻用法经常被错用。例如，"Back to ground zero"经常被用来代替"back to square one"（"回到原点"）。"Ground zero"就是一个炸弹爆炸的位置，而不是一个长期任务的第一步。但"ground zero"与"square one"的相似性加上作者缺乏对其字面意义的关注，可能会很容易将两者混淆。

同样，"free rein""toe the line"以及"tough row to hoe"往往误写为"free reign""tow the line"以及"tough road to hoe"。即使作者很少会拼错按本义来用的一个词，也可能会落入这些比喻用法的陷阱，因为为其拼写提供重要线索的短语的字面原义往往已经被人们遗忘了。

4. 使用不恰当比喻的诱惑

最后，作者往往经不住诱惑去使用比喻，即使这句话在当时语境下并不得体。因此，"raises the question"（"提出了一个问题"）往往被写成"begs the question"（想当然）；"begs the question"传统上是指你正在试图证明的一个假设是错的，但因为这句话显得如此有文采，许多人会在一个更宽泛但并不正确的意义上使用它。同样，把一个人行为的改变，即使是渐变，也说成"the leopard changing its spots"，尽管后者一般并不是指所有变化而仅指巨变。

所以，如果你觉得有些比喻可以使论点更生动，使用之前要考虑两点：① 这句话是否确实增加了一些东西；② 较之于比喻的强化作用，这句话的本义是否反而会削弱你的论点。每当你用一个形象化表述时总是要斟酌一下。因为诸多此类用法被证明是无益的。

最后，当你的意思是"喻义"时，永远不要用"literally"一词。如"[T]he number of the lawyers in United States has literally exploded over the past 53 years？"什么叫"literally exploded"？

十七、典故（雅文化与俗文化）

如同用比喻一样，使用典故、流行歌曲、文学经典、古典神话，或其他作品时会带来一些相同风险。它们似乎有吸引力，因为它们有可能使作品显得更生动、博学或有趣。但是，它们往往显得格格不入且使读者分心。有时由于不切题，它们还会适得其反，而作者自身却浑然不觉，只想着开个小玩笑。它们往往不过是老生常谈而已。有时，它们的意义很含糊，以致可能会让读者感觉生疏或一头雾水，抑或需要作者做进一步解释，但该解释又会因为横生枝节而进一步分散读者的注意力。

有些典故不错，因为它们生动而幽默，并且往往很切题。你只需要在每次使用典故时带着怀疑眼光，以确保你使用得当。

亚历克斯·龙《[这里插入歌词]：法律写作中使用和误用流行歌词》一文就很好地说明了这一点：

下面这段话，节选自一篇未公开的联邦法院判决意见：

The Beatles once sang about the long and winding road. This 1992 case has definitely walked down it, but at the end of the day, the plaintiffs and their counsel were singing the Pink Floyd anthem "Another Brick in the Wall" after consistently banging their collective heads against a popular procedural wall—Northern District of Illinois Local Rule 12 governing the briefing and submission of summary judgment motions.

法院使用了"漫长而曲折的道路"（the long and winding road）和"程序之墙"（procedural wall）的比喻，加上在这种情况下提及平克·弗洛伊德的歌曲《墙上的另一块砖》（Another Brick In The Wall）会适得其反，因为，别的不说……法院使用比喻确实对帮助读者以任何有意义的方式去理解判决意见毫无裨益。如果说比喻的目的之一是让人们"理解一种现象与另一个现象的关系，以凸显某些主要细节而遮蔽其他细节"，那么"漫长而曲折的道路"这样的比喻只能勉强服务于该目的。

诉讼往往需要费很多周折，可能需要很长时间。我们都知道这些。披头士之比喻没有什么特别不妥；然而，如果运用比喻的目的之一就是让一个论点更简洁，那么该比喻并未实现此目的……

将上述例子与加州法院的一个表述进行比较："你不需要天气预报员，也知道风向"的比喻用于解释在何种情况下需要专家证词。[This observation has become almost boilerplate included in the decisions of the California appellate courts when ruling on when ... expert testimony before a jury is required. According to a California appellate court, Dylan states "the correct rule," and the California courts are simply in harmony with his statement of the law.]这一段的作用是什么？

"使抽象概念更具体"有助于理解，这是比喻可以有效实现的目的。法院使用比喻也非常搞笑。无论是本来的真相，还是迪伦（Dylan）的说法可适用性都是如此准确，即使是一个不喜欢迪伦或对其喜恶参半充满矛盾心理的人也很难对法院运用该短语的情形吹毛求疵。

这完全是正确的："long and winding road"（"漫长而曲折的道路"）和"brick in the wall"（"墙砖"）的典故对于论证并无助益。也许它们会取悦一些读者，但可能会更容易让他们不快，因为它们无疑会造成读者不必要的分心。

但是，"you don't need a weatherman"（"你并不需要一个气象预报员"）的说法的确有助于论证。它简明扼要地抓住了真相（我们可以理解有些事项无须传唤专家）。这与手头的法律问题紧密相连。这使作者的观点更鲜明，更容易给人以睿智的感觉。

这同样也适用于箴言：使用它们之前，你要努力搞清楚这样的用法是否真的贴切。

十八、缩 写

缩写（如 SSA、FIFO、DBA、TLA 等）往往会导致作品阅读难度加大，至少对那些并不完全熟悉这些缩写的读者来说是这样的，尤其是在同一页上看到多处这种缩写时。

一些缩写是不可避免的，而且它们是如此标准，以至于大多数读者都不会真正注意到它们。每个人都知道 EPA（美国环保署）和 FCC（联邦通信委员会），大多数了解宗教自由法的人都认识 RFRA（《宗教自由恢复法案》）的意思。较之缩写，其他称谓会拗口且过于啰唆。

但不要自己创建缩写，并尽量避免使用多数读者比较陌生的既有缩写。例如，如果你正在写有关 Gun Free School Zones Act（《校园禁枪区法》），不要把它缩写为 GFSZA，而称之为"该法"，因为它可能是你会详细讨论的唯一法律。如果你在谈论"slippery slope arguments"（"滑坡论"），不要称之为 SSAs，而是将其全称写出来，如果从上下文看脉络是清晰的，可简写为"该观点"。简写通常都不错，但不适当的缩略会导致注意力不太集中的读者不知所云。

不要认为只要你在文章一开头约定过缩写方式就万事大吉了。你的读者并非如电脑那样，能够对文段烂熟于胸。要记住并不断解读缩写是劳神费力的。读者若不断关注解读缩略的问题，就会减少其对你论证的关注。因此，他们更有可能认为不值得花精力去阅读你文章的实质内容。

第十六章　写作中需要注意的修辞问题

一、过于辛辣的批判

你的批判即便有根据也要言辞恳切。不要把对方的论点称之为"骗人的""胡说八道""滑天下之大稽""愚蠢之极"甚至"彻底错误",而要采用"错误的""有缺点的""有问题的"或其他温和的批评代替。人们之所以要获取并更愿意接受你的信息,恰恰因为你的言辞恳切。

为什么呢?

(1)过于夸张的论点会加重你的论证负担。将一种主张称为是"骗人的",抱怀疑态度的读者会说,"等等,真是骗人的吗?难道不可能是一种无心之过吗?"这可能将其注意力从你更重要主张(即那个论点是错误的)上分散。同样,将一个主张称为"荒诞不经的",持怀疑态度的读者可能就会找出其部分合理性。你一定不希望由于没有得到证明或不必要的断言而弱化自己的论证。

(2)没有人喜欢过于强势的人。过度强势可能让读者产生疏离感,并使其同情与你观点对立的一方。

(3)猛烈抨击往往外强中干,读者会认识到这一点,开始怀疑你的激愤言辞。

(4)读者们不太愿意忍受年轻人对那些德高望重的学者的严厉批评,如法科生或年轻律师的批评。不遗余力地挑战大佬,你们的老师和其他读者会钦佩你的勇气,但应当对你所批判之人客气点:彬彬有礼较之于傲慢无礼的新锐更易于被接受。

(5)不要毫无必要地树敌。当你找工作时,某法官以前的助理正在读你的文章。你文中称某法官的主张是"错误的"而不是"愚蠢的",则你将更易被录用。这并不会妨碍你表达不同意见。人们尊重诚恳的不同意见,但他们却不尊重粗鲁,甚至极端粗鲁的言论,特别是对他们了解和喜欢的人出言不逊。

(6)如果你曾表示过你认为错误的某观点"看来有问题",而没有去指责该观点"荒诞不经",一旦最终证明你的观点才是错误的,你更容易体面地下台。

要采纳丹·马克尔教授的建议:"任何时候,我都尽量删掉我对某种观点的怒斥:这种观点的误导性令人绝望或有致命错误。我不禁回忆起我自己的写作曾遭到批评时,我是何等的战战兢兢。我删除了副词,代之以惯用语(locutions),如:文章当中所提主张看起来'是错误的或不准确的',理由如下……这有助于将关注点放到迈克尔·沃尔泽曾经明智地描述为'让该论证正确'的任务。[学术研究不应当]去让某人显得很蠢或很坏。"[19]

二、对人不对事的批判

要对观点进行批判而不是对人进行批判。大多数读者都倾向于对这样的说法有好感:"该主张是错误的,因为……",而不是"Volokh 是错误的,因为……"。同样,当你批判一种主张时，不要指名道姓地说是谁的主张，而要用这种主张的名字"降低成本的滑坡理论"（"the cost-lowering slippery slope argument"）来称呼它。如果从上下文能够清晰地看出你所指为何，你也可以只称其为"该观点"。当然，要恰当地将你的对立观点在脚注中进行归纳而在正文中提一次即可。

这种委婉的说法有助于读者认为你的不同意见有实质性而不是主观臆测。点名批评某人并不一定就是粗鲁的，但这样的批评火药味太浓，尽管这并非你的本意。你的批判越具有实质破坏力，你就越不要提到与你对立观点之作者的名字。

三、讽刺性批判

丹·马克尔教授说得好：

[要避免]对一个"思想流派"进行标签化批判的倾向。人们经常读到这样的说法：报应主义者相信 X，实用主义者相信 Y，或 [批判法学家]认为 Q，而原旨主义者认为 R。

除非在介绍性很强的材料中，这基本没有什么好处。较之于笼统概括，指出作者名字和具体学术著作要好得多，前者只能为特定学派的批判者所接受，但却很少为该学派思想的坚持者所接受。

与之相关，在试图解释 x 是什么的时候，要避免在引述中对 x 进行批判。最好引述坚持 x 者的观点，而不是那些认为 x 错误或不准确者的观点……在实际准确描述中对 x 的批判较之于对 x 的信奉者进行批判，成本要低一些。

他也提了一个很好的底线标准："如果说不上宽厚，我是否可以让[自己的作品]面对批评者的反对，能否确信他们认为我是公平的呢？"你要时常思忖这点。

第十七章　修改：三个练习

用一些具体的范例来进行写作和修改训练。

一、句子的修改

让我们从一些简单的句子开始，再过渡到文段修改。（段落层面的修改，我将在附录二中提出来，以便减弱读者们查对答案的动机。）

几乎所有具体范例都节选自真实的论文或法律文书。（句子层面的优秀写作在诉讼文书和法律评论文章中是一样的，因此，笔者自由地从诉讼文书中选择范例。）这些句子并不难懂，并且大多数都简洁易懂，但也都存在进一步完善的空间。

1. "Jane Smith was operating her vehicle at a high rate of speed down Sunset Boulevard."

这里的两个（相互关联的）问题过于抽象并有"打官腔"的感觉。生动的现实被标新立异的词语和抽象的概念所掩盖，使读者很难理解和形象地感知到作者想表达的内容。当这种情况频繁出现在句子中时，读者就可能放弃阅读或者至少不能完全接收到作者的观点。

（1）"operating"（操作）在这里的意思就是"driving"（驾驶）。它是一个更加概括而抽象的概念。有时，你希望通过生僻和抽象的方式来表述，例如，你想表达的是"人们不应该在酒后操作机械"的意思。但是在这里，你要说的机械具体是哪一种呢？它不过是珍妮·史密斯正在驾驶的车而已。所以，当你写得具体时，读者会更容易理解：

Jane Smith was driving her vehicle at a high rate of speed down Sunset Boulevard.

（2）出于同样的原因，"vehicle"在这里意即"car"（或皮卡车、公共汽车或者珍妮所驾驶的任何东西）。

Jane Smith was driving her car at a high rate of speed down Sunset Boulevard.

（3）但是如果我们将"operating"变成"driving"，我们就会看到，我们实际上不再需要说"her car"。（除非我们试图强调，比如说，她驾驶的是她的而不是其他人的小汽车，或者她当时驾驶的是一辆小汽车而不是公共汽车）。只需要说"driving"，人们就会自然地将它解释成为驾驶一辆小汽车，除非另有所指：

Jane Smith was driving at a high rate of speed down Sunset Boulevard.

（4）现在我们来看一下"high rate of speed"（高速）。速度永远是一个比例（即单位时间内的距离比）。"rate of speed"就是"speed"（速度）：

Jane Smith was driving at a high speed down Sunset Boulevard.

（5）"high rate of speed"是一个副词短语，暗示了珍妮驾驶的方式。但是有两个单一的副词可以表达同样的意思，即"fast"和"quickly"。可以用一个单词时，为什么要用四个词的短语呢？

Jane Smith was driving fast down Sunset Boulevard.

（6）看到这个你可能会认为漏掉了什么东西：该句没有明说史密斯开车太快（尽管有这个暗示）或者开得有多快（每个小时 60 码？或 80 码？）。但这不是修改的问题——原句本身就比较含糊。

或许事实显示，史密斯实际上是超速。如果是这样，我们可以再次取掉短语"driving fast"用一个单词"speeding"：

Jane Smith was speeding down Sunset Boulevard.

现在我们可以同原句作对比：

Jane Smith was operating her vehicle at a high rate of speed down Sunset Boulevard.

哪一个句子更容易为读者所理解？哪一句会使读者更有兴趣往下阅读文章的其余部分呢？

2. "The Commission's brief only cites five cases related to compact law, other than U.S. Steel. This is in stark contrast to the fulsome analysis of compact law provided in appellants' briefing."

（1）这里用错了一个词，你能发现吗？

"fulsome"这个单词。正如在第十五章十三节中所言（是"不必要的标新立异的词"），人们有时用该词的意思是"thorough"（彻底的），但更通常的含义是"excessive flattering"（"阿谀奉承"）或"insincerely earnest"（"虚情假意"），或者是"disgusting or offensive"（令人恶心或冒犯性的）。

实际上，有的读者会认为，用"fulsome"来表示"thorough"是错的。因此，用"fulsome analysis"来修饰上诉状，可能会让人认为你没有文化。

但即便是他们认识到，"fulsome"这个词有一种既定含义就是"thorough"，而这正是你要表达的意思，它们依然会想到其消极的含义。当你意图让人们想到其积极含义时，为什么要让他们想到该词语本身所固有的消极含义呢？"thorough"这个词则既可以传达你的意思又没有消极的附带含义。

当然，作者可能并没有注意到"fulsome"的消极含义，而认为"fulsome"只是一个表达"full"或"thorough"之意的更别致说法。但别致却不常用的词会导致一个问题：因为这个词不常用，你不大可能了解它们所有含义和附带的意思。

平实、熟悉的单词很少会被你误用，而生僻词却会如此。

不管怎样，我们修改以后的版本如下：

The Commission's brief only cites five cases related to compact law, other than U.S. Steel. This is in stark contrast to the thorough analysis of compact law provided in appellants' briefing.

（2）现在，来看"related to"。"related to"经常都是空洞无物的，用"five compact law cases"或者"five compact law precedents"可迅速表达同样的意思：

The Commission's brief only cites five compact law precedents, other than U.S. Steel. This is in stark contrast to the thorough analysis of compact law provided in appellants' briefing.

顺便说一下，"compact law"意思是跨越各州的合同法，是受宪法契约条款所规制的。假定它在本句中已经清楚明了，因为诉状已经谈到这一点。

（3）"in stark contrast"是很有力、很生动的，但是可能过于有力：读者听到这种对比是

"截然相反的"时可能会不服——委员会的六个先例（其中五个再加上 U.S. Steel 案）看来并不是那么少。在这里单纯做一个对比更好，让读者去得出结论认为是截然对立，而不是去"主张"其是截然对立的。而转折连词"while"是一个实现该目的的好途径：

The Commission's brief only cites five compact law precedents, other than U.S. Steel, Appellants' briefing provides thoroughly analyzes compact law.

（4）"analysis"是名词化用法（参见第十五章第二节）。它是动词"analyze"转化而成的抽象名词。从名词还原为动词经常可以使问题更简单、顺畅，并更生动：

The Commission's brief only cites five compact law precedents, other than U.S. Steel, Appellants' briefing thoroughly analyzes compact law.

（5）我们还可以看到"brief"和"briefing"可以删掉。（因为从上下文可以明确地知道所谈论的是委员会和上诉人在其诉状中所讲内容）：

The Commission only cites five compact law precedents, other than U.S. Steel, Appellants thoroughly analyzes compact law.

对比一下原句：

The Commission's brief only cites five cases related to compact law, other than U.S. Steel. This is in stark contrast to the fulsome analysis of compact law provided in appellants' briefing.

（6）看一下修改之后的版本，你可能会认为它有点弱：援引了六个判例还不够充分，这一点并不明显。但这恰恰暴露了原句的弱点。或许，指明委员会没有讨论先例的类型而不仅仅是将关注点放到数量上会更好。

（7）上述某些修改肯定是必要的（特别是对"fulsome"的修改）。有些修改是可选择的。但不管怎么说，这些都是你修改文章时可以考虑的方式。

3. "It should be mentioned that students were waiting in the hallway immediately outside the room at the defendant's vulgar rant."

（1）本句实际上是从哪里开始谈论有用东西的呢？是从"students"这个词开始的，而"It should be mentioned that"没有添加任何的东西。它是一个"清嗓子"的说法（参见十四章第二节），是在我们开始说话之前的套话。删掉它：

Students were waiting in the hallway immediately outside the room at the defendant's vulgar rant.

（2）剩下的部分究竟什么是真正重要的呢？那就是被告人粗野的咆哮，学生可以听到它，学生在房间之外都可以听到——所有这些可能都是重要事实。

学生在走廊外正对面或旁边一间房间里，这可能是不重要的。同样，学生在等待或者学习还是玩耍可能是无关紧要的。有时候，增加细节可以使叙事更具体、更生动，但是这些细节看起来是无关紧要的，我们所需要做的是：

Students outside the room could hear the defendant's vulgar rant.

或者，如果你更愿意这样改：

Even students outside the room could hear the defendant's vulgar rant.

同原句对比一下：

It should be mentioned that students were waiting in the hallway immediately outside the room at the defendant's vulgar rant.

4."At this point in time，the defendant is no longer incarcerated"。

（1）有单词可以取代"At this point in time"："now"和"currently."

（2）但是，此外"is no longer"已经传达了"now"的意思。（实际上，"is"表示现在式就已经传达了这个意思。）只需要说：

The defendant is no longer incarcerated.

（3）"incarcerated"是对"in prison"或"in jail"的很官方化的说法。如果被告人不再坐牢，就说：

The defendant is no longer in prison.

这同"no longer incarcerated"长度相同，但更通俗，又不过度口语化。与原句对比下：
At this point in time，the defendant is no longer incarcerated.

5."An inability to pay sanctions does not give a litigant free reign to file frivolous lawsuits."

（1）有个短语并非你要说的。你注意到了吗？也就是"free reign"。最初短语是"free rein"——就像你在马上失去了缰绳一样——很多作者依然喜欢那种写法。（去 http://books.google.com/grams 在检索框中输入 free reign 和 free rein，你就会看到。）很多读者会把"rein"看作是一个错误拼写，这就显示出：作者没有真正理解这个比喻的来源。

实际上"free reign"已经变成一个相当常见的变体。可以认为它已经是标准英语。即便还不是，也可能很快就成为标准表达方式。

但是现在要避免使用那些在读者看来是错误的表达方式。读者不会给你机会来解释为什么这个表达实际上是正确的。相反，他们很少会为你考虑，而会有意或无意地贬低你想说内容的价值。因此，你应该这样来写：

An inability to pay sanctions does not leave a litigant free rein to file a frivolous lawsuit.

（2）除此以外，"free rein"是个老掉牙的说法，应该采用鲜活的表达方式。写得更简单可能更好：

An inability to pay sanctions does not leave a litigant free to file a frivolous lawsuit.

（3）等一下，尽管作者真正想说的是当事人之所以不会放弃恶意的诉讼仅仅是因为他们不会受到制裁。不是说当事人没有随意提起恶意诉讼，而是不应当容许当事人提起那样的诉讼。为什么不更清楚而准确地表明呢？

Litigants should not get away with filing a frivolous lawsuit just because of an inability to pay sanctions.

（4）然后把名词化的 inability 改成 cannot：

Litigants should not get away with filing a frivolous lawsuit just because they cannot pay sanctions.

与原句对比一下：

An inability to pay sanctions does not give a litigant free reign to file frivolous lawsuits.

修改以后的版本实际上有点长，但是它使这个论证更加清楚，且不会因为"free reign"而分散读者注意力。

二、基础修改

下面用三个具体范例来对这些建议进行实践。前两个摘自真正的研讨课论文,该论文是依据以下要求写作的:

你的上司伊莲·曼德尔参议员是州参议院司法委员会的委员。委员会即将考虑《儿童枪支安全法》草案。该草案规定"任何与未成年人居住在一起而拥有枪支的人必须将子弹退膛,并藏在封闭容器中"。请写一篇建议参议员是否应当投票支持这项法律的短文。

下面是两篇文章的开头段落:

The *Child Firearm Safety Act* as currently written is a well intentioned piece of legislation which will likely have little effect on the incidence of minors accidentally killed by handguns. However, with some critical modifications the act could play a significant role in lowering the number of minors lost to handgun accidents each year. These modifications should include: compelling either that the gun be kept in a locked container or unloaded; the inclusion of long guns in the Act; and making violation of the Act a felony offense.

第二篇:

The proposed *Child Firearms Safety Act*(the "bill")is an inconsequential piece of legislation. Aside from the significant political impact of the bill, it carries little weight and makes little difference. Despite public misconceptions, the few benefits of the bill, notably the probable slight decrease in the number of childhood gun accidents, do not exceed the drawbacks, such as the inaccessibility of guns during a home invasion and loss of civil liberties. Therefore, unless some strong amendments are made to the bill, I recommend that you oppose the bill.

尝试对两个段落进行改写,使其更为清晰并且减少一半篇幅。我在本书附录中给出了参考答案。(附录二:一、(一), 240 页)

三、修改得更具体

再来阅读下面这段,假定它是一篇有关在公共场合禁止戴面具之文章的第一段:

The existence of antimask laws poses difficult questions of constitutional law. We know that the freedom of speech is one of our most cherished rights, especially when there is a danger that the free expression of unpopular speakers would be deterred by the fear of negative consequences. And yet the prevention of crime, including crime facilitated by the wearing of masks, must surely be ranked as one of the more compelling of the possible government interests. The public understandably wants to avoid the harm to property, persons, and the social fabric that may flow from such crime.

正如该段所表明的,反对戴面具的目的是防止犯罪:隐匿身份可以使人们犯罪后更容易逃脱;面具便于隐匿身份;所以应该(至少在某些情况下)禁止戴面具,以便防止犯罪。另一方面,有些人仅当能这样隐匿身份时,才会愿意表达不受欢迎的意见;反对戴面具的法律阻止了一些不受欢迎的言论。

该段虽然较之于前面两例写得好一些，但是却充斥着过多抽象而无意义的概括。尝试改写，使其变得更具体、清晰和生动。如果这样的修改有助于完善该段，你可以自由增减材料。（参考答案在附录二：一、（二），243 页）。

四、更多的修改

再来看三个来自于各种法院的诉讼文书中的例子。（正如笔者在前面提到的，诉讼文书中写得好的段落对于法律评论的文章同样适用。）尽量完善三个范例。我在附录二：一、（三），第 245 页给出参考答案。

（1）材料节选自纽约法院的一个诉状。它主张原告的诽谤主张是在法定期限内提出的：

The Appellate Division in Sorge, supra held that the publication event or date was the point in time where the newspapers containing the defamatory inserts were actually placed for sale and/or made available to the public as the intended audience, and not the earlier date when the defamatory inserts were provided or released to the carrier which was merely holding same for delivery to points of sale of the newspaper to such intended audience.

（2）材料节选自美国伊利诺伊州法院。该案主张在诽谤诉讼中，政府有广泛豁免权。该案涉及警察向媒体披露：垒球教练被指控不当触摸了一个十多岁的女孩。

Such a broad reading would allow, for example, a police officer, under the color of an "official investigation," free reign to make wildly inaccurate and defamatory statements to the media about individuals or groups, whether it be, private citizens, softball coaches, judges, or otherwise, without fear of any legal liability....This is an outcome that would negatively affect not only the accused, especially those falsely accused, but also victims, and society as a whole.

（3）材料节选自宾夕法尼亚法院的一个诉状，在本案中，原告主张诽谤、侵犯隐私并故意引起精神上的痛苦。

[辩论概要]

Ms. Proskow-Hill's mere reference in her divorce action to Ms. Flocco's allegedly adulterous conduct is absolutely privileged in reference to the counts for libel and invasion of privacy. The privilege attaches because said allegations reasonably relate to issues in the divorce action, to wit, Ms. Proskow-Hill's counterclaim for alimony and her pending prior New Jersey action for divorce. The mere assertion in a divorce pleading of Ms. Flocco's alleged adulterous relationship with Ms. Proskow-Hill's husband is not sufficiently outrageous to sustain a cause of action for intentional infliction of emotional distress. Similarly, such pleaded statements alone cannot give rise to a valid claim for negligent infliction of emotional distress when no sufficient physical injuries or the threat thereof are adequately pled....

[辩论]

...Based upon the current Pennsylvania law, it is clear that as a matter of law that the alleged libel relating to statements concerning adultery in a divorce action made outside the presence of Ms. Flocco do not constitute sufficiently "outrageous!" conduct as to be actionable. Lastly, it should be mentioned that the absolute judicial immunity has been applied to claims of intentional infliction of emotional distress. Thompson v. Sikov, 340 Pa. Super.382, 490 A. 2d 472（1985）.

第十八章　正确运用论据

在试图论证你的观点时，应当运用大量论据——包括判例、制定法、历史事实、社会科学数据等。你需要正确利用这些论据。

需要论证的部分原因在于学术诚信和专业责任，但另一部分原因则是对你自己有利：指导老师不希望有错误，其他读者亦然。有的错误可能会削弱原本有力论证的可信度。有的错误无论多小都有可能如同钟表多出的一个刻度一样，不但本身是错误的，而且会让读者对此前的内容打上问号。

如果有的论据看起来和你的主张是相矛盾的，你要正视该论据，并解释为何你的主张依然正确。较之于坦然面对，如果你选择曲解论据来隐匿问题，这对你的论证伤害更大。为避免在运用论据方面出现常见的错误，本部分将提供一些方法，并列举一些来自真实案例和文章的例子（尽管有意将作者名字隐去了）。

这里的举例是我在自己的研究中遇到的，因此，你会发现这些例子与我本人的研究领域有关。但是你可以在任何学术领域中发现类似的问题。这些问题来自于左派、中间派、右派以及其他所有的角度，甚至也见于比较严谨的作者之手。

一、阅读、引用原始文献

一旦就某材料来源做出评论时，你必须去阅读原始资料，不要依赖经过转手的资料——不管是法律评论的文章还是判例，以及其所引用的二手资料。你一般也要注明引导你找到原始文献的二手文献，以对其提供的帮助表示感谢。但仍要引用原始文献，要基于原始文献进行分析。

（一）法律证据

如果你讨论的是一个判例或某一法条，你应当阅读、引用该判例或法规本身，而不要依赖其他提到该内容的判例、文章、专著或百科全书。①你要查找原始文献。如果你无法找到原始文献，要去询问图书管理员。他们经常会很乐意帮助你。二手材料可能看起来是权威的，但往往会由于作者的无心之过或者存有偏见而使结论并不完全可靠。你不能让别人的错误变成你的错误。

这里有一个例子，来自于某跨学科学者编辑、某名牌大学出版社出版的杂志：

在该（控枪）立法被推翻之际，在 Bliss v. Commonwealth（1822）案件中，肯塔基州最

---

① 一个例外：古老的资料来源有时被重印到权威资料上。由于这些著作的目的是成为权威的资料来源，它们会经过仔细审核并有较高的可靠性。如果你的图书管理员告诉你某类资源的声誉很好，你一般要将其纳入。例如，《联邦与州宪法》（1909 年）就是关于 1909 年之前州宪法的可靠参考资料。

高法院裁决，该州对于枪支的管制违反了明确赋予个人持枪权的州自卫队修正案。作为回应，州立法机构立刻修订了州宪法以通过该（控枪）立法，改写了自卫队修正案以更严格地符合联邦宪法第二修正案（Kentucky 1835）。[21]

看起来很可信，不是吗？然而实际情况是：

（1）Bliss 案所言并不是"州自卫队修正案"，而指的是某个从未提及自卫队的宪法条款——"公民有持枪自卫的权利，并且州政府不应受到质疑。"[22]有关自卫队的条款出现在宪法的其他章节。[23]与此同时，因为该自卫队条款是同州宪法的其他条款一起制定的，所以该条款从技术上来说并不是一个修正案。

（2）立法机构并没有立刻修订州宪法。州宪法并没有规定修订机制，[24]事实上，该条款是在 1850 年新的宪法通过之时才发生的改变，即在 Bliss 案过去 28 年之后。[25]肯塔基州 1835 年的资料实际上在扉页上写的出版日期是 1834 年，并没有显示出对原始条款的任何修改。

（3）（州宪法）1850 年的版本并没使得持枪条款"更严格地符合联邦宪法的第二修正案"，该版本增加了如下条文，"但是联合国大会可能会通过法律去阻止人们隐蔽地持有枪支"，这句话在联邦宪法第二修正案中并没有提及。

你看作者好难堪！但如果你据此（某大学出版的杂志上的论述）来证明 Bliss 案的意见以及肯塔基立法机构所为，那你也将面临尴尬局面。

还有其他很多例证，有的学者由于没有对一些论证的原始出处进行检查，以致以讹传讹。例如，有多篇文章都提到了一个源自于普通法的常见表述"拇指规则"（"rule of thumb"）——如果丈夫用不超过他拇指粗的"棍子"殴打妻子，他就不会受到法律制裁。这个词源主张就像诸多有趣的词源主张一样，看起来很神秘。[26]但是它被很多著名杂志提到过，而且还广为流传，使更多人陷入此误区。即便是最高法院的判决也可能会出错，例如：在 Reno v. ACLU（美国公民自由协会）的判例中，最高法院推翻了第一个互联网不文明行为的禁止令（《通信规范法》）先前的两个判例，并做出如下区分：

《通信规范法》的适用范围完全没有先例支持。这与 Ginsberg [v. New York，390 U.S. 629（1968）]以及[FCC v.] Pacifica [Foundation，438 U.S. 726（1978）]不同，《通信规范法》适用范围并不限于商业性言论或实体。[27]

听起来你可以很有信心地引述 Reno 案，而主张 Ginsberg 和 Pacifica 案限于商业言论和商事主体。

遗憾的是，Reno 案的判决意见是错误的。Ginsberg 案的规定是：禁止对未成年人销售某些以性为主题的杂志，并不限于商业言论。即使某人以盈利为目的销售此类杂志，也非商业性言论。商业性言论一般仅指商业广告。[28] Pacifica 案规定既不限于商业言论也不限于商事主体；Pacifica 案中的广播本身并非商业言论，而是由一个非营利性广播电台发布的。[29]

如果你打算引用 Reno 案作为最高法院审理该案中对待先例的例证，那很好。尽管从语境来看，法院并不想故意去重新界定"商业性言论"和"商业性实体"，但你不应该引用 Reno 案作为论据去论证 Ginsberg 与 Pacifica 案件中实际发生的情况而应直接阅读、引述和注释出这些先例。

有一个重要例外：法官对诉讼中发现之事实的讨论一般相当可靠，尽管这些讨论不可能是完美的，但它们一般都具有较高可信度。尽管如此，查询一下能够找到的最为透彻的事实版本还是很有必要的。如果能找到就要去阅读初审法院对事实的认定，而不能仅仅依靠上诉法院的叙述。

（二）历史、经济的或科学的论据

如果你的主张是关于：
- 历史方面（诸如制宪者的想法）；
- 经济方面（以这种方式需求此类商品）；
- 社会或者心理科学方面（人们在本实验中所表现的行为）；
- 或其他专门学科。

你应当阅读、引用其他专业领域的作品。切勿依赖于法律评论文章中提出的主张。

在法律评论上发表文章的人一般都不是历史、经济和科学方面的专家，虽然有的人在这方面确实颇有研究，但有些人的学识却令人担忧。

如果可能的话，你应该去查找该内容的原始资料，如历史文献或者科学研究。很多原始资料在你的大学图书馆中都能够找到。你学校的图书管理员可以帮助你找到它们，如果有必要，他们可能会帮你从其他图书馆去借。法学院的学生经常高估了从其他图书馆借书的难度，图书管理员相当乐于帮助学生（或者提供校友们在这方面最新的研究）。

有时你不得不引用二手资料。如果你要充分地理解一本书，原始资料可能太专业化。作者可能会基于大量的材料来表达他自己的专业判断，没有哪个单一原始资料可以直接地支持那个判断。或许你可能没有充分的时间去仔细阅读原始材料。

你依然应当尽可能少地引用这些二手材料，因为参考与援引一次，你就有可能冒一次风险，不经意间就把它们的错误或断章取义的内容融入到你的研究中。特别是不应该引用那些在你学科范围外的二手材料，比如，引用了一些历史书的法律评论上的文章，其风险太高。

关于这一点有一个重要例外，在某些领域中，如法制史或者法经济学，最早的学术文献本身就是发表在法学期刊上的。因此，可以引述《法律评论》上某篇文章来提出你的主张——例如制宪者对于第四修正案的理解（这是一个历史问题）。只要该文章是原始性历史著作，并且你阅读了你计划引用的所有历史文献，这样的引用就是有道理的。

但如果你要提出一个在美国独立初期人口学方面的主张，就不要去引用《法律评论》上的文章来论证，而要去找那些文章所引用的历史书或者历史书所依据的材料，对这些材料进行阅读引证。

（三）报　　纸

报纸上的文章经常会忽略关键细节或弄错某些细节，引用这类文章会有很高的风险。

大多数记者都是多面手，对于所写作的内容他们并不都是专家。而且，他们写东西的时间都很紧，并有严格字数限制。他们的文章尔后要经编辑编排，而这些编辑对主题也了解不多，他们的时间更有限。

记者们也很少去检查原始资料，相反，他们经常引用一些所谓的专家判断。而且，根据我的经验，记者们很少去向专家求证他们引述和编辑的内容（如有一篇报道把我"marina operator's right to his property"（码头经营者的财产权）引述为"marina operator's right to hypocrisy（码头经营者的虚伪权）"。[30]

这种不可靠可能并不能归咎于记者。在有限的时间范围内，他们可能已尽力了。但其结果是，他们的作品甚至比法律评论中最不可靠的文章还不靠谱。后者至少是由具有一定专业背景的人所写，作者有时间来检查其材料来源。他们也知道必须注明出处，以便别人可以查验。回头来想一下，你在报纸上所看到的文章出现了多少错误，又有多少重要的细节被省略？你就会明白报纸上的报道出错会有多频繁。

那么，这里给一些指导。

（1）报纸关于一个已发布判例、制定法或者其他法律渊源的报道。

一定不要引用报纸上关于已发布判例、制定法或者其他法律渊源的报道。此类文章经常会出错，而你自己去查原始出处并不难。

（2）报纸关于公开判例、法律文件或者学术研究的报道。

如果这个信息对于你的论点非常重要，那么永远都不要依赖报纸上的法律文件，如起诉书、答辩状或没有发表的法庭判决意见或者历史文献及科学研究。相反，要获取、阅读和引用重要的文件和研究，如向办理这些案件的律师寻求好的法律文件资料，或者向图书管理员寻求帮助，来查找法律文件和学术文献。

（3）查找其他报纸上的文章来找到原始出处。

如果报纸并没有明确指出原始出处，可以通过如下方式进行检索：搜索 NEWS、CURNWS、ARCNWS 或 Westlaw ALLNEWSPLUS 中提到的同一件事的相关报道。这些检索中的报道可能会更详细，并有助于你查找原始文献，例如，如果你通过这种方式来查找这样一个主张："我希望我曾经在拉丁学校读书，这样我就可以用你们的语言同你们交谈"。你就会发现这个报道是一个玩笑，但经过不断重复引用，就弄假成真了。[31]

（4）联系引用资料的原作者。

有时，报纸是原始资料，如某个人在某种场合之下告诉过记者，那你就可以利用这份报纸，不过你要记住，脱离该背景对该报纸的引用可能是错误的。例如，在 2003 年早期，专栏文章奚落前众议员 Cynthia McKinney 的话"地球上没有其他哪个国家像这个国家那样，有那么多人拥有的（财产）如此地少"——这明显是一段假话。然而，听一听网络电视（C-SPAN）上这个讲话的视频你会发现 McKinney 实际上说的是"世界上没有其他任何富裕的民主国家有那么多人如此贫穷"，这是一个完全不同而且更加可信的主张。[32]

因此，如果可能，你给讲话的人写一封邮件来核实你引用的内容。你往往可以发现，通过搜索引擎很容易找到邮件地址，特别是当你去寻找一位学者或者律师时，你可以用万律的 WLD 目录、律商联讯的 MARHUB 图书馆，或在州律师协会网站上找到很多律师的电话号码和电子邮件地址。如果这个引注来源于广播内容，要检查一下网上是否存在节目视频。

（5）要承认在可靠性方面可能出现的问题。

如果你所依赖的报刊文章的观点或者有些人的引述（或错误引述）来自于报刊文章，那么要在文章中承认援引的这一材料可能并不具有高度可靠性（如你可以这样来表述："新闻报道称"）。如果有理由怀疑所引述材料的准确性，如该材料来自于有利害关系的主体，或有可能是该人的错判或误解，那你应该明确指出这一点。

（6）明确表示报纸文章的局限性。

在任何情况下，如果你要引用报纸文章作为你的论据，你都要明确表示。如果这个内容很重要，可以通过脚注的方式在正文中表明以下内容：

① 文章的性质（是一家之言还是被认为是客观报道？）。
② 材料来源的性质（所用论据之作者是谁？材料作者有何偏见？），以及：
③ 材料来源不准确的其他任何原因。

兹举一例：根据一本历史书的记载：

最高院安东尼·斯加利亚大法官同意这个观点——公民有受宪法保护的持有枪械的权利。

这看起来像是由一位历史学教授所写的可靠主张。我们都要说"斯加利亚大法官认为，公民有权拥有枪械"，该书引述道。

但我们查一下这本书所利用的资料来源——《巴尔的摩太阳报》1999年4月30日第27A版（该注释只包括这些，没有进一步的信息）斯加利亚在这篇关于枪支的专栏文章中其开头和全部相关材料都被证明是错误的：

科罗拉多一所高中的两名十多岁的人在制造一个凶残枪击事件的前五天，美国最高法院大法官安东尼·斯加利亚告诉巴尔的摩县帕克学校（Park School）的一群学生，照他的观点，人们应该有更多而不是更少的权利来获取致命武器。

在对帕克中学300名学生发表完演讲后的一个小型午餐会上，斯加利亚大法官曾说，公民有权拥有机枪。该校一名17岁的高中生如是说。

讲述斯加利亚大法官发表该言论始末的人[该学生]——现在已经被普林斯顿大学提前录取——表示，她当时询问斯加利亚大法官：他是否认为人们也应该被"允许拥有可以将飞机打下来的手持火箭炮"。

斯加利亚大法官沉吟半晌，告诉（该生）他不喜欢这个观点。斯加利亚大法官自认为是个"原旨主义者"——认为宪法今日之含义恰如其两个世纪以前制定时的含义。

因此，斯加利亚对于第二修正案的说法就不足为怪了，该条赋予公民持有枪械的权利，等于发给人民一张几乎不受限制的武器持有许可证。

然后，一个高中生所回忆起的，斯加利亚大法官在私人午餐上的言论就间接地成了这本书的论据。

当然，这名学生有可能是正确的。但同样有可能的是，她可能听错了或者错误地解释了斯加利亚的观点（如，将唱反调的讽刺当作真诚的主张），或忽略了某些明示或者暗示的限定。同样有可能的是这个学生是正确的，但该观点的作者在引述这个学生的话时，出现了错误的解释或叙述。我们不能够确定——但该书的作者应当提醒我们这些不确定性，而不仅仅是只提供一个未经查实的（unqualified）主张断言，"斯加利亚大法官同意该观点：公民有受宪法保护的拥有枪械的权利"，而没有对这些材料来源可能存在的问题给出解释。

因此，如果你要在你的文章中写斯加利亚大法官的观点，你当然就不能去引用这本书或者报纸专栏。这些信息来源潜在的不可靠性使你根本不指望去利用它们。但如果你的确用了，你应该至少清楚地向读者表明在准确性上存在问题，主要是：大法官的这一陈述并非在公开的正式场合被大多数人熟知，并且这个陈述本身是二手材料，仅来源于某一人的转述。例如，你可以这样来写：

一篇报道曾转述一名在场高中生的报告，说最高法院的安东尼·斯加利亚大法官在私人场合讲过：公民具有持有机枪的受宪法保护的权利。[脚注：DeWayne Wickham, Scalia Is Wrong on Guns, Balt. Sun, Apr. 30, 1999, at 27A.]

在脚注中不必说明这是一个观点栏目，因为这个标题清楚表明了这一点。

（四）手　　稿

新闻节目的手稿较之于引用记者的文章可能看起来更靠谱；你应当获得讲话者未经编辑的原话。但你要注意3个问题：

（1）手稿可能有错。比如美国国家公共电台就曾经发表了令人困惑的报道：

法院必须判断："一个国家是否会创设很好的宗教。"[33]作者（就是我）本来想说的是"一个国家是否会排斥宗教"，《纽约时报》有一次不得不做下面的更正：

由于一个笔误，昨天有关参议员阿方斯·达马托（Alfonse M. D'Amato）关于兰斯·伊藤（Lance A. Ito）法官的讲话，在某一处错误引述了参议员的话。他在与广播主持人唐·伊姆斯谈话时说，"I mean, this is a disgrace. Judge Ito will be well known."（"我的意思是这是一个耻辱，伊藤法官将会家喻户晓"）。他并没有说"Judge Ito with the wet nose."（伊藤法官年轻而无经验）[34]

当说话人的言论听似不合常理时，便可能是书写出现了错误。

（2）在很多广播和电视节目中，很长的采访内容可能只有一两句被录入节目中。因此存在断章取义的风险。

即便是勤勉和口才好的人有时也会说错话。在写作时，他们可能看到自己的错误，并且予以纠正。但在讲话时，他们没有机会校对，或许根本不会注意到出错。因此，即便是一份准确的手稿，也有可能没有准确反映出讲话人深思熟虑的判断。

因此，如果你的确要引用手稿作为说话人的信念或希望传达之意思的证据，你就一定要谨慎行事。如果可能，给讲话的人发一封邮件确认一下引用是否准确，特别是当所引用的内容是令人震惊或粗鄙的言语。

（五）网　　站

网上材料和印刷材料一样，都不会比作者本人的陈述更可靠。美国政府机构在网上所发表的材料，如调查局，一般来说，这类组织的纸质报告是同样可靠的，一般也更有时效性。学校网站上有关一个大学生行为规范的内容可能与该大学的相关政策同样准确。一个组织积极维护的网页可能比较可靠地反映了该组织的观点，但却并没有可靠地描述事实，正如一个组织所出版的小册子可能会提供一些对事实有失偏颇的观点。

个人网页一般不能够被看作可靠，即便这个人是专家。作者个人对于网络的检查没有出版机构那么仔细。如果你希望引用网页上的一些内容，你应当：

（1）亲自检查来源，然后引用该来源并对网页作出评价；

（2）没有来源就要向作者询问来源；

（3）至少要自己检索该陈述，要确认作者依然坚持该主张，并没有对之失去信心。

由于网页经常更新，你应当将你要依据的所有页面打印下来。所以，当该文档被改变、挪动或消失后，有人要时，你依然有备份。

（六）维基百科

有 500 篇以上的学生论文引用了在线维基百科。与大多数百科全书不一样，任何人都可以编辑维基百科的词条，一般是更新既有词条。但这对百科全书来说，是一个不权威的方法，但在理论上可以认为：① 那些肯花时间写词条的人都是学识渊博的；② 即使那些人出了错，他们的错误最终也会被其他人更正。

或许令人奇怪的是，上述理论在大多数时候都是对的。维基百科的词条相对准确，至少不太糟糕，或者要比一般的报纸文章更好。（诸多报纸上的文章都是由多面手记者所写，这些人往往匆忙地去收集他人材料，在此情况下尤其如此。）

然而，虽然维基百科有时很值得查阅，但不要止步于此。要去查找维基百科词条作者所引用的那些原始资料。

其一，你要利用一手资料（包括就像我以前说过的报纸上的文章）。其二，很多读者（包括法律评论的编辑——决定是否发表你的文章的决策者）会认为引用维基百科不太靠谱，因此，你去引用维基百科可能会降低你的可信度。

（七）避免以讹传讹

很多法律评论文章都不遵循这些指引。我最早的文章也如此。但随波逐流并不安全：如果你引用的二手材料导致你犯错误，你会因该错误受到指责，尽管很多人都在引用二手资料。在引用二手资料时，你要尽量比其他人更仔细以求自保。

二、检查所援引的研究

一旦你发现想要援引的原始研究，就要带着批判的眼光去阅读。假装你不同意该研究结论（study buttresses）得出的政治观点。例如，如果研究得出的结论认为：移民对于经济只有负作用（net minus），那要假设你支持宽松的移民政策，尽量从那个角度去解读该研究。你是否可以找出一些可能存在的问题，或许包含在本章后面所讨论的问题呢？研究是否混淆了看来相似、实则不同的术语呢（本章四、（一）"避免错误的同义词"，第 113 页）？研究是否将相关性和因果关系混为一谈了呢（本章八、（一）"从相关性推断因果性"，第 125 页）？

然后，去搜寻针对该研究的相关批判。用律商联讯或万律去查找法律评论上引用了此研究的文章。你要去查询报纸上的参考文献，还要去查询任何能够找得到的相关研究。（你所在学院或大学的图书管理员可以为你指明方向。）你通常都可以很快找到批判该文章的内容，并能明白你是否同意该批评。

如果你发现该研究有问题，但依然有继续援引它的可能性。那你应当反问自己该问题的严重性，如果你认为该研究依然是有价值的，应该承认其问题，并解释为什么你觉得此研究虽有不足但依然值得引用。

为何要这么做，原因如下：

（1）为了准确。你希望你的文章是准确严谨的，它将使你对自己的作品感到更满意。

（2）为了说服力。很多阅读你文章的人会知道研究有缺陷，或至少那些很了解该主题的人会感到文章可能有问题。如果你承认所援引论据存在的问题，稍加解释，说明尽管存在不足,但研究还是基本可行的,你就可能说服读者。但如果你忽略这些问题,你就会丧失读者对你的信任。

（3）为了深度。要展示出你对数据中可能存在的弱点的认识,以使文章更有深度和思想性,从而令人印象更深刻。

（4）为了高分。给你打分的老师可能是了解该研究是存在问题的人之一。正视这些问题将比回避使你的得分更高。

三、明智地做出让步

查找原始出处,而不要依靠报纸报导;给你引用文章的作者写邮件以确保你引用的准确性;检查你所引用的内容——这些建议都是耗时费力的,你可能没有那么多时间。课程论文或法律评论文章,在本学期就必须定稿,你必须学习其他课程,写其他文章。

你能遵循上述所有建议是最好的,因为它们并不像看起来那么耗时费力。它们将有助于你避免尴尬处境和导致低分的错误。如果你的确要省事的话,有一些问题是你在做决定时务必考虑的:

（1）重要性。如果一个主张在你的推理链条上是重要环节,必须对其进行仔细检查。

（2）争议。如果一个主张看起来特别有争议,或者是反直觉,就要特别明确它的正确性。因为,其一,这样的论点更有可能出错或者比传统观点更具有夸张性。其二,读者（包括那些给你打分的人）会更关注这些主张。

（3）对个人的指责。如果你要宣称,某人或一小撮人把事情搞砸了或很愚蠢,要确保你有扎实的论据。这既是出于对你批评对象的公平,也是自我保护的需要,读者特别会对这样的指责进行仔细研判。

（4）很容易找到的原始出处。如果原始出处很容易找,如系一个判例或法规,那你就没有理由依靠二手材料的总结。

（5）偏见。有些信息来源较之更加客观的新闻故事或专著,可能不靠谱或不全面。细心的读者将会特别注意这些信息来源的偏颇之处（尤其是当这些资料来源于一个游说团体时）,并因此对你的文章丧失信心。即便你为了节约时间而相信某人,仍要避免偷工减料而利用这样的信息来源。你要去查证原始研究,并予以阅读、引用,而不是去依靠这些利益群体的总结性研究。

四、谨慎地采用术语

（一）避免错误的同义词

法律充满了听起来相似的术语,比如说:murder、killing 和 homicide——它们实际上是不同的,这些术语往往会把你带入陷阱。

这里有一个来自于前文 169 页所提到的例证:

In 1905 [New York] ... outlaw[ed] the possession of firearms in any public place by the foreign born（New York State 1905）.在 1905 年（纽约）……国外出生的人在任何公共场所无

权持有武器。[脚注：Pennsylvania's law forbidding foreign born residents from killing any animal was upheld by the U.S. Supreme Court in [Patsone] v. Pennsylvania，232 U.S. 138（1914）.]

作者在同一篇文章中两次以上提到此例并在其他文章和一本书中提及三次。

但是实际上，无论是 1905 年的纽约州法律（N.Y. Consolidated Laws，§ 1897）还是潘特松案所支持的制定法都没有规定在国外出生的公民无权持有武器；这些法律只是限制了非美国公民对枪支的所有权。这是完全不同的——我认为对数据恰当分析的只有一项：1900 年，21 岁以上的男性中，在外国出生的人数是非美国公民数量的两倍多；[35]不允许非公民持有枪支很可能反映的是公众对于持枪权的不同态度（就是作者所讨论的主题），而不是剥夺所有在外国出生的，包括美国公民的持枪权。

这就进一步加强了检查原始资料而不是依靠引用那些资料的文章之必要性。但它也提醒我们要仔细考虑不同表述的区别。依据美国的法律，几乎所有的非公民都是在外国出生的，但是并不是所有在外国出生的人都是非公民。这两个表述表达的并非同一意思，不能相互替换。

（二）加上必要限定

法律规则经常言简意赅，而忽略了大量细节。有时，这种简明是必要的，特别是当该规则与你的主要论点有偏差时。但当规则的细节具有相关性时，你应该加上所有必要的限定以使你的论证更准确。

例如，说 Zacchini v. Scripps-Howard Broadcasting Co. 判例支持了第一修正案的信息公开权对不对呢？的确，法院支持了狭义上的那个权利——即阻止对他人完整表演进行重播的权利——而非更常主张的更广义的该权利：阻止他人为了商业目的利用一个人的名字或者肖像。[36]因此，热克里（Zacchini）判例主张发表权是合宪的，[37]该说法是错误的：它没有认识到最高法院只考虑了该权利的狭义面。

同样，如果你想引用霍姆斯大法官的格言"规定公民言论自由的第一修正案并不保护公民在一个拥挤的剧院中向观众喊'着火了'的权利"，你必须引用准确。你需要记住这个格言是这么表述的，"即使最严格的言论自由保护也不会去保护一个谎称剧院着火了从而引起恐慌的人"[38]。而人们在引述这句话时经常漏掉"谎称"[39]一词，这样就使其与本身含义大相径庭。（谎称一个事实往往都不受宪法保护，而如果是实情，即使有害，一般也受保护。）

你可以主张，即使传达的是实情，在拥挤的剧院叫嚷"着火了"也是危险的，也应当予以禁止。如你打算如此主张，你要使观点变得更清晰，而不是仅仅依靠引用表述内容完全不同的权威言语。[40]

省略必要限定往往与滥用同义词有密切联系。如，"在国外出生的"就是"非美国公民"错误的同义词，因为它忽略了一个限定："未被归化"者。相应地，"发表权"也是热克里判例中错误的同义词。该词被与热克里判例的"权利"很随意地交替使用。但事实上，它们的含义大相径庭。

从更广泛的角度来看，这些是语言表述粗心的例子，即在采用这些说法时，没有仔细考虑其含义究竟是什么。

（三）用准确而非含糊的表述

一篇文章报道说："每年，大约有 1000 个儿童死于枪支走火。"其确切含义是什么呢？

首先，表述看来并不含糊，但"儿童"（children）是不是指未成年人——18周岁以下的人？这看来有可能，但实际上，我们很少把17岁的人叫"儿童"。我怀疑这个解释等于限于年龄比较小的人。它指的是不是0到14周岁的人？这个年龄段一般被用来做死亡统计。[41]它指的是不是10岁以下的人呢？

实际上，这篇文章明显指的是0到24周岁的人。[42]这是一个明显错误，因为"儿童"这个词肯定没有这个意思。

但即便"大约有1000个儿童"，指的是一个更合理的年龄段，这个术语依然比较含糊。不要采用"儿童"这个说法而要用一个更精确的词，例如，未成年人（"minor"）或者指明年龄范围，比如说，"从2004年到2006年，0到17岁美国儿童，每年遭受枪支走火而受伤的，大约有111人。"[43]这个信息量更丰富，因此可以有助于你的读者理解，也促使你对这个问题考虑得更细致。同时还可以使你的文章更有可信度，因为，它显示出一个研究者坚持精确与谨慎的态度。

更为精确的表述可以显现文中可能存在的问题，并有助于你锁定这种问题。例如，一旦你明确表示你讨论的年龄段是17岁，或者更小，你就应该问自己：为何你要把年龄段划在这里？你所划的这个界限是否符合你论点的总体结构？比如，你所用的统计是作为制定要求枪械下膛法律的论据。这样的法律对17岁之人发生的事故，是否与之对7岁儿童的影响一样呢？通过采用具体术语，你可以清楚看到你所采用论据之间的关系以及你所提出的论点。

五、避免可以预见的误解

有一篇文章写道，枪支"每年引发了35000起杀人案件，以及成百上千与枪支有关的强奸、抢劫和伤害等暴力犯罪。"想一想，（作者想讨论的）1995年有多少枪支谋杀案？

"那么"，你可能会说，作为一个细心的读者"我们不知道35000是否也包括了过失杀人"。你甚至会意识到35000这个数字中包括了过失杀人，尽管这分散了你对作者关注于"暴力"犯罪的注意力。那么，枪支杀人、过失杀人和走火杀人，总共有多少人呢？

结果这个数据是17500人，为什么呢？因为在35000人中有17500人是自杀。[44]

当然，有读者会认为，在考虑枪支持有的代价时，自杀也应当被认为与杀人或致命事故无异——但是其他人却不这么想。作者应当基于不会引起误导的信息自己来做这个决定。在一个大部分都在描绘暴力犯罪的句子中（"与枪支相关的暴力性强奸、抢劫、杀人"），界定不太清楚的"杀人"一词也应该指的是杀人犯罪。当读者很快地阅读这个句子，而不是去推敲每个词的多种含义时，尤其如此。

当然，你在写一个句子时，要考虑一下是否有些读者与你所想的主张不同。特别是，要想一下读者基于这样的背景会提出何种假设，要确保他们不会提出错误的假设。

六、理解你的信息来源

仔细阅读你所引用的信息来源，要理解其所有要素。比如，你依据的是一部制定法的章节，你要通读整部法律（如果是像《税法典》一样的大法典，至少要阅读相关条文）。要特别注意那些包含定义的条文，以及其他可以适用于你考虑部分的基本规定。

同样，当你看到一个统计表时，要确保你理解这个表格所讨论的问题。

（1）该表所涵盖的时间是什么？（1年还是10年？）

（2）该表所涵盖的地域和司法管辖区是什么？（是整个国家？还是只是一些州？或只包括那些向联邦报告了其数据的州？只包括联邦起诉吗？）

（3）该表包括了哪些案件？（所有杀人、部分杀人，还是仅仅是谋杀案？）

（4）该表所引用的数据来源如何，这些来源可能不准确吗？

（5）每一栏和其他栏的关系是什么？

考虑一下下面两个例子：

假设一篇文章说：

每年死于跟枪支有关事故的人数接近200……

下表引述的是《国家安全委员会伤亡事实》2000版第17页关于1996年的数据（实际的文章引用了一个二手资料）。该引述有什么问题呢？答案在第386页。

表1 美国1995—1997年因伤害导致的死亡

事故或伤情类型	1997	1996	1995
机械窒息，E931	1,145	1,114	1,062
床上或摇篮中的死亡，E913.0	236	219	207
塑料袋，E931.1	44	40	37
空气匮乏（在冰箱或者其他密闭间中），E913.2	21	15	14
（非灾难性）倒地，E913.3	54	57	59
其他以及非具体机械性窒息，E913.8，E913.9	790	783	745
被下落物体打击，E916	727	732	656
回击以及被人或物打击，E917	247	171	198
被夹在物体之间，E918	85	71	90
机械，E919	1,055	926	986
农业机器，E919.0	530	496	514
起重机和设备，E919.2	119	115	141
推土机以及其他挖掘机械，E919.7	85	73	106
其他非特定机械，E919.1，E919.3–E919.6，E919.8，E919.9	321	242	225
切割、切片以及其他工具或设备，E920	104	97	118
枪炮导弹，E922	981	1,134	1,225
手枪，E922.0	161	187	233
（自动）猎枪，E922.1	84	93	116
猎枪，E922.2	65	50	64
其他及非特定的发射武器，E922.3，E922.9	671	804	812
爆炸物，E923	149	130	170

续表

事故或伤情类型	1997	1996	1995
火器，E923.0	8	9	2
爆炸性气体，E923.2	57	49	62
其他及非特定爆炸物，E923.1，E923.8，E923.9	84	72	106
其他及灼热物质或物体、腐蚀性物质和蒸气，E924	111	104	97
电流，E925	488	482	559
家用导线和设备，E925.0	53	66	88
发电站、配电站和输电线路，E925.1	139	135	158
工业接线电器和机械，E925.2	27	15	26
其他的和非特定电流，E925.8，E925.9	269	266	287
放射性物质，E926	0	0	0
其他和非特定的，E914，E915，E921，E927，E928	3,007	2,984	2,730
迟滞性结果（事故一年以上的死亡），E929	1,204	1,126	1,091
药物治疗中的不良反应，E930–E949	248	253	206

下表源于《刑事司法统计资料大全》，其显示69.4%的性犯罪都是由"土著美国人、阿拉斯加人、亚裔人和太平洋岛民"犯下的，他们占整个人口的5%。[45]这如何解释呢？答案在第248页。

表2　1999年美国地区法院依据《美国量刑委员会指南》对罪犯的量刑分析

（按主要犯罪、性别种族和民族的犯罪情况）

主要罪行	案件总数	性别				种族							
		男性		女性		总数 cases	白人		黑人		西班牙人[a]		其他[b]	
		数量	占比	数量	占比		数量	占比	数量	占比	数量	占比	数量	占比
总数	55,388	46,841	84.6%	8,547	15.4%	54,394	16,728	30.8%	14,246	26.2%	21,231	39.0%	2,169	4.0%
谋杀	108	95	88.0	13	12.0	103	29	29.2	18	17.5	17	16.5	39	37.9
杀人	57	38	66.7	19	33.3	57	10	17.5	6	10.5	8	14.0	33	57.9
绑架、劫持	81	77	95.1	4	49	80	19	23.8	19	23.8	22	27.5	20	25.0
性犯罪	230	226	98.3	4	17	229	42	18.3	17	7.4	11	4.8	159	69.4
暴力威胁	455	404	88.8	51	112	437	120	27.5	96	22.0	72	16.5	149	34.1
抢劫	1,790	1,638	91.5	152	85	1,771	732	41.3	852	48.1	138	7.8	49	2.8
纵火	82	79	96.3	3	3.7	82	60	73.2	10	12.2	3	3.7	9	11.0
毒品犯罪														
贩毒	21,993	18,992	86.4	3,001	13.6	21,780	5,311	24.4	6,743	31.0	9,345	42.9	381	1.7
通讯设施	397	320	80.6	77	19.4	395	120	30.4	137	34.7	130	32.9	8	2.0
简单持有	689	565	82.0	124	18.0	612	275	44.9	171	27.9	146	23.9	20	3.3
枪支	2,679	2,570	95.9	109	4.1	2,647	1,064	40.2	1,179	44.5	328	12.4	76	2.9
夜盗、破门而入	54	52	96.3	2	3.7	54	14	25.9	10	18.5	2	3.7	28	51.9

续表

主要罪行	案件总数	性别				种族								
		男性		女性		总数 cases	白人		黑人		西班牙人a		其他b	
		数量	占比	数量	占比		数量	占比	数量	占比	数量	占比	数量	占比
汽车盗窃	189	178	94.2	11	58	184	87	47.3	56	30.4	37	20.1	4	2.2
盗窃	2,082	1,322	63.5	760	36.5	1,977	981	49.6	705	35.7	170	8.6	121	6.1
欺诈	6,196	4,517	72.9	1,679	27.1	6,077	3,127	51.5	1,876	30.9	752	12.4	322	5.3
侵占	959	386	40.3	573	59.8	939	519	55.3	272	29.0	80	8.5	68	7.2
伪造、变造	1,295	1,008	77.8	287	22.2	1,287	526	40.9	533	41.4	167	13.0	61	4.7
贿赂	196	177	90.3	19	97	194	91	46.9	49	25.3	33	17.0	21	10.8
税收	728	596	81.9	132	18.1	712	519	72.9	83	11.7	53	7.4	57	8.0
洗钱	1,001	766	76.5	235	23.5	991	442	44.6	166	16.8	321	32.4	62	6.3
敲诈勒索	977	893	91.4	84	8.6	961	344	35.8	291	30.3	200	20.8	126	131
赌博、彩票	136	124	91.2	12	8.8	136	112	82.4	6	4.4	5	3.7	13	9.6
侵犯公民权利	81	73	90.1	8	9.9	78	52	66.7	16	20.5	10	12.8	0	X
移民	9,659	9,053	93.7	606	6.3	9,531	363	3.0	339	3.6	8,652	90.8	177	1.9
色情、卖淫	414	405	97.8	9	2.2	410	347	84.6	24	5.9	22	5.4	17	4.1
监狱犯罪	299	270	90.3	29	9.7	289	101	34.9	107	37.0	75	26.0	6	2.1
司法行政罪	866	631	72.9	235	27.1	840	350	41.7	182	21.7	271	32.3	37	4.4
环境、野生动物	211	195	92.4	16	7.8	205	160	78.0	6	2.9	24	11.7	15	7.3
国防	20	17	85.0	3	15.0	20	15	75.0	0	X	2	10.0	3	15.0
反垄断	44	42	95.5	2	4.5	43	37	86.0	2	4.7	1	2.3	3	7.0
食物与药品	78	67	85.9	11	14.1	76	48	63.2	12	15.8	9	11.8	7	8.2
其他	1,342	1,065	79.4	277	20.6	1,197	711	59.4	263	22.0	125	10.4	98	8.2

注：依据《犯罪综合控制法》的量刑改革[98-473（1984）号公法]创建了美国量刑委员会。该委员会的主要职能是推动和监督联邦法院的量刑政策与实践。1987年4月13日，该委员会向国会提交了一个初步的量刑指南和政策声明。上面的数据来源于美国量刑委员会1999财年（从1998年10月1日到1999年9月30日）的数据。由于数据文件的性质和报告的要求，以下案件类型没有包括在上述数据中：立案但没有定罪的案件；被告人被定罪但尚未宣判刑罚的案件；被告人虽然被判刑，但没有数据提交给委员会的案件；以及依据《量刑改革法》（而不适用量刑指南）所作判决的案件。

即便有多项起诉，有多项定罪要宣判刑罚，一个被告人的案件仍被界定为一个单一的量刑事件。

一个量刑案件中虽有多名被告仍作为一个单独案件。如果一个被告人在一个财年中被判处一次以上刑罚，每次判刑都被视为一个单独案件。（来源p.A-4.）

在55557个依指南量刑的案件中，由于信息缺失，有些案件被排除了。性别方面169个案件被排除，因为其符合下面的一个或两个条件：缺失主要犯罪类型149个，缺失性别信息48个。种族和民族方面1163个案件被排除是因为以下一个或两个原因：缺失主要犯罪类型149个；缺失种族或民族信息1124个。

毒品犯罪案件中，"通讯设施"指的是这样的设备，如，在毒品交易犯罪中使用的手机。

a：包括了西班牙裔中的白人和黑人。
b：包括美国的土著人、阿拉斯加的土著人、亚裔人和太平洋岛民。

资料来源：1999年美国量刑委员会：《联邦判刑统计资料手册》（华盛顿特区：美国量刑委员会，2000年），第14-15页，图表由资料手册的工作人员采编。

七、正确处理调查结论

（一）调查测量的对象是什么？

调查论据经常是必不可少的，并且可能相当可靠。但很多调查却很糟糕，甚至精心开展的调查往往也会被错误地解释为检测了实际上并没有检测的事项。为了避免利用糟糕的调查结果以及错误的解释，我们需要问一下：准确地说，该调查究竟在检测什么？

更准确地说，调查仅仅是检测了被调查所记录的、针对特定的反馈者中愿意合作的人对特定问题作出的回答，并无多大用处。但它也显示出，当（且仅当）这些回答是从足够大的总体中随机选出的样本，通过调查一小部分人可以告诉我们一个大群体可能的答案。如果操作得当，其用处也相当大。理解调查所具有的这些局限性有助于我们发现人们在利用调查时可能出错的几种情况。因此，有助于我们避免这些错误。

（二）对一个较大群体中受访者的总结出错

1. 为什么恰当的样本能总结出（有效）结果

对一个群体中随机选择的样本进行调查得到的结果使我们能对整个群体做恰当归纳。调查准确性与被提问人数的绝对数而不是被调查群体所占百分比紧密关联。

那就是为什么你只需要在2.8亿美国人中提问1000人，就能获得较好的调查效果。通过这随机抽样的1000人，结果从50%~50%到80%~20%不等，你的"误差率"大体上在±3%，这就意味着至少有95%的可能性是——人们总体的看法与你从该调查中得出的结果相差不过±3%。如果调查表明42%受访人说他们相信某一观点，那么就有95%的几率是39%到45%的人实际相信那点。[①]误差率最后大约是100%除以样本数的平方根。如果100人的误差率是±10%，2500人的话，误差率就是±2%。

但你应当记住有关调查的最重要的事，即仅当随机选择样本时结果才会有效。如果被调查者不是随机选择的样本，那么在数据上就不可能从其回答中得出一个能够反映整个群体的推断。

遗憾的是，多个普通样本的选择技术都违反了该前提。

2. 糟糕的例子：有偏见的样本

有关抽样调查一个最大的相关警示案例是关于1936年总统选举的。富兰克林·罗斯福以61%比37%大胜阿尔夫·兰登，但有一个在选举前数周进行的大型民调却显示：兰登的得票率为55%，而罗斯福的得票率为41%。

其中的问题非常简单：文摘杂志（Literary Digest）进行民意调查主要是从电话号码簿和汽车登记记录上找到人们的地址，这就意味着其不成比例地过度调查了富人。而这些富人的观点可能不能完全代表所有选民。[46]

---

① 实际上，误差率是 $196\% \times \sqrt{r \times (1-r)/n}$，r表示有某种倾向受访者的占比，n是受访人数。因此，如果比例为50-50，结果是 $98\%/\sqrt{n}$；如果是20-80，则结果是 $78.4\%/\sqrt{n}$（因为 $196\% \times \sqrt{0.2 \times 0.8} = 0.784$）；如果是10-90，结果是 $58.8\%/\sqrt{n}$ 等等。

3. 糟糕的例子：图方便的样本

有偏见的样本的一个典型例子就是所谓的"图方便样本"，它指的是一群人之所以会被选中是因为他们更方便接受调查。例如，一个教授的心理学新生或刚好路过调查者身边的一群步行者。这些样本相应地在整体人口中的代表性较差：这些被调查者有不同的教育水平；他们的工作和兴趣使他们处于某个特定环境；他们不成比例地来自某个地域范围等。

4. 糟糕的例子：自己选择的样本

媒体经常发表所谓的"自己选择的"调查。例如，美国周刊有一次进行了一个读者调查，在全国范围内询问读者——如果所有守法的成年人都有权获得自由藏匿武器许可证的话社会是否更安全。它获得了 34000 个回答，其中 80%回答赞成取消强制控制，出现了一个惊人的大多数的结果。[47]

但该数字是没有意义的。首先，该样本明显偏向一方：它仅仅调查了《美国周刊》的读者。然而，调查在此之外并没有告诉我们:《美国周刊》的读者一般是怎么想的？因为只有占据读者群体很小一部分的人作出了回答。哪些人花了时间精力或者金钱来回答调查问题呢？不同于普通读者，这些人可能认为调查的主题很重要。而且很多积极分子倾向于通过电子邮件来联系自己的朋友，告知其有民意测验。因此，该团体组织得相当好，可以在网上迅速左右调查的结果。

顺便说一句，大样本也不一定起作用。即使你拿到了自己选择（样本的）34000 人的回答，也无法告诉你更大群体的观点是什么。但如果有 1000 人回答你的问题，（如果你处理得当）你所得结果的误差也会只在±3%之内。

5. 糟糕的例子：邮寄投票或网上抽样

无数的邮件调查和几乎所有的网络调查都涉及选择样本的问题，因为很少有人倾向于对它们作出回答。这就是文摘杂志调查的另一个问题：只有 25%的人进行了反馈，反馈的观点即便在那些受调查者中也不具有代表性。[48]

如果接受调查的人跟那些没有进行反馈的人是一致的，而且最终有很高的反馈率，邮件调查的开展可能是有效的，但是，我们却几乎没有办法使一个基于网络的调查有效。

6. 何者才是良好的抽样调查

那么，哪个调查才是有效的呢？其一，这个调查者必须尽量在一个大群体中获取随机样本。其二，必须要得到他们想要接触到的绝大多数反馈，从而避免自己选择的偏见，最好的调查通常都是在 70%以上的回答比例。① 其三，他们必须获得很大数量的回答，以避免很小的边际性错误。记住：你需要 1000 个回答，如果只得到 100 人的反馈，那误差就是±10%。这相当不精确。

大多数调查的人采用的要么是随机拨打电话，要么是投票后民调（尽管投票后调查也有很严重问题）。正如所提到的，网上调查或网络调查，这个说法几乎就是不准确的代名词。

需要注意，在相当小的人群中，很难进行群体调查，例如，犹太人或亚洲人。犹太人几

---

① 从技术上讲，如果反馈的比例低于 100%调查结果就有可能出现偏差，因为，未反馈者可能有完全不同于反馈者的意见，但是反馈的比例为 70%一般认为是足够好的，低于 50%的被认为是差强人意的。

乎没有人口统计表单,从中无法进行抽样,因此调查犹太人的最佳办法就是在人群中随机抽取一些人来作为样本,并询问这些人他们是否是犹太教信徒,将犹太教信徒的回答单独记录下来,跟那些非信徒进行区分。但犹太教徒仅仅占总人口的2%,因此,要从400人中获得样本(误差低于±5%所必需的样本)你就需要抽样2万人——这个调查成本是很高昂的。

某些精密的民调技术可能会使该任务更具有可控性,但是难度依然不小。此外,有的被调查者可能并不希望向陌生人揭示他们的宗教或种族。因此,绝大多数致力于测量一个小群体观点的调查对该小群体都会有非常高的误差,即便他们相对于整个群体的误差比较小。

(三)对提问的归纳出错

1. 询问不同问题的调查

调查可以很好地测试出人们对于所问到的问题的态度。因此,想要准确地调查必须恰当地找出这样的问题。多份报纸和杂志的文章对"第一修正案研究中心"有关州宪法第一修正案2002年报告的总结,我特别引述如下:

接受"第一修正案中心"的调查者中有49%的人认为,该条对公民言论自由的保护有些过头。较之2001年,认为言论自由保护太严格之人的比例增加了10%。

结果看起来十分惊人,不是吗?但调查所提的问题是这样的:

第一修正案成为美国宪法组成部分已经有200多年历史。这就是它所说的"制定限制宗教信仰自由,或者禁止自由信仰宗教的法律,或者阻止言论自由、出版自由、或人们和平结社的自由、向政府请愿,寻求救济的自由"。基于你自己的感觉,关于第一修正案,请告诉我,你是同意还是不同意下面的表述:"宪法第一修正案过度保护了公民权利?"

这个问题并没有调查出人们对于"保障言论自由"的态度,而只是人们对第一修正案的整体态度,包括宗教信仰自由方面的态度。从这个问题中,不可能判断出认为宪法第一修正案中保护过度的49%的人中有多少人认为只有言论自由是保护过度了的。

因此,有合理的理由认为,受调查者中真正认为第一修正案对于言论保护过于严格者的比例远远低于49%。这个调查中有一个问题是"从总体上看,你是否认为美国的言论自由过多或过少,人们的言论自由是一个权利问题吗?"只有10%的人认为"过多"(67%的人认为"是权利",21%的人认为"过少",1%的人回答不知道或者拒绝回答)。因此,有些回答是在第九巡回法院将立教条款解释为禁止学校在祷告中采用"上帝保佑"的说法之后。因此,很多回答者很可能都将关注点放到了立教条款而不是言论上。姑且不讨论这些猜测(speculations),49%的回答者都相信"第一修正案在保障言论自由方面走得太远",恰是对调查提问的一个曲解而已。

2. 提出了含糊问题的调查

如果一项调查问题是含糊的,不同的人有不同解释,它就不可能真正调查出任何具体问题。例如,第一修正案的调查还问了下面这些问题:

美国宪法保护某些权利,但并不是每个人都认为每项权利都是很重要。我将向你表述美国宪法所保障的有些权利,请你告诉我,你享有每一项权利的重要性如何?……你拥有隐私权的重要性如何?

81%的受访者表示这项权利是极其重要的,18%以上的人表示该权利是重要的,只有1%的人说这项权利不重要。

很遗憾的是，这基本上没有体现出人们实际的看法。有关隐私权最热门的讨论当然是有关堕胎的，但很明显，很多被调查者都没有将堕胎权包括到隐私权中，因为远远高于1%的公众认为，宪法中有关隐私权的规定不应当被解读为包括保护堕胎权。

有些人肯定认为"隐私权"指的是其他内容，或许这项权利是指不受不合理的搜查和扣押，或很多其他常被人看成是"隐私权"的东西（其中部分是对第一修正案新闻自由的限制）。我们没有办法知道每一种定义被多少人采纳。实际上每一个人都认为，有些东西可以叫隐私权，这很重要，但我们不知道其实际上含义是什么。

隐私权是公认的很难界定的词语，其他问题也可能同样难以界定。比如，另一个问题为：很多大学和学院的教授当前都有学术自由来在课堂上讨论争议性问题，出版发表有争议的书籍和文章。你是否反对战时对教授们批评政府军事政策的学术自由进行限制？

41%的人支持进行这样的限制，56%的人反对进行这样的限制。

令人遗憾的是，两个问题被搅到了一起：教授在课堂上的言论是否应当受到限制，以及教授们在课堂之外发表的观点是否应当受到限制？（法院当然认为，它们是不同的问题，第一修正案中关于公立大学的教授在课堂外的言论是已决问题，但是有关他们在课堂上的言论与所讲课的主题相关度非常低时，是否有类似权利，却存在激烈争论[49]）。有的受访者只认为，该问题的关注点主要是课内言论，而其他人将其理解为主要针对书籍和文章。还有人认为，它的关注点包括两者，且对两者采用了相同观点。其他人则认为，它的关注点有两个，但无法表达出两者的差异。

因此，像有些报纸报道称："41%的受访者认为，在战时，大学教授批评美国军事政策的言论应当被限制"，这一说法显然是错误的。我们不知道究竟有多少比例的受访者实际上认为，在战时，教授们批评美国的军事政策的言论应当被限制（无论在课上还是课外），而又有多大比例的人认为教授们只应当被限制在课堂上这么做。法官可能认为这个区别很重要，很多读者同样会认为很重要。

3. 拿到调查问卷

要避免这些问题，你应当拿到你所依据的调查问卷的问题文本。很多调查组织都会在网上将调查结果和问卷发布出来，（尽管很多媒体不会全文引用这些调查问卷），如果你友好地向他们索要，一些组织有可能会将调查问卷给你。你在使用调查结果时，应当把相关问题放到正文中。

如果调查组织拒绝提供他们的问题，则应当保持怀疑态度。你可能不应当引用这样的调查结果，如果你非要引用，你至少应当提醒读者，该组织拒绝提供原始调查问卷。因而，对调查结果很难进行评价。

（四）由于忽略了调查中的其他信息所带来的错误

调查，特别是复杂的调查，经常需要询问诸多问题，其中包含大量信息。如果你要引用这样的调查结果，你有责任确保你已考虑了所有信息，而不仅是那些支持你的论点的调查信息。如果你依靠的是二手资料，你就有责任确保对这些调查资料的研究引用是恰当的。

让我回到第一修正案那项调查上来，有一篇文章总结如下：很多美国人对于2001年针对美国的911恐怖袭击感到很恐惧，似乎想严格限制第一修正案所规定的公民权利，特别是出版自由……

每年，位于田纳西州纳什维尔的"第一修正案中心"（自由论坛的一个独立机构）都会开展一项有关美国人对第一修正案态度的调查……

他们的发现包括：

*大约有 49%的人表示，宪法第一修正案给予公民太多自由，去年曾高达 39%，而 2000 年的比例是 22%。

*最不受欢迎的是第一修正案中关于新闻媒体的自由，42%的人认为新闻媒体自由度太大。

*在民意调查中，超过 40%的人说，报纸不应当被容许自由地批评美国的军事政策和措施。

*大约一半的人说，在要求政府官员披露打击恐怖主义战争信息时，美国新闻媒体过于咄咄逼人……

出版自由不仅是为了新闻媒体的存在，也是为了它为之服务的公众而存在。当我们的民主政府受到攻击时，我们更应该努力捍卫我们的自由。

有一个很有力的主张：人们害怕恐怖主义，因此，他们将这种恐惧放到了新闻媒体上。

尽管事实并未完全证明该说法。以下就是那部分认为"美国媒体为所欲为的自由太大"之人的比例（2001 年的调查是在"9·11"袭击之前开展的）：

1997 年	1999 年初	1999 年末	2000 年	2001 年	2002 年
38%	53%	42%	51%	46%	42%

误差在±3%，因此，某些波动是随机性的。但是没有理由认为，2001 年"9·11"的袭击导致更多人认为新闻媒体的自由度太大，事实上，从 2000 年到 2002 年持有该观点的人还在统计学意义上呈现下降趋势。同样，另外一个问题的结果是：在统计上没有揭示出 2001 年"9·11"事件前后，人们对于媒体自由的度态度是否发生了重大变化。

有些人认为，媒体的自由度过大，想发表什么就发表什么。其他人则认为，政府对新闻媒体审查制度过于严苛。这两种看法哪一种更接近于你的看法？

	2001 年	2002 年
媒体自由过大	41%	42%
政府审查太多	36%	21%
非以上情况	12%	15%
两者都包括	7%	8%
不知道/拒答	4%	4%

总体上看，剩下的调查看起来并没有揭示出公众态度在"9·11"前后的实质性变化——2001 年和 2002 年之间的差异性并没有重要的统计学意义，2002 年的数字类似于某些在 2001 年前的数字。很难将这些结果解释为：人们对恐怖主义的担心导致对第一修正案内容的改变。

但无论如何，那些希望阐明"诸多受到 2001 年"9·11"恐怖袭击影响的人……看起来更倾向于主张限制……媒体自由"的论据的人们应当运用正式调查中的所有数据，而不仅去引用那些看起来支持自己主张的数据。

（五）回答者对调查这个问题的回答是不正确的

最后，所有这些都在假定某个问题是准确的，由于多种原因，该假定有可能是错误的：

（1）如果问题问的是过去的情况，有的回答者有可能没有记准确。

（2）有些回答者有可能掩藏他们过去的行为（比如吸毒或使用枪支），由于那是非法的，或者会令人感到尴尬。

（3）有的回答者则有可能掩饰他们现在的观点。这些观点会使得他们被认为是种族主义歧视者或其他不受欢迎的群体。

（4）有些回答问题的人甚至可能不愿意承认他们自己的观点。

（5）即便是经过谨慎设计的问题，有些回答者也有可能误解这些问题。

（6）有些回答者可能对于该对象并没有坚定的立场，可能是想到什么就说什么，回答只是为了避免让调查者或者自己感觉很无知、没有同情心。

遗憾的是，这些问题很难对付。这就是为何依靠调查结果是有风险的（尽管有时不可避免）。如果你认为某些调查由于这些原因，可能带来有问题的结果，那么看一下编写较好的关于调查证据方面的教科书，以认识到这些问题可能有多么严重。

（六）练　习

这里有一个练习，根据的是 2002 年 7 月 16 日《今日美国》杂志首页上的内容。问题针对的是第九巡回上诉法院得出的这样一个判例结论："宣誓效忠时使用'上帝保佑'这样的措辞违反了政教分离的条款。"

这里至少有四个错误（并非都与统计相关），是哪些呢？答案见 249 页。

八、对你的假设持明确态度

通常，你的论据不会完全吻合你提的主张。你可能会提出一个现在发生了什么情况的主张，但现有研究却可能只涉及了五年前的情况。你的主张可能是全国的情况，但现有研究的关注点可能只是某些地区。

你的主张可能是犯罪率，但现有研究可能只是研究了逮捕率。最危险的是，你可能主张是某些政策导致了某些结果，但是研究可能说的是在执行时可能会产生这样的结果。这样的研究可能仅仅反映的是相关性而不是因果关系。

这些数据上的差异对你的论点并非致命性的。大多数政策分析要求推断因果关系，或从一个地点、时间、群体推断另外一个。

但你必须明确清楚你的推断和推论及其所依赖的假设（比如从 1998 年到 2004 年，情况没有发生改变）。确保能清楚地承认它们，至少在你的脚注中注明，如果它们足够重要，或相当具有争议，那么就在正文中注明。如果推断或提炼的恰当性不明显，你需要向读者解释为什么是恰当的。

为何必须如此，理由有三。

第一，你必须对读者坦诚。如果你说"这个国家每年有多少起雇凶杀人案件"，而数据显示，这么多起杀人案件仅仅是在 1980 年，那么你的数据就不准确，甚至不诚实。

第二，你必须在读者面前保持你的可信度。很多读者都会足够精明地注意到你没有明说的假定。他们不会为你的沉默所欺骗，但是他们会被惹恼，他们会认为你不诚实，或者在逻辑上明显有问题。

第三，这种清楚的表达可以使你发现并纠正你文章中潜在的问题。当你明确表示你是在提炼或推断某事时，你可能是这么想的"我想知道为什么这个推断是正确的。"或者，它是不正确的，你需要找出更好的研究，或改变或明确你的观点。或许，如果它是正确的，但你发现需要进一步解释为什么是正确的。在两种情况下你都应当使你的文章更有条理，更有说服力。

（一）从相关性推断因果性

"美国的枪支比英国多，美国的谋杀比英国多。因此，这说明枪支的流行引发了谋杀犯罪率的增加。"这个主张就是从相关性（在那些枪支拥有率更高的地方看起来，谋杀罪的犯罪率要高一些）去推断因果性（较高的谋杀率是由较高的持枪率所引起的）。

这里是另外一个用相关性推断因果性的例子，"美国许多农村地区枪支拥有者的数量比城市地区要多一些，而农村地区相对城市地区有较少的谋杀案，说明枪支的盛行可以减少谋杀犯罪的数量。"这两个论点的前提都是正确的，但结论却不正确。这表明，用相关性去推断因果性是危险的。

另外一个假象，想象一下冰淇淋的产量和美国的强奸犯罪量的关系。在任何特定的年份内，这两者都是高度相关的。例如，在 2000 年这个相关度是 0.84，是非常高的（相当具有关联性），在统计上也是很重要的；看一下，两者的走势图多么吻合。[50]冰淇淋的生产会引发强奸吗？强奸推动了冰淇淋的生产吗？

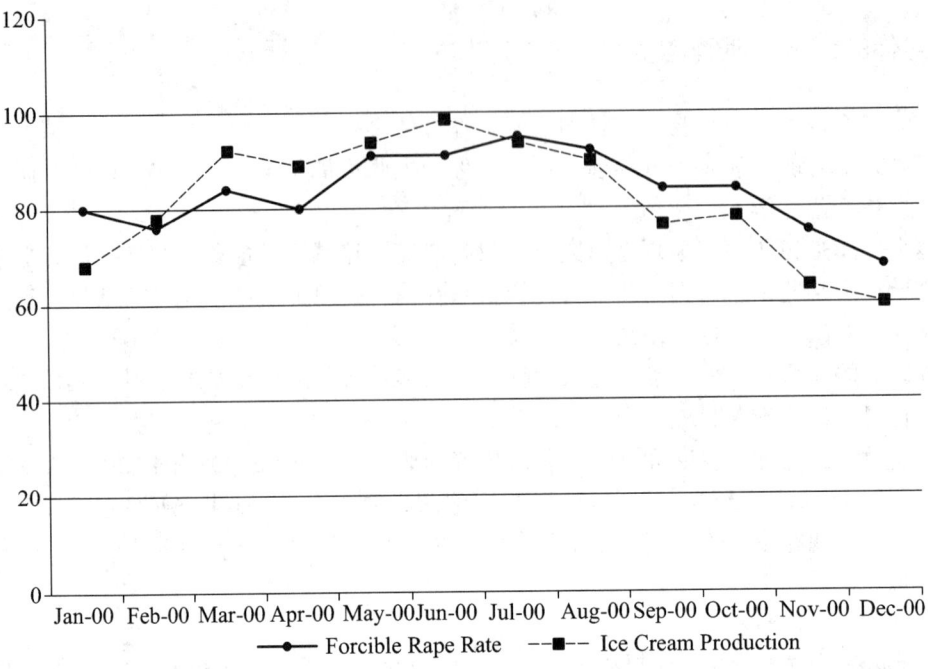

非也，更可能有第三个因素（经常叫做"混杂因素"）引发了两者的走势。这里的第三个因素是强奸犯罪在那一年夏季要高一些，可能是因为人们在夏天到户外活动多一些。冰淇淋的销售在夏天也要多一些，因此，其生产也要多一些。

我们经常必须在相关性基础之上来推断因果性。例如，当教育政策或者警务政策的调整带来测试分数的提高（教育政策）或者犯罪率的降低（警务政策），人们自然会注意到并会考虑在其他地方重复该实验。当他们在多个地方多次发现相关性时，就有理由推断该调整可能是好的。

这个推断可能远远没有确定性，但这就是实际推理所必须做的工作，这就是我们如何掌控自己日常生活的方式。这也是我们经常必须制定政策的方式。如果你研究统计方法，你会学到多种更可靠的方式来做这推断，通过多元回归分析或其他手段可以消除某些明显的混杂因素（如月份、年份、地点或者其他因素）。

但你必须认识到一些重要问题：① 当你的资料来源在从相关性推断因果性时，你必须始终清楚；② 当你自己在做这种推断时，你必须让读者清楚。当你阅读到这样的主张"减税带来经济增长"时，你要检查一下作者的数据是实际上显示了因果性还是仅显示了相关性（也就是减税后出现经济增长）。如果是那样，那就要认识到得出"减税实际上引起了经济的增长"需要进行推断，而这个推断可能是不准确的。

并且，当你自己在提类似主张时，明确说明：减税之后出现了经济增长。这可以提醒读者，数据仅仅显示相关性，而不是因果关系。而且还应该提醒自己，这件事情还敦促你去解释为什么你认为这个特定的相关性事实上显示出减税与经济增长之间的确有因果关系，而不是在任何情形况下经济都会增长。

(二)跨时空和人群的推断

1. 总体情况

人们经常根据不同的时间、场所或者不同人群作出不同推论。可以考虑一下表 3 的例子（摘自 1990 年版有关性取向的主流大学教科书）。该表显示：同性恋男性在一生中平均约有 250 个到 499 个性伴侣。

表 3 同性恋者的性伴侣

	男同性恋者		女同性恋者	
	白人（$N=574$）	黑人（$N=111$）	白人（$N=227$）	黑人（$N=64$）
终身性伴侣数量				
1	0%	0%	3%	5%
2	1	0	9	5
3～4	2	2	15	14
5～9	3	4	31	30
10～14	4	5	16	9
15～24	5	6	10	16
25～49	6	6	8	11
50～99	7	18	5	8
100～249	15	15	1	2
250～499	17	11	1	2
500～999	15	14	0	0
1000 及以上	28	19	0	0
陌生人性伴侣的比例				
无	1%	5%	62%	56%
半数及以下	20	43	32	38
过半数	79	51	6	6
只发生一次性行为的伴侣比例				
无	1%	4%	38%	41%
半数及以下	29	59	51	55
半数以上	70	38	12	5

来源：改编自 Alan P. Bell and martin S. Weinberg. Copyright @ 1978 by Alan P. Bell and Martin S. Weinberg. 经 Simon & Schuster, Inc. and Mitchell Beazley Pub., Ltd., London 许可转载。

仔细审查这个引文的来源会发现，这个数据是相当旧的（其著作权日期是1978年，尽管证明其从事研究的日期是1970年）。实际去查看了贝尔与温伯格的书之后才会发现，那实际上只是在一个城市（也就是在旧金山）所做的调研。由于艾滋病的流行，1990年美国同性恋男性性伴侣的数量可能与1970年代的情况大为不同。人们也不可能从旧金山的情况可靠地推断出其他城市的情况。性道德和潜在性伴侣的数量也有可能存在重大差异。

原来的那个研究最大的问题在于，它大体上是建立在自己所选择样本基础上的，参见十八章第七节之（二），119页。因此，估计这一数据并不可靠，即便是20世纪70年代旧金山的同性恋的行为。该教科书在其前面三页已经指出了这项研究的缺陷，但仍然突出地介绍了该数据。

但即便这项研究是具有代表性的，1970年旧金山的样本也不能代表20世纪90年代全美国所有同性恋的情况。这本教科书错误地将其笼统地称作"同性恋中的性伴侣"而并没有将其称为"20世纪70年代旧金山同性恋性伴侣的自选样本"。

2. 跨地区归纳

因此，当你阅读有关一个很大的群体行为的主张时，要仔细审查该主张所依靠的数据。这个数据真的是有关这个大群体的整体情况吗？或者它仅仅收集了特定群体的数据呢？

较之于地方性研究，全国性研究通常要花很多钱，要耗费很多时间。研究人员以小见大是可以理解的，但你应该对这个从地方归纳出全国情况的做法保持谨慎态度，除非多项研究得出的结果都是相似的。

当人们从一般性结论推断出具体结论时，也要保持相似的审慎态度，正如从具体情况推导出一般结论。这正如旧金山的情况不能反映全国情况一样，美国全国的情况也可能无法反映旧金山的具体情况。如果美国一般的同性恋男性在一生中有10个性伴侣（可能是最准确的数据，基于1991到2002的调查①），并不意味着旧金山的中等男性同性恋拥有的性伴侣数与之相同。

3. 跨时间的推断

与之相似的是，你要记住，大多数你阅读的主张都是建立在对特定时段的数据推断基础

---

① 我的这些数据来自于1991—2002年的"统一调查数据库"（GSS）。GSS一般被看做一个做得很好的全国性研究，它并不限于某一座城市；它采用了随机选择的样本(参见十八章第七节之（二）)。我将那些报告说在过去五年中只有同性伴侣的人成为同性恋；在过去五年中只有同异性伴侣的人成为异性恋；而在过去五年中，很少同时有同性与异性伴侣者；他们的平均性伴侣数是12个（也是从18岁起算）。报告显示，在过去五年中完全没有性伴侣的人没有被纳入我的分析。(当然，其分析的准确性因为有的人可能并不完全坦诚而被降低，但所有的调查都会有这样的问题。)

同样，《性社会组织：美国的性行为》Edward O.Laumann, John H.Gagnon, Robert T.Michael & Stuart Michaels, 1994年）一书看起来开展了良好、合理的研究，但遗憾的是，Laumann 的书给出了性伴侣平均数而不是中位数，平均数没有中位数有用，因为它们可能由于一小部分人的行为而被扭曲。(请记住，中位数是一半数据高于它，一半低于它的数，而平均数是数量总和除以数据的个数——例如1、1、2、2、3、4、5、22、50的平均数为10，而中位数为3）。

Laumann 的报告指出，从18岁开始，异性恋男性的平均性伴侣人数为17个；而同性恋和双性恋男性的均数为27个（误差很大）。性取向的其他定义产生的结果为：16：43，16：44和17：30。见前注第315页。因此，其粗略的性伴侣数量无法与GSS结果相比较，因为人们不能直接比较平均数和中位数，但两个研究中同性恋者的性伴侣数量与异性性伴侣数量的比率是非常一致的：其范围为1.6至2.75。这些比例与男性同性恋终身性伴侣中位数250名以上，或者与（正如下文几段中提到材料所示的）1000名以上的主张不一致。

之上的，通常情况是数年之前的数据。行为模式（性行为方式、性伴侣、犯罪率、事故率等）都会随着时间推移而变化。贸然推断某一群体现在的行为同10年甚至20年以前是一样的，可能会出错。

在任何时代，人们都会有性行为和犯罪，但是在某一个10年里可能多一些或者少一些。你可以推断说，这一段时间之前没有本质区别。但你要向读者表明你做了推断，并解释为什么该推断是合理的。

4. 跨越人群的推断

最后，通过一个亚群体推断整个群体的情况要特别小心。例如，想象一下下文引用自一本貌似很有学术性并加了很多尾注的书之内容。在该引用中的所有材料（包括省略号）都是逐字逐句地照着书来抄的，尽管我略去了尾注（指的是放在书末的注释）：

研究表明，同性恋和异性恋的行为模式在质和量上都大为不同。有充分证据表明同性恋者相对于异性恋者拥有性伴侣的数量更为庞大。文献中的例证表明，同性恋男性在一生中性伴侣的中位数为1160人，而异性恋静脉注射毒品的男性（拥有的性伴侣数）为40人，同性恋男性的性伴侣数量在过去的一个月、半年甚至一生中（中位数为2、9、200人）显著多于异性恋男性（中位数为1、1、14人）；同时，同性恋患者比异性恋患者可能拥有更多性伴侣。

从文献中很容易发现，报道说：一名一般同性恋男性在一生中性伴侣数量在1000人以上。有一项研究报道说："4000[多]名[同性恋]受访者一生中的性伴侣数量是49.5人"。很多人报告不同时期性伴侣的数量范围是：300～400人，而其中272人报告称，一生中的性伴侣超过1000人"。另一报道则说：

报道出来的异性恋患者的危险人群的性伴侣数量要大大少于同性恋患者的性伴侣数量，既包括从患病的那一年也包括终身；在进行调查的头一年，同性恋的性伴侣的中位数是68人，而异性恋的中位数是2人……在该项研究中，同性恋患者终身的性伴侣数量是1160人，而异性恋终身的性伴侣平均数是41人。

在另外一项对93个同性恋的研究中显示"据估计，终身性伴侣数量是1422人"（中位数：377人；范围：15～7000人）。"

这项结论听起来相当惊人：1000个以上的性伴侣数量比前文教科书中所引的数据还要高。很自然，人们可以争论它的法律意义。如果确实如此，即便是一个更保守的估计（如200或377人）是准确的，这也表明大多数男性的同性恋的性行为模式和异性恋有重大差别（这可能就是该书想提出的论点）。

但这里有一个问题：每一项研究（除了其中一项以外）都并非随机选择的同性恋男性，但是在那些样本中，被调查的对象大多数或完全是从性病患者中确定的，大多数患者都感染了艾滋病。揭示该数据局限性的内容被省略，如我上面所引（原书就是省略的）。例如，该书引述为"同性恋男子……"报道说，"在一生中平均有1160个性伴侣"。实际上，其所说的是"患艾滋病的同性恋男子在一生中性伴侣的中位数。"

当然，那些性病患者恰恰是性伴侣数量超常的人，因为有很多性伴侣的人感染艾滋病的机会也大大增加（你会从其中一人中感染艾滋病，但如果你有上千个性伴侣，感染可能性就更大）。从该亚群体中得来的数据可以告诉我们，同性恋男子的总体情况。

设想一下有一项研究发现，"人们喝酒和死于肝病的关系。报道说，每天喝 10 次酒较之于每天只喝一次酒的人患肝病的可能性要大得多"。以下述方式报道是否更好呢？"喝酒的人……报道每天喝 10 次较之于有肝炎者每天喝一次……"？

在所引述的唯一试图测量男性同性恋总体行为状况的研究中，其得到的性伴侣的最低数为 49.5 人。即便该研究也是在艾滋病高峰时期之前的 1970 年所做的。而且，它也涉及自己选择样本的问题，这使得结果很不可靠（更多信息参见：本章八、（二）"跨时空和人群的推断"，127 页）。正如我在前面已经指出，我见过的最科学的数据表明，在 1991 年到 2002 年，同性恋拥有性伴侣的平均数量是一生中大约 10 个，与之相对，异性恋一生中大约为 6 个。有一点微小差别，但根本不是上述的报道中所引述的情况。

在这里，我们看到从一个亚群体（美国男性同性恋中传播性病者）推断另一个群体（美国所有男性同性恋）。在本例中，由于该书没有承认这是一种推断，风险便被放大了：该书说，它的数据影射着很大的群体，而实际上他说的却是一小部分人。

这揭示出第二十四章第一部分所强调内容的重要性。它强调的是阅读引述原始数据而不能依靠报道该数据的二手资料，即便该资料看起来是有学术性的。利用二手资料而不去考察原始出处是诱人的：如该书的原始资料来自于多个医学杂志，那就意味着你要从另一个图书馆才能够获得。但如果你直接依靠这本书中的数据，你的文章就可能相当糟糕，该书的错误就会成为你的错误。

这再次显示了向读者澄清你在从数据中做推断的重要性。有时，你不得不从一群人推断另外一群人：你不能从那些患有性病的同性恋者去推断整个同性恋群体，但对另外一些比较相似的群体，你可以推断。但要向读者清楚交代这一点，并解释为什么这种推断是合理的。

（三）从一个变量推断另一个变量

经常有从一个变量推断另一个变量的论点。例如，你想确定冰淇淋的消费是否和某些变量相联系。你可能要查一下冰淇淋的产量数据。产量数据肯定比销售量数据更容易获得，因为人们不会向政府报告他们吃了 4 盎司的冰淇淋。

你可以通过调查公众来获取冰淇淋的消费数据，但人们可能并不确定吃了多少冰淇淋，即便他们知道，可能也并不完全坦诚。因此，如果你想知道人们究竟吃了多少冰淇淋，最好就是看一下产量信息。这不完美，但可能并不糟糕，这样选择性调查的效果会比较好。

但有的推断就要危险一些，例如：如果你读到一篇文章说 2002 年美国有 215 万盗窃罪犯。当然你要查考原始来源而不仅仅依靠文章结果，原始来源是《联邦调查局统一犯罪报告》。该报告涉及有关盗窃罪向警方报案的数量。[51]

因此，你的二手信息来源就把其中一个变量（向警方报案的盗窃罪数量）报成了其他变量（盗窃犯罪发生的数量）。尽管看起来只有 2/3 的盗窃罪向警方报了案，"全国犯罪被害人调查"（一项基于对被害人的统计而不是对警察报案数据的调查）显示，在 2002 年有 305 万起盗窃罪发生。[52] 一些调查即便做得像"全国犯罪被害人"调查一样好，也有自己的问题，但是他们的调查可能要比"统一犯罪调查"上所发布的盗窃罪发生数量可靠一些，后者只统计报案的盗窃罪（看来在测量一定时期内犯罪率变化方面还是相当可靠的，因为人们假定犯罪发生率和犯罪率是相当相似的，尽管这个假定有可能也不完全准确）。

因此，在阅读时要仔细考察原始研究变量所测试的对象（比如，冰淇淋产量和盗窃罪的报案量），要对从变量推导出的其他变量抱怀疑态度（冰淇淋消费量与盗窃罪实际发生量）。有时，你需要做这样的推断，有时，你所考察的变量并不能直接测量，因此你必须从其他测量中进行推断。

当你自己进行推断时，需要再次向你的读者指明实际所测试的数据是什么，并解释为什么这样的推断是合理的——你感兴趣的变量大体上等同于你所测试的变量。

（四）小结与练习

现通过一个例证做一个简单总结：比如，你在争论是否要制定一部联邦法律时引用了一项研究显示：类似的州法律1991年在俄亥俄州实施时，抢劫逮捕率下降了25%。当你在举出这个例子时，你暗含的是以下3个假设：

1. 数据可以跨越时间和空间进行总结

你假定1991年到1992年间，在俄亥俄州的情况可以被归纳为：这一州法律多年之后在美国全国也会产生此效果。而各个州之间的差别也会随着时间而改变，可能会使该假定变得不正确。

2. 该数据揭示的是因果关系而不仅仅是关联关系

你在假定逮捕率下降是该法律带来的结果。这可能是真实的，但也可能是巧合：下降可能是因为犯罪率总体下降了，也可能是因为其他减少犯罪的措施在同一期间实施的结果。

3. 该数据是通过可测变量推断出重要变量

你是在假定，并由此反映出犯罪率的下降，因此假定法律的目标在于减少犯罪，（这是重要变量）而不仅仅是减少逮捕（这是可测变量）。逮捕率下降并不意味着犯罪率必然下降：可能还存在大量其他类型犯罪，造成警察花费更少注意力去针对这种犯罪，或警察实际的做法发生了其他变化，或许法律鼓励人们报案等等。这个假定是很容易出错的，因为两个术语（逮捕率和犯罪率）听来类似，实则迥异。

依靠这样的假定不会使你的论点错误。你可能有论据证明你的假定是有可能发生的；在任何情况下我们经常可以基于假设来作出决策，而这种假设很少能用数学证明。

但你应该使你的假设明确，并清楚地予以论证，这样读者才能被说服，并相信其正当性。你不能通过说假话来掩盖它们——或用这样的常见错误表述欺骗你自己。

为了将这些原则看得更清楚，试一下下面这个练习：假设有一项研究显示：纽约有15%年龄在16岁到25岁间的司机，至少在一个月中会发生一次酒驾。于是明尼苏达州的立法部门考虑，对16岁到18岁酒驾者采用新的处罚措施。有一个支持这项法律的人写了一篇文章，内容包含"年轻人酒驾比例相当高，15%有驾照的年轻人每个月内至少一次酒驾"。在该观点中，你发现何种错误或没有明说的推断呢？答案在251页。

九、确保你的对比是合理的

人们经常采用对比来对因果关系进行推断（"女性年平均收入是男性的72.3%"。因此，我们由此可以大致推测出雇主潜在的性别歧视），或成本与收益分析（"家里的枪支伤害主人的几率比伤害闯入者的几率高 43 倍"。因此，我们可以推断在住宅持枪弊大于利）。这样的推断在你的论证中经常是有用的，其修辞效果也不错。

但诸多对比起初听起来很好，经过考察却站不住脚，要么因为它们并不考虑差异的替代性解释，要么因为经过成本和收益分析后并不合算。

（一）考虑一下对差别的不同解释

最高法院 Ring v. Arizona 案中的一个赞同意见主张：是否判处死刑应当由陪审团而不是由法官裁决（这是一个相当可疑的立场，最后得到了 7 票）。判决意见得出结论反对死刑，倒数第二段是这么写的：

很多社区都已经部分或全部接受了这些[死刑暴露的弊端]主张中的一部分或全部，因为他们不再判处死刑。参见《一项崩溃的制度》，附录二，表 11A（美国 2/3 的县，3066 个中有 2064 个，都不再判处死刑[死刑于 1976 年恢复合宪性]；仅占 3%的县（3066 个县中的 92 个）判处了 50%的死刑。）抛开其武断性问题，该差别力主建立有助于下述确信的程序：在一个具体案件中，社会确实认为死刑是恰当的，而并非"残忍"而"不同寻常"的，或本来就不具有正当性的刑罚。

该核心论点是一个对比——"只占 3%的县判处了 50%的死刑"——由此推断出对于死刑的态度是很不同的。

但不能简单地从一些县比另外一些县判死刑多而推断那些县的公民对于死刑有不同态度，因为显然有其他解释，如判处死刑较少的县可能仅仅是因为鲜有发生故意杀人的犯罪事件。

首先，很多县比其他县的人口少得多，仅因为这个原因，杀人案件就要少得多。此外，很多地方都有较低的人均杀人率，这是这些地方很少判处死刑的另一个原因。

实际上，"美国 3%的县判处了 50%的死刑"，1973—1995 年总共有 142 228 起杀人案（根据该观点所引的图表显示），而根据《统一犯罪报告》，同一期间美国有 487 590 宗杀人案件。[53]因此，更准确地提出该观点的方式是："在美国判处的 50%的死刑案件发生在 29%的县[142，228/487，590]"——该比例的差别较之 50%比 3%不那么令人吃惊。

令人奇怪的是，该意见所引述的表格实际上列出了作为整个杀人案一部分的每个县的死刑判决数的差别。这个差别的确很大，有的县有 100 起，从 3.04/1000 到 128.44/1000，这的确表明不同社会对于何种情形下应判处死刑有不同看法。（杀人率为 3.04/1000 的县可能较之于比例为 128.44/1000 的县要宽松些，但该差别不足以解释死刑判决率 40 倍的差距。）

该判决意见得出结论：死刑判决观点上的差别是正确的。但它却并没有依靠有力支持其论点的对比（每个杀人案件判处死刑的比例在县与县之间的差别），判决意见所依靠的对比并不支持该结论（县与县之间在判处死刑的绝对数值上的差异）。

（二）确保成本/收益对比合理量化了成本与收益

当你将对比作为成本收益的一部分时，一定要确保对比双方体现了真正的成本与收益。考虑一下这样一项主张："家庭持有枪支，伤害主人和客人的情况是伤害闯入者的 43 倍"，用该主张来支持这样的论断："家庭持有枪支非但没有保护和保证安全，反而在实际上增加了伤害和死亡的可能性。"该主张在技术上很准确地总结了一项研究（限于 5 年之内，一个县的情况）："注意到 43 起自杀、杀人犯罪或过失枪杀都涉及为防身而保存在家里的枪支。"[54]

虽然该陈述是放在一个成本与收益对比的框架下的，但它把收益的特点错弄成了成本的收益主要是"保护与安全"，并不是杀伤侵犯者，而是将他们吓走。大多数的防卫性用枪并不涉及开枪，而只有一小部分涉及将闯入者击毙。[55]

因此，对比"枪支可能对所有人或其朋友的伤害"和"对入侵者可能的伤害"是没有价值的。这样就偏离了检测真正的收益与成本——死亡以及杀人并不是枪支滥用唯一可能的成本（在这个研究中，43 例死亡人数中有 37 例都是由于自卫而杀人）。自卫杀人对很多人来说并不等同于过失杀人或刑事犯罪的杀人——因此并没有为讨论增加多少东西。最初突出的显著性只不过带来了更多的误导性。

（三）表明这个对比是基于多少案件作出的，选择的细微不同可能影响结果

想象一下有人指出，在 20 世纪的第一个 10 年中，"美国主要的战争都是在民主党的统治下进行的"。这暗中将民主党和共和党进行了对比，暗含民主党总统更好战。

这个主张（我已经听过多个版本）在两个方面都存有潜在性误导。

第一，这个主张是基于 4 个数据点：第一次世界大战、第二次世界大战、朝鲜战争，以及越南战争。从 4 个数据点很难推断出很多东西，特别是很多因素都会影响一个国家是否发动战争，而不仅仅是总统的党派归属。如果不太认真的读者并没有被明确地告知这个主张是基于 4 个数据点，他们可能会忽略该对比的这个重要限制。

第二，如果样本在两个时间段方向上同时扩大的话，我们会看到美西战争（1898）、海湾战争（1991）都是在共和党总统执政期间发动的。这也并不意味着共和党的总统在 1900 年之前，比在 1990 年之后就更好战——不过它的确显示出，这个看上去的模式差别可能更多是由武断地选择时间段造成，而非由被对比的这两个团体本身的差别所造成。一个负责任的作者应该告诉读者，如果对于抽样进行略微不同的界定，其带来的结果也可能是不同的，并且应当解释，为什么要如此选择样本。相应地，你应该考虑在你的论点中重复下面的主张（我就听过多次重复）：

简评最高法院的案件……

对最高法院判决意见的研究显示，非宗教群体（religious outgroups）的胜诉较之于通说让人预期的少得多……正如（早前一篇文章）已经犀利地指出的：只有基督教徒曾在宗教自由行使（free exercise）案中胜诉。较小的基督教教派成员在提出自由行使条款主张时，有时胜诉有时败诉，但非基督教徒从来就没有胜诉过……

通过对比基督教徒有时胜诉，有时败诉，而非基督教徒从来都没有胜诉，本书的摘录看来在暗示：最高法院或其理论对非基督教徒更抱有敌意。

尽管从字面上看，这样表述"只有基督教徒在自由行使案件中胜诉"是不正确的。Cruz v. Beto（1972）案件中，法官支持了一个佛教囚犯，其因为监狱拒绝赋予他同基督教囚犯和犹太教囚犯同样的礼拜权而提出诉讼主张。Church of the LukumiBabalu Aye v. City of Hialeah（1993）案推翻了一项歧视 Santeria 教（这是一种非洲的宗教，它混合了"罗马天主教的重要

元素"，但与美国天主教相去甚远，无法被称为"天主教教派"）教徒的城市法律条例。Torcaso v. Watkins（1961）案推翻了一项法律，该法歧视了无神论者，法院的依据是该法侵犯了原告的"信仰与宗教自由"和"宗教自由"，尽管本案同时涉及自由建立宗教条款和自由进行宗教活动的条款。这大体上是一个关于宗教信仰自由的案件，至少在其他代表性的宗教信仰自由案件中是如此援引的。

回到该书所引述的文章有助于解释问题。该文如是说：法院所采用的方式<u>在教徒豁免权案中</u>是有问题的，因为说得直白一点，"实际情况是，基督教徒有时会胜诉，但非基督教徒从来不会胜诉。"（下画线为作者所加）。教徒豁免权主张——政府必须免除一般法律对宗教信徒的适用——是宗教信仰自由的具体内容（subset）。该书错误地没有将其主张限制在教徒豁免权上。

但即便你改变该书的主张，将关注点放到教徒豁免权上，你依然应当告诉你的读者以下三点：

（1）告诉读者案例的规模：结果显示，最高法院教徒豁免权诉讼中，原告胜诉的只有 5 例。而这些案件只涉及三种不同主张：① 为了遵守昔日的宗教戒律，被老板解雇而获得失业补助（5 个案件中有 3 例）；② 由于宗教动机拒绝手工劳动而被雇主解雇时，有权获得失业保障；③ 有权免受义务教育法的约束。[56]

从这么少的案件中很难推断出多少结论——但如果作者想让读者做这种推断就应当承认：该案例规模很小，并解释为何虽然样本数量很小，但也具有启发意义。

（2）要告诉读者，如果采用不同的措辞，调查的结果有何不同：如果我们没有问那些在 5 个案件中提出主张的人，而是去问那些从这些案件中得到实际好处的人，我们会发现：这 5 个案件中有 3 个案件大大有利于（或者主要有利于）犹太教而不是基督教。1963 年，当这些案件中的第一个案件被裁决时，大约有 35 万美国基督教徒属于突出的守安息日教派，但是，天主犹太教徒有 50 万人——而犹太人最有可能守安息日——犹太教徒超过 500 万，有一些非犹太教的人可能也会守安息日。[57]虽然无法准确地确定提出主张的人数，但的确有很多犹太教徒获得了好处。最高法院必然认识到这一点：审理第一个案件的大法官（古登伯格）之一就是犹太教徒。就在几年前，最高法院曾经处理过就犹太安息日所提出的不同主张。

因此，将关注点放到特定诉讼上是一个武断的限制：如果我们真想调查最高法院是否对非基督教徒存有偏见，我们应当考虑其中获利的团体而不是诉讼当事人是哪些人。但即便有理由将关注点放到特定的诉讼当事人上，这个选择也应当被提及，并予以辩护（就像引述的文章那样，尽管所引书没有），而不只是默不作声。①

（3）还要告诉你的读者，如果采用略微不同的调查问题表述方式，具体结果会有什么不同。最后，将关注点放在教徒豁免权案件上本身就是该抽样无法解释的一个局限性。正如我们所看到的那样，说得更准确一点，你的主张需要"不仅仅是基督教徒可以[在最高法院]赢得自由行使的权利"而是，"只有基督教徒在[最高法院的]教徒豁免权案件中才曾经胜诉过"。新的主张虽然表述准确，但只是在排除了 Cruz, Lukumi 及 Torcaso 案的情况下才会如此。

---

① 有人可能会争论说：犹太教在现代美国是"内群体"（in-group），而那个判决对他们有利，应当以对基督教徒有利的同样方式来看待。但是，那当然不是该书作者的观点，正如下面要清楚阐述的那样：在任何情况下，如果那是你的理论，你的讨论都应该把那一点阐明。

该结论是否有正当性尚不清楚：如果最高法院对非基督教徒有偏见，人们会希望偏见既会出现在教徒豁免权案件中，也会出现在其他案件中。但这里又是，即便有很好理由将教徒豁免权案件当做最高法院有偏见的不同寻常的证据，关注教徒豁免权案件的判例应当被提及并得到辩护。

因此，我们可以对比最初你可能想提出的主张：

只有基督教徒所提起的宗教信仰自由诉讼才能[在最高法院]胜诉。较小的基督教派中别的信徒，在提出宗教信仰自由主张时，有时胜诉有时败诉，但是非基督教徒从来没有胜诉过。

更为准确、信息量更大，且更不会造成误解的一个表述，应当是这样的：

只有基督教徒才曾在最高法院获得教徒豁免权案件的胜诉——一共有 5 个案件，涉及 3 个不同教派（religious practices）。这些案件中有一些也对有同样做法的非基督教徒有利（如犹太教的安息日），但是重要的一点在于特定的主张提出者是基督教徒，因为……有的非基督教徒虽然赢得了宗教信仰自由的案件，但是并不涉及教徒豁免权案件，而这种案件却是最重要的，因为……

第一个版本较之于第二个在言辞上更有效，也更简洁。但当你正阅读一本书，想要学习最高法院与宗教自由的相关知识时，作为读者，你更喜欢哪一种方式呢？

（四）要确信你的对比至少揭示出了关联关系，尽管在此之前你比较担心它是否揭示了因果关系

考虑一下来自于一个一流网络杂志上的表述（下画线为作者所加）：

安全改革的真正障碍在于，矿工们不再具有一个强有力的捍卫其利益的工会组织。历史表明：① 当愤怒的矿工们被组织起来；② 且有美国矿工联盟强有力地支持他们时，就能有力地推动改善安全条件方面的法律。可悲的是，这两个因素今天都不存在了。事实上，美国采矿业比历史上任何时期都更安全，因为有组织的矿工早在这一代人之前就努力地推动了改革——这个改革依然有效。而这些改革是否充分现在是存疑的。<u>过去几年里的矿难死亡事件大多数都发生在没有工会的矿井中</u>。

其含义是很清楚的：表述的事实（"过去几年里的矿难死亡事件大多数都发生在没有工会的矿井中"）在显示原因——"缺乏组织而降低了安全性"。

但这里有另外一个事实，在同样一个材料的后面几段中也提到了："如今根据工会自己的乐观估计，大约只有 30%的矿工被组织起来了。"这就意味着没有工会组织的矿工至少占到 70%。即便是那些没有工会的矿工同有工会的矿工同样安全，70%的矿工产生了"绝大多数的矿难死亡"，这个事实也是有意义的。而该文章不只没有揭示出缺乏工会组织导致安全性降低，连缺乏工会组织与安全事故之间有关联也未能证明。

现在的情况是，它们有可能既有关联关系也有因果关系。例如，或许那 30%有工会组织的矿中有占矿工人数 80%的矿工，而这些有工会组织的矿工占死亡者的 25%。那么或许可以说工会组织是安全性提升的原因。问题在于，杂志的文章并没有揭示出这一点。它只是给了两个数据，矿工是在没有工会组织的矿井中遇难死亡，而 70%的矿井都没有自己的工会组织。这并不能支撑作者的结论——"安全改革的真正障碍在于，矿工们不再有强有力的捍卫其利益的工会组织"。

（五）注意"10%的 X 要对 25%的 Y 承担责任"的对比

人们一般报告说，少部分坏人要为大部分的坏事负责。比如我曾经读过的一篇文章报告说：在一个部门中，10%的警官要对 25%的滥用职权行为负责，并将其作为一个证据来证明有些警察更容易犯错误。

但仅凭借该数据就得出其完全吻合于所有警察同样容易犯错误这一结论，是有失偏颇的。即便所有的警察同样容易犯错误，并且投诉是随机分布的，我们也很容易看到 10%或是 25%的分布，以及其他很多不平衡的分布。

考虑一下一个临界点案件：比如，每一个警察都有 10%的几率在这一年中成为被投诉对象。那么平均算来，10%的警察将会构成这一年 100%的投诉对象。然而，这却与所有警察同样容易成为投诉对象的假设是矛盾的。

同样，假如在 10 年里每一个警察在每一年中都有 1%的机会成为被投诉对象，每年的概率是相互独立的（因为这个投诉是完全随机分布的，所有警察都同样容易受到投诉）那么，平均 9.5%（$1-0.99^{10}$）的警察将会在 10 年中构成 100%没被投诉的对象，由于 90.5%（0.99^{10}）的警察将不会受到投诉。

或者，每一个警察在每一年中都有 10%的几率成为投诉对象，我们再来看一下 10 年后的结果。那么 7%的警察将会有 3 次或 3 次以上的被投诉几率，但那 7%将会构成 22.5%的被投诉对象。①这再次表明，不论在哪个年份，每个警察同样都存在遭到投诉的可能性。

同样，在下述情况下我们也可以看到该统计现象：这里的分布无疑是完全随机的。例如，比如说你有 100 个硬币，每一个硬币呈现正面或者反面的几率都是 50%。你将每个硬币抛两次，平均而言：

（1）有 25 个硬币将会两次出现正面，这就构成了 50 个正面。

（2）50 个硬币将会有一次出现正面，有一次出现反面，这又构成了 50 次正面。

（3）有 25 个硬币将会出现两次反面，没有出现正面。

这就意味着有 25%的硬币（在前一个群体中）占了 50%的正面——但因为随机性而不是因为这些硬币较之于其他硬币更容易出现正面所造成的。当你抛 1000 枚硬币时，情况也一样。这与增加样本的数量无关。

当然，有的警察实际上确实比其他警察更容易遭到投诉，而其他数据可能会支持这种不成比例的倾向性结论。比如说，如果某个警察每年都在被投诉名单上位居前列。这与投诉随机分布一般不一致。（尽管这种模式也并不必然就意味着该警察更坏，因为可能他们刚好遭遇了特别愿意投诉的人，那就意味着投诉人并不是在警察中随机分布的。）

但你不能仅仅依据"10% 的 X 占了所有 Y 的 25%"就论证"X 中的 10% 有更容易成为 Y 的倾向"。这样的推论是不正确的，因为即便每个人的品行都是相同的，这样的数据也很容易得到。

十、一个材料来源审核练习

上面所描述的错误都属于显而易见但却容易犯错的类型。你可以通过检查他人文章中的注

---

① $\sum_{i=3}^{10}\binom{10}{i}0.1^i 0.9^{10-i} = 0.07$，and $\sum_{i=3}^{10}\binom{10}{i}0.1^i 0.9^{10-i} i = 0.225$.

释，例如，为法律期刊审稿时，发现这样的错误，从而学习并避免之。你可以从做下面的练习开始，这些完全来自于真实的文章。你可以先自己做，然后检查你的结论，答案在第 251 页。

我从一篇论文的一段开始。该文选自排名前 5 位的法律评论。批判性阅读它，假设你考虑在你写文章时要引用它，你正在检查资料的出处以确保你不会因信任它而身陷尴尬。我初次接触到这种方法，源于一个法学教授据此的一次演讲以及他所写的一篇文章。

在下面节选的内容中，至少有七处严重程度不同的错误。通读该材料——材料 A 以及材料 A 所依靠的其他材料——尽量找出这些错误。

学生的文章如下：

Proponents of manufacturers' liability further argue that handguns are almost useless for self-protection: a handgun is six times more likely to be used to kill a friend or relative than to repel a burglar, and a person who uses a handgun in self-defense is eight times more likely to be killed than one who quietly acquiesces. [Footnote cites source A.]

Source A (which was indeed written by a proponent of manufacturers' liability, so no need to check that), quoted in relevant part:

The handgun is of almost no utility in defending one's home against burglars. A Case Western Reserve University study showed that a handgun brought into the home for the purposes of self-protection is six times more likely to kill a relative or acquaintance than to repel a burglar. [Footnote cites source B.] .... The handgun is also of questionable utility in protecting against robbery, mugging or assault .... The element of surprise the robber has over his victim makes handguns ineffective against robbery .... A survey of Chicago robberies in 1975 revealed that, of those victims taking no resistance measures, the probability of death was 7.67 per 1000 robbery incidents, while the death rate among those taking self-protection measures was 64.29 per 1000 robbery incidents. [Footnote cites source C.] The victim was 8 times more likely to be killed when using a self-protective measure than not!

Although handguns possess little or no utility as self-protection devices, some may have a socially acceptable value when properly marketed under restricted guidelines [such as to the police].

Source B: (the Case Western study), quoted in relevant part:

During the period surveyed in this study [1958–73 in Cuyahoga County, Ohio], only 23 burglars, robbers or intruders who were not relatives or acquaintances were killed by guns in the hands of persons who were protecting their homes. During this same interval, six times as many fatal firearm accidents occurred in the home.

Source C, the Chicago robbery study, quoted in relevant part:

Of those victims taking no resistance measures, the probability of death was 7.67 per 1000 robbery incidents, while the death rate among those taking self-protection measures was 64.29 per 1000 robbery incidents.

（附表，为了清晰省略了某些百分比）

被害人自我保护的方法	被被害人的伤害程度			
	死亡	伤害	无	合计
无力反抗	7（6.1%）	66	41	114
用枪支外的其他武器	0	1	4	5
用手枪	0	2	4	6
口头拒绝给予物品	2（4.5%）	17	25	44
呼叫	2（3.7%）	20	32	54
逃走	7（18.9%）	10	20	37
言辞或行动反抗并逃走	0	7	13	20
不明	23（79.3%）	3	3	29
没有措施	7（0.8%）	132	774	913
总计	48（3.9%）	258	916	1222

十一、小　结

（1）查询原始出处而不是相信那些提到原始资料的二手资料，不要依赖某个判例、某篇文章或者某份参考资料关于另一个判例的说法。

（2）谨慎对待法律人对历史、经济和其他学科的说法（或法律专业以外的人对法律的说法）。看看在本学科工作的人怎么说。

（3）不要过于相信报纸，最好也不要相信广播或电视稿件。

（4）遣词造句要谨慎，要确保你所采用的术语是精确的而不是被误用的同义词：杀人并不等于谋杀，在他国出生的人也不等于不是该国公民。

（5）进行必要限定：高喊"着火了"和谎称"着火了"是不同的。

（6）采用精确而不是含糊的表述，"儿童"（"Child"）这个词对不同的人而言指的是不同的人群。

（7）仔细检查你所利用的研究。

（8）明确交代你的假设，例如这样的假设：

① 跨越时间和空间的假设(某一年在某个城市中的研究是否能够能推导出今天整个国家的情况？）

② 因果关系（研究是发现了 A 引起了 B，还是仅表明 A 与 B 有相关性？）

③ 从可以测量的变量中归结出重要的变量（逮捕率的下降真意味着犯罪率的下降吗？）

（9）尽量不要采用可能会误导一些读者的表述。

第十九章 写作与研究：时间规划与小结

一、规划你的时间

学生们经常发现自己写论文的时间不够，这导致他们在学期末抓狂。所以，从一开始就要明确你需要做什么东西，你需要在什么时间完成，以避免出现这样的局面。

这是一个你可以利用的时间规划表。（有的时间框对应着多个步骤，它们需要一起完成。）注意你需要预留一大段时间（数周）来进行写作，留较少的时间进行研究。写作时间总占大头。

表 4　时间规划表

步　骤	预定完成时间
找出一个待解决的问题	
创建一个可以检测你论点的测试组	
研究：阅读有关该问题的文章，获取你的论点应当如何提出的想法，确保你依然有创新的空间	
研究：阅读处理该问题的判例、制定法、研究成果以及其他原始材料	
将你研究中发现的有关该问题的新视角加入测试组中	
提出一个尝试性的论点	
用你的测试组检测你的论点	
依据测试组提炼你的论点	
重复以上三个步骤，直到你满意为止	
写作导论	
写作法律背景的小结；如果你愿意，也可以留到你写完论据之后再来写它	
写作论证部分，从零稿开始	
写作时继续提炼你的论点	
写作结论	
完善写作与结构（反复修改）	
重新修改导论以反映出你思考的变化，包括你的论点以及其最佳的论证方式	
向老师、法律评论短论部门的编辑或答应帮助你的友人提交初稿	
等待读者的评论；等待评论的时候，自行完善写作、结构以及实质内容	
修改读者所发现的问题（可能会很多）	
提交第二稿	
等待读者的意见；等待期间自行完善文章的写作、结构和实质内容	
解决读者所发现的实质性问题	
完善脚注，添加上最初略去的引注内容，查找你未曾找到的资料来源，全面填补那些你留待处理的空白	
回应读者意见，完善写作与结构（反复修改）	
更新导论以便反映出你思考的进一步变化	
提交定稿	

二、小　结

（一）选　题

选取一个你觉得有趣的领域，而且你的导师也认为该领域是新颖性、创造性、实用性观点的富集地。在该领域找出一个问题。做一些研究来对该问题有更多了解，并提出可能的解决办法。如果你的研究将你引向更有趣、更可能出成果的问题，那么，就转向研究该新问题。

（二）提出论点

找出你想提出的论点——你所认为的解决问题的最佳方法。将其浓缩为一两句话。如果你的观点是规范性的，基于你初步思考所发现的事实设计一个测试组，并对你的论点进行再次提炼。对照第一章中所提出的要点突出你论点的新颖性与实用性。

开展你的研究（参见第九章）。根据研究来修改你的论点。尽量使你修改后的论点更具有新颖性和实用性。

（三）写作初稿

写导论。如果你写不出来，你可能对初稿写作还没有做好准备——你有可能还不确定你想说什么或怎么去说。参见第四章之一第 33 页的要点。

在你写出导论后，写作文章其他部分。在此阶段，当你发现你自己被某个部分阻碍时，不要停笔。尽管还很粗糙、不完备，也要坚持把初稿写出来。在写作过程中，你要随时准备进一步修正你的观点。

根据你写初稿过程中所学到的内容重新写导论。通过讨论与相关问题的联系来丰富你文章的主题。

（四）修　改

尽可能反复修改、打磨每个自然段、每个句子、每个单词。回顾第十二章到第十六章的要点。

重读第一章以及第六章之六。能否让你的文章更具有新颖性、实用性呢？是否可以让结构变得更紧凑呢？你是否能在引言中更好地推销你的观点呢？你是否可以进一步增加一些有趣联系呢？

在修改过程中（最好是在一学期较早时），将你的草稿提交给导师提意见。也要向你信得过的朋友征求意见。不要拖得太晚才去做这些事情。

（五）发表和传播

参见第二十四章。

（六）构思你的下一篇文章

参考第二十四章之七。

第二十章　一篇优秀的学生范文

在本章中我们将花一些时间来欣赏优秀的学生论文,并看一下文章为何会写得这么好。或许你已经读累了,但花些时间仔细地阅读他人的成功作品,可能有助于你自己的写作取得成功。

我所选择的文章"Smith and the Religious Freedom Restoration Act: An Iconoclastic Assessment, 78 Va. L. Rev. 1407(1992)"写得相当成功。该文被其他文章引用120多次(由全职法学教授所写的大概99.5%的文章引证次数都不到100次。)本文在研究宗教自由的学术论文中有很高的知名度。它可能也帮助了其作者吉姆·瑞安(Jim Ryan)在弗吉尼亚大学获得教职(此文和另一篇合作文章是他当时仅有的发表作品)。

本文的成功也证明了学生所写的短论即便没有发表在哈佛、耶鲁或斯坦福大学的法学杂志上也可能会很有影响力。《弗吉尼亚法学评论》是一份很好的刊物。我经常很乐于在上面发文章。但它看起来并没有在法学类期刊排名表上位居前列。在其他刊物上引证次数超过100次的学生论文还包括以下大学的一流杂志:密西西比大学、哈斯廷大学、福特汉姆大学、明尼苏达大学、范德堡大学、南加州大学、加州大学洛杉矶分校、宾夕法尼亚大学、密歇根州大学和哥伦比亚大学。

为所有学生的论文提供启发的文章不仅仅是那些特别成功的文章。我选择本文的部分原因在于其高引证率。虽然一些学生作品被引证次数较少,或者从来没被引用过,但却给那些想要雇佣作者的人留下了深刻的印象。使某些文章极其成功的因素也可以使其他作品相当成功。

下面就来看看这篇文章。左边标有竖线的文本即瑞安论文的所有正文,但为了缩短篇幅,我删除了附录的大部分脚注以及脚注中的某些引文。(本部分并不意味着传授正确的脚注方法;当你阅读该材料时,你可以认为所有的主张都在原文中得到了很好的支持。)我也对段落编了号,使之更容易进行讨论。

没有竖线的材料是我对各部分和文段亮点以及(偶尔)有关它们可以如何进一步完善的实时评述。尽管我偶有批评,请记住,这是一篇佳作,也可以作为你想模仿的范本。

让我们通过阅读完整的导论开始吧。

Smith and The Religious Freedom Restoration Act: An Iconoclastic Assessment
James E. Ryan
INTRODUCTION

[¶ 1] As perhaps befits the subject, the nature of the academic discussion surrounding the Free Exercise Clause is largely just that: academic. Erudite and often esoteric, the discussion contains numerous theoretical expositions on the proper approach to the Free

Exercise Clause, either alone or in tandem with the Establishment Clause. There are arguments on the proper relationship between government and religion, theories on how best to define religion, expositions of the history of the clause, and a recognition of the inability of courts and society to deal properly with adherents of minority religions. For all the discussion, however, very little attention is paid to the actual cases, save those that are decided in the United States Supreme Court. Even these cases often receive only scant recognition—the author pausing long enough to explain how and why the Court erred—on the way toward yet another theory of free exercise. Lower court cases, at either the appellate or trial level, are hardly mentioned at all.

[¶ 2] This inattention to how courts have actually been treating the free exercise claimant may explain why the reaction to Employment Division v. Smith has been so vehement. In that case the U.S. Supreme Court denied an exemption from Oregon's drug laws for the religious use of peyote by two members of the Native American Church. In so doing, the Court also altered the language of free exercise jurisprudence. Prior to that decision, the Court purported to grant extensive protection to religious liberty. The government could not pass or enforce a law that burdened the exercise of religion unless the law was the least restrictive means of attaining a compelling societal interest.

[¶ 3] In Smith, however, the Court abandoned the compelling interest test. By a 5-4 vote, (Justice Sandra Day O'Connor concurred on different grounds), the Court held that "the right of free exercise does not relieve an individual of the obligation to comply with a 'valid and neutral law of general applicability on the ground that the law proscribes (or prescribes) conduct that his religion prescribes (or proscribes)." Writing for four members of the majority, Justice Antonin Scalia made it clear that no longer can an "individual's religious beliefs excuse him from compliance with an otherwise valid law prohibiting conduct that the State is free to regulate."

[¶ 4] Members of the media, academics, members of Congress, and religious interest groups greeted the decision with condemnation and despair. A lead editorial in the Los Angeles Times denounced the decision as an exercise of "pure legal adventurism." Of the sixteen law review articles and notes written on the case, all but one condemned the result. Professors Edward M. Gaffney, Douglas Laycock and Michael W. McConnell described the decision as a "sweeping disaster for religious liberty." Congressman Stephen J. Solarz' reaction was even more dramatic: "With the stroke of a pen, the Supreme Court has virtually removed religious freedom from the Bill of Rights." Kim Yelton, director of government relations of Americans United for Separation of Church and State, concurred with Solarz' description: "There's really no such thing as free exercise (of religion) anymore ...." Finally, Rabbi David N. Saperstein called the decision "the most dangerous attack on our civil rights in this country since the Dred Scott decision in the 1850s declared that blacks were not fully human beings."

[¶ 5] Part of the hostility generated by Smith is attributable to the decision's poor craftsmanship. In its reliance on certain precedents① and its distinguishing of others, ② the decision seems intellectually disingenuous. Indeed, even those who agree with the outcome in Smith recognize that the Court's opinion "exhibits only a shallow understanding of free exercise jurisprudence and its use of precedent borders on fiction." The opinion is also a classic example of judicial overreaching: the holding goes beyond the facts of the case and the lower court's disposition of the issues involved. In the words, again, of one who supports the outcome, "it appears that the Court framed the free exercise issue in virtually the broadest terms possible in order to allow it to reach its landmark result."

[¶ 6] The Court's aggressiveness in reaching its result and its manipulation of precedent, although significant in themselves, only added salt to the serious wound apparently inflicted by the outcome of the case.③ The fundamental problem of Smith, to most observers, is that the Court appears to have abandoned its traditional protection of religious liberty. In response to this perceived crisis, a large coalition of academics and religious groups petitioned the Court for a rehearing.

[¶ 7] When that effort failed, members in both the House of Representatives and the Senate introduced a Bill, entitled the Religious Freedom Restoration Act of 1990 (RFRA), designed essentially to reestablish the compelling interest test. The Bill is supported by a large bipartisan group within Congress, and by a diverse coalition of religious groups outside of Congress. Introduced last fall, the Bill initially seemed assured of quick passage. More pressing issues, however, have intervened and caused the Bill to stall in committee.

[¶ 8] This Note will depart from the traditional, theoretical approach to the Free Exercise Clause, and examine the lower court cases as well as the Supreme Court cases in which the clause has been invoked. In so doing, it will argue that enacting the RFRA in order to reestablish the compelling interest test is a largely futile endeavor. To be sure, the vehement reaction to Smith among academics and interest groups is understandable and justifiable. The decision is a regrettable departure from a doctrine that at least purported to value and protect religious liberty. Nevertheless, the current efforts to overturn that decision through passage of the RFRA are misguided. Despite the obvious change Smith brought to the language of free exercise doctrine, the impact of the decision on the outcome of free exercise cases will likely be insignificant.

---

① For example, the Court relied upon Minersville School Dist. v. Gobitis, 310 U.S. 586, 595 (1940), which allowed the criminal prosecution of school children who refused to pledge allegiance to the flag. It failed to mention, however, that Gobitis was overturned three years after it was decided, by West Virginia State Bd. of Educ. v. Barnette, 319 U.S. 624 (1943). As one commentator noted, "[r]elying on Gobitis without mentioning Barnette is like relying on Plessy v. Ferguson without mentioning Brown v. Board of Education."
② The Court claimed that the seminal free exercise case of Wisconsin v. Yoder, 406 U.S. 205 (1972), which granted an exemption to Amish students from compulsory school laws, was decided not on free exercise grounds alone but in combination with the right of parents to direct their children's education. In the words of one who supported the outcome in Smith, the claim that Yoder "was decided on the basis of a 'hybrid' constitutional right ... is particularly illustrative of poetic license." Marshall, supra note 15, at 309 n.3. See also McConnell, supra note 15, at 1121 ("[T]he opinion in Yoder expressly stated that parents do not have the right to violate the compulsory education laws for nonreligious reasons.").
③ As Professor McConnell observed, the problems caused by the opinion's poor use of legal sources "are of lesser interest, for they might have been overcome (or at least mitigated) by writing the opinion in a different way."

[¶ 9] There are three reasons why this is so. The first and most obvious is the decision itself: it contains several caveats that can readily be used to limit the scope of the holding.① The second is that the free exercise claimant, both in the Supreme Court and the courts of appeals, rarely succeeded under the compelling interest test, despite some powerful claims. A survey of the decisions in the United States courts of appeals over the ten years preceding Smith reveals that, despite the apparent protection afforded claimants by the language of the compelling interest test, courts overwhelmingly sided with the government when applying that test.②

[¶ 10] Finally, Smith may have little lasting impact because religious groups experience relative success in the political arena. Exemptions for religious groups already exist in numerous state and federal statutes. Numerous religious antidiscrimination statutes are also already in place. Indeed, many of the "free exercise" cases in the courts of appeals involved determining whether a particular individual or religious group fit within an extant statutory exemption. To the extent that religious groups are able to form coalitions, ③ there is little reason to think that they will not continue to achieve political victories.

[¶ 11] In short, the evidence demonstrates that faith in the courts in this area is misplaced, and that religious groups and individuals fared better in the legislatures than in the courts before the Smith decision. Indeed, perhaps the most lasting and helpful legacy of the case will be that it finally dispelled the mistaken notion that courts were the leading institutional protectors of religious liberty.

[¶ 12] This Note will begin by briefly examining the rise and fall of the compelling interest test in the Supreme Court, and will demonstrate that the Court had begun to dismantle and disable that test almost immediately after it was established. Part II will discuss the free exercise claims brought in the U.S. courts of appeals in the ten years that preceded Smith. Dividing the cases into three categories—losing cases, winning cases, and prisoners' cases—this Section will attempt to discern why most cases were decided against claimants, and whether the few that were decided in their favor would be decided differently after Smith. Part III will discuss the Religious Freedom Restoration Act in the larger context of possible responses to Smith by those interested in preserving religious liberty. It will be suggested that of the various options available, ignoring the decision to the (not insignificant) extent that it can be ignored, while simultaneously focusing on the legislative arena to secure statutory protections, is the most promising. This Note will conclude by suggesting that religious groups pursue a strategy to secure

---

① The majority opinion, for example, suggests that "hybrid" claims (such as a free exercise claim coupled with a free speech claim) will still be subject to the compelling interest test. For discussion of hybrid claims and further ways to limit the holding, see infra Part III.C.1.
② See Appendix B for a list of these cases, and see infra part II for a discussion. A ten year period was chosen, somewhat arbitrarily, in an attempt to ensure a significant and representative sample of cases. Although there have been federal appellate court decisions since Smith, this Note focuses on those prior to Smith in an effort to assess the importance of the compelling interest test. It would be impossible to make this assessment by looking at cases subsequent to Smith simply because that test is, in most cases, no longer being applied.
③ The fact that such a diverse group coalesced in petitioning the Court for rehearing and in support of the RFRA suggests that religious groups can indeed bond together for political gain. For further discussion of this point, see infra Part III.C.4.

broadly based exemptions within pending legislation and to then rely on the courts to recognize the inclusion of a particular individual or religious group within those exemptions. This strategy should ensure, to the maximum extent possible, the protection of minority as well as majority religious groups.

任何法律评论文章中最重要的部分是其论点部分。瑞安文章的引证率那么高不仅因为其论点有新颖性、创造性、实用性和合理性，还因为读者也是这么看到的。这里是其观点，见上文第 8 到 10 段。

1. "A survey of the decisions in the United States courts of appeals over the ten years preceding Smith reveals that ... courts overwhelmingly sided with the government when applying that test."

2. "[E]nacting the RFRA in order to reestablish the compelling interest test is [therefore] a largely futile endeavor,"特别地写出了史密斯判例本身对该判决主张的限定。

3. While religious claimants often lose in court, they "experience relative success in the political arena," especially through their ability "to form coalitions," so asking legislatures for specific statutory exemptions is likely to be a much more effective tactic than relying on a judicially enforced compelling interest test.

为什么该论点如此有效？

其一，它与传统理论相对立，因此有新颖性与创造性。这就是从第 1 段到第 7 段的导论所欲展示的。

其二，研究范围恢弘博大：它涉及整个宪法条款、自由行使条款，而不仅仅是（比如）用自由行使条款对毒品法律进行分析，或仅用自由行使条款法律的一些类似部分进行分析。

其三，它涉及一个悬而未决的问题：正如当时对史密斯案和《宗教自由恢复法案》（RFRA）的争论，关于由司法定义宗教豁免权优劣的争论不太可能销声匿迹。自那个时候以来，多年的情况表明该争论确实并未消失。

其四，文章答案是基于一个全面的数据集做出的：不是仅因为作者认为其是错误的抑或认为其特别有趣而选择几个判例，而是囊括了史密斯案前十年中 97 个联邦所有的上诉裁决。这有助于说服读者相信作者真的发现了联邦法院在一些宗教自由方面的总体判决模式，而不仅仅是少数法院的表现。

其五，其答案是惊人的，因为我们将在下面详细看到：结果不只是一种混合或比人们期望的更少保护宗教自由，而是非常不利于宗教豁免诉讼主张的提出。正如本文后面所指出的，恰好有一个联邦上诉法院的判决可能会在史密斯判例前后判出不同的结果。（这可能值得在导论中提一下。）

其六，文章的导论和其余部分以一种高效的方式和肯定的语气提出了论点。写作很清晰。这在修辞上、抽象归纳上，尤其是特殊性与具体性上（无论是谈论判例还是对所反对观点的举例）都有亮点。

它也有一个自信的学术基调。这听起来像该领域专家写的东西。事实上，它确实是由该领域的专家所写：即便是法学院二年级学生，选择写作法律评论文章也将使其成为其所选择的主题的专家。但有的学生写作的文章则大相径庭，无论在语气方面，还是在实质内容方面。本文与之相反，不卑不亢。比如，你可以发现这篇短论文如何愿意平静而礼貌地来面对该领域中的大牛（见第四段）。

如果它在之前就提出这样的主张，该导论也许会写得更好，因此或许可以这样来写：

The Supreme Court's decision in Employment Division v. Smith has been sharply criticized by scholars, members of Congress, journalists, and religious interest groups. Professors Edward M. Gaffney, Douglas Laycock, and Michael W. McConnell, for instance, described the decision as a "sweeping disaster for religious liberty." Congressman Stephen J. Solarz said that, "With the stroke of a pen, the Supreme Court has virtually removed religious freedom from the Bill of Rights."

And indeed Smith seemed to sharply reduce the scope of the Free Exercise Clause. The pre-Smith Court purported to grant extensive protection to religious liberty: The government could not pass or enforce a law that burdened the exercise of religion unless the law was the least restrictive means of attaining a compelling societal interest. But in Smith, the Court rejected that approach, holding that "the right of free exercise does not relieve an individual of the obligation to comply with a 'valid and neutral law of general applicability on the ground that the law proscribes (or prescribes) conduct that his religion prescribes (or proscribes).'"

This apparent shift led, among other things, to the introduction of the Religious Freedom Restoration Act of 1990 (RFRA), designed essentially to reestablish the compelling interest test. The Bill is supported by a large bipartisan group within Congress, and by a diverse coalition of religious groups outside of Congress.

This Note, though, will argue that enacting the RFRA in order to reestablish the compelling interest test is a largely futile endeavor. Despite the obvious change Smith brought to the language of free exercise doctrine, the impact of the decision on the outcome of free exercise cases will likely be insignificant.

First, free exercise claimants, both in the Supreme Court and the courts of appeals, rarely succeeded under the compelling interest test, despite some powerful claims. A survey of the decisions in the United States courts of appeals over the ten years preceding Smith reveals that, despite the apparent protection afforded claimants by the language of the compelling interest test, courts overwhelmingly sided with the government when applying that test. And all these victories except one came in cases that would have probably come out in the claimant's favor under Smith, because of the several caveats contained in Smith itself that can readily be used to limit the scope of its holding.

Second, religious groups experience relative success in the political arena. Exemptions for religious groups already exist in numerous state and federal statutes. Numerous religious antidiscrimination statutes are also already in place. Indeed, many of the "free exercise" cases in the courts of appeals involved determining whether a particular individual or religious group fit within an extant statutory exemption. To the extent that religious groups are able to form coalitions, there is little reason to think that they will not continue to achieve political victories....

在该版本中，论点在第四段就被提出来，而不是在第八段，读者因此就可以更快地看到本文所增进的价值。如果在第八段才提出该论点，有些比较缺乏耐心的读者在此之前就不会读了。

而且，文章成功地显示出，大量读者的确读到了第八段。作者架构导论的方式确实将其处理得很好。本文结合了"以你打算反驳的主张或者传统观点开始"的模式（见 40 页）以及"以解释争议开始"的模式（见 38 页）——这是一种向读者展示论点重要性以及未来主张价值的良好方式，而且，通过揭示本文所反对的争议观点的重要性，导论有助于说服读者阅读本文能获得新颖、有创造性并有用的信息。

I. FREE EXERCISE CLAIMS IN THE SUPREME COURT: A BRIEF REVIEW

[¶ 13] It is widely recognized in academic literature that free exercise claimants, even prior to Smith, did not fare well in the Supreme Court. A sharp divergence existed between the apparent protection afforded by the compelling interest test and the actual success of the free exercise claimant.① In fact, since establishing the test in Sherbert v. Verner② in 1963, the Court rejected thirteen of the seventeen free exercise claims it heard. Moreover, three of the four victories involved unemployment compensation and thus were governed by the explicit precedent of Sherbert. In a sense, only one of the four winning cases, Wisconsin v. Yoder, can be considered a significant victory for religious liberty. Yet even the holding in Yoder, exempting Amish children from compulsory school attendance laws, seems limited to the facts of that case and the adherents of the Amish order.[44]

[¶ 14] In rejecting the majority of the free exercise claims it heard, the Court found either that the government had a compelling interest or that the free exercise right had not been burdened. In so finding, the Court simultaneously expanded what it considered to be a "compelling" governmental interest and narrowed what it considered to be a free exercise burden. While claiming that only interests of the "highest order" could justify a burden on religious liberty, the Court upheld state regulations that were justified by such interests as the uniform application of laws or administrative convenience. As commentators and federal judges have noted, and as Justice John Paul Stevens intimated in his concurrence in United States v. Lee, the Court's acceptance of such flimsy state rationales indicates that it was not applying a genuine "compelling" interest test.

[¶ 15] While relaxing its definition of "compelling", the Court restricted its definition of burden. Justice O'Connor, in Lyng v. Northwest Indian Cemetery Protective Association, provided the Court's most recent, and strictest, formulation of the term "burden." The case involved a challenge brought by Native Americans to the construction by the government of a road in a National Park through lands long used by several tribes for religious rituals. Despite noting that

---

① See, e.g., McConnell, supra note 15, at 1110. McConnell asserts that the "free exercise doctrine was more talk than substance. In its language, it was highly protective of religious liberty.... In practice, however, the Supreme Court only rarely sided with the free exercise claimant, despite some very powerful claims." See also Ira C. Lupu, Where Rights Begin: The Problem of Burdens on the Free Exercise of Religion, 102 Harv. L. Rev. 933 (1989). Lupu notes in this article that although the "constitutional standard can be quite protective of religion ... courts have not always employed the standard with full rigor."

② 374 U.S. 398 (1963). The case involved a free exercise claim brought by a Seventh-Day Adventist, who challenged South Carolina's refusal to grant her unemployment compensation after she was terminated from her job for refusing to work on Saturday, the day of her Sabbath.

the "logging and road-building projects at issue in this case could have devastating effects on traditional Indian religious practices," Justice O'Connor concluded that the Indian's free exercise rights were not burdened. A burden on religion can only exist, she continued, if the government action has a "tendency to coerce individuals into acting contrary to their religious beliefs ...." As Professor Ira C. Lupu describes, this coercion theory of burdens creates a threshold requirement that few free exercise claimants could overcome.

[¶ 16] Thus, even prior to Smith, the free exercise claimant faced something of a Catch-22. In order to demonstrate a burden, the government involvement or interference with the adherent's religious practices had to be significant enough that it could potentially "coerce" the adherent to abandon her faith. Yet such extensive involvement or interference would almost always signify that the government had a compelling interest in the law or practice in question, particularly considering what constituted "compelling" in the Court's eyes. In other words, to show a burden was often to present simultaneously the government's compelling interest. Conversely, if the government's involvement or interference was not strong, i.e., its interest was not compelling, it was unlikely that a burden could be demonstrated.

[¶ 17] Seen in this light, Smith, in tandem with Lyng, simply made this Catch-22 explicit. After Lyng it seemed the only sure way of demonstrating a burden would be to show that the particular religious practice in question was criminally prohibited. Smith, however, holds that such prohibitions are, at least in some instances, immune from exemptions. Thus, at present the only certain way of proving a burden is also the surest way of ensuring that the free exercise claim will fail. In making this Catch-22 obvious, Smith in one sense achieved wholesale what the Court had already been doing retail.

[¶ 18] The Smith decision undoubtedly completed the Court's gutting of the Free Exercise clause, but it seems clear that the clause had already been hollowed by the Court before Smith. One wonders, then, why so many reacted with such alarm to the decision. The answer, at least in part, stems from a belief—shared by several scholars—that the clause was applied with more vitality in the lower courts.① This belief, however, at least with regard to the courts of appeals, is simply misplaced.

　　该部分经常出现在"背景"部分。它确实解释了对于理解该法律问题所必要的法律理论。
　　而它也开启证明论点的程序：揭示出甚至早在史密斯判例之前，自由行使条款的原告就基本上没有胜诉过。这是对的，你应当尽早提出你的观点。有一种提出论点的方法就是将你的论点融入到对背景事实与法律理论的讨论中。当然，依然要保持你讨论的公允度和可信度。
　　注意这部分是很简洁的，特别是与下一部分相比。这很好：虽然最高法院的判例对于文

---

① See, e.g., McConnell, supra note 15, at 1110. Professor McConnell recognizes that the Supreme Court, after 1972, "rejected every claim requesting exemption from burdensome laws or policies to come before it except for those claims involving unemployment compensation, which were governed by clear precedent." Yet he argues that "[t]his did not mean that the compelling interest test was dead, however. There were many more applications of the doctrine in the state and lower federal courts ...." It is unclear whether McConnell equates applications with victories, and it is unfortunate that he fails to cite even one case in support of his assertion.

章的论点很重要，但文章对这些判例的梳理并不特别具有创新性，至少对那些熟悉史密斯判例之前的自由行使条款的判例法的读者如此。本文真正的价值来自于对上诉判决的分析，那才是文章应该大书特书的地方。

II. Free Exercise Claims in the U.S. Courts of Appeals，1980-1990

[¶ 19] The win-loss ratio of free exercise claims brought in the federal courts of appeals in the ten years preceding Smith is even more lopsided than that in Supreme Court cases. Of the ninety-seven claims brought, the courts of appeals rejected eighty-five. Although twelve successful claims out of ninety-seven is not an insignificant percentage, it will be demonstrated below that no more than one or two of these cases would likely come out differently after Smith. Five of the twelve would certainly come out the same, as these five were brought by prisoners, and the compelling interest test has rarely been applied in that context. Among the remaining seven, three involved intra-religious disputes, one involved a case of intentional discrimination, one involved an issue of whether a particular religious group fit within an existing statutory exemption, and one involved an issue of free speech as well as free exercise. None of these types of cases should be affected by the Smith ruling. In short, the evidence examined here suggests that the impact of Smith on the lower courts will be slight.[63]

本文继而谈到联邦上诉案件。这是一个新的数据集，也是一个特别重要的数据集：许多读者都知道，在最高法院，主张宗教豁免的诉讼大多败诉，但很少有读者跟踪上诉法院的此类诉讼主张。本段很快总结了在其余部分中详细讨论的发现。

本文也在此介绍了数据集的范围：联邦上诉法院1980年到1990年所判决的自由行使条款的案件。许多读者恰好想知道数据集究竟是如何选择的。他们将会欣慰地得知数据的遴选范围很广泛，而不是为一种或另一种可能的结果而精心挑选的少量判例的组合。

该数据集也有明显的局限性：它不包括1980年以前的案例，虽然脚注63指出原文涵盖了先前的案例，而在导论中脚注33简要地解释说："选择一个十年的期间尽管有些武断，但却能确保样本案件的显著性和代表性。"该数据不包括区法院的案件。同时，该数据也排除了州判例的情况。

在一定程度上，后面这两种排除削弱了文章的论点——"[史密斯案]对自由行使案件结果的影响可能是微不足道的。"地区法院的判决的确不如上诉法院的判决重要：地区法院的判决并不创设有拘束力的先例。即便作为一个有说服力的先例，也并没有上诉判决法院判例那么重要。但作为有说服力的先例以及对潜在被告人的警示，地区法院的判决还是有其重要性的。如果某地区法院主张批准豁免申请是宪法义务，那么，甚至边远城市或州都可能得出结论：批准类似的豁免申请更为保险，而不是进行诉讼并可能败诉。

州上诉法院的判决甚至更重要：它们确实是州范围内具有拘束力的先例，而且在该州之外，也相当有说服力。而事实证明，宗教豁免主张的境遇在州上诉法院的确比联邦上诉法院更好。考虑一下这些将会受到史密斯案影响的主张，因为它们没有涉及歧视性法律、申请失业救济主张、混合权利或囚犯：1980至1990年间，文章只发现了一个联邦上诉法院中此类主张的胜诉案件（根据脚注63的信息，1980年之前没有）。但在州上诉法院，1980年至1990

年间则有 4 个胜诉案件，1980 年之前还有 8 个。[58]

碰巧的是，宗教权利的原告在州层面的败诉也多于胜诉。有很充分的理由以不同态度对待州判决。除其他事项外，州法院有权根据本州的宪法对自由行使条款给予豁免，即使这样的豁免并非为联邦自由行使条款所要求；因此，史密斯案对联邦自由行使条款的重新界定可能对州法院只产生了有限影响①。尽管如此，文章如能将州上诉法院的判例纳入，或在不提及那些案例的情况下，明确讨论并使其判决正当化，这将大有裨益。

这又是一个如何让一篇已经很好的文章锦上添花的建议。但尽管有局限，本文依然已经取得了巨大成功。

A. The Losing Cases

[¶ 20] As described above, the Supreme Court rejected free exercise claims by fudging what it considered to be a "compelling interest" and what it considered to be a burden. So too did the courts of appeals, when confronted with serious claims. Courts of appeals readily accepted less than compelling government interests and were reluctant to consider some significant state intrusions as burdens on religious practices. The language of the compelling interest test, in other words, proved to be an easily surmountable obstacle to courts intent on rejecting free exercise claims, and the courts' application of that test often presented the claimant with the same Catch-22 described above.

1. Less Than Compelling Interests

[¶ 21] That courts were willing to accept government interests that hardly seemed compelling is well illustrated by the case of United States v. Slabaugh. A member of the Amish faith, who was indicted on one count of bribing a public official, objected to having his photograph taken on the ground that it violated his free exercise rights. The court accepted his belief as sincere, but nonetheless rejected his claim, stating that the photograph serves the "compelling" government interests of, first, protecting the public safety "by aiding law enforcement agencies in the identification and apprehension of fugitives" and, second, insuring "the proper supervision of individuals on probation."

[¶ 22] Although this holding appears reasonable on its face, the claimant in this case dressed and wore a beard in a manner unique to the Amish. The court acknowledged this fact, but dismissed it: "Although Slabaugh's appearance is distinctive when he is compared with one who is not Amish, if Slabaugh were to surround himself with other Amish people, he would not stand out in the eye of a law enforcement official." Even this argument, though strained, seems plausible.

[¶ 23] But Mr. Slabaugh had only one arm! The government thus had to contend that a

---

① 例如，考虑州法院根据自由行使条款接受宗教豁免请求的十一个州（见该书 382 页，注 58）。在史密斯判决后的几年里，其中五个州将其宪法的宗教自由条款视为适用前史密斯判例的严格审查标准。另外两个州可能在将来这样做，但还没有考虑史密斯判例之后的问题。还有三个州可能这样做，但是当州立法机构颁布类似《宗教自由复兴法》（RFRA）的法规后，这样的结果变得不必要了。十一个州中只有一个州的宪法明确遵循史密斯判例。

photograph of Mr. Slabaugh was the most effective way of identifying him, and that without it law enforcement officials would not be able to pick him out of a crowd. The court ostensibly ignored the fact that this argument was being made about a one-armed Amish man and accepted the government's contention completely: "A photograph of Slabaugh is the most effective solution to this problem," the court wrote, "especially if it becomes necessary for people who are not acquainted with him personally to search for him."

正如第 IV.B 部分所言，你应当总结各个先例，而不是仅对每一个先例作小结；当你确实需要讨论关键细节时，你也应该尽可能少讨论细节，尽可能避免不必要的程序性要素（例如，如果关键问题在于上诉中创设了什么法律规则，则应避免讨论谁胜诉）。要避免不必要的事实叙述。读者希望知道你所做的原创性贡献以及现行法律。那些先例仅在读者需要掌握这些案例时才重要。

在本文中，对于个别先例的某些讨论是有必要的，因为文章的原创性贡献恰恰在于发现这些先例。这些先例与原告的主张相冲突，有时，即便该先例并不能够反映当前的法律规则却也是有相关性的，史密斯案反驳了那些案件背后的分析架构。然而保持对这些先例讨论的紧凑性是很重要的。

本文在这一点上做得很好。既没有不必要的程序性背景也很少有多余的事实背景。（本文的确提到阿们宗派信徒被起诉受贿罪，但篇幅很短。它有助于使讨论更生动。）

相反，文章阐述了案件的重要事实、案件的结果、相关的法律分析，然后以具体事实解释了为什么这个分析有错（第 22 段到第 23 段）通常情况下，具体事实解释特别生动、令人难忘，并且有说服力。例如，在原告只有一只手臂的情况下，政府还要求"必须有照片"证明的主张就很薄弱。（但指出这点可能也是有帮助的：虽然不是唯一识别标志，但"只有一只手臂"的特征可能比照片更可靠，因为很多人看起来长得很像，而且人们的外貌也经常发生改变。）

[¶ 24] Although not as comical, a Tenth Circuit case illustrates a common tendency of courts to accept with little discussion or reasoning the government's apparently compelling interest. In re Grand Jury Proceedings of Doe involved a fifteen-year old Mormon boy who objected on religious grounds to testifying against his mother at a grand jury proceeding. After acknowledging that the child's belief was sincere, and that forcing him to testify would run "against the command of his deeply held religious beliefs," the court turned to the government's interest:

[¶ 25] After an individual demonstrates that certain government action places a substantial burden on his religious practice, that burden must be balanced or weighed against the importance of the government's interest. In the instant case, the government has demonstrated a compelling interest in investigating offenses against the criminal laws of the United States. We hold that claimed First Amendment privileges asserted here are outweighed by the government's interest in investigating crimes and enforcing the criminal laws of the United States.

[¶ 26] The court's acceptance of the government's preferred interest in this case is instructive, and representative of a number of cases, in two ways. First, it is illustrative of how little some courts questioned the government's interest, and how quick they were to assume that such an interest existed and was compelling. Second, it demonstrates how courts in some cases did not even consider whether disallowing an exception to a government law or regulation was actually necessary to achieve the state's avowedly important interest. In other words, courts often failed to inquire whether denying an exemption was the least restrictive means of achieving the government's interest. Instead they simply focused on whether the particular law or policy, in general, represented a compelling government interest. Not surprisingly, they often found that it did.①

[¶ 27] For some courts the mere fact that a law or regulation existed sufficed to demonstrate a compelling state interest. In Potter v. Murray City, for example, the court revisited the issue of religiously motivated polygamy, decided first in the 1878 Supreme Court case of Reynolds v. United States. Assuring the claimant that Reynolds is still good law, the court rejected his claim that he should not be fired as a police officer for practicing polygamy, a practice that the court conceded was motivated by sincere religious convictions. Admitting that neither the Utah State Legislature nor the state defendants in the case had presented any empirical or sociological evidence that polygamy is harmful or that monogamy is superior, the court relied on the mere fact that the state prohibited it and that a number of civil laws in Utah assume a monogamous marriage. The court held that "beyond the declaration of policy and public interest implicit in the prohibition of polygamy under criminal sanction," the State of Utah had "established a vast and convoluted network of other laws clearly establishing its compelling state interest in and commitment to a system of domestic relations based exclusively upon the practice of monogamy as opposed to plural marriage." Needless to say, the court did not inquire whether forbidding an exemption to this particular claimant was crucial or even necessary to accomplishing the state's interest.②

文章又提到了判例，但关注点仅仅集中在支持文章的论点所必要的范围内，然后直接将其与论点绑在一起。这是很重要的：并不是为了提而提到这些判例，也不指望读者通过这些判例来得出自己的结论，相反，判例是用来论证作者论点的。

在这里，文章主要的观点是针对法院如何行事的一个广义观点。在很多其他文章中，主张有时是文章将进行批判、辩护、解释或利用的有关法律原则背景的范围问题。但两种文章都需要明确：这些案例是如何支持文章论点的。

---

① Professor Marshall offers an explanation of why courts, in general, may be reluctant to confront whether denying a particular claimant an exemption is the least restrictive means. Marshall, supra note 15, at 312. He observes that the exemption balancing process, if undertaken, will normally underestimate the state's interest. "The state interest in a challenged regulation will seldom be seriously threatened if only a few persons seek exemption from it. A legitimate state interest is often 'compelling' only in relation to cumulative concerns .... Weighing the state interest against a narrow class seeking exemption is similar to asking whether this particular straw is the one that breaks the camel's back." Courts of appeals in turn typically responded to this difficulty by not asking the question or by providing a brief, conclusory assertion that the state could achieve its compelling interest if an exemption were given.

② It is interesting in this respect to note the particular facts of this case. The plaintiff "made an undisputed showing that his two wives consented to the plural marriage, and that the wives and five children of the marriages receive love and adequate care and attention and do not want for any necessity of life." Potter, 760 F.2d at 1069. Granting an exemption to this plaintiff would necessarily open the courts to similar claims, but it would not necessarily result in further exemptions being granted. Future claimants may be unable to make the same showing as this plaintiff, namely, that his family is a caring and functional one, and courts could reject claims based on such a distinction. Denying an exemption to the plaintiff in Potter thus may be better understood as helpful to judicial economy and administration rather than as necessary to accomplish the state's general interest in preventing polygamy.

2. Unbearable Burdens

[¶ 28] Before a claimant could have her free exercise claim examined under a "compelling interest" test, she had to demonstrate that her religious beliefs or practices had been burdened. As several cases illustrate, this was no easy task. Courts often required claimants, as did Justice O'Connor in Lyng, to prove that the state law or policy threatened to coerce them into abandoning their beliefs. Laws or policies that made religion more expensive, or more inconvenient,① under this approach, simply did not constitute burdens. Similarly, laws or policies that did not force the claimant to forego an "important" benefit in order to follow her religious dictates, were also not often considered burdens.

[¶ 29] In some cases, namely those involving Native American claims to particular religious sites, courts added an additional element to the burden inquiry: the claimants had to prove that the particular site was "central" or "indispensable" to their religious practices. Thus in Wilson v. Block, the court rejected an attempt by Navajo and Hopi tribes to halt the private development (into a ski resort) of government owned land. The court held that the tribes had failed to "demonstrate that the government land at issue is indispensable to some religious practice," and thus it did not even inquire into whether the government had a compelling interest in allowing the land to be developed privately. The court reached this conclusion despite the testimony of the then chairman of the Hopi tribe, who stated that the contemplated development would "destroy our present way of life and culture," and that it would render "the basis of our existence as a society ... a mere fairy tale to our people."

[¶ 30] Regardless of one's opinion about how cases such as Block should ultimately be decided, the court's manipulation of the burden concept to reach its desired result is unmistakable. It suggests, as do the cases discussed in the previous section, that the apparent protection afforded by the free exercise clause was often only apparent. Again, the Catch-22 is clear. When faced with a meritorious claim in which the government's interest was not very compelling, courts often found that no burden existed. And when the burden was obvious, as when the practice was criminally prohibited, courts often relied on the cause of the burden itself to demonstrate the state's compelling interest.②

---

① See, e.g., Smith v. Board of Educ., 844 F.2d 90 (2d Cir. 1988). In this case an orthodox Jewish student objected to his school's holding graduation ceremonies on Saturday, his Sabbath day. In rejecting his claim, the court held that "we believe that the burden being placed on David Smith's free exercise of his religious beliefs simply makes the practice of his religion more difficult than the practice of other religions but that it is not the type of burden on core religious freedom rising to the level of a violation of the free exercise clause."

② A brief comparison of two cases further illustrates this point. The first is the polygamy case, Potter v. Murray City, 760 F.2d 1065 (10th Cir. 1985), discussed supra notes 75-78 and accompanying text. As may be recalled, the state's compelling interest in that case was supplied primarily by the existence of criminal laws prohibiting polygamy. The second case is Messiah Baptist Church v. County of Jefferson, 859 F.2d 820 (10th Cir. 1988). In that case, members of the Baptist Church challenged the county zoning laws that forbade their building a church on a piece of land they owned. After making the questionable assertion that "the record contains no evidence that building a church or building a church on the particular site is intimately related to the religious tenets of the church," the court held that the claimants had failed to demonstrate how the zoning laws burdened their religious practices. This was not a case, after all "where thechurch must choose between criminal penalties ... and its religious benefits." One presumes that had it been such a case, the claimants would have succeeded in demonstrating a burden. Yet Potter demonstrates that the claimants would have also succeeded in demonstrating the state's compelling interest.

3. Possible Explanations

[¶ 31] Although their rejection of particular claims is sometimes difficult to justify, the courts' general reluctance to grant exemptions is somewhat understandable. One difficulty facing courts is that the constitutional balancing in the free exercise area is unlike that undertaken in other contexts. Often the law from which free exercise claimants seek exemption has a legitimate and compelling governmental purpose—unlike laws, for example, that intentionally discriminate against a particular class.

最有效的论点倾向于把数据和理论解释结合起来。理论解释有助于帮助说服人们相信数据所揭示的模式将会持续下去。这里就是，即便史密斯判例被推翻，前史密斯时代的情况也将会持续下去。而且，在这里，不管对错，作者不仅仅依赖事实观察，而将事实观察同理论分析相结合，这给有些律师和法学研究人员留下了深刻印象。

在这里和在下面的段落中，文章开始提供理论解释。前面一部分并不是纯粹的数据，它们对法院达成判决结果的原因提供了一些分析。这样的同步分析是有帮助的。但后退一步运行一个更为广阔的分析也是很有益处的。

[¶ 32] The specific exemptions sought, moreover, present the court with a difficult dilemma. Although one or two exemptions to a law will rarely threaten the state's ability to achieve the legitimate purpose represented by that law, a large number of exemptions may very well pose such a threat. The state may thus simultaneously not have even a reasonable interest in denying a particular exemption to a certain law or regulation and a compelling interest in denying a large number of exemptions to that same law or regulation. To compensate for this latter possibility, courts seem to eschew the part of the compelling interest test that admonishes them to consider whether the denial of a particular exemption is the least restrictive means by which the state can achieve its interest. Instead they seem to consider the potential harm to the state's interest that would occur if a large number of exemptions to a law or regulation were granted.① Although it is understandable that courts consider the future ramifications of particular exemptions and particular decisions, in this context such a consideration nonetheless prevents a proper balancing of interests because it is often done sub rosa② and is based necessarily on conjecture rather than facts.

稍稍挑剔一下：除非你确信几乎你所有的读者会理解它们，否则尽量避免使用诸如"秘密地"（"sub rosa"）这样的拉丁短语。（这篇文章整体来说都几乎没有用这样的短语，我怀疑作者可能高度熟悉该表述，以至于他甚至没有意识到有些人可能对此并不熟悉。）

---

① This is evidenced by the courts' weighing the state's interest in the entire law or regulation in question rather than weighing merely the state's interest in denying a particular exemption from that law. See supra notes 73-78 and accompanying text for examples of cases in which courts characterized the state's interest in the manner described here.

② This skewed balancing is done implicitly in the manner described in the precedingfootnote. Why courts are not more forthright in their consideration of future claims when deciding particular cases may be due to the fact that the language of the compelling interest test seems to forbid such a consideration.

[¶ 33] A second, related difficulty is illustrated by those claims that were of little merit. Of the federal appellate cases surveyed, some were simply obvious losers. Not included in this grouping, it should be noted, are cases involving religious beliefs that were somewhat incredible. This characterization includes only those cases in which, even assuming the claimant's beliefs were both sincere and valid, the claims presented were only remotely and tangentially related to religious beliefs.

[¶ 34] Rushton v. Nebraska Public Power District provides a good illustration of this tangential relationship. In that case, two public employees at a nuclear power plant, who refused to comply with the plant's drug-testing scheme and were therefore fired, brought a free exercise claim challenging their dismissal. The employees did not object to urinalysis per se, but rather to a policy statement concerning the drug-testing that described alcoholism as an "illness for which there is effective treatment and rehabilitation." Conservative Christians who believe alcohol is a sin rather than a disease, the employees argued that by submitting to drug-testing they would be giving tacit support to an heretical idea, and that they thus must be given an exemption from the program to preserve their right of free exercise. Although they recognized that the government has a compelling interest in ensuring that nuclear power plant workers are not under the influence of drugs, the employees argued that granting an exemption to them only would not present much of a safety risk. They argued that "there are numerous backup systems to prevent a release of radiation, so that it would be exceedingly difficult for a drug-impaired person to cause an accident."

[¶ 35] Not surprisingly, the Rushton court rejected this "novel" claim, in part because the government's interest was so strong and in part because the burden on the claimant's religion was so slight. Similarly, other courts of appeals have rejected equally spurious claims. Indeed, of the ninety-eight cases examined, at least fifteen were easy losers. Some of those cases, like Rushton, involved government actions or policies that imposed de minimis burdens on the claimant's religious practices. Others involved claims in which the particular activity the claimant wished to engage in could not be said to be motivated—or even encouraged—by the claimant's religious beliefs. Still others, finally, involved attempts by religious leaders to rely on the Free Exercise Clause as a shield against government investigations into their allegedly fraudulent activities. These religious leaders typically argued either that the investigation itself infringed on their religious rights, or that the dictates of their religion rendered their personal use of church finances legitimate. Both arguments failed.

[¶ 36] Although it is not particularly insightful to observe that some cases lost because they deserved to, it is an observation that is difficult to make in this context without appearing hostile to either the religious beliefs involved in the cases or to religion in general. This may explain why so little attention is focused on these cases, but it does not justify that inattention. These cases deserve to be discussed because they may help explain the general reluctance of courts to carve out exemptions from statutes based on the Free Exercise Clause.

[¶ 37] In this context, the slippery slope, or parade of potential horribles① argument is not raised out of desperation; it is an apparent and realistic possibility. As Professor Lupu notes: "Behind every free exercise claim is a spectral march; grant this one, a voice whispers to each judge, and you will be confronted with an endless chain of exemption demands from religious deviants of every stripe." Professor Lupu's sarcasm notwithstanding, the "spectral march" to which he refers is conjured up by the cases alluded to above. The mere existence of such cases may make courts hesitant to grant seemingly justified exemptions, for fear that they will be unable to limit those exemptions to sincere religious adherents or confine them to situations in which one's beliefs or religious exercise is seriously burdened.②

[¶ 38] In addition, these cases highlight a difficulty that seems to inhere in the Free Exercise Clause itself: it admits of no principled way to distinguish the meritorious claims from the fraudulent claims without questioning not only the sincerity but the validity of a claimant's religious beliefs.③ If an exemption is granted to one religious group, for example, it would be difficult to deny it to others who profess similar religious beliefs, without calling those beliefs directly into question. Courts are understandably reluctant to do this.④ Granting very few exemptions, or none, can thus be seen as one easy way for courts to avoid even the possibility of having to undertake such a task.

[¶ 39] Finally, these cases support the assertion made below that many significant battles over the accommodation of religious beliefs have already been won, and won in the legislatures rather than the courts. The issues presented in these fifteen cases, as well as those presented in a substantial number of others, did not generally represent questions of fundamental importance either to the religion involved or to society in general. The claims were often tangentially related to the doctrines of the religion involved. Consider the religious interests represented in these cases: the claim of a Jewish policeman to arrest those who denigrate his religion; the right of a minister to be free from investigation into his alleged fraudulent television and radio fund drives; the right of draft-exempt theological students not to indicate that they are in fact exempt on

---

① Justice O'Connor, in Smith, uses this phrase to describe the majority's litany of the potential consequences attending unlimited exemptions.
② This is not to say that the fear is justified. Whether it is or not, the point is that it may nonetheless exist.
③ As Justice Scalia stated, in response to Justice O'Connor's "parade of horribles" comment, the purpose of his parade was: not to suggest that courts would necessarily permit harmful exemptions from these laws (though they might), but to suggest that courts would constantly be in the business of determining whether the "severe impact" of various laws on religious practice (to use Justice Blackmun's terminology) or the "constitutiona[l] significanc[ce]" of the "burden on the particular plaintiffs" (to use Justice O'Connor's terminology) suffices to permit us to confer an exemption.

Justice Scalia's point seems to be that one reason courts should not be in the business of granting exemptions is because they would then constantly have to consider the merits not only of claims but of religious beliefs. Although Justice Scalia exaggerates the likely frequency of such claims, his recognition is a valid one: there is no principled way of determining ex ante whether a
④ Justice Stevens, concurring in Goldman v. Weinberger, 475 U.S. 503 (1986), expressed this very concern in explaining why he did not rule in favor of Captain Goldman, who desired an exemption from Air Force dress regulations in order to wear his yarmulke:

The very strength of Captain Goldman's claim creates the danger that a similar claim on behalf of a Sikh or a Rastafarian might readily be dismissed as 'so extreme, so unusual, or so faddish an image that public confidence in his ability to perform his duties will be destroyed.' If exceptions from dress code regulations are to be granted ... inevitably the decisionmaker's evaluation of the character and the sincerity of the requester's faith—as well as the probable reaction of the majority to the favored treatment of a member of that faith—will play a critical part in the decision.

financial aid forms; and the right of Conservative Christians not to submit to drug-testing for fear that their participation will offer tacit support to the idea that alcoholism is a disease rather than a sin. It would be difficult to characterize any of these as important or far-reaching issues of religious liberty.

[¶ 40] This is not to say that the issues presented by these cases were not significant to those involved. But the fact that these were the issues being litigated—and not ones of more obvious and central importance to religious adherents—provides some insight into the adequacy of already existing protections afforded to religious belief and practice. Courts may have been presented with weak claims simply because the more important protections for religious adherents had already been secured elsewhere, namely in the legislature. Courts in turn may have rejected a significant number of free exercise cases not out of hostility toward particular religions or religion in general, but rather because a large number of these cases were of little merit and deserved to be rejected.[①]

考察这一段（和文章整体）的基调，它传达了关于作者自身及其可信度的信息。

首先，文章愿意批评那些有影响力的人——法官、评论家和立法者——但没有羞辱或失之片面。本文对史密斯案的逻辑不赞同，比如（见导论）在脚注中指出：斯加利亚大法官的说法"夸大"，但文章不但指出了斯加利亚大法官观点的缺点也指出了其优点。

其次，本文清楚表明，作者不仅怀疑广泛地解读自由行使条款含义的价值，而且他对作为宗教或宗教信仰者的原告并无敌意。文章清楚地表明，有一些十分支持宗教豁免的主张，也有一些十分反对法院关于赋予宗教豁免裁决的主张。这就有可能使支持宗教信仰的人也可能被文章的批判意见以及宗教信徒豁免权应当通过立法机关对每一项豁免权的提议分别作出立法决定来予以创设的论点所说服。

如果作者认为宗教信徒豁免权总是违宪或不明智的，或宗教信仰是有害的，应该尽可能少地赋予豁免权，作者就应该这么说。这些都是可以采取的极为合法的立场。

但那并不是作者的想法。因此，很重要的是：读者（包括那些对这种问题态度强烈，自然地落入"我们对他们""教权对俗权"世界之人）不会误解作者的意图。通过有分寸的口吻和实质性承认宗教的价值，同时对于过于宽泛的自由行使权利表示质疑，作者观点的有效性得到了最大程度的实现。

B. The Winning Cases

[¶ 41] The losing claims just discussed demonstrate, implicitly, that the bulk of free exercise cases would come out no differently after Smith. They illustrate the courts' ability to manipulate the factors of the compelling interest test, and suggest some reasons why courts use that ability. In a sense, however, the most important cases to examine are those twelve in which the free

---

① As the prison cases demonstrate, courts are willing to protect religious liberty when necessary, i.e., when the political process does not. Thus, the argument being made is that courts do not appear protective of religious liberty because many of the most important protections have already been granted through legislation.

exercise claimant won, for these are the cases that could potentially come out differently under a post-Smith analysis. These claims must be examined in order to assess the importance of the compelling interest test to the free exercise claimant and the dangers of abandoning such a test. The discussion of these twelve claims will be divided between those brought by non-prisoners and those brought by prisoners.

这一节特别重要，因为它涉及看起来与文章主题相反的案例。文章必须解释既然有反例存在，为什么主题依然有效，同时又要公平、准确地对待反例，不要显示出攻击性。仔细观察本文是如何做到这点的。

[¶ 42] Of the seven claims that won, and that were not brought by prisoners, three seem least likely to be affected by Smith. The first involved an instance of intentional and fairly blatant discrimination against a particular religion. In Islamic Center of Mississippi, Inc. v. City of Starkville, the Islamic Center challenged the City Board's refusal to grant it an exception to a zoning ordinance. The ordinance prohibited the use of buildings as churches on property located near the University of Mississippi. Twenty-five churches, all Christian, already occupied sites in the restricted area. The Islamic Center was the only church ever denied an exception, and the Board denied their request even though the building on property immediately adjacent to theirs was being used as a church.

[¶ 43] While recognizing the general validity of zoning ordinances as applied to churches, the court held that the City had failed to "act in a religiously neutral manner when it rejected an exception for the Islamic Center." In essence, the case involved the unfair and discriminatory treatment by a city government of a particular religion, and thus differed from a simple request for an exception to a generally applicable law. Even after Smith, as the Supreme Court intimated in that case, this type of claim would still be subject to strict scrutiny.

[¶ 44] The second case, International Society for Krishna Consciousness, Inc. v. Barber, involved a hybrid claim of free speech and free exercise. As already mentioned, such claims would still be subject to the compelling interest test after Smith. In Smith, the Court asserted that the only decisions in which it had held that the First Amendment required an exemption to a general law involved the Free Exercise Clause "in conjunction with other constitutional protections, such as freedom of speech and of the press." Whether one agrees with the accuracy of this characterization of precedent, it is nonetheless a clear statement that "hybrid" claims, such as the one in Barber, would still be analyzed under a compelling interest test.

[¶ 45] The third case involved a question of statutory interpretation, namely, whether a union member was entitled to withhold union dues because of his religious beliefs. Title VII of the Civil Rights Act of 1964 requires employers and labor organizations to "reasonably accommodate" employees' religious observances or practices, unless such accommodation would cause the employer or union undue hardship. The question in Nottelson v. Smith Steel Workers D.A.L.U. 19806 was thus whether allowing the claimant to withhold dues would subject the union to undue hardship, and the court held that it would not. Although the claimant's argument was ultimately grounded in the Free Exercise Clause, the case turned primarily on an already existing statutory exemption. There is no indication in the language of Smith that the analysis of such questions should or will be any different after Smith.

[¶ 46] Another three of the seven cases stand a greater chance of being affected by Smith, although this possibility remains slight. Each of these cases involved intra-religious disputes. The first case involved a Jehovah's Witness who wished to bring a tort suit for emotional harm against members of her congregation, who "shunned" her in accordance with a religious practice akin to excommunication. The court held that the plaintiff's congregation could not be subject to suit for following the dictates of their religious beliefs, even if she had been emotionally harmed.

[¶ 47] The two other intra-religious dispute cases involved claims brought by potential pastors, both of whom were denied positions within their respective churches. The first was brought by a 63-year-old Methodist minister who alleged that he had been denied a "promotion" to a congregation more suited to his training and skills because of his age. He claimed that this denial violated the Age Discrimination in Employment Act (ADEA). The second case was brought by a woman denied a pastoral position in the Seventh-Day Adventist Church. She claimed that the denial constituted sexual discrimination, in violation of Title VII. The courts in each case refused to apply the relevant federal laws to these situations, stating that neither the courts nor the government should interfere with such church decisions. In essence, the courts exempted these personnel decisions from generally applicable federal employment laws.

[¶ 48] In the wake of Smith, it is possible that such exemptions would be disallowed, as that seems in keeping with the central holding of the case. There is language in Smith, however, that suggests otherwise. In listing what the Free Exercise Clause "obviously excludes," the Court recognized that the government may not "lend its power to one or the other side in controversies over religious authority or dogma." The Court essentially reaffirmed a general tradition, pointed to in these three cases, of abstaining from becoming embroiled in churches' internal decisions. Even if courts were to abandon this tradition, however, it is possible that the religious groups in these cases could present a hybrid claim, combining their free exercise rights with a freedom of association claim. That this particular hybrid would be subject to a compelling interest test is specifically suggested by Justice Scalia in Smith.

[¶ 49] The last of these seven cases seems most likely in danger of coming out differently under a post-Smith analysis. In Quaring v. Peterson, the court held that Nebraska could not deny Ms. Quaring an exemption to its requirement that all driver's licenses contain a photograph of the driver. Such a requirement, the court held, unduly burdened Ms. Quaring's sincere religious beliefs, and was not justified by a compelling state interest. Based on the analysis of the application of the strict scrutiny test in the losing cases, the outcome of this case, which was affirmed by an equally divided Supreme Court without opinion, ① using the Smith rational basis test, would most likely be different.

[¶ 50] It is important to note, however, that a state court heard the same claim in a different case and reached a different result, holding that the state had a compelling interest in preventing such exemptions. Interestingly, one of the judges in Quaring dissented along grounds similar to those expressed in this state case. These differing results illustrate that the one case that could come out differently after Smith, could—and did—come out differently before Smith, depending solely on the court in which the case was brought. Finally, these differing results reinforce the assertion that the compelling interest test, at best, offered the religious claimant unreliable protection.

如前所述，这个部分和下面部分是相当重要的，因为它们涉及看来与文章观点相对立的反例。观察下一部分的写法。

在文章的第 42 到第 45 段，文章针对的案例完全在史密斯案本身所划定的范围内，但依然应当进行严格的审查判断。这一节解释了为何要这样做，为什么这些判例实际上并未受到史密斯判例的影响，为什么文章的观点（即史密斯判例并没有带来多少真正的改变）并不会受到这些案例的破坏。

46 到 48 段针对的是宗教组织的案件。它们不是很明确地符合史密斯案所设定的豁免范围，但提到的关于史密斯判例的具体表述可以将之解读为——而且文章主张可能会得到这样的解读——史密斯案所设定的豁免范围包括了这样的案件。同时，文章并没有夸张：它承认这些案件代表了"受到史密斯判例影响的可能性更大"的案例，尽管（总体）"可能性依然很小"。当它提出更有信心的主张时，对这些主张提出的警告可以使文章更可信（顺便说一下，我感觉文章的这个预测被证明是正确的：出于文章暗示的类似原因，自史密斯判例以来，宗教组织在这类诉讼主张中经常胜诉）。

最后文章的 49 段和 50 段针对的是一个依据史密斯判例会有不同结果的案件。即便如此，文章也给出了具体的事实细节来表明，史密斯案可能并没有带来多大改变——在处理该问题时，即便在史密斯判例之前，也可能会做对原告不利判决的法官的人数比例如下：最高法院层面，8 个大法官中有 4 个；上诉裁决阶段，3 个法官中有 1 个；在地区法院层面，2 个法官中就有 1 个。

C. The Prisoners' Cases

[¶ 51] The five successful free exercise claims brought by prisoners were, save one, all judged under a less exacting standard than the compelling interest test. Moreover, the one case judged under a compelling interest test involved a claim similar to one successfully made by another prisoner in a case analyzed under a "reasonableness" test. Other tests applied by the

---

① Jensen v. Quaring, 472 U.S. 478 (1985) (per curiam). That four Justices were willing to deny even this claim speaks volumes of the weak protection afforded by the compelling interest test.

courts varied from rational basis to intermediate scrutiny.① The immediate significance of these cases lies in the fact that prisoner claims had always been, and still are, adjudged under a distinct standard, and thus will not be affected by Smith. The larger significance of these cases lies in the irony that of the few successful free exercise claims brought, nearly half were decided under a standard offering apparently less protection to the religious adherent than the compelling interest test. These cases suggest that it may be the claim itself, rather than the test applied, that is most determinative of success or failure.

[¶ 52] The claims brought by prisoners involved fairly fundamental civil liberties. Two involved the right to govern one's appearance (specifically hair length) in accordance with one's religious dictates. Two involved the right to receive religious literature, and one involved the right to legal recognition of a name changed because of religious conversion. It is instructive to contrast the nature of these claims with the nature of those brought outside of the prison context. It seems fairly clear that claims brought by prisoners, on the whole, concern rights and infringements of a more basic and fundamental nature than those brought by non-prisoners.②

[¶ 53] It is difficult, if not impossible, to imagine a legislature ever attempting to limit the public's religious rights in the same manner that the prisoners' rights in these cases were limited. The greater restrictions placed on prisoners are, no doubt, in part due to the unique nature of prisons and the greater need for control in such a setting. But the restrictions may also be due to the fact that prisoners cannot rely on the political process for protection of their rights and liberties, whereas those outside of prison can. Prisoners' liberties are subject to the control of persons over whom they have no influence or control. If this distinction is a significant one, which it seems to be, the prisoner cases help demonstrate—by contrast—how much protection the public receives from the political process. In other words, one reason those outside of prison are not litigating issues involving restrictions on such basic liberties may be because they do not have to—their basic liberties, unlike the prisoners', have already been secured.

[¶ 54] These cases also demonstrate that courts are willing and able, regardless of the standard being employed, to protect the basic religious freedoms of those utterly unable to rely

---

① ... Prior to the 1987 case of O'Lone v. Estate of Shabazz, 482 U.S. 342 (1987), courts of appeals varied in the standards they applied to prisoners' free exercise claims, as is apparent from the six cases discussed here. See Matthew P. Blischak, Note, O'Lone v. Estate of Shabazz: The State of Prisoners' Religious Free Exercise Rights, 37 Am. U. L. Rev. 453, 467-70 (1988), for a general discussion of the different standards employed. In O'Lone, the Supreme Court dispelled the confusion among the lower courts and held that valid prison regulations that infringe upon inmates' free exercise of religion must "reasonably relate[] to legitimatepenological interests." Thus a rational basis test is now to be applied, by all courts, in assessing such claims.
  One prisoner case was originally decided prior to O'Lone and applied strict scrutiny to uphold an inmate's free exercise claim challenging the prison's hair length requirement. The Supreme Court vacated and remanded the case in light of O'Lone, and the Second Circuit reheard the case, now applying the prison context equivalent of the rational basis test. Upon rehearing, the court struck down the inmate's claim, finding that the prison had many legitimate penological goals in regulating beard length. This case demonstrates the fact that even in the prison context free exercise claims are not strongly protected by the courts.
② All of the prisoners' cases, for instance, involved outright prohibitions of the practicessought to be followed. Although some non-prisoner cases involved religious practices that had been criminally proscribed, these were certainly the exception. Although it is difficult to compare the "fundamentalness" of civil liberties, it seems fair to say that even those cases that did involve criminal prohibitions did not involve the deprivation of basic personal liberties to the degree evident in the prisoners' cases.

on the political process for redress and protection. By contrast, the courts seem much more reluctant—as the eighty-five losing cases demonstrate—to assist those who can participate in the political process. Whether such a reluctance is justified or is detrimental depends, to a large degree, on how well the political process protects religious liberty, particularly the liberty of those adhering to minority faiths. It is to this general subject that this Note now turns.

应对可能存在的反例相当重要，并值得在此讨论。五个成功的自由行使条款的诉讼主张涉及囚犯权利。读者可能会合理地假设，如果有什么的话，这意味着法院本应该提供更强的自由行使条款来保护守法公民提出的诉讼主张。五个案件因此初看起来像是对文章主旨（thesis）的重要反驳。

文章有三种方式来响应。

（1）文章指出，在原理上，已采用不同方式对待囚犯与非囚犯类自由行使条款的案件（至少从 O'Lone 判例以来）。这可能是有用的：如果最高法院对两类案件的处理迥然不同，这种处理表明：类别不同确实很重要，因此，学者对不同类别予以区别对待就是有道理的。

但单凭理论观点是不够的。如前所述，读者可能会推断，根据法院的解释路径差异得出结论：法院解释自由行使条款相当有力——读者可能会认为，既然连犯人的宗教自由权利主张都能胜诉，那么普通公民当然不在话下。

（2）因此，为消除这种可能的影响，文章谈及了案件的下述事实：囚犯胜诉涉及的限制比自由公民劳动者的限制严格得多。那么，囚犯的胜诉不应该与非囚犯的胜诉放到一起来评估前史密斯判例时代对普通公民保护（或者只是一个非囚犯胜诉）的计算方式是理所当然的。相反，囚犯案件应当以该理论的处理方式（作为一个完全独立的问题）来处理。

（3）文章提供了进一步的理论支持，就为什么法院实际上对待囚犯的案件（超越了对于囚犯特殊范围的限制）不同于对待守法的公民：守法公民对于宗教的接触权利要大得多，因此法院认为，对于普通公民的宗教自由主张保护的需要小得多。

这种将学说、实践和理论的主张以及解释融为一体的做法较之于将学说、实践、理论主张单独提出效果更好得多。

III. Possible Responses to Smith

仅仅列出有关所发生的事实是具有很大的价值的。但是很多的读者希望能读到新东西，他们希望知道史密斯判决之前，有关严格审查对于人们未来行动的影响方面新的、未经披露的事实。文章接下来就来讨论这点。

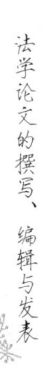

A. The Religious Freedom Restoration Act

[¶ 55] Initially introduced in the summer of 1990 and reintroduced the next June, the RFRA seeks to reestablish the compelling interest test. The Bill states that the "Government shall not burden a person's exercise of religion even if the burden results from a rule of general applicability," unless the government "demonstrates that application of the burden to the person—(1) is essential to further a compelling governmental interest; and (2) is the least restrictive means of furthering that compelling governmental interest." The Bill is to apply to federal, state, and municipal governments, and to statutes adopted before and after the passage of this Bill. It places the burdens of going forward with the evidence and of persuasion on the government, and provides for the award of attorney's fees to the successful claimant.

[¶ 56] Support for the RFRA within Congress is strong—there are currently 193 cosponsors in the House of Representatives—and spans the political spectrum. Equally strong and diverse are the supporters outside of Congress. The Coalition for the Free Exercise of Religion, formed explicitly to support the Bill, harbors more than thirty-five organizations representing a wide array of religious and political viewpoints. These organizations, in turn, represent extremely large constituencies.① Action on the Bill has been slow-there have been only two hearings thus far. From the amount and strength of support already behind the Bill, however, it appears to have an excellent chance of being enacted. If enacted, there will likely be a challenge as to whether the Bill is constitutional, but given Supreme Court precedent, it appears it would be able to withstand such a challenge.②

在1992年这篇文章发表时,《宗教自由恢复法案》似乎很可能会被制定,且会被认为这是国会的宪法权力。《宗教自由恢复法案》确实颁布于1993年,但到1997年其被适用于各州时却因违宪而被推翻:最高法院认为,国会缺乏约束州的宪法权利。《宗教自由恢复法案》依然限于针对联邦政府的法律,因为国会确实有限制其自身立法范围以及联邦政府行动范围的权力。

但作者正确地认识到《宗教自由恢复法案》的合宪性问题与自己的文章不相关,并抵制住用更多的篇幅来讨论这个问题的诱惑。任何这样的讨论都要求作者学习大量的宪法原则,而这与他刚获得的自由行使的知识是不相关的。这样的讨论会分散读者对于文章所增进的核心价值的注意力——该价值与立法机关对史密斯判例的回应是否符合宪法是毫不相关的。

因此,作者(1)表示该法律可能是合宪的,实际上,这是当时学界的传统观点,也是合理预测,尽管预测最终被证明是错的。他(2)也加了一个脚注简单地支持了这种预测。他还简单引述了争论双方的观点。然后,他(3)清楚地说明了这是超越文章范围的,并且解释了为什么(因为"这篇短文所讨论的是该法案不管是否符合宪法,都不必要也不明智")。

---

① To cite only two examples: the National Council of Churches represents 32 national religious bodies that have an aggregate constituency of 40,000,000. The National Association of Evangelicals is an association of 50,000 churches from 78 denominations that serves a constituency of 15,000,000.

② In enacting this bill, Congress would be acting under Section 5 of the 14th Amendment, which provides that "The Congress shall have power to enforce, by appropriate legislation, the provisions of this article." In Cantwell v. Connecticut, 310 U.S. 296 (1940), the Supreme Court incorporated the Free Exercise Clause into the Fourteenth Amendment, and thus made it subject to the legislative protection allowed under Section 5 of that amendment. In Katzenbach v. Morgan, 384 U.S. 641, (1966), the Court held that this section gives congress "the same broad powers expressed in the Necessary and Proper Clause." It is this case that probably would be relied upon to uphold the legislation.

Debate exists, however, over whether Katzenbach would be applied to validate this legislation, which essentially works to overturn a Supreme Court decision. Professor LaurenceH. Tribe believes that the bill is too confrontational with respect to the Supreme Court's authority, and could run into trouble because of it. Constitutional Law Conference, 59 U.S.L.W. 2272, 2279 (1990) (remarks of Laurence H. Tribe). Indeed, one could argue that it violates the principle of Marbury v. Madison, 5 U.S. (1 Cranch) 137, 176 (1803), that "[i]t is, emphatically, the province and duty of the judicial department, to say what the law is." Espousing a contrary view, Professor Douglas Laycock submitted a letter to the Chair of the Subcommittee on Civil and Constitutional Rights, in which he stated that it was his "judgment that Congress has power to enact such a law under section 5 of the fourteenth amendment." The complexities of this debate, as well as its likely outcome, though fascinating, are beyond the scope of this Note. They are also, in a sense, extraneous, as this Note argues that the Bill—constitutional or not—isunnecessary and unwise.

所有这些都节约了他大量的研究和写作的精力，也节省了读者大量不必要的阅读。

[¶ 57] The reaction of disappointment and outrage to the Smith decision is well expressed by the movement to enact the RFRA. It is a reaction that is understandable and justifiable, given the Court's handling of the case and its symbolic evisceration of the Free Exercise Clause. Passage of the RFRA, however, would be little more than a symbolic victory for religious liberty. In actuality, it would be ineffectual and perhaps even detrimental to the protection of free exercise rights.

[¶ 58] As currently written, the bill mimics the Supreme Court's pre-Smith formulation of the compelling interest test. The previous sections of this Note demonstrated the inability of this test, as applied by the Supreme Court and the courts of appeals, to protect the free exercise claimant. There is nothing to suggest that courts would become more protective under a reestablished compelling interest test.① Indeed, as far as the Native American Church is concerned, it does not appear that passage of the RFRA would help in the least. As Senator Biden explained when introducing the RFRA in the Senate：

[¶ 59] [A]s I see it, Oregon could still keep native Americans from using peyote during religious ceremonies. In my view, Oregon has a significant interest in preventing the physical harm caused by using drugs like peyote. Oregon could show that it had a compelling State interest in regulating peyote use and that creating an exception for native Americans would interfere too much with that interest.

[¶ 60] In a statement that captures perfectly the hollowness of the protection afforded by a compelling interest test, and the contradiction between the avowed purpose of the RFRA and its likely effect, Senator Biden claimed that the RFRA would simultaneously "protect religious freedom and still prevent the use of peyote."②

[¶ 61] Although accomplishing little, passage of the RFRA could also affirmatively hamper attempts to secure protection for religious exercise. It seems possible that after passing this legislation, Congress—and state legislatures—could be content to allow courts to determine when exemptions should be granted. Rather than drafting exemptions into pending legislation, legislatures may wish to avoid such issues altogether, particularly if they are controversial. That legislatures, when possible, dodge controversial issues and in effect delegate such issues to the courts for resolution, is hardly a novel observation.

[¶ 62] It is plausible that such a phenomenon could occur in the area of free exercise

---

① In his statement in support of the RFRA, Reverend [Dean M. Kelley of the National Council of Churches] recognized that "[p]assage of the Religious Freedom Restoration Act does not guarantee how any of those cases would come out." But, he asserted, "[t]hat is not the point. The Act would guarantee only that the free exercise claimants would have their 'day in court.'" What Reverend Kelley, and other supporters of the RFRA present at the hearing, failed to recognize is that for the free exercise claimant, a day in court almost always ends in defeat.

② Senator Biden claimed that the RFRA is concerned with religious freedom, not with allowing Native Americans to use peyote in religious ceremonies. What he fails to recognize isthat for members of the Native American Church, religious freedom revolves around the ability to ingest their sacrament, peyote. To suggest that the RFRA protects religious freedom but allows peyote to be prohibited is thus, at least to a member of the Native American Church, a blatant contradiction.

exemptions. Content that they had done their part in passing the RFRA, Congress might then turn a deaf ear to future requests for specific statutory exemptions.① If this were to occur, the religious adherent would have only the courts to rely upon for protection. But courts, as already documented, are not very reliable. To make matters worse, it seems particularly unlikely that a legislature would override a court decision that applied a compelling interest test in denying a specific exemption. To do so would embroil the legislature in the very controversy they, by hypothesis, wished to avoid in the first place, forcing legislators not only to confront the controversy, but to exacerbate it by overturning the court's resolution of the issue. The free exercise claimant, having had her day in court and probably having lost there, would thus most likely have nowhere else to turn for redress.

再次注意这个观点是具体并实用的。提出有关道德对错的理论主张当然是非常合法的。但是，在实践中，论证越具体、越实用，或与理论性论点结合的论证越具体、越实用，就越有说服力。

这部分论证也是推测性的。文章讨论了"可能会发生"什么，和什么是这种"可能"。但读者会认识到，所有有关建议的新法律的结果或是法律的理论必然都有推测性。他们只想要一种预测，这种预测：

（1）建立在事实基础上（且第二部分给了充分的事实支持该推测：重建严格审查不可能给宗教反对者多大帮助）；

（2）是建立在经过良好辩护之事实推断基础上的；

（3）并没有夸大其主张，在没有其必然会发生之证据的情况之下声称有些事情必然会发生。

B. Establishing a New Test

[¶ 63] Another possible response to Smith is formulating a test that would be more protective of free exercise rights. Such a formulation could restrict what constitutes a compelling state interest and relax what constitutes a burden. Numerous suggestions on how to accomplish the former have already been made. Professor Stephen L. Pepper, for example, suggests that courts determine if there is a "real, tangible(palpable, concrete, measurable), nonspeculative, non-trivial injury to a legitimate, substantial state interest."

[¶ 64] Professor McConnell alone has offered no less than three possibilities. He suggests framing the inquiry as whether the religious practice is repugnant to the "'peace' or 'safety' of the state." Alternatively, when minority religions are involved, he suggests that courts ask: "Is the governmental interest so important that the government would impose a burden of this magnitude on the majority in order to achieve it?" Finally, he and Judge Richard Posner have

---

① There is, however, another possibility. If legislatures enact statutes with an eye toward how that statute will be interpreted by the courts, it could be argued that the compelling interest test motivates legislatures to consider free exercise exemptions when passing legislation. This may be particularly true of state legislatures, and may be a useful way of ensuring that free exercise exemptions are seriously considered by legislators. As Professor Thayer noted, legislatures often "insensibly fall into a habit of assuming that whatever they can constitutionallydo they may do ...." If it is constitutional not even to consider free exercise exemptions, perhaps such a consideration will not be made.

proposed that burdens on religious practice should "be justified only on the basis of a demonstrable and unavoidable relation to public purposes unrelated to the effects on religion."

[¶ 65] One could also turn to the suggestion of Reverend Dean M. Kelley of the National Council of Churches, and some members of his coalition, who recognize that the Supreme Court has "diluted the compelling State interest threshold in the past 27 years." They have suggested that religious practices be restricted only when they threaten "public health and safety." One could even look back to James Madison, finally, who once suggested that free exercise be protected "in every case where it does not trespass on private rights or the public peace."

[¶ 66] As for the burden side of the free exercise balance, Professor Lupu has suggested adopting a common law test. Under this test, a government action would be burdensome if an analogous act committed by a private party "would be actionable under general principles of law." For instance, application of this test to the Native Americans in Lyng, would find their free exercise rights to be burdened. The tribes would have had a strong easement claim against a private land owner, if that land owner—as the government did—tried to exclude the tribes from burial grounds on the land owner's property.

[¶ 67] Although it is difficult to predict how the adoption of any of these reformulations would affect the outcome of free exercise cases, there seem to be two significant difficulties confronting these suggestions. The first is deciding which one to choose. It is unclear whether any particular one could garner enough support in or outside of Congress to secure its adoption. The second, and more debilitating obstacle, is preventing judicial circumvention of the new standard. It is questionable whether the insertion of adverbs before "compelling," such as "truly" or "really," would insure that courts strictly scrutinize proffered state interests. Although certain stricter formulations would certainly make it more difficult for judges to reject as many claims as they do now, based on their past performances it seems that judges are up to the task.

[¶ 68] After all, Justice Burger was fairly clear in Yoder when he wrote that only "interests of the highest order" could prevail over legitimate free exercise claims. Perhaps providing specific examples of such interests, or inserting "very" before "highest" would lead to more favorable outcomes for free exercise claimants, but the cases examined suggest that courts, for various reasons, are extremely reluctant to side with them. As long as that reluctance continues, it seems difficult to imagine a test of general applicability that would prevent courts from reaching the outcomes they desire.

C. Limiting Smith and Focusing on the Legislature

1. Avoiding the Holding in Smith

[¶ 69] As alluded to earlier, the Smith decision itself suggests how its holding may be limited. First, the Court states that "hybrid" claims will still be subject to the compelling interest test. Such claims could potentially limit this holding quite substantially. For there appear to be numerous free exercise claims that also involve (or could involve) a free speech, freedom of association, or parental rights claim, to name the three "constitutional" protections the Court cites. Taken together, these hybrid cases may offer protection in a wide array of contexts in which free exercise claims arise.①

[¶ 70] Second, the Court reaffirmed its tradition of remaining neutral in intra-religious disputes. The Court evidenced no intention of becoming involved in controversies within churches over religious authority or dogma. Third, Smith does not apply to laws that directly target religion, or to actions that intentionally discriminate against religions. Fourth, it appears that free exercise claims brought in the unemployment context will still be judged under a compelling interest test. Fifth, Smith does not alter the analysis of already existing statutory exemptions. Finally, it is possible that courts could limit Smith to criminal prohibitions, as Justice Scalia's opinion emphasizes in several places that the statute at issue in Smith was a criminal one.

[¶ 71] Courts interested in circumventing the Smith decision, therefore, appear to have ample means to do so. In fact, several courts of appeals have done just that in cases arising after Smith. In Ferguson v. Commissioner, for example, the court did not even cite Smith in upholding a free exercise claim against a requirement that those in a federal tax court swear or affirm before testifying. In another example, Salvation Army v. Department of Community Affairs, the court remanded a free exercise claim specifically to allow the claimants to raise a "hybrid" claim involving freedom of association. Thus, for courts intent on granting a free exercise exemption, Smith may not be as big an obstacle as it appears.

2. Focus on the Legislature

[¶ 72] Because few courts evidence such an intention, however, those interested in protecting their religious liberty should turn their attention to the legislature. There exists much evidence to suggest that legislatures will be receptive to their claims. Indeed, a search through all the existing statutes, both state and federal, reveals that the terms "religion" or "religious" appear over 14,000 times. Religious exemptions, in turn, exist in over 2,000 statutes. Although the probative value of these numbers is obviously limited, a closer look at federal statutes and those of four states② suggests that the political process has been fairly protective of religious freedom.

[¶ 73] In the United States Code, for example, exemptions exist in food inspection laws for the ritual slaughter of animals, and for the preparation of food in accordance with religious practices. The tax laws contain numerous exemptions for religious groups and allow deductions for contributions to religious organizations. Federal copyright laws contain an exemption for materials that are to be used for religious purposes. Antidiscrimination laws, including Title VII, the Fair Housing Act, and the Aid to the Disabled Act, contain exemptions for religious

---

① Free speech hybrid claims, for example, could cover proselytizing and worship services. Parental right hybrids could cover educational issues. And freedom of association claims could potentially protect all group ceremonies, gatherings, or concerted efforts.
② Those states are Alabama, Minnesota, California, and Connecticut. They were chosen with an eye toward assembling a group that represented states of different sizes and in different parts of the country.

organizations. Ministers are automatically exempt from compulsory military training and service. Aliens seeking asylum can do so on the grounds that they will suffer religious persecution if returned to their home countries and gambling laws contain an exemption for religious organizations. Those in the military may wear religious apparel while wearing their uniforms, subject to limitations imposed by the Secretary of Defense. And last, but certainly not least for purposes of this Note, federal drug laws contain an exemption for the religious use of peyote by members of the Native American Church.

[¶ 74] At the same time that religious organizations are exempted from several antidiscrimination laws, numerous statutes prohibit other organizations from discriminating on the basis of religion. Although these statutes are based on equal protection grounds, rather than on free exercise grounds, they illustrate the protection granted to religion by legislatures. An example of such statutes is the provision prohibiting the selection of civil service employees on the basis of religion. Further, federally assisted institutions of higher education are forbidden to discriminate on the basis of religion, whereas the same type of institutions run by religious groups are free to discriminate on the basis of sex, if their religion so dictates. Title VII prohibits employers and labor organizations from discriminating on the basis of religion, and requires both groups to reasonably accommodate workers' religious practices. Organizations receiving federal money under the National and Community Services Act are prohibited from engaging in religious discrimination. Finally, Organizations receiving federal assistance under the Public Works Act are forbidden to practice religious discrimination.

[¶ 75] The legislatures of the four states studied were equally beneficent toward religious adherents, although the number and type of exemptions did vary from state to state. All four states exempt churches and religious organizations from a wide array of tax obligations; from property taxes to franchise taxes to sales taxes on church restaurants and dining rooms. All four also allow tax deductions for contributions to religious organizations. All four exempt from militia service ordained ministers and divinity students as well as those who object to such service on religious grounds. In some states, children whose parents object to their being taught certain subjects are excused from those classes. And children whose parents object to their being immunized may also be excused from such obligations. Religious schools, in turn, receive various exemptions and protections, ranging from an exemption from antidiscrimination laws to an exemption from registration and approval requirements.

[¶ 76] All four states also have various antidiscrimination laws that forbid discrimination on the basis of religion in such contexts as public employment and educational benefits. Gambling regulations in two of the states contain exemptions for religious organizations. Two states also exempt religious organizations from solicitation regulations and reporting requirements. Religious corporations, in each of the states, are free from many state corporate rules and regulations. Employees in two of the states are excused from physical examination requirements if they object to such exams for religious reasons. Child care facilities and preschools that are run by religious organizations are free, in one state, from licensing requirements and other state regulations.

[¶ 77] Finally, each of the states grants some unique exemptions to religious groups. Alabama, for example, exempts church buses from state inspection requirements, and exempts income earned by foreign missionaries from its income tax laws. California allows religious exemptions from mandated autopsies (to be claimed by members of the decedent's family), and provides various exemptions from health and insurance regulations to those who rely on prayer for healing. Connecticut allows churches and religious organizations to ignore the state prohibition on Sunday work, and allows religious groups to show movies without obtaining a license. And Minnesota allows an exemption from its prohibition against corporate farming for farms run by religious groups; exempts the religious use of peyote from its drug laws; and exempts funeral directors who belong to religious organizations that object to embalming from the requirement of obtaining an embalming license.

[¶ 78] The exemptions mentioned are not exhaustive of those contained in the federal and state statutes, nor are they meant to be. They are included only to provide a sense of the degree to which religion and religious practices are accommodated and protected by legislatures. Although these protections vary somewhat from state to state, the statutory exemptions nonetheless serve to contrast the treatment of religious practice in the legislatures to that in the courts. In numerical terms, at least at the federal level (state court decisions were not studied), it is clear that religious groups have received significantly more exemptions from legislatures than they have from federal courts.

[¶ 79] The results of this brief survey of federal and state statutes, though illuminating, are not very surprising. That legislatures are helpful to "majority" religions① is generally recognized and rarely questioned. Indeed, the very existence of so many Establishment Clause cases suggests that legislatures tend, at least in the eyes of plaintiffs, to be too helpful to (majority) religious groups. If such religious groups are forced to rely on the political process rather than the courts for protection, therefore, one would expect their success in that process to continue.②

这里我们再次看到了更多数据的价值。本文没有仅仅去猜测立法机关是否会赋予宗教豁

---

① The term "majority" appears in quotations because, although the distinction between majority and minority religions is made regularly in academic literature, it is difficult to discern precisely which religion or religions comprise the majority. A recent Gallup Poll revealed that 56% of those surveyed consider themselves Protestant, while 25% consider themselves Catholic, 2% Jewish, 6% "other" (a group that includes Eastern Orthodox, Mormons, and Muslims), and 11% expressed no preference or affiliation. Protestants alone, or together with Catholics, are normally considered the "majority" religion or religions, but this characterization—although numerically correct—overlooks the different denominations within these groups. Southern Baptists, Fundamentalists, Evangelicals, and Methodists are all Protestants, for example, but harbor different religious and, at times, political beliefs. If one views religious groups in terms of denominations, there is simply no numerical majority religion. See Yearbook of American &Canadian Churches 1987 (Constant H. Jaquet, Jr. ed., 1987) (listing 128 distinct religious bodies and 345,961 churches in the United States). Although defining the term "majority" more precisely is beyond the scope of this Note, and as used here "majority" religion will connote those religions generally considered within the mainstream of American society (i.e., Protestants and Catholics), it should at least be recognized that this is an inherently inaccurate term as applied to religious groups. There is simply no religious majority, for example, akin to the white majority.
② It is interesting in this regard to consider Representative Solarz' statement that our nation has always accommodated religion, citing as an example "the use of wine in religious ceremonies during Prohibition." His clear implication is that the Court historically has been responsible for such accommodations, and that they are now in jeopardy as a result of Smith. Yet the exemption for sacramental wine during Prohibition was created by Congress, not the Court.

免权,而是报告了实际发生的情况,因此,结果可能是还将持续发生这种情况。

这里的数据有些不完备。文章并没有致力于将所有的制定法豁免都列出来,甚至没有完全涵盖在其所讨论的五个司法区——联邦法律和阿拉巴马、明尼苏达、加利福尼亚,以及康涅狄格州的法律。其仅仅是把上诉法院在宗教自由行使条款归纳方面的案例从1980年归纳到1990年。而且,文章也给出了大量具体例证以证明宗教团体经常能够获得具体制定法的豁免。

数据是具有部分说服力的,因为,它显示的影响范围很广,不仅仅局限于几个狭小的区域。正如167页注释②所指出的,为了涵盖整个国家不同地区的实际做法而对州进行了选择。不能仅仅是因为它所涉及的是某些宗教,特别是南方州的清教或者特别地讨论了宗教混合的州,例如加利福尼亚州,就对文章的证据予以否定。法律涵盖了许多不同法律规则和宗教实践。而且,如下面会看到的,法律有利于少数派宗教,而并不仅仅有利于最普遍的、占据主导地位的宗教。

3. Minority Religions

[¶ 80] Many argue, however, that religious minorities would suffer if left to rely solely on the political process. As Professor McConnell asserts:

[¶ 81] In a world in which some beliefs are more prominent than others, the political branches will inevitably be selectively sensitive toward religious injuries. Laws that impinge upon the religious practices of larger or more prominent faiths will be noticed and remedied. When the laws impinge upon the practice of smaller groups, legislators will not even notice, and may not care even if they do notice.

[¶ 82] That minorities of any kind fare worse in the political arena than majorities almost goes without saying. Even Justice Scalia, writing for the Smith majority, recognized "that leaving accommodation to the political process will place at a relative disadvantage those religious practices that are not widely engaged in ...." Thus, religious minorities have the most to lose by the decision in Smith, the argument continues, for they apparently lost in that case the protection of the one institution—the courts—upon which they could rely.

[¶ 83] Despite the logical force of this argument, however, there are reasons to question whether religious minorities are better off relying on the courts rather than the political process for protection. First, one must consider the number of political concerns that all religions inevitably share, despite their theological differences. In conjunction one should consider the number of protections that legislatures already offer to religious groups that benefit all religions. Indeed, the majority of extant statutory protections and exemptions are available and useful to all religious adherents. Laws that prohibit religious discrimination, for example, prohibit discrimination against minority as well as majority religions. Tax exemptions are available to all religions, both small and large. Laws that allow religious groups to discriminate in employing or housing members of their own faith allow all religious groups to discriminate. Even the statutory exemptions that may not be useful to some faiths—because their religious tenets do not require a particular exemption—such as immunization exemptions or physical examination exemptions, are nonetheless written generally and apply to any and all whose religious beliefs mandate such exemptions. The existing statutory exemptions, in other words, reveal almost no instances where an exemption or a protection is coupled with a particular religion.

[¶ 84] Second, even those exemptions that are not universally useful to all religions do not necessarily favor majority religions, nor do they demonstrate any bias against minority religions. As Professor Mark Tushnet has argued, religious groups tend to form shifting coalitions in the political arena, simply because there is not one monolithic religious majority and different religions will have different issues in common. In addition, those who are members of religious groups are also members of other types of groups, such as those based on geography, age, politics, gender or race. Thus, the concern that legislative accommodations will disproportionately benefit majority religions should not be overstated:

[¶ 85] Every statute, including an accommodation one, is only one of many laws that a legislature enacts. In a pluralistic society with crosscutting group memberships, the overall distribution of benefits and burdens is likely to be reasonably fair. Otherwise the disadvantaged minority can offer its support to some coalition that is just short of a majority, in exchange for relief from the disproportionate burdens it is bearing.

[¶ 86] The final reason why even minority religions may fare better in the political process than in the courts is simple: they could not do much worse in that process than they already have in the courts. As [one scholar] observed in reviewing the Supreme Court's disposition of free exercise cases: "[P]ut bluntly, the pattern is that sometimes Christians win but non-Christians never do."① Although minority religions fared marginally better in the federal courts of appeals, ② the overall pattern was still one of defeat, for minority as well as mainstream religions.

正如第十八章九之（三），133 页所主张："基督教有时会胜诉，但是非基督教从来不会胜诉"，这个主张是不合理的。而且，有时，基督教和非基督教胜诉的相对比例并不契合该节的整体观点，特别是这个段落的第一句和最后一句话。少数派宗教以及处于主流地位的宗教相对成功。正如本页脚注②所指出的："少数派宗教"这个分类包括了规模比较小的基督教派。例如，耶和华见证人派以及不属于任何基督教派的个别信徒。根据那样一个定义，最

---

① [The scholar] reviewed a series of Supreme Court cases rejecting free exercise claims brought by non-Christians, and observed that although "[e]ach of these cases can be explained away, ... to one who pays attention to bottom line results, the pattern is troubling."
　Professor McConnell takes issue with [this] argument. Although he shares [the scholar's] "pessimistic assessment" of the Supreme Court's handling of free exercise claims, he argues that judges are more likely to accept free exercise claims brought by "nonmainstream" groups than mainstream ones, because they are less likely to question the latter groups' claims about religious necessity. Professor McConnell's argument appears to be that the more bizarre the sect, the morelikely the judge will accept their religious claims. Whatever the merits of this argument may be, Professor McConnell nonetheless admits that "non-Christians never win, and Christians almost never win, either." For the purposes of this Note, it is this observation that is most important.

② Members of the Muslim faith won one free exercise claim. Islamic Ctr. v. City of Starkville, 840 F.2d 293 (5th Cir. 1988). Jehovah's Witnesses won another. Paul v. Watchtower Bible & Tract Soc'y, 819 F.2d 875 (9th Cir. 1987). And a third was won by a woman who though an avowed Christian was not affiliated with an organized religion. Quaring v. Peterson, 728 F.2d 1121 (8th Cir. 1984), aff'd sub nom. Jensen v. Quaring, 472 U.S. 478 (1985). It is interesting to note that whereas all three claimants could be fairly said to belong to minority religions, only Islamic Center involved a non-Christian religion.

高法院判决胜诉的 5 个宗教豁免诉讼涉及的都是少数派宗教：一个涉及耶和华见证人派；两个涉及基督复临安息日派；一位涉及阿米什人派；还有一个涉及无教派基督徒。

但在我看来，在文章的这部分，这些也是细微分歧。而且，尽管有这些分歧，本部分的底线主张依然得到了有力论证：少数派宗教以及主流宗教都很少能依据史密斯判决所推翻的规则在法院胜诉，而在立法程序中却相当成功。

[¶ 87] Finally, that minority religions may have less to fear from the political process than they do from the courts is well-illustrated by the experience of the Native American Church (NAC). Whereas theirs may be a well-recognized church, those in the NAC would certainly classify as members of a minority religion. One would thus expect them to fare poorly in the political process. Yet prior to the Smith case, twenty-three states and the federal government provided NAC members an exemption from their drug laws for the religious use of peyote. The Supreme Court in Smith, on the other hand, denied such an exemption. That NAC members fared worse in court than they did in the legislative process is not only obvious, it is also typical of the disparate treatment of tribal religions by the courts and legislatures.

4. Building Coalitions

[¶ 88] Whether religious groups, minority or majority, are successful in the political process may ultimately depend on how well they can coalesce. As a coalition, religious groups have the potential to be incredibly powerful politically. Indeed, religious adherents as a single, undifferentiated group probably represent the single largest group-larger than whites, males, females, or those in a particular age group-in the country.① This fact alone suggests that statutory protections that benefit religion in general should face almost no political opposition.

[¶ 89] The Religious Freedom Restoration Act supports this suggestion. In restoring the compelling interest test, all religions would apparently benefit; certainly no religions would be disproportionately disadvantaged. The coalition that supports the Act represents an enormous and enormously diverse constituency. Not surprisingly, to this date no religious groups have expressed opposition to the Act. The same should be true for all pieces of legislation that provide benefits or protection to all religions.

[¶ 90] The real question, then, is whether religious groups will coalesce when only one or two religions within the coalition stand to lose or benefit. Can or will religions band together to protect just one religion, particularly a minority one? The answer to this question turns on such considerations as how often minority and majority religions will have issues in common, the degree to which religious groups will see in each exemption struggle a common issue of religious liberty in which they feel a vested interest, or the degree to which religious groups will lend support to others out of altruism. Although a full exploration of these considerations is beyond the scope of this Note, there is one piece of evidence that suggests that religious groups will

---

① Eighty-nine percent of Americans claim to be affiliated with a religious group. There is simply no other single group in the country that could boast such a membership.

coalesce, and will do so for a variety of reasons.

[¶ 91] That evidence lies in the amicus curiae briefs filed in Supreme Court free exercise cases and in several of the appellate cases. These briefs demonstrate that religious groups of different faiths and different denominations do in fact lend support to each other. Sometimes the reason for the support is obvious, as in Sherbert v. Verner, when the Jewish Committee wrote a brief for the Seventh-Day Adventist claimant, who sought relief when denied unemployment compensation because she would not work on Saturday, the day of her Sabbath. In other cases, however, the only apparent connection between the groups is their general interest in religious liberty.① Although hardly conclusive, these briefs reveal that religious groups will unite in the courtroom, even when only one religion can gain directly from a favorable judgment.② If they are willing to coalesce in that context, there appears to be no reason why they would not do so in the political process.

[¶ 92] In addition, religious exemptions do not present a zero-sum scenario, such as affirmative action seems to (in the eyes of some) for blacks and whites. One church's gain, in the form of an exemption, is not another's loss. Thus even if they do not band together, there is little political incentive among churches to oppose exemptions. There also seems to be little religious incentive to oppose exemptions, unless one religion is intent on eviscerating the others. Regardless of differences in theology or belief, therefore, there seem to be more incentives than disincentives for religious groups to form political coalitions for the purpose of securing statutory protection and exemptions.

[¶ 93] That religious groups may be forced or encouraged by Smith to coalesce more than ever may ultimately benefit not only those groups but society as a whole. Rather than sequestering themselves in their own private court rooms, perhaps religious groups will come together to wage political battles in the halls of Congress, in state legislatures and in town halls, and in so doing lower the walls of prejudice and ignorance that often separate adherents of different religions. To the degree that this increased contact will increase understanding and toleration, members of differing faiths can only gain. Their gain, in turn, can translate into a society more tolerant and accepting of diverse religious faiths.

该部分同《宗教自由恢复法案》部分（第Ⅲ部分的 A）一样，提供了一个很好的有说服

---

① For example, briefs were filed in Wisconsin v. Yoder, 406 U.S. 205 (1972), by the General Conference of Seventh-Day Adventists, the National Council of the Churches of Christ, the National Jewish Commission on Law and Public Affairs, and the Synagogue Council of America. None of these religions require exemption from school attendance in the way the Amish do. Another example is Bowen v. Roy, 476 U.S. 693 (1986), a case in which Native Americans objected to obtaining a social security number for their two-yearold daughter, claiming that it would violate their religious beliefs. Amicus briefs were filed by the Catholic League for Religious and Civil Rights and the Rutherford Institute (a conservative religious andantiabortion group). It is arguable that in both cases, those groups filing amicus briefs believed a favorable outcome for the religious group involved could somehow apply to them. Even so, this does not detract from the fact that they offered their support.
② An illustrative appellate case is In re The Bible Speaks, 869 F.2d 628 (1st Cir. 1989), in which members of The Bible Speaks church challenged a bankruptcy court's finding that a former member of their congregation had fraudulently procured gifts for the church. The Council on Religious Freedom and the National Council of the Churches of Christ filed amicus briefs in the case.

力的推测例证。文章不能够证明宗教团体（包括少数派）经常都能够在立法程序中通过结盟来取得胜利。但它却提供了具体证据证明这种联盟是很常见的。我们因此可以预测它们依然会很常见。这可能是在这里最好的写法，而本文有效地实现了这一点。

IV. Conclusion

[¶ 94] Scholars have begun recently to debunk the myth that the courts, and particularly the Supreme Court, have been the great institutional protectors and promoters of civil liberties. In the context of free speech cases, for example, Professor Robert Nagel has argued that "at a minimum, the systemic utility of judicial review in free speech cases has been a matter characterized far too much by convenient assumptions and cheery faith."① The federal appellate cases surveyed demonstrate that the same can be said of the court's role in free exercise cases. In this sense, Smith can be seen as providing the final proof that cheery faith in the courts, in this context as in others, is misplaced. Smith simply made obvious what was true all along: courts have done little to aid or protect the religious adherent, and certainly have done less than legislatures.②

[¶ 95] Unfortunately, the support generated by the RFRA illustrates that the real lesson of Smith has not yet been widely learned. It is therefore ironic that this lesson is only made more apparent by the progression thus far of the RFRA. After losing(once again)in the courts, this time losing big, religious groups coalesced and approached Congress for redress. Faced with such a powerful coalition, Congress responded quickly. Their response, however, is schizophrenic. While professing their deep respect for religious freedom, in reestablishing the compelling interest test members of Congress are tossing the issue of free exercise back into the courts, and in a sense saying that they do not trust the political process (i.e., themselves) to protect religion. Yet once in the courts, the free exercise claimant, as documented, is not likely to succeed.

[¶ 96] If the real lesson of Smith is to be useful, those religious groups that have banded together to support the RFRA should drop that effort but remain together to wage other campaigns. They should continue to seek broad based exemptions in specific pieces of legislation, and force legislatures to confront and discuss such exemptions. If the courts need to be relied upon at all, they can serve as useful forums for determining whether a particular

---

① See also Michael J. Klarman, The Puzzling Resistance to Political Process Theory, 77Va. L. Rev. 747 (1991). Professor Klarman points out that the Court has rarely taken a leading role in protecting such civil liberties as freedom of speech and suffrage, and concludes that "we should not kid ourselves into believing that our cherished civil liberties tradition depends as much on judicial review as many lawyers would have us believe."

② This lesson of Smith lends support to the more general critique of the importance of judicial review. In what has become a famous statement of this critique, Learned Hand remarked:

I often wonder whether we do not rest our hopes too much upon constitutions, upon laws and upon courts. These are false hopes; believe me, these are false hopes. Liberty lies in the hearts of men and women; when it dies there, no constitution, no law, no court can save it; no constitution, no law, no court can even do much to help it. While it lies there it needs no constitution, no law, no court to save it.

Learned Hand, The Spirit of Liberty 189-90 (3d ed. 1960). If one believes that the legislatures represent, to some degree, what lies in the hearts of men and women, Learned Hand's assertion seems correct at least as regards freedom of religion. For it has been the legislatures, not the courts or the Constitution, that have provided the real protections of religious liberty.

religion or religious adherent fits within a statutory exemption. The pursuit of such a strategy, one that entails open discussion of how religion and religious groups should fit within society, holds potential rewards not only for religious adherents but for democratic government as well.

在这里，文章试图联系有关法院保护公民权利的更广泛的理论争论（参见：V.F 更多地将这种联系进行更广泛讨论）。但文章对此只是一带而过。

这可能是一个合理的方法。它有助于解释本文的具体发现如何能与更一般性讨论相联系。如果这看起来和文章的主题有很好的联系，有一些对更广泛理论争论的参考就可能给某些读者留下深刻印象。（正如本文这里的参考那样。）

同时，更详细地讨论理论要点可能很大程度上是在重复理论家所写的内容（尽管通过紧紧围绕该特定文章的特定发现可能予以避免）。这本来可能需要更多时间和精力。而且，即使写得很好，较之于文章本身，它也可能不会增加多少价值：一个良好但可能不是非常新颖的宏大理论可能会蒸发掉相当有用且具有原创性的有关实际宗教豁免的原始材料。作者总能正确决定何者应该放在一边，仅进行一个简短的讨论，这里的结论便是很好的例证。（对此的更多讨论，参见：第七章之三）。

* * *

我们在本文上花了很多时间，但这很值得：看一看本文是如何写好的，有助于你完成自己的任务。不管你写的是什么，不管你想最终有多少人去引用你的文章，模仿本文这样的创新、组织、清晰度以及学生短评的基调都是对你有益的。

附录 A
美国最高法院
1963-1990 年
I. 败诉的自由行使诉讼主张
[引注]
II. 胜诉的自由行使诉讼主张
[引注]
附录 B
美国上诉法院
1963-1990 年
I. 败诉的自由行使诉讼主张
[引注]
II. 胜诉的自由行使诉讼主张
[引注]

第二十一章 将实务工作转化为文章

一、概　述

从头开始写文章可能是很艰难的。幸运的是，你经常可以改写以前为其他目的而写的内容（如暑假在律所兼职或为司法实习而写的东西），从而节约时间和精力。

并不是所有这些工作都可以转化成一篇好文章，有的会缺乏新颖性或创造性，因为现实生活中大都强调的是实用性。但在动笔之前，如果你去查阅相关的法律评论文章，你会发现，大多数实务工作的关注点都是大体上未经仔细研究的问题。而备忘录或司法动议通常都比法学评论文章短小且表浅，但它们依然是可以完善的。

技巧就是果断去除那些不适合法学评论文章的内容，并增加一些因不适合实际工作而没有收录的材料。我建议采用 4 步法：提炼、深化、拓展和具体化。

（1）实际工作通常涉及的都是那些正在办理的案件中重要的部分，但它们往往不新颖，也不具有学术意义。因此，把那些对文章有用的部分提炼出来，将其余的部分丢掉。

（2）实际工作可能经常掩饰对立观点并忽略分析这一重要步骤。你要直面原作规避掉的那些高难度问题以深化写作。

（3）实际工作往往是与具体事件相联系，属于特定司法管辖区或有特定诉讼立场，你需要拓展你的讨论，使之更有用。

（4）实际工作倾向于忽略广泛的学术讨论（这本来很合理）。你需要通过与这些学术讨论相联系，使你的文章在学术上引人注目或对后来的学者更有用。

学术道德提醒：将一篇律师事务所的备忘录转化成一篇文章时，要首先取得该律师事务所的许可。大多数律师事务所都要确保你不会在无意间泄露保密的客户材料，但有的也不希望与你分享他们付出成本所得到的成果（他们对此拥有著作权）。没有文章值得你去冒险——断送你和未来雇主的关系或影响你以后就业的机会。同样的提醒也适用于你在进行司法实习和担任法官助理时。

如果你写的东西要获得学分，你也应该告诉你的导师或研讨课老师，你希望在你曾写过的材料的基础上进行写作。有的老师可能会反对，因为他们认为你只能通过专门为学校写作来获得学分。那是老师的权利，如果你事先与老师联系、沟通过，那么你会有备无患，不至于因先斩后奏让老师指责你欺骗或违反学术规范。

有的老师可能会认识到将一篇应用性东西转化成学术性作品是需要很多努力的，因此他们不会反对你的建议，尤其是当你向他们展示了最初的备忘录，并简要而深刻地对你计划要写的东西进行一番说明之后。

二、提　炼

在你的材料中找出新颖性和有创造性的东西（不要太担心实用性问题，在某案件中有用的东西，在类似案件中一般也有用）。很多案件所涉及的问题可能相当简单，至少并不吸引人，也没有什么有学术价值的答案。

那么果断去掉任何你认为无法增加学术价值的小论题。不要担心文章看起来太短小，你在下面的三个步骤中可以解决该问题。最重要的一点是你应当尽最大的努力去增加你文章的价值，尽量避免重复他人已经提及的内容。

有些备忘录包含了来自于同一个案件中的多个有趣问题，但它们在本质上并没有相互联系，如一个管辖问题和一个基本不相关的实体问题。你应该将它们拆解。最好是写几篇小文章。每篇最好是拥有内在连贯性的独立小短文，而不是由不相关内容拼接成的长文。

三、深 化

实务工作会鼓励你走捷径。但你应该用更彻底的分析代替捷径，使你的文章更有深度、更有价值、更发人深省。

（一）质疑现行法律

如果判例法在你所处的州或者联邦巡回法院已然确定，那么你在的律师事务所或司法实习处的备忘录一般不会去分析这些判决是否合理。你应该在现行法的框架下研究。

而法律评论的文章却不是这样的。文章一般针对的是可以自由采纳该规则的全国和其他州司法区的读者。文章也可以主张联邦最高法院、州最高法院或联邦巡回法院全庭改变一条既定规则——这样的论点是大多数实务性备忘录很少提及的。

因此，不要仅仅说"判决结果是正确的，因为在 X 诉 Y 以及 Z 诉 W 的案子中判例意见即如此。"相反，应该这么说"这些判决结果是对的，因为它遵循了这些基本原则（理论原则或政策原则都行），法院的确是这么认为的（引述 X 诉 Y 和 Z 诉 W 案）。"或者你可以直接说"这个判决结果是正确的，因为它们符合这些基本原则，有些法院不同意，但它们恰恰错了"。

（二）认真对待对立观点

诉讼材料经常忽略有些对立的观点，要么是因为篇幅有限，而对立的观点太薄弱不值得讨论；要么是因为这些论点太有理了，主办案件的律师有意不提；或者因为你认为这位法官不会对此特别关注。而法律评论上的文章一般都需要通过全面讨论对立观点来强化自己的观点。

仔细检查找出含混的地方。如果你写道，"因为 X 正确，所以 Y 正确"，中间是不是遗漏了一步呢？是不是还有一个对立的观点你没有处理呢？你能否被自己的文章完全说服呢？

因此，要抵制走捷径的诱惑。你的文章应该致力于给读者留下一个思考深入、立场公允（fair-mindedness）的印象。为此，最佳办法就是正视而非忽视你的对立论点。

（三）反思你最初的目的

实务工作通常都包含了特定诉讼立场。面对一条模糊规则，审慎的当事人如何才能避免承担责任呢？从哪个角度起诉最好呢？

扪心自问，律师提出的这些问题是否合理？例如，法律规则不应当如此含糊使人们有空子可钻;你可以利用在备忘录中给当事人提出的建议作为说明法规模糊性的例证。或许,法律规则不应当鼓励在此背景下挑选法院(forum-shopping);你应当利用你在备忘录中的讨论来揭示挑选不同法院会带来多大差别。

记住:你不再受限于你原来所肩负的任务。你应当利用你在原工作中投入的时间精力,但是要将思考范围从解决原定的具体问题上拓展开来,并在此基础来写作。

四、拓 展

实务工作一般都关注具体事实和特定司法区。尽管你希望文章涉及面足够小以便能够游刃有余,但同时你也希望使它更有价值,那就意味着要适用于尽可能广的范围。

你付出很少的精力就可以对你的分析进行归纳。如你的文章本来针对的是某个州法,通常情况下,其他州法律与之是相似的。将你的文章关注点转化为整个美国法律或至少关注多数派意见(甚至少数派意见)的法律规则。

你依然可以用你所在州的判例来支持你的论点。你只需要花点工夫来查询一下其他州法律与其的相似度,但这项工作较之于从零论证一个新主题显然要容易得多。

与之类似,你可以观察在多大程度上能很容易地总结事实。如你的备忘录是关于如何为那些未经授权而被公开身份的艾滋病患者提供救济的内容。你可以将其拓展为:披露那些未经授权即公开某人医疗状况而导致该人被他人所躲避的救济机制。

你可能要耗费额外的精力增加一些分析——患有艾滋病和其他疾患之间可能有重大法律意义上的差别。若将这个主题拓展为"对于任何私人事务未经授权而公开之救济",则看起来难度相当大(也许因此不值得去做),因为你原来分析的大量内容可能都是跟你对于疾患状况的关注点紧密地联系在一起的。

五、联 系

最后,你的工作可能得益于与相关领域中的争论之间的联系(参见:第六章之(六)"考虑辅助性问题",51页)。这些联系甚至有可能对讨论的结果提供某些启示。简单而紧凑地讨论这些联系有助于使你的文章更有价值并给人留下深刻印象。

第二十二章 课程论文的写作

一、引言：课程论文与学术论文之比较

课程论文同法学评论的论文十分相似，尽管其写作规范因指导老师而异。因此，本书所讲述的诸多内容（包括写作、修改、论据的利用等）都适用于课程论文。所以，这里我只简要谈一下可能存在的差别。

（一）创造性

课程论文应该具有创造性。你的目标应该是向教授展示出自己的才智和创造性思维。那种思维死板、一成不变且几乎看不出新意的论文通常不能达到上述目标，也拿不到好成绩。

（二）合理性

课程论文当然应该是合理的，而你的指导老师（拥有专门研究研讨主题经验的人）比那些普通读者更能对你的论辩提出中肯、关键的意见。

（三）写作和结构

我们应该仔细地组织和撰写课程论文。诚然，如果你有固定的读者，也就不必担心论文因结构枯燥而失去读者。但是，大多数指导老师会把课程论文看作教你如何更好写作的一种途径，因此他们希望你能写出更具有吸引力的论文。同样，尽管有些教授或许会让你删掉论文中诸如研讨法条背景的部分，但是也有教授可能会把论文当作锻炼学生撰写这类内容的机会，因此会坚持要求写好这些部分。

（四）实用性

实用性是否必要取决于指导老师的偏好。正如第一章之四提出的，实用性是相对的：目的是让你兴趣范围内的文章尽可能有效用。不是所有论文都需要吸引成千上万的律师，不过一旦你选定了主题，就要使文章吸引尽可能多的读者。

在课程论文中，由于你的文章将只有一位读者，指导老师可能就会放松该要求。然而，仍然会有一些老师强调实用性，因为他们希望你能借此机会学习增加文章实用性的技巧。

（五）新颖性

新颖性是否必要也取决于你的指导老师的喜好。因为论文并不是为了发表而写的。你的指导老师可能会认为你的论文并不需要论述一些对于研究该领域的人来说全新的东西。论述的内容对于你来说是新的就够了，这也就表明你已经思考过该问题了。

然而，有许多指导老师更喜欢新颖的课程论文。

首先，课程论文是为了教你创造性地思考问题，是为了提出别人没有的观点。

其次，如果你的论文论述了一些其他人已经说过的内容，指导老师可能会怀疑很多工作不是你自己做的，而只是有意或无意地借鉴了其他人的观点。他可能不认为你抄袭，而你可能只是适当引注了他人观点，并用自己的话说出来而已。但老师会觉得你的作品相对于更有创新性的作品而言思考力度不够。

最后，具有新颖性的作品不仅仅使人印象深刻，它更能够展示你的能力。即便那些声称自己不要求新颖性的人也常常会（在其他方面相同的情形下）更看重那些新颖的论文，而不是那些老调重弹的论文。

二、搞清楚指导老师的预期

如你所见，尽管大多数课程论文的要求都大致一样，但不同指导老师的侧重点不同。你首先要做的就是咨询指导老师的想法。指导老师想不想作品的立意有新颖性？（你要再次考虑学者所谓的新颖性，而不是你自己认为的新颖性。）指导老师是否要求你总结作品背后的法律原则，并提出一项新的建议？指导老师是否更喜欢你花更大篇幅描述法律（以此体现你掌握的情况）而非提出新的修法建议？指导老师是否更青睐一个尽可能对潜在读者有用的主题？

很多指导老师都会及时给学生一个具体引导。但仍有一小部分指导老师考虑得不太全面，因此，你需要专门询问他们。

你是为了某一特定读者群体而写作的。你首先要清楚他们期待什么。

三、确定写作主题

课程论文的主题一般只限于课程的内容。有时，这种限制是有好处的：恰恰因为存在太多的研究领域可供选择，很多学生会为了确定发表文章的主题而花费了很长时间。

以下是一些帮助你确定主题的方法。

（一）咨询老师

通过咨询你的老师来获得一些主题推荐。一些老师不喜欢提供论文选题，因为他们认为寻找主题也是学生的任务之一，但是有些导师更加通融。教授们在教授课程的时候常常用的是他们喜欢的、写过的、阅读过的主题。因此，他们常常有许多关于写作主题的想法。

（二）重视阅读材料

在大部分研讨类课程上，你都会阅读最近的学术论文。通过这些阅读材料了解有哪些主题是未解决的，或者哪些主题仅被粗略地分析、一笔带过的。除非你的导师赞成，不要轻易地将你的论文写成仅对某个特定问题的回答。（详见第一章九（五）"对他人成果的商榷"，第16页）整理你的思路，而不要只简单地围绕你从阅读中发现的问题来写。

（三）关注讨论

仔细聆听课堂讨论。如果同学们在讨论一个特定但没有准确结论的问题，那么这个问题就具有深入研究的价值。当你确定该主题时，需要与指导老师商量，因为你可能会用到由其他同学先提出来的论点。但是，指导老师通常都不会介意，因为你对于主题的书面分析会比其他同学的即兴发言思考得更为深入。

（四）关注时事

很多课程论文的阅读文献和课堂讨论都涉及了时事，这些时事往往会孕育出一些有趣的文章。同时，沉浸于课堂之中会使你注意到一些新闻里有趣的事件或者记住你几个月前听说过的事件。

不要因身处特定的事件环境而感到受约束，尽管这些特定的事件只会产生一些很狭隘的问题或者关注一些不寻常的方面。把事件作为一个具体事例来用会帮助你确定并且面对一个更大的问题。

四、规划好你的时间

学生准备课程论文的时间通常没有准备学术论文的长。学术论文的主题，特别是有关法律评论方面的论文，往往在开学前的暑假或是学期之初就已选好。而课程论文，你只能等到中期，且在已经熟悉了材料、大致想好了自己的写作方向后才能开始。

这样一来，合理安排时间就显得尤其重要。你需要时间选择主题、研究、拟稿并且（如果你的导师同意）交给导师过目，请他至少对其中的一稿进行指导。因此，你要参照自己的规划表，合理安排好课程论文的进度并坚持下去。

五、发表论文

一旦你完成了课程论文，就将其发表。既然完成了任务，为什么不再取得一些额外的收益呢？

不用担心你的文章能否发表在法律评论上。只要你的论文足够优秀，同样可以发表在其他杂志上（参见二十四章之一，第 184 页）。你的文章也许上不了顶级的法律评论，但发表在专业杂志或二流刊物上也聊胜于无。

为了使文章能够发表，也许你需要付出额外的精力。例如，假如你的指导老师曾让你跳过对法律背景的解释，那么你也许需要将其增补并充实。但是通常这并不困难，因为你已经解决困难、进行调查并完成了论文。即使是一篇律师事务所的备忘录也可以改编成法律评论文章（参见第二十一章），尽管就形式而言，它们完全不同。课程论文已经更接近一篇学术论文。

显然，如果你打算发表论文，就应该向指导老师咨询。他可能会给你提供一些建议，而这些建议在着眼于讨论你的这篇课程论文之前，他是不会提到的。更好的做法是，如果你开始就打算将其转变成一篇学术论文，要预先和你的指导老师探讨一下。他可能会有一些在他考虑发表之前没有提出的、关于你选题和语言组织方面的建议。

第二十三章 核查他人文章中的引注

一、给引注核查者的建议

第十八章不仅适用于自己的文章，同时也适用于你核查法律期刊中的文章。

核查引注很重要，应彻底和周到地进行。核查作者的资料来源是法律期刊对法律界应尽义务之一。律师、法官、学者和学生都依赖于期刊文章的准确性。（学者们写自己的文章时可能会核查所读过的该文引用的原始资料，但大部分读者没有时间这样做。）文章所发表之刊物名称就是该刊已经彻底核查过该文的保证。

核查来源是你对作者的责任。大多数作者指望引注核查者帮助自己查出错误，以免文章发表后成为笑柄。

核查来源是你对（过去、现在和将来的）编审同仁的责任，因为杂志上出现令人尴尬的错误对于刊物和作者都有负面影响。

核查文献来源是法律教育的一部分，因为它可以帮助你形成缜密和善于质疑的思维，这有助于你的法律研究和写作。发现他人文章中的错误比发现自己文章中的错误更容易；核查别人的文章是你以后核查自己的文章、写备忘录或诉状的最佳锻炼。

最后，发现作者（特别是一些德高望重的学者）所犯的错误，然后（礼貌地）建议其改正错误可能是有益的。你会因为防止了尴尬的错误和以讹传讹而感到高兴。

因此，当你核查引注时，你应该去寻找上文列举出的那些问题：

（1）如果一篇文章用了转引，要寻找原始出处，对照原始材料核查文章的论点，并建议作者对原始材料与该文一并引用。

（2）要特别仔细地核查文章援引的法院判决、法庭文件或实证研究的报纸摘要，或历史、经济以及社会科学方面的文献。

（3）确保文章准确地描述事实，不使用不当的同义词、省略重要限定词或表述模糊。

（4）在可能情况下，调查该文章所依赖研究成果的正确性。如果你看到研究中的缺点或发现对研究看来中肯的批评就要督促作者修改或澄清，或至少对异议做简要回应。

（5）仔细审视该文章从论据中做推论时所暗含的假设，并建议作者阐明这些假设。

（6）思考读者可能会如何误解文章的观点，并建议作者澄清观点以避免这样的误解。

当然，你应该判断你可以在引注核查的以上各方面走多远；你应该给作者提多少建议才会让其感到舒服，这些建议中有多少你要坚持。我的建议是：

① 彻底核查引注，因为这是你职责所在。

② 宁可多提一些建议。作者一般会感谢你的提醒（特别因为它代表了局外人的客观判断），而且最坏也不过不采纳你的修改建议罢了。

③ 只坚持那些你认为对防止实际错误或很可能会引发读者产生的误解所必要之建议。

④ 礼貌地提出你的建议,并采用有回旋余地的措辞。

⑤ 在未告知作者也未给作者以拒绝或者修改的机会之前,不得自行修改,即使你认为这些地方明显需要修正。

彻底地进行引注核查是法学优于其他学科的一个地方。在大多数其他领域,编辑不会系统地核查文章的引注来源,尽管他们可能会核查论证的整体逻辑,也可能会反对他们自己认为的错误的事实主张。

第十八章中的一些警示例子源自未经引注核查而发表的出版物;《犯罪与司法》是一份由教师编辑的杂志,依赖于作者自行核查资料来源,而其他一些资料来源是出版机构也未经核查的。法律评论的引注核查也是不完美的(想想我在十八章之十,第 136 页用作例子的学生短论),但总比没有引注核查好。当然,你可以把它做得更好。

二、对法律评论编辑的建议

很少有人一上法学院就很擅长引注核查。批判性地核查资料来源是成为法律评论成员后需要学习的一种技能,也是法律评论编辑委员会必须教授的内容。

第十八章和本章前面所述的材料应当是有帮助的。我建议你让新手阅读这些部分并做第十八章第 115、124、131 和 136 页的练习(如可能再做第十七章的编辑练习)。你可以告诉他们,做练习先不看附录二的答案,他们完成练习后再校对答案。

你还可以请编辑来给学生讲解练习,并解释他们本应该发现的错误。网站 http://volokh.com/writing 上有一些 PowerPoint 演示文稿,可能对于讲解是有用的。

第二十四章　发表与传播

你写完法律评论文章以后该做什么呢？（如果你已经不是学生请跳过第一节的前两个部分，直接阅读本章第一节第（三）部分，185页）。

一、考虑在校外刊物发表

（一）你可以做的

如果你所在学院的刊物不发表你的文章，那么就投到其他学院的刊物上去。虽然很多期刊都不愿刊登其他学院学生的论文，但是不少刊物还是会认真地对待校外投稿，并且很多期刊都十分期望优质稿源。以我所在的学院为例，在2006—2007学年，就有12名加州大学洛杉矶分校的学生在校外刊物上发表了文章。

我所认识的其他学生也有同样的经历。一个我建议其将文章投向校外刊物寻求发表的哈佛学生同时获得了两家前20强杂志的回应，最后他选择在《西北大学法律评论》上发表，而该杂志显然排名居前15强。我所在的加州大学洛杉矶分校的一名学生将其两篇论文分别投到了排名前50强的法学院综合性杂志以及排名前20强的专业性杂志上。她的第一篇文章得到了3个法学综合性刊物和3个专业法学刊物的用稿通知。最后她接受了哈佛大学的专业性法学杂志的用稿要约。她的第二篇文章得到了6个综合性和9个专业法学杂志的用稿通知。最后她接受了《加州大学戴维斯分校法律评论》的用稿通知。

另外一名加州大学洛杉矶分校的学生获得了《乔治城移民法律评论》以及《哥伦比亚人权法律评论》的用稿通知。这两个刊物都是享有盛誉且排名前15的法学院刊物。（注意"法律学刊"和"法律评论"本质上是同义词。）我弟弟甚至在进入法学院前就将文章发表在《宾夕法尼亚大学法律评论》上。

要记住，你呕心沥血才写就文章，如果发表了，你就获得了一项珍贵的履历。你甚至还可能在实践上推动了法律的一小步前进，所以不要让任何一个机会溜走。

（二）你应该做的

即便你有机会在自己学院刊物上发表文章，你应该如何做？你可能依然更愿意将该文投到更有竞争力的刊物。

这需要一些努力，但我认为这会给你更好的证明，除非本学院刊物排名前20强（比如《西北大学法律评论》），或可能是排名大约前五的学院专业期刊（例如，《哈佛立法学刊》）。人们在简历中看到在本学院刊物发表论文时可能会认为是受到作者就在该刊工作的影响，从而会小看此文的发表。他们会认为，较之于外来投稿，刊物倾向于对本院学生文章的发表降

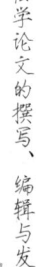

低质量要求。而如果你的文章在其他学院的杂志上发表，人们会认为，文章是经过竞争性遴选的，因而会更重视它。

在你将文章投到其他期刊之前，你应该考虑到学院期刊的同事们会怎样看待。如果他们认为这是不忠诚的，并且会破坏你们之间的关系，那么就没有必要为了争取额外的证明价值而向外投稿。如果你自己学院的刊物已经同意用稿，你当然不能在外面投稿，或者你在对外投稿之后又考虑自己学院的刊物，这也是不合适的行为（因为将文章投向本学院刊物的行为就意味着对接受发表要约的允诺）。

有的学院刊物还是欢迎他们的师生在外边发表的，但如果他们不这样看，你就应该说服他们。

首先，这对本学院刊物是没有害处的。一个刊物的名誉取决于学院声誉，以及外部作者发表文章的质量，并不取决本院学生自己写的短论的质量。

其次，对其他学生在本学院刊物上发表文章有好处。假如有 12 篇学生论文的位置，你把文章发到另外的刊物上就意味着将这个位置空出来给其他同学。

最后，当学生作品在外校而不是本校发表时，对学院和学生作者本人都有好处。

事实上，我觉得（除了顶级的 20 个学院和排名前五的专业期刊外）法学杂志应当制定一个政策来鼓励他们的学生参加竞争性发表。并不是所有学生都会采纳这个建议，有人认为这种额外的评价不值得煞费苦心去争取。但是，较之于在本院刊物上发表，应当鼓励学生考虑在外面发表，这对学生本人、其他同学和学院都更好。

过于看重外界评价可能不太好，因为如果每个人都有足够时间，他们实际上会阅读文章，而不是只去看这篇文章发表在什么刊物上。但现实却是，文章发表在什么刊物上——是否经受了竞争性筛选发表在校外的刊物上——很重要，无论是学生作者还是刊物的编辑都应该认识到这一点。

（三）具体做法

下面是你要做的：

1. 时　机

计算出投稿的恰当时间。最佳时间段为：2 月中旬到 3 月份，以及 8 月中下旬。4 月份和 9 月上旬不如之前的时间段，但也还不错。8 月上旬只是凑合。9 月下旬到 2 月上旬相当糟糕。

多数期刊编委会都是从 2 月中旬到次年 2 月中旬工作（serve from mid-February to mid-February）。很多优质期刊的编委会在 10 月份就把全年的稿子收齐了。很多杂志在夏季都运作得很慢，或者完全停工。在他们阅读之前，稿子会在编辑信箱中停留数周。4 月份和 9 月份投稿不太合适，其原因与 5 月份和 10 月份这段时间不合适投稿类似。

另一方面，如果文章的时效性很强，要尽可能快地投出去。对此，你需要征求导师的意见。

2. 投稿函

要写一封一页纸的、简洁清楚而有效展示你文章新颖性和创造性的投稿函。（参见：附录三：一，256 页的示例。）要尽量让杂志编辑感觉"这是一篇有思想内涵、文笔优美、选题重要的文章。一经刊发，很多人都将阅读并引用。我们应当抓住机会，而不是让这篇文章投到我们竞争对手的刊物上去"。（当然，投稿函的内容要写得更委婉而具体。）

这听起来更像推销员而非严肃而有尊严的学者所为，但是人的一生中很多时候都需要出色的推销能力。如果你有一个很好的想法，你应当努力让人们看到它有多好。

3. 反复校对

要对你的文章（以及文章的摘要，参见二十四章第三节）进行多次校对，确保其读起来尽可能完善。可以向导师寻求一些修改文章的建议。看到你有意愿发表一篇文章，老师会愿意给你提供一些技巧方面的指导，他们会认为这些指导在你不发表文章时没有必要告知。

4. 采用法学院统一注释格式

法学院蓝皮书统一注释格式（Bluebook format）：当你校对时，要确保这个注释是标准格式。且不论其对错，很多杂志编辑都认为统一注释格式象征着一种专业水平。你必须顺应他们的偏见。不是所有杂志都要求遵循统一注释格式，但大多数会要求，所以遵循主流习惯是有一定意义的。即使不采用标准格式的杂志，其90%的文章的注释也采用这种格式，因此，他们不会对你努力成为这90%中的一员而不满。

5. 如果你是学生

不要在投稿函中表明你学生的身份，但也不能撒谎或做一些误导性陈述。很多杂志会意识到你还是一个学生，但不要让他们的注意力停留在这一点上。

6. 刊物

（1）寻找专业性刊物：找一个专门针对你所学领域的专业性刊物（例如《加州大学洛杉矶分校娱乐法律评论》或《耶鲁法律与人文学刊》）。你会希望将你的文章投给这些刊物。

有些文章可能符合多种类别的刊物：例如，有关基于性别歧视法律的合宪性文章可能同宪法学杂志或女性与法律的杂志以及法制史方面的杂志相关。要找出最适合你的刊物，通过下面这个链接来检索刊物的网址： http://lawlib.wlu.edu/LJ；该列表按主题列出了所有法学期刊。也询问下你的导师，是否还有其他值得投稿的专业性杂志可以推荐。

（2）教师编辑的专业期刊：大多数专业期刊是学生编辑的，但有的是教师编辑的。很多教师编辑的期刊坚持认为：当他们在审核你的文章时，你不能再投给其他刊物。你在投稿时要询问他们是否确实有该规定。一般情况下你应当避免选择那些禁止一稿多投的刊物，因为投稿的周期长达数月，在此期间，你不能投给其他刊物。

另一方面，有时你可能有时间等待，（例如，你在12月份写完文章，这时很多学生所编辑的杂志并不接受投稿）。这时你就可以投给老师们编辑的刊物，这些刊物通常都是著名的刊物。然而，你需要礼貌地询问他们，何时能够给予答复。

7. 找出最佳的综合性法学期刊

查询最近的美国新闻和世界报道关于法学院的排名。这个排名并不是评判法学院质量的重要指标，但对学院的声誉还是有一定参考价值的。你肯定希望将文章投到那些排名在21名到60名的综合性刊物，或者有可能是21名到100名的学院刊物上去。

如果你已经毕业，你的文章应当投到排名前20位的法学院刊物上。如果你是在读的学生，你同样可以这么做（尤其是当其他人在给你投稿费时）。但作为一个在读的学生，你的文章被那些刊物采用的可能性比较小。

整个程序听来可能存在令人不快的阶层意识，但确实存在论资排辈的现象。漠视它的代价惨重，原因有二：

其一，刊物的排名越靠前，在你的履历上看起来就越有价值，原因恰恰在于好刊物的用稿标准是优中选优。

其二，考虑一下潜在读者（法学教授、律师、学生、法官或法官助理）。这些人用万律或者是律商进行检索，他们找到 50 篇文章，从标题上来看，都具有相关性，而他们并不认识这些作者。那么他们会怎么选择文章阅读呢？

很大程度上他们会根据发表刊物的名气选择。他们也知道，这种做法是不恰当的，但这是他们唯一能够用的办法，因为他们没有时间去阅读甚至是浏览每一篇文章。

还有其他期刊排序体系。例如，有一种是建立在杂志文章引证率上的，你可能会更愿意据此进行选择。但我感觉美国新闻排行榜很好地反映（并且塑造了）法学院的名气，而杂志的名气一般也是源于其所在学院的名气。

8. 排　版

将你的文章排版成仿佛已经发表了的样式：使用均匀间距字体、优化格式的脚注、单倍行距、加上页眉、边距适当、断字等。这使你的作品更具可读性，看起来更专业。（我已经把样本文档模板贴在网上：http://volokh.com/writing。）一些期刊声称，他们想收到其他文件格式的稿件，例如双倍行距，但我从来没有收到任何对我所提方法的抱怨。我相信以我描述的格式处理的文章会使大部分编辑更容易阅读。

9. 投　稿

（1）ExpressO 和 ScholasticaHQ：这些投稿系统（http://law.bepress.com/expresso 和 http://scholasticahq.com）会自动将你的文章投到你希望投的几乎所有杂志上。麻烦的是，有的刊物只接受其中之一的投稿，这就要求你两者都要用。这可以为你节约大量的精力和开销，在我写作本书时，ExpressO 投一份刊物需要 2 美元，ScholasticaHQ 投一个刊物需要 5 美元（某些刊物的投稿价格不同）。

有的学院具有这些投稿系统的全院投稿许可权，学院任何人，包括学生，都可以免费投稿。ScholasticaHQ 也报告说："将为贫困生提供一定的投稿费用减免——只需要给 support@scholasticahq.com 发送一份申请减免投稿费的邮件。符合条件的可申请减免投稿费用。"

（2）手工投稿：有的刊物也会让你直接发邮件投稿——社科研究网（SSRN）上的 Allen Rostron 和 Nancy Levit 的《法学评论和期刊投稿信息》（"Information for Submitting Articles to Law Reviews & Journals"）一文对此进行了详细介绍，相当不错。

10. 省钱的办法

如果你的学院没有 ExpressO 或 ScholasticaHQ 的集体账户可以供你使用，看一下你的学院是否愿意为你报销部分或全部投稿费用。

你可以咨询一下院长办公室。你的学院是否有一名教师或管理员负责帮助学生找到如法官助理或教职之类的工作，询问该人。或者可以请你的导师帮你咨询一下。

别害羞，这对学院有利，为学生和毕业生获得有价值的证明，开销也不大。我认为，许多学院都愿意这样做，即使管理人员没有承诺这种帮助，但对于一个富有同情心的教员这就是举手之劳。

11. 进行第二轮投稿

如果你在两三周以后还没有收到任何回复，就再将你的文章发给另外 50 个甚至更多的综合性杂志。

你的等待时间应该取决于你的初始提交时间，看第 1 点。如果你在投稿周期中后期提交，那么就不要等到投第二批的时间。绝对不要等到所有期刊都对你的第一次投稿拒稿，许多杂志在数个月都不会给你发送拒稿通知，有些刊物永远不会发拒稿通知。

12. 等消息

13. 答复的时限

如果你收到一个用稿要约，要询问一下，你有多长的时间来考虑答复。杂志通常的考虑时间是 24 小时到两周，尽管有时给你的考虑时间更长。如果它们没有给出截止日期，要求两个星期的考虑时间是合理的，其他杂志通常都会很乐意给你两周时间来选择发表刊物（shop-up）（参见第 15 点）。通常你不必立即答复该用稿要约，即使杂志的确要求立即予以答复。如果该刊已经达到你的最高期望值，你可以同意用稿。

14. 注意用稿要约的条件

仔细看用稿要约，留意他们是否会将你的文章作为一个学生短论发表，而不是发表你的全文。尽管这种学生短论的用稿要约聊胜于无，但并不是非常好。如果这个杂志打算将你的文章作为学生的短论发表，问一下其他同等排名或排名略低一点的杂志，他们是否可以发表你的整篇文章。

如果你愿意，可以询问一下杂志，让他们给你发一封邮件确认最后期限。这一方面可以用作将来的参考，防止误解；另一方面也可以表明用稿要约究竟是作为一个短论用稿还是全文用稿。

15. 选择发表期刊

（1）给所有你投过稿的排名很好的杂志发邮件，告诉他们你拿到了第一个用稿要约，希望他们进行快速审稿。ExpressO 会让你很容易地做到这一点，而且也会把你采用这种方式发过邮件的信息如实记录下来。

通常，这样的讨价还价可以使你获得一个更知名杂志的用稿要约。这在学术道德上也是允许的。杂志也是可以预料到的（尽管它们不乐意）。而且，大家一直也是这样做的。如果其他杂志给予答复的期限比第一个杂志给你的时间更长，你可以说服第一个杂志的编辑给你延长答复期限，特别是你将会相应给予回报（如向其承诺，你只在少部分杂志中间讨价还价，并从其他杂志那里撤稿）。

这个过程看起来可能有点投机，很多人都争论过这个制度，作者们通过一稿多投来争取发表到排名更靠前的杂志上，这就会无端地浪费很多学生编辑的时间。这种主张是有道理的，但如果有其他系统来处理这种问题当然更好。

我觉得有必要给你（作为一个作者）提一些最佳建议。作为期刊编辑，你对当前制度的不满是可以理解的，但在其改变之前，作为作者，你应当知道最有效的操作方法。老师们都了解这些规则。你当然也有权利知道。

（2）除非最初的用稿要约仅仅是作为学生短论（见前面第 14 点）或答复期很短，你都应该给那些排名靠前的期刊重复投稿。在主流期刊排行榜上，一个排名 30 的学院期刊和排名 25 的期刊之间没有真正差别。所以如果排名 30 的期刊首先给你发用稿要约，并且给你提供足够的答复期限（至少一周或两周），你也许愿意回报编辑的好眼光。

另一方面，也许排名 30 到 15 的刊物之间声誉真的有差别（征求你导师的意见，看看差距在哪里）。而且，如果排名 30 的刊物给你很短的截稿日期考虑，你可能会想打电话给排名 29 的或者更好的（或者是排名 31 到 35 的）刊物，以便能得到一个可以给你更多考虑时间并且排名更高的期刊。

（3）不要觉得用排名 75 位杂志所用稿换取排名第 1 的杂志用稿有何不妥。杂志得到用稿要约很难为情。诚然，如果你放弃排名第 10 而接受了排名第 1 刊物的要约，这将更令后者印象深刻。但任何用稿邀约都是一个信号，即一些读者欣赏你的文章。如果你没有给排名第一的刊物留下印象，这对你也没有什么实质性伤害。

（4）哪一个级别更高：是排名 50 的学院综合杂志？还是排名 15 的专业性杂志呢？（假设期刊都不是教师编辑的。）这个反复出现的问题是很难抽象回答的。其部分原因是声誉很难评估，部分是因为不同学科差异很大。例如，国际法律期刊的专业刊物尤其受到国际法学者的广泛关注。

我能给出的最好的建议是要问该专业领域中的教授，并查询华盛顿与李法库（Washington & Lee law library）的引用统计（链接为：http://volokh.com/writing）。

16. 信守承诺

一旦你接受一个用稿要约，不要违约。违约是不道德的，有损你的声誉，在网络时代很快就会闹得满城风雨。安特姨娘（Auntie Entity）告诉我们，"爽约遭大谴"——你要熟稔合同法。[①]

同时，一旦你接受了用稿要约，你能做的事情就是打电话、写信或发电子邮件给其他期刊撤稿，因为这将为它们节省进一步考虑你文章的时间。ExpressO 和 ScholasticaHQ 是很方便的工具。如果你是用邮件投的稿，发邮件撤稿即可。

17. 继续修改

如果你没有得到用稿要约，那再好好对你的文章进行修改。你会惊奇地发现，一两个月没碰你的文章，修改起来改动会很大。然后，将修订后的版本投到随后的 20 到 30 名的杂志上。

如果你重新投稿到了下一个编辑年份（编辑年份一般是从头年的 3 月份到第二年的 3 月份），也记得投一份给原来你投过的刊物，有些刊物可能会愿意发表之前被编委会拒稿的文

---

① 电影《疯狂的麦克斯 3：末日战士》。该剧中司法制度的民事诉讼方面——特别是决斗审，其格言是"两人进，一人出"——更具有争议性。

章。反复投直到你得到用稿机会。美国有大概 400 家杂志，如果你的文章确实值得发表，你总会如愿以偿。

18. 关注随时更新的内容

以上便是我出版本书时所能给予的最好建议。但你要随时查阅一下这个链接来看更新信息：http://volokh.com/writing。如果发文市场有了重要改变，我会及时在该平台更新发布。

＊＊＊

最后，说一下这个过程中不可避免的部分——拒稿。即便是顶级法学院的教授一般也会遭到所投刊物中 90% 的拒稿。我已经写了 50 篇法学评论的文章，其中有一半是发表在排名前 20 位的杂志上，但是我投稿中绝大多数还是被拒稿的。

被拒稿是很正常的。应对这个问题的唯一办法就是置之不理。要记住你所需要的就是用稿而已。被拒稿的原因很多，有可能和你的文章质量没有关系，比如，拒绝你文章的编辑可能更喜欢其他选题，或者编辑可能对学生、法官助理或者执业律师所写的文章有偏见。

最糟糕的是，如果第一次没有被采用，被拒稿的担心使你没有在较广的范围中传播这篇文章，或重新投稿。记住：这不是你一个人的问题，它跟你无关，你的老师也经常如此，而且也没有谁会知道。

二、标题的选择

（一）标题的三个作用

标题有三个作用。首先，也是最重要的是标题可以吸引人们去阅读文章。繁忙的读者在万律或律商数据库上检索到 50 篇文章时，他们会如何选择文章来阅读？他们会看作者的名字和标题。如果这个标题看起来有帮助——不一定是令人兴奋的，但却有用——他们就会进一步阅读。文章的标题至少能够吸引读者投入时间阅读导论部分。

其次，当他们阅读文章时，标题可以为读者提供一个思考框架。如果标题使读者关注到一个概念，读者会更有可能记住这个概念。

最后，标题有助于读者记住你的文章。当然，如果该标题不能吸引人们马上去阅读你的文章，那么难忘的标题对你文章的作用并不大。

所以你应该怎样选择标题呢。下面我就提出一些建议。

（二）从一个描述性标题下笔

以一个描述性标题开头来总结你在文章中所回答的总体问题（尽管并不一定是你具体的答案）。如果一个人对题为《言论自由和职场性骚扰》的文章有疑问，该人对文章的实际内容就会留意。当然标题只能显示出论点的一小部分，但它却能提供足够的讯息来让读者判断是否对文章有兴趣。纯粹描述性标题并不令人印象深刻，也不太有助于为读者提供一个思考框架，但它们却善于吸引人们去阅读文章。

当然，文章的标题能让你自己理解是不够的，也要让读者能理解。我的一篇文章标题为

《测试组》,但后来在发表过程中发现只有少部分读者明白标题的含义。所以我就重新命名为《测试组:完善学生论文的工具》,修改后的标题使该文的目的和价值更为清晰(尽管我觉得标题仍可以优化)。

除了正标题,文章也可以添加副标题,以使你能传达两个观点,一个是概括性的,另一个是具体化的。比如,《言论自由和信息隐私:阻止他人谈论你的权利所带来的问题》就同时传达了概括性观点(文章是关于个人信息保护法中的第一修正案问题)和一个具体观点(问题的产生是因为"信息隐私"实际指的是一种阻止他人谈论你的假设性权利)。正副标题结合起来比较长,甚至有点冗长,但长有长的好处。同样,《学术性法律写作:学生短论、法律评论论文、研讨会论文与入职法律评论》,该书的标题给人们一个简要的总结(本书是关于学术法律写作的),但同时也告诉读者:它对于四种不同目的的写作都有用。

(三)尽量把你关键性创新观点整合到标题中

如果你的文章围绕一个特定概念,尤其是比较前卫的概念而写,那么在标题中尽量包含该概念。比如,你要写的是一篇关于法律规定路人应该见义勇为的文章。你的论文主旨是,虽然该法律有可能带来打击人们与警方合作积极性的副作用,但你认为,关于法律的打击合作效应的广义概念在其他背景下更值得认真对待。

"救助义务与法律的打击合作效应"可能是一个好标题:它告诉潜在读者,本文既是关于救助义务的,也是关于法律引发打击合作的一般性问题。该标题将读者聚焦到"打击合作效应"这个概念上。并且,还给出了一个短语,可以让人很容易地把文章记住。例如,我的同事肯·喀斯特在《耶鲁法律学刊》上就首创了"The Freedom of Intimate Association"这个概念。现在这个概念已经成为宪法上一个广泛认同的概念。

(四)标题的趣味性必须建立在描述性基础上

如果你想在标题中加入一种妙趣横生的说法,那么只有在你的标题具有一定描述性后,你才可以考虑这样的做法。我尽量避免在自己的写作中使用诙谐标题,但我也承认:有一点儿趣味性可以使得文章看起来更有吸引力,可以使读者有个好心情,帮助读者记住标题。我依然记得,在20世纪90年代早期所阅读的一篇名为"百年隐私权"的文章,该标题就很好地抓住了文章的精华(回顾了隐私权概念被沃伦与布兰戴斯首次提出之后,所经历的100年曲折历程),并诙谐地隐喻了小说《百年孤独》。

另一篇名为"A RFRA Runs Through It"的文章标题呼应了一部名为"A River Runs Through It"的电影名。熟悉宗教自由法的人们自然知道,RFRA 是指《宗教自由复兴法案》,一般读作"riff-rah",与"river"的发音几乎没有差别。文章的主题是,联邦的《宗教自由恢复法案》制定后,仿佛整个《美国法典》都应当这样来解读,仿佛《宗教自由恢复法案》对每一个条文都进行了修改,并打破了立法者所强调的政策平衡,最终导致《宗教自由恢复法案》贯穿了整部法典,于是这个玩笑是恰当的。加之该文发表在一个由《蒙大拿法律评论》所主办的座谈会上,而那部电影的拍摄地也正好是蒙大拿。妙极!

但幽默必须谨慎。

第一,业余喜剧演员往往过分高估其玩笑的有趣性。

第二，对有些选题（如堕胎、死刑等），有的读者会认为任何玩笑都是不适合的。例如，《奥尔与不同寻常的刑罚：路易斯安那州强奸死刑 10 周年回眸》——就是一个真正抽象的双关语标题，但用在死刑上时，该玩笑对很多读者来说更多的是反感而不是吸引力。虽然很难确证这点，但你至少应当考虑这种风险。

第三，即使一个有趣的插科打诨也会分散读者对你主要观点的注意力。为了效果显著，该笑话必须很有趣，令人难忘，其好处以超过其分散注意力的弊端。

第四，一些作者觉得某个笑话特别有趣，即使其并不完全切题或本属多余，也无法增添任何价值，但还是想用一下。最好能够准确而恰如其分地严肃表达你想说的东西，而不是用一个表意略有不同的笑话占用本可用于实质性表达的篇幅。幽默的小标题是常见错误：除了笑料，它们往往不能增添任何东西，而实际上可以用一个小标题来有效地取代笑话以传达出文章实际想表达的意思。

所以，要反复斟酌标题，以确保插科打诨真的起作用，并询问朋友们是否赞同。如果尚存疑问，则宁可用纯粹实质性标题。

（五）谨慎地修改标题

比修改其他内容更仔细地修改标题。清晰贴切的措辞以及生动性对于标题相当重要，既让人们对阅读你的文章更有兴趣，也为他们的阅读奠定了更好的基调——如果标题显得很抽象，人们会认为文章的其余部分也如此。

因此，比如，以"Considering the Advantages and Disadvantages of Prohibitions on Concealable Firearms"为标题，就没有以"The Costs and Benefits of Handgun Prohibition"为标题好。"considering the"是多余的，并且"costs and benefits"较之于"advantages and disadvantages"更简短，更直接一些；同时，"handgun prohibition"将多余的介词短语删掉了，将抽象的"concealable firearms"改写成具体的"handguns"。

（六）避免以案例名称作为标题

一般情况下，避免用案例名称作为标题。正如文章通常是关于某个主题的，而并不仅仅是一个特定案例（见第一章第二节第二点，第 35 页），标题亦然。首先，一些读者可能不熟悉案例名称，除非该案非常有名。读者可能对一般主题感兴趣，但不一定了解与之相关的案例。其次，强调一个具体案例会使你的论点显得更狭隘并降低其实用性。

有时，一个案例可能是十分重要且有争议的，以至许多读者会想读有关它的文章——提及该案例名称会吸引更多读者，而不是排斥。但一般而言，标题应该关于整体概念而不是个案。

（七）避免用术语、生僻措辞，以及法条引注

当读者们遇到自己知之甚少的法律术语、法条的引注以及行业术语等，可能会放弃阅读（除非是知名度极高的，例如，"民权法案第七章"或者"美国法典 42 卷 1983 节"），不管其来源于经济学、文学批评、女性主义研究还是哲学等。

很多读者感兴趣的都是一般性话题，但并不一定完全理解与这些话题相关的术语。给他们 50 个与话题相关的标题进行选择，他们会选择那些他们能够理解的而不是他们不理解的。

当然，这里也有例外。比如，如果你文章的实际内容只能吸引那些了解术语的读者，那么技术性术语可能会相当吸引你所希望的读者。但通常要采用直白的语言。

（八）理智地自我定位

别人的文章有一个愚蠢（silly）甚至怪异的标题并不意味着你也应该这样做。知名作者往往不采用描述性标题，因为人们阅读其作品是出于他们的名气而不是文章标题。你却没有这个优势。

（九）一个范例

这里举一个例子。你决定写一篇关于受版权保护的音乐作品的强制许可是否有意义的文章，可以采用最近的一个判例 Allman v. Capricorn Records 作为你的出发点。不要以 "Compulsion or Anti-Monopoly?" 或者 "Licensing Fair and Foul" 来开篇，或者，千万不要这样写 "Copyright and § 115: Is Capricorn a Sign of the Times?"。

相反，你应该：

（1）用一个描述性标题开头。例如："版权与强制许可"或"受版权保护的音乐作品的强制许可"。这些标题并不激动人心，但是人们会觉得对他们有用。

（2）接下来，查找一下是否有与你的论文相关的基础性概念。例如，如果你的主张是强制许可使著作权成为一种"准知识性财产权"而不是真正的财产权，在标题中亮出该概念 "Compulsory Licenses in Copyrighted Musical Compositions: Intellectual Quasi-Property as a Remedy for Transaction Costs."（《受版权保护的音乐作品中的强制许可：作为交易成本补偿的准知识性财产权》）。如果你想率先提出准财产权这个概念，更应如此。

（3）如果你想修改标题，加入一些双关语或俏皮话，现在正是时候。此时，你已经有描述性标题，可以把它与有趣的标题进行比较。如果该有趣的标题更好，那就修改吧。但如果没有更出彩，还是坚持平实的标题为好。

（4）现在，来看看你是否能使标题更简洁、更清晰、更有力。副标题真的为正标题添加了足够的价值吗？你真的需要"Compositions"这个词吗？或如果没有这个词，标题是清楚明了的（或者缺乏技术味）吗？你真的需要"Copyrighted"这个词？还是，本来就是显而易见的，因为几乎所有音乐作品都受版权保护。（我认为"受版权保护"可能是有用的，因为它使普通读者更清楚该文与版权法有关。）你可以使标题听起来更为活泼，也许是 "Compulsory Licenses in Copyrighted Music: Fighting Transaction Costs Through Intellectual Quasi-Property"？我不知道什么是最好的标题，但我认为你应该花些时间修改它。

（5）你在这里不要写任何案件的名称，你可能根本不需要它们。

（6）"交易成本"是一个有点经济学味道的术语，但很著名，可能是值得保留的，特别是在没有更好的同义词时。你不用任何技术性法律术语或制定法的简写是很明智的：如果你的标题是《美国法典第 17 章 115 节：捍卫知识准财产权的交易成本》，你应该将其改成合适的标题（《强制许可……》）——许多读者，甚至连那些了解著作权法某些内容的人可能都不清楚第 115 节所包含的内容。

所以，你现在有了一个很好的标题。虽然该标题并不令人兴奋，但足以写文章了。对强制许可有兴趣的读者，遇到一篇题为《受版权保护的音乐的强制许可：捍卫准知识财产权的交易成本》的文章，可能认为该文值得一读，这就是标题的主要功能。

三、摘要的撰写

摘要是对文章的浓缩。你在投稿给杂志之前应该写好摘要，摘要应放到文章前面，或许应该采用下面的格式：

文章标题

作者名字

摘要：
[摘要写在此处。]

[文章其余部分写在这里。]

有些杂志倾向于用斜体字来印刷论文摘要。但我不推荐这种方式。大段斜体字文本较之于直体阅读起来难度更大。

文章在被传播和阅读中，有四个地方需要用到摘要：

（1）有的杂志会把摘要放在文章前面、目录列表中或者杂志的网站上。

（2）不管文章发表时是否需要摘要，像"社会科学研究网"（见第200页）这样的服务是需要的。这种服务会通过电子邮件发布列表，使成百上千的订阅者都能够获得即将发表之文章的摘要。这些发布的列表对于你的作品获得读者是至关重要的。

（3）有的社会科学研究人员会通过社会科学研究网发布的摘要数据库来查找律商、万律或 HeinOnlin 还没有收录的新文章。

（4）有的法律评论编辑看过投稿论文的摘要后，在推荐其他编辑采用这篇论文的同时，会把摘要转发给他们。

因此，摘要值得你认真对待。不要将其看作是事后添加的想法，在你将文章投出去之前，花几分钟时间来再次检查一下。摘要至少提前几天写好，并且像修改文章正文部分一样将其修改多次。要认真对待你的摘要，因为很多读者所阅读的第一部分就是你的摘要，这也可能是他们阅读的唯一的部分。要尽量精简你的文字，尽可能简洁（但要具有可读性）。

论文摘要是对你的文章进行广告宣传的部分：它试图说服读者花费其宝贵的时间和精力来阅读你的文章，或者至少注意你的导论部分。一份好的摘要可能会说服有些读者阅读全文。但它也有助于其他人记住该文（即便印象不深），当其所涉及的问题对他们变得很重要时，他们可以找出并阅读你的文章。

因此，读者对你的"广告"要求很高。他们一般仅仅通过浏览社科研究网的邮件或者法律评论的目录来查阅摘要，所以他们无法确定文章是否对他们有价值。

你需要通过清楚而简洁的文字迅速向读者展示文章的价值：① 本文试图解决什么问题；② 本文提供了何种有价值的原创性观点。当然，摘要不可能很详细，但它至少要给出文章所做贡献的总体情况。

例如，这里就有一篇比较恰当的摘要，因为它迅速抓住了文章所增进价值的精华：

人们经常认为象征性表达——特别是焚烧国旗——并不是真正的"言论"或"出版"，因此，最高法院保护象征性表达的判决是非法的。

但事实证明，第一修正案的原意可能包括象征性表达。建国时代通常将象征性表达与"言论"和"出版"同等对待。那个时代的言论宪法保护也是如此，尽管这方面的证据更为薄弱。而"言论自由或新闻自由"这一表述的起草历史与19世纪初著名评论家的观点都认为第一修正案的文本被理解为保护"出版"（"publishing"），这一术语也覆盖了象征性表达，而不只是印刷。虽然最高法院从来没有依靠这一证据，但即使原旨主义者也会接受法院的底线结论，即第一修正案包含了象征性表达。

第一句话就解决了三个问题。首先，它指出了该文的主题——宪法第一修正案和象征性表达。其次，该句指出了文章的具体关注点，就是宪法第一修正案是否必须被解读为只是保护言论和出版，而不保护象征性表达。第三，这句话迅速地提供了摘要（象征性表达）的一个具体例证（焚烧国旗）。

第二句话揭示了文章的论点：第一修正案原义有可能暗含象征性表达。在那里止步的读者至少记住了"有一篇文章曾说过即便是原旨主义者也会赞成最高法院焚烧国旗的判决"。

这也许是对文章论点的过度简化，但也是可以的——任何在人们头脑中萦绕的一句话总结难免会过度简化。重要的是，如果将来这个问题困扰读者时，他们可能会查找该文，并予以阅读和利用。如果作者足够幸运的话，读者也许会有兴趣再将全文读完，或者至少在阅读摘要后阅读导论。

后面三句话很快总结了本文用以支撑其论点的主要分论点。这些分论点在本文中可能是历史性观点，而在另外一篇文章中，可能是规范性论点或者实证性发现，这就是本文所做贡献的一部分。再次说明，该总结过分简化可能会导致并非所有读者都能完全读懂，但它至少应该让读者留意到文章所要表达的意思。

最后，结尾的句子将论点与判例法联系在一起：该句解释了这是一篇为最高法院的判例提供历史支持的文章，而不是一篇反对最高法院先例的文章。

很多作者都尽量将摘要写成一段话，有的杂志确实可能喜欢这样。我反对这样做，除非该摘要必须非常简短。简练的段落更具可读性，冗长的段落使很多读者望而生畏。阅读摘要的读者更可能是那些无心深入阅读之人。在有限的篇幅内，使摘要越吸引人越好。

同样，我习惯在摘要中加入序号，例如下面这篇：

如何将州和联邦宪法中保留和持有武器的权利变成可行的宪法原则？我认为，诸如"严格审查""中间审查""不当负担"等单一标准在这里没有意义，正如它们没有完全描述适用于大多数其他宪法权利的规则。

相反，法院应单独考虑限制权利的四种不同类型的理由：（1）来自宪法文本原始含义、传统或背景原则的范围理由；（2）基于某一特定法律不对该权利施加重大负担，因此不违宪而侵犯该权利的主张的责任理由；（3）依据某项特定权利的行使非常危险，以致可能正当地限制该权利的减少危险的理由；和（4）基于政府作为业主、雇主或补贴者的特殊所有者的理由。

我提出了确定这些理由是否充分之宪法标准的位置，而且我利用该框架来分析了范围广泛的一系列限制："内容"限制（例如，禁止机关枪，所谓的"攻击武器"或非个人化手枪）；"对象"限制（例如对重罪犯、轻罪犯、非公民，或18至20岁之人）；"地点"限制限制（例如禁止在公共场所、销售酒的地方或公园持有，或禁止在公共住房中持有）；"方式"限制（如存储的要求);"时间"限制(如等待期);限制的"申报"规定(例如许可或注册要求),以及税费和其他费用的限制。

虽然在一般散文中对具体从句编号是不寻常的,但这里的编号迅速为读者揭示了句子的构造,以及所建议框架的四个要素。对最后一段的列表进行编号可能也是有好处的,但太多的编号可能会使读者感到恼火——略微偏离标准散文风格是好的,但过度则可能使摘要显得怪异。而且,在最后一段中关键项目上的引号可能可以起到替代编号的内部区分的作用。

再说两个技巧:

(1)不要只写"该文分析了某问题",而要尽可能在有限的篇幅内把解决该问题的方法写出来。(上面所引述的第二个摘要就不符合这个规则,但鉴于文章有限的篇幅以及摘要所蕴含的多个具体限制,这很难兼顾。)

(2)尽量讨论概念而不是判例名称、引述的法规或你所回应的其他学者,除非这个案例、法规或学者对你论点非常重要,并且几乎可以肯定你的读者对此是熟悉的。

四、同法学杂志编辑一起工作

假设你的文章已被接受发表,不管是在校内刊物还是校外的刊物。现在,杂志社将对其进行审校并与你一道进行修改。这里给出一些从该过程中获得最大收益的技巧。

(一)以正确的态度对待修改

编辑都是像你一样的法科学子(或者同不久前的你是一样的)。他们较之于你有几个优势:① 他们看待主题和文笔比你自己更客观,所以他们能够发现你可能会忽略的瑕疵。② 他们可能没有你那么熟悉写作的主题,可以以普通读者的视角看到文章中读者需要了解却没有解释清楚的地方。③ 有些人可能比你更擅长写作,或许因为他们上法学院之前有更多的的写作经验或仅因为天赋更高。

同你相比,他们也有一些不足:① 对于写作主题他们了解的比你少,他们所提出的有些修改建议可能不正确。② 有些人写作能力不如你,因此,要求修改的内容可能是不得体的甚至是不符合语法的。③ 他们对于已经定稿的文章提出的修改和增加意见,可能会产生在风格上与你的文章不协调的新材料。④ 文章是你写的而不是他们写的,因此你有资格用你的风格来表达你的观点,而不是用他们的风格来表达他们的观点。

上述问题带来一些建议:

(1)对这样的建议予以认真考虑:你写的某些问题不清楚,论证不充分,没有说服力,写错了,或不得体。如果你的第一反应是"不对,我写得更好",这可能仅仅是因为你已经爱上了你自己所写的话,从而意识不到公正的编辑所能够发现的缺陷。你可能希望接受编辑的建议——如果你的看法和编辑的看法都有合理性,那么听取编辑的建议,因为编辑的看法更客观、更接近大多数读者可能持有的观点。

(2)特别要认真对待这样的建议:你文中材料的来源出错,或者提出了一个没有根据的论点。如果编辑的观点如此,那么有些读者也可能这么看。而且,杂志有权利坚持让你纠正某些实质性错误,因为确保文章的准确性是他们的职责所在。

(3)如果需要插入一些材料,那么最好你自己来添加,或者至少着重修改建议增加的部分。虽然你应当认真对待编辑的反对意见，你也要对他们的修改建议持怀疑态度，特别是有关新的用语的建议（新的文章、脚注中新的插入语、新的摘要等）。这些修改建议往往是有益的，但它们也可能包含错误，可能与你文章的风格不协调。你可以自由地对编辑所建议添加和改动的内容进行大幅度修改；也可以直接拒绝该建议，并写上你自己添加的内容取而代之。

（4）仔细审读建议修改的正文和脚注。脚注和正文都会以你的名义发表，出现任何错误都是你的责任。要检查编辑的工作正如他们检查你的工作一样。

（5）拒绝那些你认为会把文章改得更糟的修改建议。这是你作为作者的权利（除非拒绝修改的部分是错误的，并且具有误导性）。根据我的经验，大多数杂志都认可你的权利。如果经过仔细考虑之后，你认为目前的文章是很好的，而修改建议很糟糕，拒绝修改——把它重新改回来或者标注上"STET"（这是编辑术语"改回来"的意思）。

（6）检查被指出疑似错误的用法。如果你认为有些修改没有根据（例如，编辑说在句末不能够放介词，你不同意），查找一下确切用法。查一下用法词典，比如《韦氏英语用法词典》，新《福勒现代英语用法》或布莱恩·加纳的《现代法律用法词典》，或在律商联讯上搜索一下已经发表的比较受欢迎的文章在多大程度上这样写。还有很多神奇的用法（如不能在句尾用介词），编辑有时赞同如此。如果查找的结果显示你是正确的，并且经过思考之后认为不仅是正确的，而且更具有可读性，那么改回来。如果被问起，礼貌地向编辑解释为何你认为你是正确的。

（7）对"本刊规范"抱怀疑的态度。一般来说，当你提出一个合理的要求时，刊物如果回复说"这违反本刊规定"。这个回答就证明刊物没有更好的反对理由（不过它可能同时也证明，你的请求是不合理的，而编辑们懒得与你争论，这也情有可原。）主张"我们需要保持本卷的一致"，这个理由也是非常牵强的。很少有读者会对期刊一卷甚至一期中的多篇文章进行阅读，并表示"这篇文章有分离不定词（split infinitives）而另一篇文章却没有——格式好不统一啊"。

显然你和编辑最终可能会陷入僵局（impasse），而你是必须妥协的一方。但不要太快让步。如果你对这个问题很有底气，就要跟编辑说明你的坚持是有道理的（sensible），并且要解释文章主要会被看作你的作品，而不是刊物的作品。通常编辑会被说服。

（8）要记住你的文章除了正确性之外，更需要可读性。如果你的用法在理论上是正确的，但编辑的建议实际上更有可读性，就要听从编辑的建议。认真对待修改建议（技巧1）依然是最重要的，尽管有时在认真考虑修改建议后，你可能会持反对态度。

（二）要关注每一处改动

所有上述内容都要基于你清楚每一个改动——实际上你也应该如此。礼貌且坚定地请编辑标出任何做过改动的地方，不管是纸质的修改稿还是通过电脑发给你的电子版。强调你想看到，即便是最细微的修改，甚至是对脚注的修改。

大多数编辑会让你看到所有改动过的地方，即便他们知道自己会坚持某项修改，同时他们也知道应当标记出来提醒你，并且给你一个按照自己的方式修改的机会。因为他们明白最后是由你署名，因此你有权确定该文中的每个字。

遗憾的是，有时候编辑忽略了这一点，特别是当他们认为时间很紧迫而某些错误又特别显眼（glaring）时。我曾经在文章付印几天之前、做最后的校对工作时发现，有人在我导论中加入了一整段却没有提醒我。如果我没有再次仔细审读全文，就会忽略这一处改动，也就会让我的名字与一段我从来没有写过、也没有审查过的文字联系到一起。最为严重的是，这个新的段落有语法不准确的地方，而且写作风格也与我不符。

因此，委婉地告诉刊物，你需要看到所有改动过的地方，无论多么细微；如果你发现有些地方没有提醒而做了改动，你要提出你的异议（也要客气一点），以便确保这样的情况不会再发生。

（三）永远要保留一份你发出的带有标注的初稿

其一，想象一下当你花了很多时间对文章进行修改，而最后仅有的一份修改过的草稿在邮递过程中丢失了，你会多郁闷。其二，保留一份复印件可以使你明了下一节该做的事情。

（四）确保正确地录入了你前面的修改

无论何时，你获得一份新稿后，都要确保所有针对上一次文章标注所需要做的改动都已录入。即便是最优秀的编辑都可能会在输入时犯错误，而你和编辑要共同负责纠正这些错误。

（五）利用这个机会更多地自行修改

在刊物上发表一篇文章通常要经过两次发回修改，以及一两轮的逐页校对（page proofs）。这是你亲自对全文进行修改的宝贵机会。在你提交给老师或者投稿之前，你应该已经对全文进行过彻底修改。但现在又过了数月，因此你很容易用新眼光来看待该文。投稿以后，你可能又学到了更多与主题相关的知识。此时，你可以结合其他人的意见进行修改，但这些修改也可能带来新的问题。因此，你每次都要重新阅读全文，就像你之前做的修改一样将其标记出来——纠正实质性错误，澄清模糊点，删除冗余内容，对文字润色。

在最后的编辑阶段，例如在最后一次进行校对时，刊物可能会要求你除非确有必要，尽可能少做改动。这是对的，但即便是那个时候你也要确保重新阅读全文，找出所有确有必要修改的地方——你会惊讶地发现，在整个修改过程中，有许多错误直到最后一刻才被发现，或者在修改过程中也造成了许多错误。我对此有亲身经历，因为我曾发表的一篇文章中有一个脚注写成了"freedom of speach"。

（六）保留著作权，但许可非排他性权利

作为作者，你的目的是让你的文章尽可能在最大范围内得到阅读。这就意味着：

（1）你希望能够将其发表在你的网站上，要么是你现在就拥有的自己的网站，或者是将来才拥有的、你所在律所希望发表员工著作的网站；

（2）如果将来没有再版，你希望可以制作复印件；

（3）你希望可以以电子邮件的形式将论文发给那些希望得到电子版的人；

（4）你希望将来在写作同一主题时，能够再次运用自己写过的句子以及该文章的结构，或者将来在这篇论文的基础上再写东西（例如，本书就是在我以前写过的一篇文章的基础上完成的）。

（5）你希望在法学院的课堂上或者法学继续教育中，他人能够对该文进行复制，或者让一些实务性刊物转载，或教材能节选该文。

（6）你希望可以基于该文来制作讲义、幻灯片，或讲课用的 PPT。

如果你把著作权转让给法律期刊，你就丧失了这些权利。当然，在实践中，你依然可以为所欲为，因为，法律期刊并没有勤恳地落实他们的著作权。但如果你想诚实行事，你就需要征得期刊的许可之后才能做上述某些事情。例如，有些想用你文章出版教科书的出版商会坚持要得到这样的许可。谁想遇到麻烦以及可能的开销呢？

当然，法律期刊也是需要从你那里得到一些权利的。但它们没有理由取得排他性权利：一般来说，学生所编辑的期刊都有学院的大量补助，并且还可以通过期刊的订阅和发行销售来获得收入，因此他们并不太依靠通过许可、转载收费来赚钱。即便他们想通过这种许可来获利，你都应该同他们抗争，因为这样的收费不利于作者和读者的利益最大化。而且，许可费对大多数期刊来说微不足道，你跟他们抗争一般也不太费力。

下面这些与授权相关的套话是非常符合你和刊物双方需要的：

作者授权刊物永久性、无限制、不排他的复制传播和展示文章的权利，也给其他人以同样的授权。作者授权刊物在法律类期刊上首先发表本文的专有权利。作者承诺在每一份复制件或者单行本上都明确表明本文最初发表在该杂志上。

这就使得该杂志可以：① 印刷该文时不必担心版权责任；② 将该文贴在自己的网站上；③ 让律商和万律将该文放到网上，并且；④ 迅速回复你提出的复制请求（类似的请求经常都是这样的）。这同时也是向刊物确保你不会在其他刊物上抢先发表本文。但这使你可以自由地传播该文，并在后来再次予以利用。

如果该刊物出于某种原因坚持要取得著作权，可以做出如下妥协：

作者授权该刊物永久性、不受限制的复制、传播、展示本文的权利，也授权他人同样的权利。不过，作者保留永久性、不排他的复制、传播、表演、展示、改编权，也授予他人这些权利，（只要作者在本文的每一份复制件、单行本中都标明本文首次发表于该刊物），除非该刊物保留了在法律期刊上发表本文的专有权利。

这个效果跟前面所描述的是一样的，但是在技术上让刊物享有了著作权，该权利不妨碍你利用文章。

如果杂志坚持禁止你想再次利用该文的各种途径——正如，在这部分开头时我所提到的那样——问一下编辑为什么会禁止你再利用文章。我猜想大多数的编辑都会意识到他们并不想阻止你重新利用文章，因此他们会同意你保留不受限制的不排他的各种权利。

不过如果编辑拒绝让你保有不受限制的、不排他的权利去利用自己发表的文章，至少应该说服他们给予你需要的特定权利，比如：

作者授予该刊物永久性、无限制、排他的复制传播和展示该文章的权利，也给其他人以同样的授权。不过，作者也保留永久性、无限制、不排他的权利来实行以下行为（只要作者在每一份复制件或者单行本上都明确表明本文最初发表在该杂志上）：

（1）将本文传到网上，也容许他人如此；

（2）制作和传播本文的复制件；

（3）通过电子邮件传播本文；

（4）基于本文创作新文章和其他作品；

（5）允许他人用作课堂教学、图书出版或法律继续教育或为其他目的，复制全文或本文的一部分；

（6）基于本文章或者再次利用本文的表达来讲课；并基于该讲课来制作相关音频视频。

根据我的经验，有些期刊只要求一些不排他的权利；有些刊物要求排他的权利。但是如果你不同意，给他们发去修改过的合同来授予他们不排他的权利；大多数刊物都允许你修改格式合同，改为上面我所建议的某种形式。只有两份刊物最终都坚持反对我想要的不受限制的不排他权利，而他们最终同意保留我所要求的大部分具体的不排他权利。

你可能也想把下述信息加入到你的脚注中鼓励人们尽可能去复制该文章：

作者特此宣布许可所有的读者不受限制地复印该文章。若要制作其他复本，请通过电子邮件与作者联系 [如果可能，给出你认为至少数年内有效的电子邮件地址]。

这可能会使得人们更容易地制作复制件，而你依然有机会来检查可能涉及重大修改甚至因此对你的文章断章取义的任何复制件。

五、在发表之前公开

（一）将该文章提交给社科研究网

一旦你的文章被刊物录用，将连同摘要投给社会科学研究网 http://www.ssrn.com（只需要按一下"投稿"按钮）。这样文章将会在正式发表之前就公之于众，学术界可以立即阅读和引用，有可能还会给你宝贵建议。如果你还没有写摘要，现在你就来写摘要。本书第二十四章（第300页）给你提供了一些这方面的技巧。

不要等到你的文章发表以后才提交到社科研究网，因为那是数月以后的事情了。如果你认为你需要在读者阅读你的文章之前，对你的文稿进行进一步修改，这也是可以的，但最好不要耽搁太久的时间：你越早公布你的想法，影响力越大，越有助于为你赢得声誉。

你可能会想在获得刊物用稿之前就公布文章，也有一些学者这样做过，那就要加上一个"论文撰写中"（"Working Paper"）的备注，但我一般不推荐这样做：刊物决定用稿是一个鼓励人们阅读该文的信号，尽管他们不认识作者，甚至不知道作者依然是一个学生。

（二）给本领域的博主发电邮

查找一下那些撰写过与自己写作主题相关博客的法学教授和律师，该列表见于下面这个网址：http://www.lawprofessorblogs.com。这是一个很好的开端，但不能止步于此，最好给这些博主发一封邮件做一个简短介绍。

（1）告诉他们，你写了一篇文章，将在哪里发表；

（2）非常简洁而清楚地总结你的论点（例如，如果你写了摘要，就把摘要添加到邮件的附件中）；

（3）附上可以找到该文章的网址（比如"社科研究网"，如果你已经把文章上传到这里）。

不必说你想他们跟你联系，他们会明白这就是你的目的。如果你明说，他们会对此反感。你也不要打扰他们，问其是否会链接此文：他们没有义务去链接新文章，很多人只链接收到的新文章中很少一部分。但确实存在他们可能会链接该文的可能，结果会给你带来更多读者。

六、传播已发表的文章

（一）单行本

一旦你的文章发表以后，你希望人们去阅读它，或者至少有人知道该文的存在。积极传播的理念更容易为人接受。而积极（而得体地）推销自己的人更有可能立刻或者在将来获得工作。

预定至少 100 本单行本，虽然越多越好。超过最小基数后单行本一般是 50 美分到一美元一本，且"挥霍"一把。除非是不得已，不要自己去复印。精美的单行本读起来更舒服，也可以放在书架上供将来参考，且看起来也更专业。

在传播单行本时附上一份简单的介绍信，发给下面这些人：

（1）发给你所在学院所有那些与你有工作联系的教授，尽管有的联系不太紧密。

（2）发给所有帮助过你的教授和律师。（你在致谢中对他们表示了感谢吗？）

（3）发给所有那些在你的脚注中引用过其作品的教授或者律师。在你的介绍信中，告诉他们你引注的精确位置。我们都喜欢看到自己的名字被印出来，因此，我们了解到自己的文章被引用以后，更可能去阅读该文。

不要不好意思将你的单行本发给那些与你观点不同的人。如果你担心冒犯该人，可以用一张友好的便签来缓和一下关系。便签上你可以这样写："我发现您的观点很有挑战性，尽管我不赞同，但还是为我形成自己的观点提供了很大帮助"。（感谢 Hazel Glenn Beh 建议这样措辞。）

（4）你所认识的所有在本领域中工作的律师，包括那些你在做法官助理、假期兼职或者去实习（intern）时碰到的律师。

（5）所有那些在本领域里撰写过论文和案例选辑的老师。他们的地址都在"美国法学院联合会教师名录"中，你可以在图书馆里查阅到，也可以通过万律的 WLD-AALS 数据库来查询。

（6）那些对所有与立法相关文章感兴趣的立法者、议会游说集团和意见团体的办公室。

（7）任何一个可能帮助你传播观点的人。

（8）任何你想留下深刻印象的人。

介绍信尽可能写得个性化一些也是有好处的。（如果可能，）当你向一个法学教授发送文章时尽量同该教授的学术成果联系起来。当你发给律师时要强调你的文章如何对他们有用，见附录三之二和三（257～259 页）的一些例子。

（二）以电子版的形式传播文章

文章发表后，你会得到定稿的电子版。你应该将该定稿的电子版上传到社科研究网（见本章"将该文章提交给社科研究网"），替换掉你的初稿。

有些期刊可能不愿意你将定稿电子版传到社科研究网上去，因为你传上去以后会和他们自己的文章网站形成竞争或者他们会认为，这与万律、律商或 HeinOnline 的协议相冲突。我并不认可这种担心，我觉得法律评论应当愿意帮助作者传播文章。这样，更有助于推动专业和学术的进步，也可以使文章得到更高的引证率，而这是每家法律评论都希望看到的。

但是，如果法律评论坚持不让你把定稿传到社科研究网上，你就要妥协。询问一下法律评论可否上传非最终排版后的电子稿。例如，电子稿的首页的页码改为"1"，使其与期刊上实际页码不同，并且改变上传的电子版本的页面大小，使其区别于发表的文章。这个页码标记的改变意味着读者不能够根据文档上面标注的页码来判断实际发表的页码。如果他们希望引用该文，他们就需要到万律、律商、HeinOnline 或者到法律评论杂志的网站上去查询该文。但是排版页码的改变并不会阻止读者在社科研究网上免费阅读该文。这就意味着有更多的读者可能会想引用该文。

即便法律评论不让你将定稿传到社科研究网上，你也应该要一个电子版以便发给人们。有时候，其他学科的律师和教授并没有万律、律商或 HeinOnline 的登录权限。当他们在某篇文章中见到一个引用，或者在一个网上讨论时提到某篇文章，他们都可能会向作者索要电子版。你应该为此做好准备。

七、规划你的下一篇文章

发表一篇文章后，也许你可能再也不想写法律评论类的文章。但是，如果你还想写更多法律评论文章，你可以回过头来看一下你发表过的文章，看看有没有什么启发。

首先，写作过程中，你可能曾多次想过："那是一个非常有意思的相关问题，但是可能不好驾驭。"例如，如果你写的文章是有关宗教自由和毒品的法律，你可能仅仅关注政府像君主一样的作为（禁止任何人持有毒品），而没有去写政府像雇主一样的作为（开除吸毒人员）以及像业主一样的作为（禁止在政府的公共场所吸毒，例如开放的公园）。写作一个自己不熟悉的领域会使一个本来就很棘手的写作项目雪上加霜。

考虑写一篇单独的有关这些问题某一点的文章，特别是基于你已经在本领域中学到的很多基础性知识的选题（在该选题上是宗教自由）。而更好的是，在一个更高层面上对这些问题进行思考。不要单单去写作为雇主的政府和宗教中的毒品使用，这些选题靠你原来的写作太近，难以给人留下深刻印象。因此，要尽量去写政府作为一个雇主和更宽泛的宗教自由问题，或许只是将吸毒的案件做一个测试特例来用。

同样，当你在一个领域中写作论文时，你很可能会触及到其他领域（参见：第六章第六节，第 49 页）：如当你在写作如何评价基于州宪法的枪支持有权产生的枪支购买等待期问题，你可能会注意到，依据州宪法的隐私权，你的一般推理可能运用到堕胎的这种等待期。这种联想在前一篇文章的写作中，可能是你的跑题之处，但为什么不把这种新想法作为写作一篇以等待期和宪法权为题的更有普遍性的新文章的基础呢？

因此，在基于你所学知识的基础重写以前写过的文章时，要确保你的写作角度是新颖的。

第二十五章 参加写作竞赛

一、为什么要参加

许多机构会举办写作竞赛，通常有特定主题：如海事法、卫生法、第二修正案方面的法律以及其他。这些竞赛有三个好处：

（1）奖金：奖品额度从几百美金到 5000 美金，甚至更多。

（2）获奖证书：你可以在你的简历、求职信和面试中列出所获奖项。在该领域中工作的人可能会对给你发奖的组织有相当深刻的印象，或者他本人可能就是该专业组织的成员。

（3）发表：一些组织会安排发表获奖作品，要么在面向实务人员的期刊上，要么在法律评论上。

有几个网站列出很多竞赛，通常按照主题、截止日期、奖金数额排序。http://volokh.com/writing 可链接到这些网站。

如果你已经写了论文来发表，那么同时将其提交给一个或多个写作竞赛也不错。（如果你要提交给多个竞赛项目，先打电话给他们，看他们是否允许一稿多投；我怀疑有些同意，有些则不同意。）少数竞赛要求学生探讨某一固定问题，所以你的文章可能无法参评，除非你选择写该问题。但许多其他竞赛不限选题，比如：商法或著作权法都可以。为什么不能让你的商法或者著作权法的论文一箭双雕呢？

二、不提供发表机会的征文竞赛

如果竞赛不为入选征文提供发表机会，你的目标应该是：① 投稿到征文竞赛的同时也应投给法律评论；② 用一个领域的成功促成另一领域的成功。

完美的情况是在你写好论文的那个月很多法律评论不接受投稿，如 11 月（见第二十四章一（三），第 185 页）；竞赛截止日期为当月；竞赛组织者承诺在下一次法律评论接受投稿的时间（这里为 3 月）之前公布结果。这样，如果你在征文中获胜，那么你可以在法律评论投稿函中提及你征文竞赛获得的成就。

我感觉获得征文竞赛认可会给很多法律评论编辑留下深刻印象：法律编审可能意识到竞赛由该领域的专家评判，这些人可能比编辑更了解该专题。当然，编辑们仍然会自己评审文章，以确保该论文不仅受从业者青睐，同时也是法律评论所欢迎的学术风格。但是，他们都很有可能受你赢得征文竞赛的影响。

如果你投稿后到四月份，征文竞赛都不告知你结果，也没问题，许多期刊仍然会考虑你的作品。你应该给他们一个后续信函，指出你所投的文章已获奖。这可能看起来像吹嘘，但专业礼仪与社会礼仪不太一样，一些微妙的吹嘘还是相当合理的。

但是，你不应该推迟到竞赛结果公布后才去投法律评论。即使你的文章非常好，你也不可能预测到是否会赢得竞赛，导致最后你可能会因推迟投稿而一无所获。而且，投稿时间拖得越长，你的文章就越容易被别人的文章或一些新判例、法规抢占先机。

如果竞赛截止日期晚于可以投稿之日期该怎么办呢？例如，如果你的文章是准备在 3 月投稿，但征文竞赛的截止日期是 6 月？那么你就在 3 月投稿，然后如果文章在 6 月被接受了，在参赛信中提及这一点。

我不知道这样说是否会有帮助，因为主办竞赛的人可能认为（这也是理所当然的），他们都比一般的学生编辑更了解本领域。竞赛评委也可能会觉得，毕竟这是一个正式竞赛，他们应该忽略论文质量外的其他任何东西。但是，这样说可能不会有什么负面影响，因为即便考官尽力避免受到干扰，他们往往还是会受（竞赛人员的）资质影响。

三、保证发表的竞赛

如果竞赛承诺发表获奖者作品，你应该问自己几个问题：

（一）"该发表刊物是我希望的吗？"

例如，如果你写作该文是因为你最终想从事法律教学工作，你可能希望它发表在传统《法律评论》上而不是发在一个实务性杂志上。如果竞赛主办方承诺获奖者作品将在实务杂志（如《加州律师》，一个受到广泛关注的刊物，而并非传统的法律评论）上发表，那么尽管竞赛设有 1000 美元奖金，它也可能并不适合你。较之于法律评论，实务期刊一般要求论文篇幅短小精悍。所以你的文章可能无论如何都无法满足它们的篇幅限制。

如果你不了解其所提供发表刊物的性质，去图书馆找几本看看。如果在此之后你还是对你的文章应否发表在上面存在疑问，与研究本领域的教授谈谈。

（二）"我是否认为将我的文章投到法律评论上（比参赛）更好呢？"

凭我的经验，一些法律专业学生投一篇非常好的文章可以发表在排名前 50 的法学院综合性杂志上，或发表在法学院排名前 20 的专业性期刊上。如果发不了，那么他们往往能发表在综合类前 100 强，或专业方向类前 50 强的刊物上。他们总能找到发表刊物，但你的目标是发表在名气更大的刊物上。

如果竞赛提供的发表刊物大体处于这个档次（如《卡多佐法律评论》或《密歇根种族与法杂志》），或其他一些专业性顶级杂志（如《美洲印第安人法律评论》），那么你应该为该机会感到高兴。另一方面，如果该杂志看起来不太知名，那么你可能更愿意抓住排名较高的法律评论的发表机会，除非征文奖金高得让你无法抗拒。

（三）"我是否愿意推迟向期刊投稿，而等待竞赛结果呢？"

如果主办方承诺发表获奖论文，那么无疑获奖即可发表。如果他们打电话告诉你，你获奖了，而你却说"谢谢，但我不能让你发表文章，因为它即将被其他刊物发表。"他们可能不再会让你获奖，并可能会因为你浪费了他们的时间而懊恼。不要指望能够在两个地方都发表

——你需要双方同意,但其中至少有一个几乎肯定会拒绝。

因此,你应该等待竞赛结果揭晓后再投给其他期刊。或者,如果你不想等,如果你能得到一个好的发表机会,并且你不介意失去获奖机会,那么你可以同时提交参赛和投给期刊(除非竞赛规则禁止这样做),只是如果杂志首先录用,就要退出竞赛。

如果你的文章似乎对时效很敏感,假设,你认为在未来一年或两年内会有新的法院判例、法规或规章出现,可能会抢占你作品的先机,那么你可能不希望等待发表。你在一个热点领域的写作也一样,你可以预见到其他许多人会写作该主题。如果主办方需要一段时间进行评奖评审,你可打电话或发电子邮件问明他们需要多长时间来做该决定。

另一方面,如果你认为延迟损害不太大,竞赛结果有望迅速揭晓,或者你就想推迟点发表文章(例如,如果你希望等到你毕业时将该文章投出去,以对付一些刊物对在校生发表的偏见)。那么你可能希望参加竞赛,怀着最好的期待,如果他们说"不",再将其投给法律期刊。

四、提供发表机会的竞赛

一些竞赛规定,获奖作品将可能获得发表机会而且不介意你在其他地方发表,并且都会给你奖金。他们可能认为:给予发表机会仅仅是他们向选手提供好处,如果选手对该发表没有兴趣,而在其他地方发表,对他们也没有损失。在这种情况下,你可能要像对待不提供发表机会(第二十五章二,第203页)的征文竞赛那样对待之,除非他们的刊物相当知名,而你确实希望在上面发表。

另一方面,很多人可能会觉得,如果他们给你钱,他们就有权优先发表你的文章。如果真如此,那么你应该将其当作那些的确提供发表机会的竞赛对待(见二十五章三,第204页之前的内容)。

为了搞清这一点,你只需打电话或发电子邮件给竞赛主办方,问明:"我想将文章提交给你们,但我也想投给法律评论以期发表,因为你们没有保证获奖就能发表。这样我还有参赛的资格吗,或者说,你们不介意吧?"

五、征集已发表作品的竞赛

有些竞赛只针对已发表作品。(显然,这些竞赛不提供发表机会,除非出于某种不寻常的原因,他们想发表已经在其他地方发表过的文章。)

如果竞赛规定确实是这样的,你应该打电话给主办方,看他们是否也会考虑已被用稿但尚未刊印出来的文章。一些竞赛实际上可能采取这样的观点:如果他们只考虑已发表作品,因为他们希望别人预先对作品质量把关,就可能不会介意文章是否正式刊印。对他们来说,只要文章已被录用即可。

在任何情况下,如果你要参加这样的竞赛,尽可将文章投给法律评论,一旦被录用,或者发表出来后,发送给(不管竞赛是否有此要求)主办方即可。

六、征集未发表作品的竞赛

一些竞赛要求只接受尚未发表的文章,尽管该竞赛本身不为获奖者提供发表机会。打电话给他们,问明他们是否考虑已经被期刊录用但未刊印的文章。

如果竞赛只受理那些已发表的文章,那么请记住——文章发表一般要等到投出去后 9 个月或更长时间。所以,如果你的文章是在 1 月份写完的,投给法律期刊的最佳时间是 3 月(见第二十四章一(三),第 185 页),如果竞赛截止日期为 4 月,竞赛结果揭晓为 7 月,那就不要因为参赛而拖延向杂志投稿的时间,不然,竞赛结束后数月文章都还不会被发表。

另一方面,如果竞赛主办方要求文章未曾发表过,也不提供发表机会,那么,要么放弃参赛,要么先投给竞赛,等参赛结果揭晓再投给法律评论。这是诚信之举,这将避免树立劲敌的可能。

第二十六章　担任法律评论编辑

一、何谓法律评论？

大多数法学学术论文都发表在由学生担任编辑的杂志上，学生不仅要对发表在这些期刊上的文章进行校对、修改、检查引注，还要负责遴选文章来发表。从学术标准来看，这是一个非常珍贵的权力（因为几乎其他所有学科期刊都是由教授编辑的），因此学生应珍视。

确实有一些由教师编辑的法律杂志，数量不少并且很有名气，《最高法院法律评论》《法学研究》就是其中两例。不过，它们只是例外。即便那些法学名刊，大多也是由学生编辑的（"法律评论"与"法律学刊"一般是同义词，两者并无本质区别）。

几乎每一所法学院都有一份内容全面的杂志，一般是在学院的名字后面加上"法律评论"或"法律学刊"的称谓，如《哈斯汀法律学刊》。这种杂志可发表诸多法律主题的文章。很多学院也有多本专门针对某特定领域的杂志，如《加州大学洛杉矶分校娱乐法评论》。

学生通常在法律评论编辑部工作两年，一般是从第一年的下半年开始（大多都效力于专业期刊），一直到第二年伊始，当然不同学院的时间有所不同。很多杂志都区分 "工作人员"（一般是一年级学生）和"编辑"（一般是二年级学生）。

工作人员主要从事的是脚注的核实和校对工作，并撰写学生短论。编辑一般分为几组：文章编辑大多数是负责遴选文章；短论或者评论编辑大部分是帮助新职员写学生短论；有一部分人专门负责监督审查注释和校对的程序；还有一部分编辑要修改文章具体内容，并做文字处理。然而这些工作会有部分重叠。比如很多杂志的所有编辑偶尔都会进行文字修改和实质内容的编辑。需要注意的是，这是总体情况，不同杂志的情况有所不同。

二、为什么要担任法律评论的编辑？

担任法律评论的编辑需要耗费很多精力，通常一周要花数个小时，可能这些时间是你原本想要用于学习其他课程或者消遣娱乐的。那么，为什么要去干这个工作呢？

（一）为了（丰富你的）履历

法律评论编辑是一个可以呈现在你履历中的宝贵经历。这样的经历对你找一份法官助理或者教师的工作尤为重要，当然，它同样有助于你应聘其他岗位。雇主会认为如果你在法律评论工作过，你就会得到更多编辑、校对和写作方面的训练。而且，因为很多法律评论（特别是综合性刊物）都要经过遴选才能录用，这会给人留下成绩优异或者写作能力很强的印象。

除此之外，参与法律评论的经历不同于成绩，它是一个能够被社会认同的可谈及的资历。你很难和你潜在的雇主谈论成绩。当然，在你的履历上会有分数，但是，并非你想找的每份工作的雇主都会去看你的履历，并且就算看了也有可能会忘记。

但是如果你有在法律评论从事编辑工作的经历，你就可以很大胆地去讨论这个问题，当然只要你不去过分夸大这一点。"你这一年在学校干了什么呢？""我在法律评论部门工作过。""真的吗？你做的是什么工作呢？""我是主编。"这样的谈吐很谦逊但让人难忘。

（二）训练你的编辑、校对以及审查引注的能力

娴熟法律写作的关键是拥有编辑、校对自己文章以及恰当运用资料的能力。而获得这些能力的关键是利用你自己或他人的文章不断进行练习。法律评论会给你大量的训练机会。此过程能教会你注意细节，而这是律师所必须具备的重要技能。

（三）可获得写作动力与发表机会

很多法律期刊都要求你写学生短论，这也是由职员晋升到编辑的一个条件。部分学生短论最终都可以得到发表（不同杂志发表的数目不同）。

正如我在第 23 章的某些部分中提到的，即便你不从事法律评论的写作，你也可以写短论并将其发表。但写作并非易事，如果不给自己点压力，很容易半途而废。担任法律评论编辑会敦促你这么做，而且你的文章也更容易发表。

（四）可获得合作和从事有价值工作的机会

你在法学院所从事的大多数事情——阅读、研究、参加考试都是独立完成的。即便是那些合作性的工作（例如，研讨小组或模拟法庭）也偏重于练习和教学价值，其对外部世界影响甚微。

法律评论让你作为团队的重要一员，朝着有意义的目标去努力：你所编辑的文章最终可能会为法庭或者学者所引用，可能会在实务上对法律和法律思维的发展产生影响。这种团队化努力充满趣味且令人受益匪浅。

（五）接触新理念

在法律评论工作将使你阅读大量法律评论的文章，并且如果你在文献部门工作，将会带动你做大量阅读。很多文章对你没有帮助且索然无味，但是有的文章却不然。

接触新观点本身就令人振奋，并且对你将来的工作也会有所帮助，不管你从事的是学术性还是实务性工作。你自然可以主动阅读文章来了解新思想。但多数人缺乏这种自律性，除非法律评论敦促他们这样做。

三、在哪家法律评论担任编辑

一个学院的法学综合性期刊（有时叫"主法律评论"或者就叫"法律评论"）会比专门性法学杂志更有知名度，因此成为这种杂志的工作人员或者编辑，对于将来做法官助理、从事实务或教职工作帮助很大。法学综合性期刊一般会收到比较好的投稿，因为作者都希望发表到更有知名度的刊物上。尽管我并不认为这种自我强化的排序是公平的，但现实就是如此。

不过，如果你对某特定领域有兴趣，成为专业性法学期刊的编辑或者工作人员也有好处。比如，如果你对知识产权法有兴趣，可以为学院的知识产权法杂志、娱乐法杂志或媒体法杂志工作。首先，工作中接触这些学科的材料对你来说比为综合性法学杂志工作更有乐趣。其次，将关注点放到一个主题上有助于你更好地学习该领域的知识。第三，在那些致力于寻找、了解该领域人才的雇主看来，在专门性杂志工作将为你的履历增加砝码。第四，为专门的法学期刊工作让你与那些雇主有更多共同语言，进而有助于向他们展现你的才华。

四、入职法律评论

法学杂志遴选他们的职员有几个基本的途径：

（1）"来者不拒"：如果你愿意投入工作，就欢迎你成为其中一员。虽然部分杂志会本着这样的遴选方式，但不是所有专业期刊或综合性法学杂志都按这种方式操作。

（2）"择优录取"：如果你的成绩在班上领先，比如，位居前10%，你可以到法律评论工作。

（3）"善写者优先"：法律评论部门举办写作竞赛，通常要求候选人在固定的时间（比如，春假期间）用固定的一系列材料，在固定的主题内写一篇短论式文章。写得最好者可优先被选中。

（4）成绩与写作能力综合选拔：一些法律评论部门通过成绩选拔部分人员（选拔比例可能是一半），并通过写作能力来选拔剩余的人员；还有的会把成绩和写作能力折合成一个分数，选拔得分最高的人。写作竞赛通常在公布成绩之前进行。因此，即便你认为自己成绩好，也需要参加写作竞赛。

（5）从条件2或条件3中择一，外加条件4与"短论写作"（"note-on"）：一些法律评论为没有通过选拔的参选人，提供了一个特招渠道——一般会在第一个暑期让学生写一个全面的学生短评，然后从中选择写得最好的学生。下面列举了一个典型的时间表：

第一年年终之后	写作竞赛
第二年十月	没有参加论文竞赛因而参加学生短论竞赛学生所写的学生短论
第二年二月	常规性应聘者所写的学生短论

五、写作：背景

2006年春季，我匿名参加了加州大学洛杉矶分校的法律评论写作竞赛（并很幸运地被选上）。在十六年前我还是一个学生时，就开始在法律评论上发表文章了；但我认为增加一些近期经验是有帮助的，以便我就此提出更好的建议。

以下的部分内容是基于我在竞赛周的体会，还有部分是基于我平时的写作经验总结，其余部分是基于我对他人成功经验的借鉴。

六、选拔赛到底什么样？

现在，你试图通过写作进入法律评论。怎样做才能取得成功呢？每个学院的法律评论竞赛各不相同，同一个学院每年的情况也会有所不同，但仍有一些一般性准则，在绝大多数情况下会对你有所帮助。

思考一个典型的写作任务。（我再次强调，不同法律评论做法不同，这只是个例子。）你将得到一个主要任务，可能要求你写一篇学生短论。

你得到一个任务，比如，写一篇短论，可能是关于"论述酒类制造商是否应当为那些喝了他们制造的产品而犯罪的人承担严格侵权责任？"或者"分析和评论最近的 Doe v. Roe 案"。这有别于真正的学生短论，你不能自拟题目。

你会拿到事先准备好的研究材料，并且通常情况下，你不能引用给定材料之外的任何权威观点。（有些竞赛可能给你一组材料，但不给你具体问题。在这种竞赛中，你将不得不找出一个有趣的论点来写，当然该论点应该在所提供材料范围内。）

你的篇幅和时间是受限的：比如，在春假期间（如从春假前的星期五晚上到春假结束的星期一早晨），你必须使用特定的行距、字体，最多只能写 10 页文字，加上尾注不超过 15 页。

你会获知详细说明，告诉你所有的格式、结构要求等。你需要严格按照要求写，不管任何人（包括本书）告诉你什么。

最后，可能要求你做校对、采用标准格式或编辑工作——给你几篇独立于主要任务之外的文稿，并故意出错。你必须找出错误，并恰当地予以纠正，一般要使用所要求的特定校对符号。同样，严格按照要求的方式使用这些符号并按照英语规范和蓝皮书（或任何分给你的引证手册）的规则进行。

你的任务是尽最大努力写出最好、最合理、校对最精确、最符合引注格式标准的短论。你还需要尽可能校对好，并按照蓝皮书格式完成编辑任务，要严格遵守向你提出的所有规则。

七、竞赛之前就要开始准备

在竞赛之前的数周里，你就应该着手准备了。当然，若你本身已经有很多工作需要做，便只能利用空余时间（准备考试）。但正如运动员在正式竞赛之前要进行准备活动一样，你必须这样做。写作竞赛会涉及你可能并没有完全了解的专业蓝皮书格式和写作知识。你需要花一些时间来完全掌握这些知识。

（一）阅读背景知识

在竞赛开始之前数周甚至数月，做一些背景性阅读：

（1）了解该法律评论采用的是何种注释风格，对于偏离标准注释格式的情况有无补充说明手册；

（2）了解该法律评论用的是什么样的写作手册；

（3）反复阅读引注风格手册；

（4）反复阅读写作风格手册；

（5）阅读优秀且通用的写作手册，例如，Strunk 和 White 的《写作风格要素》，至少阅读一遍。

（6）阅读本书关于编辑和写作的章节（第九章到十六章），至少阅读一遍。

引注手册会告诉你应当如何引用判例、条例、法律评论的文章以及其他材料。写作风格手册会告诉你如何解决有争议的写作问题，比如，何时应把一个连字符前缀放在"non"之后，或句子是否要从连词开始。大部分编辑任务（如果有）都要求你对引注手册了如指掌。即使没有分给你编辑任务，法律评论写作也希望你在自己的引文中使用正确的格式，并遵循写作风格手册的要求。

大多数法律评论使用名为"蓝皮书"的引文风格手册，为方便起见，我想在本节中谈谈"蓝皮书"和"按蓝皮书格式处理"，意为"你的法律评论采用哪本引文风格手册"。许多法律评论将《德州风格手册》作为其写作风格手册。

（二）特别关注蓝皮书

一旦你搞清楚需要用什么引注和写作风格手册，你就可以开展碎片式阅读，在公交车上、自行车上甚至浴室内都可以进行。该手册包含许多规则，其中大多数并不直观，蓝皮书更是如此。甚至（可以说）蓝皮书规则的存在本身就不直观，例如，你会想到蓝皮书对于《联邦党人文集》和莎士比亚作品居然有特殊的引文格式要求么？

你能掌握蓝皮书的唯一方法是通过仔细地反复阅读，并标记（如使用便利贴）那些令你最意外的内容，还有那些你认为你在竞赛时最需要注意的地方。然后，你将对要求有一定的了解；理解规则背后的一般逻辑（不是所有的规则都可使用一般的逻辑原则解释，但有些可以）；在蓝皮书中看足够多的例子，这样你就能更容易注意到不符合蓝皮书规则的情况。

在蓝皮书中你需要特别注意的内容有：（1）判例；（2）法律和宪法；（3）文章；（4）书籍；（5）简写形式；（6）引证符号。如果你可以通读一次蓝皮书，然后再读这些尤为重要的规则，那就再好不过了。如果你不能做到那么多，你至少要大致浏览蓝皮书的内容并且密切关注尤为重要的部分，聊胜于无。

与我交流的学生都认为："我发现通读蓝皮书……对我特别有帮助。竞赛前熟悉蓝皮书，在竞赛中，会使得审核相关引用容易得多"。"[本章]最有用的建议是在赛前复习蓝皮书，（有重点地）跳读全书。"

你在蓝皮书写作格式方面的技能将可能是你成绩的重要组成部分，这对编辑任务以及你要从事的主要任务来说都是如此。（许多法律评论将编辑任务单列，占最终成绩的 20%～30%）。法律评论毕竟是招纳擅长校对的人，蓝皮书写作格式就是引注检查工作的一部分。

法律评论需要的是勤奋和注重细节的人。当结果会影响你的职业前景时，你都不愿意或不能努力地恰当按照按蓝皮书要求来编辑你自己的文章，编辑当然有理由认为，你在做法律评论工作时，没有个人利害之忧，可能更做不好对他人作品的格式审核工作。

因此，蓝皮书格式处理是你成功与否最可控的因素了。内容评价是有主观性的，你和编辑之间观点的些许不同都会影响你的成绩（即便编辑努力想保持公正）。但谨慎而精确地对待蓝皮书格式要求就要客观得多。如果你蓝皮书格式做得好，你在编辑任务方面将得到高分。

就蓝皮书而言我其实是有所保留的。我认为，不按照其规则行事效果往往更好，我也曾和法律编辑论战过这一观点。或许你也有类似想法。

在你做编辑或者作者时，你可以保留自己的观点。但在竞赛时，要完全遵循蓝皮书的要求。所以在竞赛之前，你需要反复阅读蓝皮书。

（三）参考以前的竞赛

在竞赛之前数周，尝试寻找过去的竞赛资料。仔细地阅读，尽量找到临场感觉。如果有参考答案，要特别要留意（有学生反映"我发现[这个建议]非常有用，因为[阅读过去的参赛作品]能让我（直观地）了解[编辑]想要的是什么，但同时也让[我]认识到不止有一个'正确'的方式来组织文章。"）

如果没有标准答案，询问过去几年参加过法律评论写作竞赛的朋友是否能给你一份复印件。他们可能要与其短评写作部门联系确认一下这样做是否违反规定。但我想应该是可以的，因为他们的做法并没有为你所分配到任务的任何细节提供帮助。

有人建议阅读一些法律评论文章来获取论文写作的感觉。我不知道这是否是一个好主意：因为有些文章写得不好，有些教授，尤其是大家，在其他人无法过关时，却可以畅行无阻地发表。但如果你想要做一些补充性阅读，建议你读最新的法律评论文章。

如果过去的竞赛包括编辑和校对测试，那么尽可能多地去做自测。如果给出了答案，就与答案核对；如果没有答案，就同那些正在准备参赛之朋友的答案进行比较。（在竞争中你不能和他们保持合作关系，但一同进行项目练习是没问题的。）

你也可以登陆 http://volokh.com/writing，其中包含一些蓝皮书格式处理练习。

（四）请教现任或者曾任法律评论编辑之人

如果你认识目前在你学校的法律评论编辑，或者几年前当过法律评论编辑的人，请他们给你指导。他们应了解学院的竞赛程序，并且可以给你比本章更具体的建议。因此，如果他们足够了解你，或者你向他们说明你是如何打算的，就可以请他们就你自身的学习技巧给出建议。

最后，谈论过程本身，可以削减掉（竞赛的）神秘感以及（你对它的）恐惧感。充分准备很重要，感觉准备充分也大有裨益。

（五）回顾你老师对你写作的意见

回顾你过去的写作所得到的任何评价。例如，你第一年在法律写作课上所写论文所获得的评语。大多数作者在重复犯着同样的错误。从中找出你的不足，这样你就可以避免在写作竞赛时再犯同样的错误。

你的写作导师可能会很乐意帮助你。如果你真诚地希望提升写作能力，写作老师会喜欢的。他们经常会乐意就此传授具体建议。

（六）清理你的日程安排

尽量确保你在（准备）写作竞赛期间没有其他任务要完成。如果是春假期间的，提前一周完成你的任务或者推迟完成，把时间空出来，尽量不要在竞赛的那一周做你的课程规划（class outlines）。如果你从事兼职工作，尝试请一周的假，在你参加竞赛之前或之后予以弥补。如果你有孩子，尽你所能寻求其他家长或其他亲友的帮助，拜托他们在竞赛中花更多的时间陪陪孩子。

尽量避免到外地去拜访朋友或家人，哪怕是春假期间。你可能打算在旅途中做大量的工作，但当你身边出现久未谋面的老友，或是需要你陪伴的人时，想要专注工作是很困难的。外出与朋友吃饭是可以的，每个人都需要休息时间，但尽量避免更高要求的承诺。（有个学生说："这是非常重要的。"）

写作竞赛要求你写的东西对你来说是新的，并且要在有限的时间内完成，你会承受着很大的心理压力。就如我稍后会提到的，你要尽早完成草稿，这样你就可以反复进行多次编辑。你真的可能需要花费大量清醒的时间来做该工作。即使你发现，法律生第一年的学习无需耗费最初被告知的那么多时间，但写初稿这周你的负担确实相当重。

但是，如果你不能暂停其他任务一周，不要将其作为不去准备竞赛的借口。即便你必须去旅行、工作、学习或者要照料孩子们，你依然可以做得很好。当然如果你可以只专注于竞赛，（问题）就会更容易一些。

（七）搞清楚你的朋友能如何帮助你（包括静静地和你待在一起）

你的朋友不能帮你撰写或编辑文章，但他们可以帮你拥有并保持良好心态。例如，一个学生反映，"我发现让一个同学负责为我计算工作小时数……是有帮助的。我会和我的密友打打电话，互相开开玩笑，这能促使我更努力地工作。最后，我们会一起喝咖啡[但坐在不同的桌上]，双方的存在都是为确保对方不至于因过早交卷而忽略一些细节……"

"要不是我的好友对我的持续施压，使得我表现得比没人监督时更好，我会投入较少的时间，（可能那时会）表现得更差劲。"如果你对于这种来自于朋友的压力能够做出积极的反应，就要充分利用它。

而另一方面，其他人的反应有所不同。比如，一个学生表示："[不要]跟参赛选手讨论法律评论，因为其他人可能会导致你在竞赛中感到沮丧，[当]你还没写出[初稿]时，别人说：'可以改初稿了'你可能会很受打击。"如果你是会做出这样消极反应的人，就不要相互透露自己的写作进度。

最重要的是了解自己，并把事情安排妥当。这样你和朋友就不会不经意地使对方感到郁闷。人类是社会动物，我们的心情和效率很大程度上取决于社会环境的变化。就这尤其重要的一点来说，在面对高压任务时，事前努力改善一下你的工作环境是有帮助的。

（八）你的挚友可以让你借宿

如果你是和别人合住的，而你的朋友有可能在竞赛期间外出，因为竞赛通常是在假期，你可以询问你的朋友能否将他的房子借给你住。对于大多数人来说，独处和集中注意力对竞赛很有帮助（尽管偶尔的陪伴可能也是有益的）。

（九）糟了！我还在阅读本章，竞赛就开始了

不要惊慌。我只是在一旁给你建议而已，尽管提前准备是有帮助的，但不是强制性的。即使你不能事先准备，只需要在竞赛当中表现好就可以。同样，即便你所做的准备不如你预期的那么充分（你只是略读了蓝皮书的一些章节，而不是反复阅读过几次），也不用担心。

正如一位学生介绍，"我的一个好朋友一直到竞赛开始那天还有很多没有阅读。他根本没有准备，结果还是过了。我敢肯定，他很高兴，他尽力了，尽管准备（不充分）。"

八、开始之后的时间表

（一）迅速开始

迅速开始。一切都将需要比你想象中更长的时间，不管你多么担心，都希望你不要延误。此外，疲劳会与你为敌。如果你在早上或下午就获得材料，但推迟到晚上才开始，你很快就会感到厌倦，效率低下，进而会萎靡不振。

（二）审　题

仔细审题。你必须严格按照题目要求写作。它可能会告诉你：

（1）如何按蓝皮书格式编辑你的文本，如：
- 使用的字体；
- 页边距是多少；
- 每页多少行；
- 如何标示脚注；
- 使用脚注还是尾注；
- 要使用的几种可能的引文格式（例如，蓝皮书诉状格式或蓝皮书法律评论文章格式）。

（2）如何构思文章结构。

（3）可以涉及哪些主题，不涉及哪些主题。

（4）可以做什么研究，不可以做什么研究。

（5）你的论文应该提交多少份。

（6）交稿时间，等等。

尽管你对此可能有所保留，或你认为它们无足轻重，但你必须遵守这些要求。比如它们告诉你要加重"同上"二字，你就要加重。法律评论的编审招募的正是那些愿意并能够遵循要求的人。

另外，尽量听从你的编辑关于如何管理时间的建议。他们可能已经努力地思考过每个部分需要多少时间，你应该充分利用他们的思考成果。

（三）复印试题

如果可以，将编辑、蓝皮书格式、校对测试各复印五份，其余文件复制两份。你可能还需要一份没有任何标记的编辑测试复印件，这样你就可以在上面做最终标记了，另外几份复印件你可以用来打腹稿。（一个学生认为这是"相当有帮助"的，"尽管我没有用完我所做的所有副本，但在竞赛期间有若干的复印件极为方便"。）

（四）阅读任务内容和资料

在开始写作之前通读分配给你的任务和所提供的资料。阅读材料要：① 积极主动；② 不断思考它们与你的问题有何联系。

（1）当你阅读时，突出标记阅读材料，并在一个单独的记事本（或在一个单独的计算机文件）上写下你的任何想法。特别要注意抓住材料的关键点或者那些看起来对问题解决很有用的地方。这时，你会感到压力很大、忙碌、兴奋，这使得你容易忘记一些在脑海中一闪而过的想法。因此不要依赖于你的记忆，而要将这些想法写下来。

（2）如果你的计算机上有语音识别软件，你可以考虑用音频做笔记。这可能比手写笔记快捷，也没有那么累，而且会让你记录下更多笔记。

（3）当你阅读各个材料以及其中各部分时，自问：这与我的问题有什么联系呢？怎样才可以用它来作为支持观点或反对可能的解决方案呢？材料中的案例与我的事实内容有什么样的相似之处呢？不断地问自己这些问题可以让你更容易地获得对论文有帮助的想法。

即使材料的某些部分看起来并不相关，也不要走马观花。仔细阅读，看看是否能找到乍一看并不明显的某种联系。

阅读很可能会是一个艰难跋涉的过程。在第一学年，很可能大部分阅读都是判例；虽然许多案例书有瑕疵，但它们至少将材料编辑出来，并且尽可能选择有可读性和启发性的案例。你的阅读内容可能有许多整体性资料，既包括案件也包括法律评论文章，它们很难全部读完。但不要绝望：你的竞争对手很可能会像你一样觉得这些材料难度大且无聊。

（五）选择论点

大多数法律评论写作要求你自己为所提出的问题给出对策。例如，如果问题是"让人们把 DNA 数据交到全国性数据库内是否符合宪法第四修正案？"这要你自己决定答案是肯定、否定还是具体情况具体分析。同时，你也得提出支撑你的答案的理由。例如，"是的，即使不存在合理依据，只要这对于每个人都同等适用，这样的政策就是合理的。"答案再加上基本理由，就是我所谓的"论点"。法律评论一般会选择给定材料存在多种答案的问题。

这与你在写作课上所做的可能不同。大多数一年级的书面作业是客观的备忘录（objective memoranda），测试需要你自问"在本案中法院可能怎样判决"，以及雄辩的诉状，测试希望你自问"我应该怎样论证我需要论证的观点"？而法律评论写作一般要求你回答"我应提出何种自认为正确的建议，以及我应如何论证我的建议？"

对于一个真正的学生短论而言，论点必须立意高远：它必须是真正的新东西，并且一般写的是你自己选的论题。（见第一章第三节）但任务写作只不过是一个练习，你无需写出什么真正的新东西。你通常只需要在给你的主题中选择一个你能够自圆其说的观点即可，然后清楚地说明主张，并有说服力地予以论证。

对于写作竞赛，一个良好论点的要素有哪些呢？

（1）最重要的是，其合理性越强越好。你论点的合理性比创意更重要。

（2）大多数精心设计的竞赛主题都会有几个貌似合理的答案。当你选择其中之一时，尽量选择在政治上无进攻性的观点。你可能很认可你同学的政治观点——尽量选一个与之冲突不大的观点。例如，如果你的大多数同学都赞成"堕胎合法化"，那么很有可能大多数法律评论的编辑也持有这种观点，你不要冒险去采取强烈反堕胎的立场而疏远他们。

尽管编辑们想尽一切办法避免政治倾向对写作竞赛的影响，但是这种影响几乎还是不可避免的。编辑在寻找理由充分的文章时，他们认为自己的看法较之于对方更有理有据（否则他们也不会采纳这些意见）。因此，在所有其他条件相同的情况下，接近编辑意见之观点的文章在他们看来更有道理。

你不必也不能精确吻合编辑们的意见。但尽量避免那些与你所认为的一般法律评论编辑相去甚远的观点。

当你要写一篇真正的发表文章时，你应该表达你自己的观点，即使大多数法律评论的编辑可能不同意。这种坦诚是你作为学者的职责。这样也可以让你更快乐，因为花费数月时间去写你不相信的东西，可能是一个可怕的经历。

但参加写作竞赛，在阅读和打分之后，你的文章永远不会被其他人了解。它无法说服任何人接受你的想法。它的唯一目的是让你在法律评论部门谋职。专注于该目标即可。

（3）如果你有几个看似合理且无政治争议的建议，尽量选择比较有创意的那个。如果你认为你有除了明显的"是"和"否"之外更好的答案，如："DNA的提交要求合宪，但前提是DNA数据仅用于识别而不是用于分析人的遗传性状"，那么你就提出该观点。同样，如果你有一个很好理由，但与标准答案不同，你也要把它提出来。

不要在这里过分较真：在写作竞赛中，你的观点能自圆其说比创新性更为重要。如果你写的是真正的学生短论，目的是发表，则创新性和妥当性（soundness）都非常重要，但写作竞赛则不然。还要记得页数限制——如果你没有太多的篇幅来展开和论证你的观点，就不要选择太复杂的观点。

但如果你认为你的创造性观点和那些显而易见的观点一样好，就用它。而且请记住，有时更精细的观点实际上比"是"或"非"更好。

（六）如果你不能找到完美论点，用你的既有论点

在所有这些写作步骤中——包括选题、写作、编辑等——你会发现自己拿不准。这是完全正确的论点吗？这部分真的有说服力吗？对案件的这种解释方式是正确的吗？通常情况下，这种不确定性并不是毫无根据的存在：你可以清楚地感觉到有什么不对，尽管你可能不知道如何解决它。

如果发生这种情况，最好的办法一般是继续写。你的时间是有限的，即便是一个重要问题，你也没有时间去担心任何内容。只要尽力做好即可，并且要继续进行下一步，就算不确定你是否选对了论点，你还是要往下写。如果不知道你写的这节是否正确，继续写下一部分。

你完成一两步后，回过头来思考你没有把握的部分。有时，你在此期间所做的工作将帮助你解决问题。有时，暂时将自己从难题中抽身出来可能会带给你一个全新视角。

有时，这将意味着你不得不重做大量工作。例如，如果你意识到你最初的论点是错误的，但你已经写了很多论证这个论点的内容，你可能会发现自己不得不做一些修正。但根据我的经验，这样的重写比写第一稿快得多。

（七）（如果有的话）做编辑/校对/引注格式测试

选择了你的论文论点后，写下你的论点以及任何与之相关的想法。然后把这张纸放在旁边，在开始写论文之前做你的编辑测试。

首先，你可能需要从阅读和思考你的论文题目中摆脱出来，休息一下。在论文写作和做练习之间交替工作有助于你的大脑在思考二者时都能更清醒一点。

其次，编辑测试是很难的，它们往往含有大量错误需要你找出来，而且许多错误（尤其是那些规范性错误）是十分隐蔽的。一个找到这些错误的好方法是在原稿上测试数次，然后再进行整合。如果其中遗漏了错误或者改错了，你下一次审读时可能就不会再犯同样的错误。

正如一个学生向我报告的，"每次你暂停蓝皮书格式处理测试后，过一段时间再看，会发现新错误。"我发现这同样适用于我的竞赛，尽管我写了并且审校了约50篇法律评论文章，我每次重做，还是会发现我所遗漏的问题。

要想让（这样的练习）发挥作用，你必须有多份考卷的复印件，这就是为什么我建议你拿到试卷之后要复印试卷的原因。但是你也必须尽可能忘掉你上次所做的修改，否则你会在最终一次修改时还会犯同样的错误。这意味着你将不得不间隔一段时间来进行审校：比如，你可以第一天做一次测试；第三天做一次；第五天做一次；第七天再做一次。所以，不要把测试放到最后一刻。在你确定自己的论点后就着手这项工作。

许多法律评论会给你一套编辑纠错的校正符号（表示"删除""插入""大写""斜体"等）的列表。列表通常包含各种符号使用方式的例子。细心查看列表，按照要求准确使用符号。

做编辑测试的一些技巧：

（1）如果编辑测试包括了一大堆你必须检查的脚注，假定每个脚注至少有一个错误，如果你还没有找到脚注中的任何错误，再次检查。（测试中的一些脚注可能是没错的，但对任何特定脚注都可能至少有一处错误。）

（2）一旦你找到了一个错误或一组错误，不要对下面的测试放松警惕。测试题设计者经常将一些同类错误（如引用格式错误）或另一类错误（例如，在引号中的语法错误）反复编入。一种类型的错误可能很容易分散你的注意力，让你停止思考其他类型的错误。

为了不要让这种情况发生在你身上，对于每一个脚注你都不要停止检查，直到你考虑了该材料可能存在错误的所有情况。在你的脑子里要有一个错误审查的列表，以用来检查每个脚注——如引号、案件名称格式、其余每一处引用的格式、引文的准确性、在括注中的语法和拼写、该括注的准确性以及缩写规则等。确保你检查了每个脚注的每条引用的每项内容。

（3）不要只检查引文格式，除非明确告知你限于检查这点。你还要检查每一处引用、引述以及资料之解释的准确性（例如引用后面的插入语）。

（4）比较你需要检查的诸多引注，看你是否能发现任何不一致的引文。看到"U.S."中的一个空格可能不会让你觉得有什么不妥；但看到一个地方有空格，而另外一个地方却没有时，你就要注意了：引文中至少有一处是不正确的。

（5）全面回顾：① 你第一年法律写作课堂所做的编审练习；② 你在准备竞赛时所做过的所有编审练习；③ 你第一年撰写论文时写作导师在引用格式方面给你的任何修改意见，并查看是否有编审规范被你一直忽视或搞错。如果有，你在编辑测试时很可能再次犯同样的错误。全面检查纠正任何此类错误。

（6）利用《蓝皮书》的索引，这是非常全面的（虽然不能只依靠阅读该索引，但是你从头到尾通读有关章节也是重要的）。如果你对引文的任何地方不清楚，查核之。

（7）要预料到编辑测试是费时的。一个脚注里的一句话可能耗费你很长时间，因为你要考虑所有可能适用于它的规则。这是要及早做编辑测验的另一个原因。

（八）快速写论文草稿

1. 遵循有关法律评论结构的说明

法律评论将可能会给你如何组织论文的说明，如是否应该有一个单独部分来描述问题的事实；是否应该单独用一个部分来简单总结背景法律等。严格按照规则写论文。正如一位前法律评论编辑告诉我："如果你连摆在面前的格式要求都不遵守，我们又怎能相信你文章的实质性内容会写得更好呢？"

2. 先写完为上策

尽量快速完成初稿。跳过你被卡住的部分。在写作时，不要花时间去校对（除非当你太累了写不下去，校对你所写的内容才是你利用时间的最佳方式，见第二十六章之八第（八）点之13，第221页），不要过于担心引文格式，先写完为上策。

初稿将是结构粗糙且笨拙的（我的第一稿就是这样）。（初稿）可能满是拼写错误，语法错误和废话，更有甚者，你的论点可能会在你写作过程中有所改变。别担心，只要将要写的东西写在纸上，即使有缺陷也无所谓。

根据我的经验，编辑初稿比写出初稿更容易，我已经听到很多人说同样的话。你需要花费大量时间进行修改，因此，你需要尽快完成初稿。同时，在很伤脑筋地阅读材料、提出论点、写出初稿之后，你还需要一点时间休息。尽快投入时间写出初稿，以留出足够的休息时间。

与我交流的学生都同意，"要尽快写出初稿。我认为，用更多的时间去修改，不仅有助于我完善句子的结构、用法、语法、拼写，而且还有助于我考虑这个选题，选择最有说服力的论点以及可能会用来反驳的观点"。

即便在竞赛结束时你担心论文会有重大失误，也不要绝望。你不必有一篇完美的文章甚至最好的文章，它只需要与竞争对手相比足够好即可。在很多竞赛中，三分之一甚至更多的候选者将被录取。因此，不完美不是泄气的理由，而是不放弃的理由。

3. 不要担心初稿的篇幅限制

当写第一稿甚至是第二或第三稿时，不用担心页数限制。典型的初稿可能都会多出三分之一篇幅。初稿中总有一些冗余的短语，长篇大论的解释和不必要的离题内容可以删减。

就初稿而言，重要的是将你的想法写下来。然后，在编辑过程中进行删减。

4. 反驳观点之写作

回应最重要的反驳论点。写作竞赛中的问题，一般都是一个临界点案例，双方都有很好的论点，材料可以支持一方，也可以支持另外一方。你要理解反方立场，尊重他们，然后才解释为什么他们不能推翻你的观点。

不要夸大自己的主张。举例来说，如果你所解释的法规是模糊的，不要试图否认模糊性；承认该条法律的不明确性，并解释为什么你的解释方式更好。写作竞赛是一种学术性写作测试，在知识上诚实是良好学术写作的基础。你应该有一个观点，但是你应当很好地去论证它，而不要言过其实。

5. 使用事实——但不要过于关注它们

一些竞赛会给你一个事实丰富的场景：比如，你可能会被要求写特定法规是否合宪；相关的宪法标准（例如，严格审查）可能会变成一个事实调查（例如，其他的提案是否限制较少，但在满足政府需要方面同样有效）。你可能会被给定一些事实，这些事实可能是从研究或地方法院的认定中摘录或总结出来的。

尝试尽可能多地利用这些事实。看看哪些法律条文可能与事实相关，并解释该相关性。很多律师以及法律学者的技能来自于将法律运用到事实上。而阅卷者也会考查你在这方面的技术水平。

同时，要特别注意一个问题，如果你的题目是处理一个一般性问题（比如，怎样在特定情况下解释强制程序条款），不要花太多篇幅去讨论案件事实，关注点集中到焦点问题上，仅将该特殊案例作为例证来使用。

6. 每一小节起一个小标题

每小节起一个小标题会有助于你组织思维，并保证这一小节都紧紧围绕着这些关注点进行论述。同时，法律评论的编辑可能会赏识这些标题，因为其有助于他们理解你文章的结构。

在你完成这一步之后，将各级标题处理为自动生成目录的格式。这让你对文章的轮廓有把握，也会帮助你查明是否遗漏了重要部分，以及是否存在冗余和不连贯的部分。目录有助于让你确信小节标题已一致大写了，且在语法结构上是并列的。

在检查内容概要之后，把目录删掉，除非法律评论希望你留下目录。目录的目的在于帮助读者理解文章的结构，编辑有可能想通过阅读你的文章来清晰地发现你文章的结构。

7. 遵循《写作风格手册》和写作章节给你的建议

当你在写作时，尽量要遵循第12章到17章的要求，无论你所阅读的是什么样的写作风格手册。例如 Strunk& White 版的，你的大部分成绩将取决于你写作的质量而不是你法律推理的质量。即便你的法律推理再好，也给人留下了深刻印象，但是如果你写得很糟糕也无济于事。

8. 清晰而简单

一个最重要的原则就是要保持作品的清晰度和简单性。这就意味着：

（1）写得简洁，用简单的词。
（2）用短句。
（3）用简短的段落。
（4）用直接的没有修饰的表述，避免花哨的表述（这里我有一个技巧：如果你不确定你的写作是否听起来比较花哨，答案往往是肯定的）。
（5）采用主动语态，除非被动语态更恰当。
（6）避免行文啰唆。啰唆会降低你论文的清晰度和说服力，这在篇幅有限的情况下尤其糟糕。
（7）避免术语，不管是法律和经济术语、文学批评的术语、批评法学研究的术语，还是其他术语。有些读者不理解；很多人能看明白，但很吃力，进而会讨厌你的文章；甚至还有些人对这些术语比你理解得更为深刻，会认为你写错了。
（8）要解释本义。避免采用比喻以及另一些类比用法，除非这些用法看起来确实是有帮助的。

（9）不要随心所欲地简写。即使你向读者做了界定，也不要将 California Plum Marketing Act，简称为 CPMA，要把它叫做 Act 或者是加利福尼亚州法律，或者类似的说法。不熟悉的缩略使得文章看起来难懂而枯燥。

要记住每个给你打分的人都会阅读同样一个主题的十几篇文章。这是非常枯燥、烦人的工作，会使人暴躁。当阅读者看到不清晰的内容时，他们不会去花时间搞清楚你要表达的确切意思；他们也不会在存在疑问的情况下，做对你有利的处理。他们只会给你打低分，相反，如果你的东西读起来比较容易，他们更可能会喜欢。

9. 遵循你法律写作老师的建议

即便你并不完全同意，也要遵循法律写作老师在课上给你的建议。给你打分的人可能是同样的老师教出来的，他们会遵循这个老师教过的规则。

10. 不要让读者产生疏离感

避免：（1）讽刺；（2）恶意；（3）人身攻击；（4）有些人可能认为不公平的政治标签。如果你正在写关于枪支管制的问题，不要谈"枪械狂"或"夺枪者"。如果你写堕胎问题，你真的相信堕胎的人是杀手或者反对堕胎的人是性别歧视都没有关系。把这些抛诸脑后，仔细而有礼貌地对待双方观点，有些人会给你赞成堕胎打高分；而另外一些人会给你反对堕胎打高分，总之你不能够让双方读者都感到陌生。

而且，尽可能避免提出政治上有重大争议的主张。不要回避为论证你的论点所必需的主张，但不要引发不必要的政治论争，如跑题的争议。

如果你必须做这种有争议的陈述，一定要确保仔细地论证，并且要同对立的观点进行辩驳。谨记，给你打分的有些人可能会强烈反对你的观点，即便你不能说服他们赞同你的观点，至少应当向他们展示出你在很严肃地对待他们的立场。

你希望（别人说你）深思熟虑、是可敬的，而不是自以为是、轻蔑或意气用事的。如果你认为有一些观点过于草率、夸张，它可能就是这样。你的实质性论点应当是强有力的，但你的语气应该是温和的。

11. 谦　逊

你还想别人评价你是谦虚的，当然这不同于含糊或过于恭敬。模仿卓越而受人尊敬的学者的风格时要谨慎。模仿对于学者而言是好的，但一个一年级法律系学生的模仿可能显得太自大。

"对这一问题的深刻哲学理解可以帮助我们避免法院所犯的错误"，这意味着你是一个哲学家，而法官则是浅薄的傻瓜。即使这是你所想的，你也不应该这样写。

同样，"本文将证明 X 教授的观点是错的"听起来很嚣张，它会引发持怀疑态度的读者去寻找你的论证漏洞以及 X 的观点可能是正确的依据。最好仅实质性论证你自己的观点，并反驳对方的观点，而不要自我表扬。

12. 避免幽默

写作中的幽默是很难的，在压力和有限时间下幽默更难。最好保持严肃。

不要担心给人留下印象、脱颖而出或被人记住：你的目标是展示出聪明、细致、清晰，不闪烁其词。正如一位前法律评论编辑对我说的，"脱颖而出最简单的办法就是写好"。

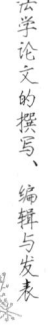

尤其要避免讽刺。且看另一个编辑的评论："有些人写得很好，但很少有人能写得睿智而得体，几乎没有人可以既充满讽刺又能写好。严肃而恭敬的语气通常会在写作选拔中得到读者更好的反应。此外，万一他们不同意你的政治立场，也不大可能被激怒。"

13. 当你累了

当你太累而写不下去了，你可能仍然有一些精力做其他事情。交替干以下事情：① 做一个编辑测验（见 216 页）；② 校对你已经写好的内容。一个学生报告说："交替进行写作和格式审校测试有助于我尽可能提高效率。"

交替进行写作和格式审校测试也会有助于保持蓝皮书格式规则在脑海里的清晰印象，从而有助于你编辑好自己的文章。

14. 为你写的内容加脚注/尾注，但不要将太多注意力耗费在格式上

当你使用一个材料时，立即添加脚注或尾注。如果你打算在最后加上它，你可能会发现你没有留下足够时间，或你忘记在哪里加注释，或加什么注释。大部分的分数将取决于所写内容的完整性、准确性和注释格式。查看和编辑脚注是法律评论工作很大的一部分。所以，编辑正在寻找的是擅长处理注释的人。

写作时不要让脚注细节过分地分散你的注意力。如果写得很顺，继续写，不要耗费时间来追求完美格式。当你写累了，并且需要分散一下注意力——一般是在一天很晚的时候，且离竞赛结束日期尚远——去检查脚注并予以修改。

所以，如果你知道一些论断是正确的，但不记得你在何处读到的，只需添加一个空白脚注。然后，当你通读全文看到你强调的地方，就可以将其补上。

15. 避免在尾注中写本应在正文中写的内容

如果你想让评阅人读到某些实质内容，那就把它写在正文中，而不是放在尾注中。因为他们很可能在读到文末之前都不会去读尾注，如此一来，他们也看不到你放在尾注中的重要内容。看到时，为时已晚。如果你不在乎评阅人是否阅读该材料，那么何不随便放到任何地方，甚至尾注中呢？

该规则至少有一个例外：如果你在尾注中引用一个判例，并认为关于其是否适用可能存在一些争议，你可能希望在尾注中澄清这一点。并且，如果你被告知使用脚注，而不是尾注，你可能有更大的灵活性，因为比起尾注，读者更有可能注意到脚注文本。但要注意的是，即使是这样，有些读者仍会分心，且他们会因看到一个题外话而恼火。

16. 避免奇怪的格式特征

避免使用非标准的花哨格式设置功能（例如，将页码序号放在左边，奇特字体和奇特页眉等）。打分是一个繁琐程序，打分人往往很容易生气。不要试图通过外观来让你的论文脱颖而出，而应该通过其清晰性和说服力来实现。

（九）高效地利用资源

1. 使用所有可用的尾注空间

如果要求将材料放到尾注中，也给了一定的空间，尝试用好为你提供的所有空间。否则，

这会显得肤浅而且是仓促拼凑而成的。当然,你不能塞进一些无关紧要的东西:要查找确实与你的引文相关的说法,肯定很多。

一位一流法学院毕业的短评首席编辑认同这点。"确保利用所有给予你的尾注空间。这不太讲道理(或反应写作的文采),但我记得使用过的人讲,给了 15 页而只用了 5 页,会被视为没有足够努力。每个字都很关键,即便给人一丝努力不够之印象也是致命的。"

2. 尽量利用所有材料

如果还有一些提供的材料没有使用,再仔细看一遍,确保你没有错过任何东西。

有时,编辑可能会故意给你一些并不真正需要的材料。有时,你的论证可能自然而然地把你引向与某些材料无关的方向。

但这些情况应当是罕见的。一般来说,如果编辑给你一些材料,每个材料都可能是有帮助的。阅读它们,引用它们,但最重要的是使用它们,不只是为了引用而引用,而是找出材料切合你论点(或一些反驳观点)的价值所在。

3. 不要只是描述权威观点

不要只描述权威观点,比如,"在 X 诉 Y 中,发生这种情况。法院以这种方式裁定。在 A 诉 B 中,发生这种情况,法院也这么判……因此,在本案中法院应该这么判。"相反,应当将权威性结论总结成规则,然后引用它们来支持你的总结。例如:见第五章"二、总结先例,但不要每一个都总结",44 页。

4. 重视权威性结论的重要性

如果法律评论编辑给你一套材料,这套材料可能会包括:美国最高法院判例、上诉法院判例、初审法院判例、法律评论文章以及从专著中节选的内容。如果他们要求你做自己的研究,那么研究结果将包括类似的混合性材料。

要注意某些权威观点比其他材料都重要。美国最高法院的判例较之于地区法院的判例更重要,美国最高法院的判例在全国都有拘束力,而地区法院的案例并不是在每个司法区都有拘束力。不要夸大地方法院判例的价值。

"X 诉 Y 判定 Z",其中 X 诉 Y 是区法院案件或甚至是上诉法院案件。这个事实本身并不能得出决定性结论:Z 就一定是法律,或者其他法院将做出同样的判决结果。明确使用下级法院看来相关的判例,但请你注意,如果你依靠下级法院的判例,你必须解释:为什么该判决应当遵循,而不是仅仅假定应遵循(即便下级法院的判例看来非常靠近你的事实)。

你还应该依靠真正权威,例如,判例、条例、宪法和法规,而不仅仅是依靠给你的法律评论文章。文章不过是各种观点凑成的,"某教授云云"本身并非法院就会或应当接受其观点的很好论证。

当然,当你借鉴他们的论点时,就要引用其文章,充分利用他们所提供的任何启发,以及可以给你论点以支持的东西。但主要支持你论点的应当是靠你自己的逻辑连接起来的法律权威材料。

5. 引注你所采用的内容

法律评论的编辑可能是在寻找不足,他们也许会看到抄袭,那样会断然夺去你的资格。

更重要的是，因为他们是熟悉所有材料来源的，他们可以很容易地发现任何未注明的复制、改写，甚至对别人总体思路的再利用。更多地了解什么是抄袭，以及如何避免抄袭的知识，你应该阅读二十七章第一节。但简言之，标明一切引用，包括你提出观点所依据的材料，注明直接引用的话。一些提示：

（1）你在写作时，要立即加上脚注或尾注。因为到后面时，你很容易忘记这些。

（2）如果将脚注的空间用完了，继续往后面加注。例如，通过缩减括注而不是仅仅删除脚注来满足篇幅限制的要求。

（3）如果都加了脚注，就不要担心你的工作看起来像是抄袭或复制的。脚注使一切都看起来有理有据，并有新意。

（4）当根据已有材料提出一个想法或观点时，即使你没有直接使用材料的任何文字文本，也应在脚注中予以说明。

（5）即便你提出你自己的想法，然后才发现现有材料中已经提及（该想法），应予以注明。学术传统是注明那些在你之前提出这个观点的学者，哪怕你是独立地提出了该观点。更重要的是，你的读者不会知道是你独立提出的这个观点。他们可能往最糟处想，认为你故意用别人的观点而拒绝承认是你借用的。

（十）在初稿写完后，检查你在材料当中强调了哪些内容

在你完成初稿之后，回过头看一下你强调了材料的哪些内容。大多数都值得在脚注中注明。

我发现，当自己在竞赛时，这个方法特别有帮助。我在写初稿时，知道有很多观点是受到材料支持的，但我并不能够记住准确的引注。因此，我将脚注的空白留下而不浪费时间逐一去加上脚注。然后，在初稿完成以后，我会再看看材料中哪些得到了强调。这就可以使我填上每一个空白脚注。

（十一）摆脱竞赛时的恐慌心理

在竞赛的中途，你可能会感到恐慌，情绪低落，或两者都有。你比你想象的要慢，你不喜欢你写的内容，你不知道是否能完成。你确信，即使你完成了，编辑也会讨厌你的论文。

忽略这一点，几乎每个人都会经历这些。其他竞争对手也是如此。

写作竞赛是一个真正有困难的高压任务。你很难保持热情。但大部分克服困难、提交了文章的人，最终都会被选中。机会难得，没有恐慌的理由，恐慌也无济于事。继续向前走就是了。

（十二）一有时间就重读要求

题目要求很容易被误读。当我匿名参加写作竞赛时，我读题时以为每行可以使用 80 个字符。然后，我的初稿按照每行 80 个字符进行写作，然而当我重读题目要求时，我却发现其实每行只允许写 70 个字符。哎呦！

重置格式，然后删去多余内容。这或许相当容易，但如果我没有注意到这个错误，因而在篇幅上将超限近 15%，那么我会受到严重处罚，甚至可能会被取消资格。

所以，当你一有机会，就要重读题目要求。你错过了一些重要的细节吗？你是否严格遵循了格式要求？你是不是熟知交卷时间？你应该如何提交？

（十三）编　辑

1. 修改、修改再修改

清晰、有说服力和不出错的写作的关键是对草稿进行一次又一次的检查。永远不要计划交第一稿，甚至是第二或第三稿。每次校对时，你都会发现更多的问题需要纠正。校对越好，质量越高。

如果你将时间计划好，你就会有足够的时间来修改初稿。但如果你的时间不多了，你就要牺牲休息时间来校对你已经写的内容（你可能希望实际写作时不去编辑——它可能会大大耽误进度）。这样，你就可以至少反复润色文章的一大部分，反复打磨。

2. 删　减

不管你是否需要通过删减来节约空间，注意第十四章叙述的常规删减编辑的方法。检查不必要的介绍性内容（"为分析这个问题，我们必须考察相关的最高法院判例"，或"第一修正案对我国的公民自由至关重要"）。更要全面检查不必要的字词，检查冗余内容。

几乎所有的初稿都包括冗余内容——同样的想法往往会反复出现在连续的句子或段落中，而这些都是不必要的。当你正在考虑一些你喜欢的理论时，你会很自然以两个或两个以上的类似方式表达出来。但是，要无情地砍掉这种或其他冗余内容（对此，更详细的内容见第十四章之一到三，第 85-86 页）。它们占用了宝贵空间，对分析没有什么裨益，并且让你的论文看起来空洞且老套。

因此，好的一面是总有冗余内容要删掉，你不必担心初稿过长；坏的一面是如果不删掉冗余，即使草稿并不长，你也会被认定写得不好。

同时，对第一次通读材料时看起来相关，但最终发现对你的具体论点并不重要的事实和法律原则保持警惕。这种材料使读者感到枯燥，或分散读者的注意力，而且会占用你可以用来论证与你主张更紧密相关内容的篇幅。

3. 去粗取精

许多写作竞赛大大限制了你提交论文的长度。这样既可以让你专注，也可以减轻打分者的工作负担。这种要求必然会阻止你进行深入论证。但不要太担心缺乏深度。同时，确保你裁剪得当，剩下部分至少应包括你的核心论点以及支持该核心论点的论据、对反驳的讨论，以及一些具体例子。

4. 仔细修改导论

导论会为评委对你文章其余部分的感觉奠定基调。如果可读性强、组织得好，可以让打分的人有一个好的（甚至是宽容的）心态。

还要检查导论，以确保它反映了你对这个问题的最终想法。通常情况下，你的观点从你开始写草稿到结束会不断改变。你要相应地修改导论。

5. 检查实质问题以及文章结构形式

你的逻辑和语言都应该是完美的。思考是"扎实"的：你希望读者认为"嗯，这是一个扎实的论证"。写作竞赛中，最好瞄准"稳扎稳打"而不是"标新立异"。

这意味着不应该有任何松懈：逻辑没有漏洞，没有省略或未回答的重要论点，没有缺乏支持的论点。你每提出一个重要论点，都问自己"为什么？"——为什么这种说法准确？如果你的文本没有回答该问题，那么它并不"坚实"。同样，对于你的每个重要论断都自问："为什么不是这样呢？"可能会有对这种说法的反驳吗？

你的文章要严谨，就应该有良好的结构：它不应该从一个主题绕到另一个主题，然后又折返到第一个主题，或在同样一小节内处理不相关的问题。

6. 检查一致性

当你编辑文章时，确保所有部分都相互一致。如果你提出了一个新标准，或者从先例中归纳出一个标准，你总是以同样的方式在表述该标准吗？如果你批评法院背离法律文本，你是否也会重蹈覆辙呢？

7. 校对脚注、尾注及正文

确保在脚注中的引文是正确的，且引文正确地按照蓝皮书格式编辑。

不要依赖资料中所使用的引文格式。法院的意见一般不遵循法律评论引文风格。法律评论文章可以发表在使用不同引文手册的期刊上或者使用不同引文版本的手册上。还有一些资料可能会出错。请你依据引文手册告诉你的方法行事，而不是步他人之后尘。

8. 检查引用

如果你引用材料，请确保正确引用，包括标点符号和大小写。同时确保任何遗漏或更改都以正确的蓝皮书格式加注，例如用恰当的括号和省略。

9. 查　询

如果你不确定拼写、语法、用法，标点符号或蓝皮书注释格式，查询字典、写作风格手册，或是引注风格手册（如蓝皮书）。看到好的一面：与法律不同，这些问题有正确答案，你没有理由不找到那些正确答案，而这些细节往往很重要。

10. 用你的耳朵听

大声朗读，你可能会听出你没发现的错误。

11. 如果情况允许，请其他人校对你的文章

大多数法律评论禁止参赛者让他人（无论是否是法律专业学生）校对或评论你的作品。但如果你的法律评论竞赛允许一个朋友校对你的文章，充分把握该机会。其他读者总能抓住那些你没有发现的错误。

（十四）如果你有时间，重读本节和写作部分

本节（二十六章之八）和写作部分（十二章到十七章）中含有大量你无法一次吸收完的建议。如果你在竞赛期间有一些空余时间，而你已经对写作校对编辑和排版感到很厌恶而又很担心，或急于休息，那么重读这些部分。你可能会发现你最初错过了的某些诀窍，或者你在竞赛开始前没有正确理解的一些提示，或者你可能会意识到，你犯了某些应该予以纠正的错误。

（十五）如果你的篇幅超限怎么办

正如我前面提到的，当你写作时，不用担心页数限制。想到什么写什么，后面再删减到适合的篇幅即可。

但是，现在"后面"到了，你多写了几页。该怎么办？

1. 使用前面小节的编辑建议

首先，编辑文章。当你编辑时，你会发现一些单词、句子，乃至整个段落是多余的或不必要的。重读第十三到十五章有关如何识别这些内容的部分。削减掉这些不仅能节省篇幅而且使文章更有说服力。

2. 删减背景/事实概要/案件提要部分

大多数学生作者在复述事实或法律上花了太大篇幅——包括介绍法律原则的背景、事实样态，或在案例评析中对该判例判决意见的介绍——而自己的原创性分析却很少。如果你需要删减，首先裁减背景部分。主要去总结法律背景的文章很少有原创性分析，也不会得到好成绩。

当然，一些背景部分是必要的，但篇幅太多就不好了。检查每个段落、每个句子，并问自己：这是否真正有助于文章的准确性、可读性，是否有助于强化文章的说服力呢？如果它确实有帮助，是否可以更简洁地表述呢？对于一些特定典型案例的讨论实属必要吗？或者，你能否只论述从这些案件中可以总结出什么规则，如果必要，在脚注中引注这些判例？某些程序性细节是否真的很重要，它们是否可以省略？了解更多内容，详见第五章。

3. 决定哪些题外话和反驳观点是重要的

就别人看来，你所说的某些事情可能对论证并没有那么重要。孰轻孰重总是很难判断，但有时你必须去判断。以下是一些提示：

（1）将关注重点放到你最熟悉而不是看起来最有创意的那些反驳观点上。通常情况下，你的建议至少会让你想起自己曾听到过的观点，并且你也了解过反驳这些建议的论点。评分者很有可能知道反驳观点的存在，并期待你予以应对。

（2）关注你所得到材料中的反驳观点，并优先于你自己想到的各种可能的反驳观点。同样，这些也是评分者最可能寻找的。

（3）注意那些扭曲你论证而有一定相关权威性的东西。比如，你写反色情法，你的所有材料都是关于是否符合淫秽标准（实体问题），而不是关于何时规制淫秽之规则构成预先限制的标准（程序问题）。你也许并不需要讨论事先限制问题；很可能打分的人并不指望你去讨论事先限制问题，因而并不会据此给你打分。

4. 保留"储备"文件

当你决定某些东西应该删除时，不要简单删除，将它移到一个单独的文件。如此，如果你改变了主意，你可以把它恢复。当你后来意识到删错了，这将帮助你撤销删除。更重要的是这将让你大胆删除在第一次不敢删除的东西。

（十六）接近尾声

写作接近尾声了。你还有一天的时间。如果一切顺利的话，你数天之前就已经完成了论文初稿，并且已经对正文和脚注编辑过几次，你也从头开始做了严格的审校，并将修改成果整合到最终答卷上了。

1. 给最后的程序细节留出时间

请记住，最后你需要做几件事情：你需要打印文章，复印适当数量，并开车到学校或到邮局去提交。这些事情需要的时间比你想象的更长，确保为其留足时间。

2. 重读导论

从你开始写文章起，你可能已经学到了很多东西，甚至可能改变了对一些问题的看法。重读导论并确保你还认同你所写的东西。

尤其是要确保导论和结论是吻合的。例如，如果两者都说明了你的基本论点，确保其在表述上不存在细微但重要的差异。

3. 重读所给的材料

撰写论文中你学到的东西可能会影响你对材料的理解：案例、法规和文章。不论它们是作为竞赛材料的一部分提供给你还是（如果竞赛要求做你自己的研究）你自己发现的。如果重读材料，你可能会发现第一次阅读时错过的细节，这些细节在当时似乎是不相关或比较奇怪的东西，或你看完后不久就忘了。特别要寻找：

（1）当你第一次读到时似乎不重要，但你现在认识到直接支持你论点的引用或观点。

（2）给定材料的作者（无论是法官或评论员）可能会不同意你的假设，你需要处理这些可能的反驳。

（3）限制你所依据的原则范围：如法庭宣布了一项规则，但随后或明或暗地指出该规则只适用于某些情况。

（4）注意那些与你所讨论的场景极为相似或大不相同的事实细节。

4. 再编辑/校对/蓝皮书格式测试一次

如果你的任务包括编辑/校对/蓝皮书格式测试，你又有一些空闲时间，再做一次。如216页所解释的，每一次的校对都可以让你找到以前忽视的错误。

九、对案例评析的特别建议

如果你的法律竞赛要求你写一份案例评析——专注于一个特定案件，而不是一个普遍性问题，阅读17页，第一章之十的内容。它可能会给你关于各种各样你可以讨论该案的材料。（即使这样，也要记住：如果题目仅让你只关注某些事情，如观点批判，那么遵守题目要求而不是本书给出的建议。）

十、个人陈述

一些法律评论要你写个人陈述，并将其作为评判谁胜出的一个因素。对此写作时的一些技巧有：

（一）好好写并仔细校对

个人陈述是你竞争的一部分，你会因此而得分。即使在正式程序中，个人陈述的错误并没有与其材料中的错误一同计算，它们仍将对你的得分产生间接影响。个人陈述的目的是让人们喜欢你，法律评论编辑们不喜欢没有写作能力或不花时间写好的人。

所以，仔细校对个人陈述，寻找所有自己在学术写作中（可能会出现的）那些问题：

（1）语法错误。

（2）拼写错误。

（3）标点符号和大小写错误。

（4）用法或用词错误。

（5）不必要的冗余内容。

（6）不必要的复杂单词、句子或段落。

（7）浮华辞藻。

（二）注意题目要求

与你参赛论文所有其他部分一样，要注意题目要求。如果你被问到为什么想到法律评论谋职，解释之。如果要求描述你作为一名律师的雄心壮志，详论之。

这些要求可能不会把你限制在一个主题上，而可以随意涉及其他主题。但确保你专注于出题者让你关注的重点。

（三）让自己看来有趣并且不存在政治上的攻击性

只有完美的世界才会包容一切政治观点。在我们的世界，甚至那些正在努力避免政治偏见的人也往往喜欢那些与他们意见相同者，或者至少不强烈反对他们的人。

避免沉湎于你所属的特别是有争议的群体。避免解释你最具有意识形态色彩的野心和经验。不要让自己看上去完全平淡无味，但也不要让自己显得太犀利。

（四）如果你申请的是一个专业杂志的岗位，强调你的专业兴趣或经验

一些专业杂志正在寻找特别热衷该专业的人，而不是只想要以法律评论工作来丰富自己简历的学生。所以，如果你申请的是专业杂志，要强调你的专业兴趣或经验。

当然，要坦诚。如果你写了几个杂志的个人陈述，不要说那些陈述中不一致的东西，诚实地解释为什么你发现本领域有趣。如果你申请的是专业杂志，你可能认为该领域中至少有一些东西有趣，并诚实地解释在你上法学院前后的什么特质会让你特别适合为该杂志效力。

第二十七章　学术道德

学术道德听起来就是一个枯燥的话题，而学术道德风险的指导听起来更像是说教。如果你本来就是一个恪守学术道德的人，还有必要去学习学术道德规范吗？

但恪守学术道德规范不仅是停留在伦理上，实践中也很重要：你肯定不希望他人质疑自己的行为得体与否。而有时这些规则并不是完全凭直觉就可以正确把握的，即便是最诚信的人也可能因为一时疏忽而违规，除非他们一直谨小慎微地关注学术道德问题。迅捷地学习一下学术道德规范有助于避免一些令人不快的问题出现。

这些规范本身可能也存在争议，有人可能会怀疑其过于宽泛，要求太苛刻。为了防患于未然，建议你谨慎一点，选择最保险的方式。

一、切勿抄袭

（一）抄袭的两大危害

每个人都知道不应该抄袭——但究竟什么是抄袭呢？例如是否用脚注注明出处就完全安全了呢，或者你不照搬原文，而用自己的文字阐述相同观点就不算抄袭了？

学者们谴责抄袭有两个原因。

其一，这欺骗了读者。当你作为一个学者写作时，这就预示着你必须确保自己文章的原创性及准确性。你期待你作品的原创性能部分地成就你的声誉与成绩。

人们自然认为你的写作是建立在他人作品基础上的，但如果你提出某种重要主张而不注明出处，就等同于默认了那个主张是你自己提出来的。读者将你借鉴来的主张误解成你的原创，你又不说明，那么你就是在欺骗读者，骗取本来不属于你的信誉。

其二，这样的做法不恰当地否定了原作的信誉。正如你希望读者对你的创造力留下深刻印象，其他作者也有同样诉求。如果你借用了他们的说法而不说明，你就没有给予其应有的尊重。

这两点都是你为何必须注明出处的原因。例如，转述而不引用最高法院 1813 年的判决意见，这种情况不会对其作者有多大伤害，甚至借用去年判决意见中的观点与文本也不会对撰写这些判决意见的大法官造成太大伤害；法官们可能不怎么在乎从法律评论文章上获取荣誉。但如果不进行适当引注，读者会将本不是原创的作品误解为是原创的。

因此，这也解释了为什么法律实践规范不同于学术作品规范。古语有云，"法律是唯一将'那是原创观点'视为贬义的学科"。一位律师复制同所其他律师撰写的诉状内容并无不妥，法官为准确性服务而不需要原创，而其他律师知道他们的作品属于事务所并可以被其任意运用。但是，在学术著作方面的规则则更为严苛。

（二）你的义务

这些更严格的规则是什么？你应该去确认你的法学院或大学可能有什么具体的政策要求，但这里列举一些一般性指引：

（1）如果你用了别人的观点，无论你是否照搬原话，在脚注中都要注明出处。承认：

① 你所引用或转述的任何资料来源（法律评论文章、案例或你有的其他资料）。

② 任何可以启发你一个新想法的资料，即使没有人可以判断出你是从何处获取的；

③ 所有你知道的先前表达过这个想法的资料，即使该想法是你独立提出的（因为第一个提出该观点的人有资格被注明）。

这事关公平。谨慎注明可以让你的成果显得更有学术性，因为这说明你已经事先做过研究，这也将大大降低你被指剽窃的可能。

不要担心给出大量引注会让你的成果被当成衍生作品。其一，读者知道，即使是真正的原创作品也必然要适当借鉴一些既有成果。其二，如果恰当的引注会使得你的作品的衍生性太强，最诚实而有效的解决办法是让你的工作成果更有原创性，而不是忙于掩饰其原创性的匮乏。

人们有时会问，在法律评论文章中引用博客是否恰当。它不仅是正确的，而且还是必须的，若你的观点借用了别人的博文，甚至已被博文预见到，其引用规则与你借鉴法律评论文章、专栏评论甚或个人谈话的规则相同。

（2）如果你引用别人的话，就通过引号标明（并在脚注中注明）。除了在脚注中注明你想引用的观点外，你还必须确保你使用的言辞要么源于自己，要么已经被注明为引用或借鉴而来的。

（3）不要通过使用近义词句来避免直接引用。过分相似的转述也会构成剽窃。例如，你不引注我前面那段话，却在你的文章中这样写：

当你复制他人的文本时，要指明一点，通过引号标出并在注释中明注明其出处。除了在注释中注明你所使用的概念外，你同样还应当确保你所采用的表述要么是你自己写的，要么已用引号标明是复制的。

你可能已经抄袭了我那段话，即便在字面上只有几个单词雷同：你已经套用了别人的结构和选用的概念，却依然将别人写的东西当作自己的在用。重写原句而不是复述——这样更诚实，结果会比运用近义复述简单，并更契合你的观点。当然，要注明原始出处，因为即使重写也是从其他材料中得到的启示。

所以，要么使用引号引述，如果觉得不恰当，就用自己的话重写。这样，你的话要么是原创性的，要么用引号注明非原创，并通过脚注恰当注明观点出处。

（4）在初稿中正确地注明出处而不是拖到定稿。第一，你的学院很可能把不注明出处或过度复述认定为抄袭，即便只是初稿还不是定稿；不要冒这个风险。第二，即使法学院的规则只涉及最后的定稿，你的老师可能会将初稿中你未标明出处的内容看作试图抄袭的前兆——并且哪怕最后你的所有工作都是正确的，你也不希望给你打分的人怀疑你的学术道德。第三，一开始便注明出处可以防止你在后面漏注。"我本打算恰当地注明出处，但是我漏了"，这样的辩解很乏力。

（5）你不必做的。你不必在正文中向别人指明出处，在脚注中注明即可。此外，反复提及,"某某教授这样说,但是那是不正确的,因为……"之类的句式可能会分散读者对你论点的注意力(参见第六章第四节,82页)你需要驳倒相反论点,但也不必做多余的评论,不必让其他论点喧宾夺主。

正文的作用是向读者传达自己的观点,因此应该主要围绕该目标进行写作。在法律论文写作中,我们只需要在脚注中注明出处而没有必要占用正文。

(6)其他媒体。请注意,这些规则适用于法律学术写作,因为学术写作中脚注的确是避免抄袭的一个重要工具。有人认为,规则并不完全适用于那些禁止或严格限制脚注的作品(如专栏、大多数的杂志文章,或针对非专业人员不需添加脚注的书)。这是一个复杂的争论;显然,即使是在那些媒体中,借鉴的也必须要注明出处,但是我猜想要求却也不得不稍微宽松点。不管怎样,在你可以用脚注注明出处的地方,如写作法律评论文章、学生短评、研讨会会议论文或竞赛论文时,你都有此义务。

(三)复制自己的内容

如果你正在寻求法学院对一个项目进行评定,你想再次利用你曾经写的东西,你需要将这一点向你的指导老师说明。大多数法学院可能不会允许你再次利用你曾经在学院得过学分的成果中的主要部分;但如果你的指导老师同意,他们可能允许你再次利用项目之外的某部分内容。你要事先征得其同意。

所以,如果你打算在很大程度上依赖于你曾经发表的某一作品来发表另一作品,那么你应该用这样一个脚注来让读者知道:"本节讨论的部分节选自……"。当法律评论的编辑在决定是否录用你的文章时,脚注将提醒他们——作品的一部分并不是新的,给他们一个提示来检查存在多少重复内容。如果重复很少,他们不会介意,他们会理解,人们经常需要重复过去主张的一部分来提出新主张。但他们会乐意对此事先有了解;如果你没有预先提醒他们,他们可能会感到不快。

因此,这样的脚注是基于礼貌和自身利益以及诚实:你不希望读者看到一个熟悉段落时,就认为你是在抄别人的东西,或者由于被引导来阅读之前已经阅读过的东西而感到愤怒。在一开始就提醒他们,对彼此都好。

二、坦诚行事

明知材料来源是错误的或有误导性,你还坚持引用,这是不符合学术道德的(比如断章取义地引用;忽略重要限定条件的引用;明知有相反的材料来源却不引用,而将某个材料来源谎称为决定性来源)。如果你被某个本以为是学术资料的东西欺骗了,你会感到遭到背叛并谴责该材料来源的作者。将心比心,你最好确保自己的写作从来不会招致如此批评。

因此,坦诚是学术道德要求,也是实际需要。解释和回应论据中的薄弱点往往使你的作品更令人印象深刻,更有说服力。试图掩盖问题或糟糕到曲解事实(甚至故意使用省略或误导性描述)会降低你作品的总体效果和受尊重度。

如果你的导师质疑你故意曲解或忽略重要细节,哪怕无确实的证据证明,你的分数也将受影响。最多,导师尽力将异议做有利于你的处分,并得出结论:你不过是马虎而不是故意骗人,但谁会认为这是最好的结果呢?他/她毕竟是要评价你的作品的人,而且也是你未来的老板在招聘且需要了解你的品质评价时最可能咨询的人（不管你是否将导师列为合理的参照人）。

由于该论文将列到你的履历上，你未来的雇主阅读到你的作品时会发现同样的情况。虽然有些人可能只会草草看一下，并不会看出问题；但当你要在所写作领域谋职时，其他人可能了解该领域比你多。他们可以容忍你偶尔所犯错误，但如果发现你犯错误的模式表明了你的不诚信，结果对你将是毁灭性的。如果很多人竞争一个岗位，那么，即便是疑似不端行为的蛛丝马迹都足以让你丧失某个工作机会。

三、公平而礼貌地对待竞争对手

正如前面第十六章之一、二（第 98、99 页），以及第二十一章之三"（二）认真对待对应观点"（第 177 页）提到的，给竞争对手的评论最好是礼貌、客观的，能够做到公平公正，且回应他们的论点要彻底。这是正确的做法。它使你的文章更有说服力；它使你看来更友好；它可以避免把你的竞争对手变成敌人。

四、合理对待发表你文章的法律评论编辑

你将会与你的法律评论编辑们在一起密切工作，并且你可能会在你未来的职业生涯中意外碰上他们。如果双方坦诚相待，一切都会顺利得多。特别是在以下一些方面：

（1）如果你的新文章要从自己的一篇旧文借用内容，要在脚注中注明这一点（第 231 页）。
（2）一旦你接受一个邀约（见第 189 页），绝对不能违约。
（3）不要在你的资历上造假。
（4）当你要挑选用稿机会时（见第 188 页），明确真实地告知已经收到用稿邀约之杂志的名字及其用稿条件；
（5）你接受邀约后，打电话或发电子邮件从其他刊物撤稿（见第 188 页）。
（6）遵守法律评论的发表进度安排，如果你需要晚几天，尽快让编辑们知道。

五、保密原则

确保你的写作没有违反任何保密义务。

（1）如果你想借鉴你在律师事务所或法院工作（见第二十一章）时写的一份备忘录，要确保：其一，你会得到你前雇主的同意（因为整个工作可能是保密工作成果）；其二，你的文章不包含任何客户秘密。
（2）如果你写文章采访过某人，请确保你清楚地告诉他们，他们的话或他们披露的信息最后可能会发表出来。
（3）如果你想引用某人私下发送给你的电子邮件、传真或信件，向作者获取授权。无论是从著作权法的角度还是从个人预期的角度，这样的消息都是推定保密的。

即使该消息并没有包含什么大秘密，也应该如此操作。较之于知道他们的信息将被发表时的态度，人们经常在写电子邮件时显得较为轻松随意；较之于正式表述，他们可能说得不那么清楚、精确、得体。因此，如果他们发现私人电子邮件被公开，自然会感到很懊恼。最

好能够给他们一个重新思考和表述的机会。

当然，也有一些例外情况，特别是如果我们有理由认定发件人发送消息是不当的：比如，如果有人向你发送一封电子邮件，试图通过一个恶意诉讼威胁你，阻止你写作某个内容，你一般可合法地引用电子邮件，解释为什么威胁不对。（当然，如果你觉得威胁是严重的，引述该邮件可能会增加诉讼几率，那么即便该行为并不违背道德也是非常不明智的。）但一般情况下，除非你先得到发件人的许可，你不应该引用个人信息。

如果你想引用通过电子邮件发送到网上讨论组中的信息，最好先与作者接洽。虽然你貌似可以主张该消息是自愿公开的，但情况并不明朗，所以你最好与作者核实一下。

六、恰当处理材料来源

（1）确保你引用的任何内容都是经作者同意后引用的（见上文）。

（2）核实材料来源，确保你没有错误引用，不是断章取义地引述，并且没有在不经意间说错话。

（3）调查和访谈的使用都涉及保护受访谈人的大学校规。这些规则不仅仅适用于医学实验也适用于更广泛的研究领域，甚至只是某部分依赖于调查和访谈的研究。

也许该规则不应适用得如此广泛，也许经过对规则的恰当解释，它们将不会被解释到如此宽泛地适用。但保险起见，当然是认为它们确实适用。幸运的是，委员会往往愿意给收集非保密信息的大多数调查以豁免，但你要事前请求豁免。如果你遇到委员会的为难，请你的指导老师代为说情。

规则是相当复杂的，所以你应该在开始采用调查或访谈进行任何研究之前，先询问你所在大学的"人文学科保护委员会"或"机构审查委员会"（或有类似命名的机构）。不要只询问你的指导老师，除非你认为他对这些委员会非常熟悉。许多法学教授在该问题上知之甚少，有时甚至他们自己也会不经意地犯规。

七、让他人可获取你的数据

如果你依赖于未公布数据，尤其是你自行收集的数据，确保将其提供给那些试图检查或重复你的工作的其他研究人员。这不是严格的道德要求，但如果你没有共享数据，很多人会认为你确实有东西要隐藏。仅仅告诉人们"你无需检查我的数据，你只需要相信我就可以了"只会导致他们不信任你。

最好的办法是你或法律评论把数据（包括你可能已经用电脑制作的任何表格和所扫描的你发现的所有重要文件）都公布在网络上，然后在你脚注中引述该网页。这样，即使不实际检查你的数据的读者也将知道你的数据可进行检查，会更信任你。

因此，把材料放到网上可以节省你以后的时间和减少麻烦，尤其是它可以降低你丢失数据的几率。即使永远没有其他人去检查数据，法律评论的引注审核者却可能会去检查，所以你要将其设置成他人可读模式。你可以将网络作为一个媒介，一劳永逸，而不必担心每次在有人问你的信息时重复回答。

无论你是否把数据上传，让你的材料有多个备份或打印稿，并保存在一个安全的地方。

不要只依赖你的计算机，磁盘驱动器一旦崩溃，你可能会失去一切。不要依赖期刊投稿系统，即使你将未发表的材料发送了，而刊物也在回执中将其标注为"法律评论已归档。"我没有仔细调查过这点，但我强烈怀疑这种文件是否得到了精心整理和妥善保存。

八、结　论

本书试图为法律学术写作提供一个简洁而全面的指南，内容涵盖从选题到定稿发表等一系列工作。我希望它可以帮助你把文章写得更好，并且激励你写更多东西。

写作和发表文章可以帮助你成为一个更好的作者，并进而成为一个更优秀的法律人。它可以让你得到更高评价，在法律评论编委会谋得更好的职位，获得更好的发表记录，获得担任法官助理的机会，更多的律师业务，或者这些资历能带来教职，进而帮助你成为一个更成功的法律人。它也可以（即便比较轻微地）促进法律的完善。

附录一 不通顺的单词和短语①

这里有一些常见的不通顺的表达方式及其更简洁、可读性更强的替代方式。显然,该列举有一些主观性,其他作者无疑会不同意其中的部分主张。而且,替换的词并不总是最佳的:有时,你的确需要用古老的法律术语(如:"a cease and desist letter")。

我甚至认为,十之八九的替换表达都会比原来的用法好,你至少应当考虑到这样的变化。当然,其中某些变化也需要对句子的其他部分进行语法调整。

一、不必要的正式用语

"要言不烦,大道至简。"

——温斯顿·丘吉尔

一些单词是更简单单词的花哨同义词。你的读者也会认识到这些复杂的词,但较之简单的词,他们要花费更多时间和努力。换用简单的单词,让读者阅读起来更愉悦,而不至于将其搁置一边。

1. 动　词

Avoid	Use instead
acquire	get
advert to	mention
afford	give(*when used in this sense*)
ascertain	find out
assist	help
attempt	try
cease	stop
commence	start
demonstrate	show
desire	want
elucidate	explain or clarify

---

① 来源:来源于很多人的电子邮件;Joseph Stevens, *Legal Language, Plain and Simple*, Mo. B. Bull., Mar. 1993, at 4. 更完整的列举参见:Bruce Ross-Larson, Edit Yourself: A Manual for Everyone Who Works With Words (1996).

endeavor	try
enquire	ask
evince	show
exit	leave
expend	spend (*when referring to money*)
facilitate	help
indicate	show *or* say *or* mean
inquire	ask
locate	find
negative	negate *or* reject
notify	tell
observe	see *or* watch
obtain	get
opine	say *or* write (*usually*)
permit	let *or* allow
possess	have
procure	get
provide	give
purchase	buy
request	ask
retain	keep
state	say *or* write (*often, but not always*)
substantiate	drove *or* support
utilize	use

2. 名　词

ambit	reach *or* scope
consequence	result *or* effect
echelon	level
individual	person (*except when counterposed to a group or a corporation*)
individuals	people
objective	goal
personnel	people
portion	part
remainder	rest (*usually*)

3. 形容词、副词、连词、介词

additional	another *or* more
additionally	also *or* another
adjacent to	next *to* or near
approximately	about
contiguous to	next to
exclusively	only
firstly, secondly, etc.	first, second, *etc.*
forthwith	immediately
frequently	often
inter alia	among others *or* among other things
notwithstanding	despite
numerous	many
prior to	before
provided that	if *or* but *or* so long as
said	the *or* this (*e.g., in* "said contract")
subsequent	later

二、文 体

这些表述都是在围绕主题兜圈子，而没有一语中的。它们通常添加了不需要的介词短语或增加了语法的复杂性，使句子更难分析，并很难看到其主干成分。

1. 一般情况

a bad thing	bad
a good thing	good
a large number of	many
a number of	some *or* several *or* many *or* something more precise
at present	now
at the place that	where
at the present time	now
at this point in time	now *or* currently *or* at this point (*rarely*) *or* some such
at this time	now *or* currently *or* some such
concerning the matter of	about
does not operate to	does not

during the course of	during
during the time that	while
excessive number of	too many
for the duration of	during *or* while
for the reason that	because
had occasion to	omit
I would argue that	omit
in a case in which	when *or* where
in accordance with	by or under
in an X manner	Xly, *e.g.,* "hastily" *instead of* "in a hasty manner"
in circumstances in which	when *or* where
in close proximity	near
in point of fact	in fact (*or omit altogether*)
in reference to	about
in regard to	about
in the course of	during
in the event that	if
is able to	can
is cognizant of	knows *or* is aware of
is lacking in	lacks
is unable to	cannot
it could be argued that	*replace with an explanation for why the argument is sound (if that's what you mean)*
it has been determined that	omit
it is apparent that	clearly *or omit*
it is arguable that	*replace with an explanation for why the argument is sound (if that's what you mean)*
it is clear that	clearly *or omit*
it should be noted that	*omit*
most of the time	usually
negatively affect	hurt *or* harm *or* decrease *or some such*
on a number of occasions	often *or* sometimes

2. 动词转为名词或形容词

accord respect to	respect
during the pendency of X	while X was pending
for the purpose of doing	to do
has a deleterious effect on	hurts *or* harms
has a negative impact on	hurts *or* harms
is aware that	knows
is binding on	binds
is desirous of	wants
is dispositive of	disposes of

3. "这样一个事实"

该短语"这样一个事实（the fact that），"额外增加了一个概念层，即你不仅在谈论事件或情况本身（"约翰卖地给玛丽"），同时也在谈论事件或情况发生的事实（"约翰卖地给玛丽的事实"）。有时，这种额外的复杂性是必要的，但却很罕见。该短语通常完全可以省略掉（也许从句可以做些语法上的调整，比如，"约翰将土地出售给玛丽"），或用"that"予以替换。

because of the fact that	because
despite the fact that	despite *or* though
due to the fact that	because
in light of the fact that	because *or* given that
owing to the fact that	because *or* since
the fact that	that

三、冗词之简化

有些表达中，一个单词只是在重复已经体现在另一个单词中的内容，有时为着重强调确实值得这样使用，但这并不多见。如果你用更简洁的同义词来替换该词，你会发现，表达通常更为清晰，其强调的语气也并不逊色。

any and all	all
cease and desist	stop (*except in* "cease and desist order" *or* "cease and desist letter")
consensus of opinion	consensus
each and every	every
null and void	void
period of time	time *or* period
point in time	time *or* point
provision of law	law
rate of speed	speed
still remains	remains
until such time as	until

附录二　习题答案

一、编辑练习

（一）基本修改，第 104 页

让我们重写第一篇文章的开头段落：

The Child Firearms Safety Act as currently written is a well-intentioned piece of legislation which will likely have little effect on the incidence of minors accidentally killed by handguns. However, with some critical modifications the act could play a significant role in lowering the number of minors lost to handgun accidents each year. These modifications should include: compelling either that the gun be kept in a locked container or unloaded; the inclusion of long guns in the Act; and making violation of the Act a felony offense.

1. 看一下第一句：

The Child Firearms Safety Act as currently written is a well-intentioned piece of legislation which will likely have little effect on the incidence of minors accidentally killed by handguns.

它向读者传达了什么信息？

a. 这一法令的初衷很好；

b. 它不会为未成年人因使用手枪致人意外死亡提供多少保护。

比较该小结与整句，两处赘述显而易见。

其一，我们来看第一处赘述。用简洁的"the Act"来代替"the Act as currently written"并未含糊其义。"as currently written"重申了显而易见的情况——"some law"一般就是指现行法，除非有其他考量因素，不然就没必要重述。作者可能想用"现行法"（"as currently written"）与建议修改的提案加以区分，但即使不用"as currently written"这个短语，该区别也已经相当清楚了。同理，"piece of legislation"是对"law"或"bill"的冗长表达。

其二，我们来看毫无裨益的观点。我们总结的第一句话"the Act is well-intentioned"并没有传达多少有价值的信息。法律是否有良好的初衷，可能读者与作者一样地清楚。而且，鉴于该写作任务（"写一个简短的备忘录来建议参议员她是否应该投票支持该法律"），无论如何，它的影响都不大。

作者可能想在批评他们的杰作前，以礼貌的姿态先承认起草人的善意，但这种姿态在向自己老板提交的一份备忘录中是不需要的。拿掉该短语，剩余内容如下：

The Child Firearms Safety Act will likely have little effect on the incidence of minors accidentally killed by handguns.

2. 一般人是否会把"对事故率影响不大（having little effect on the incidence）"的其他事情说成：

The Child Firearms Safety Act probably will not significantly protect minors against fatal handgun accidents.

或：

The Child Firearms Safety Act probably will not significantly reduce fatal handgun accidents involving minors.

或：

The Child Firearms Safety Act will probably do little to protect minors from fatal handgun accidents.

该官腔十足的名词短语"事故率（incidence of）"被删掉，"影响不大（little effect on）"的名词短语——它没有明说你正在寻求何种效果——被替换为动词短语"不会有明显的保护[或减少事故]（will wot significantly protect [or reduce]）"或"将无助于保护（will do little to protect）"。这些虽都不完善，但都比原来的更清晰、具体、有创意。

3. 结合修改后的第一句，斟酌一下第二句。

The Child Firearms Safety Act will probably do little to protect minors from fatal handgun accidents. However, with some critical modifications the act could play a significant role in lowering the number of minors lost to handgun accidents each year.

注意冗余部分：第一句谈及"protect[ing] minors against fatal handgun accidents"（或原句，"hav[ing] an] effect on the incidence of ... fatal handgun accidents"）。第二句谈到"play[ing] a significant role in lowering the number of minors lost to handgun accidents"，几乎是一样的。

将两句合并如何呢？虽然短句一般都比长句好，但一般而言消灭冗余部分更好，如果我们将两个句合并会得到：

The Child Firearms Safety Act will probably do little to protect minors from fatal handgun accidents unless some critical modifications are made.

结果句子更短，但依然传达了同样的信息："unless"一词准确地表明存在一个问题（缺乏"对未成年人的有力保护"，"未成年人因手枪事故丧命的数量"是一样的）除非采取某种措施（"进行某些关键的修正"），情况会依然如故。

我们还可以通过去掉官腔将这个句子进一步优化为："unless some critical modifications are made"将其变得更清楚更口语化："unless it is modified"：

4. 我们结合原句来看看新的第一句：

The Child Firearms Safety Act will probably do little to protect minors from fatal handgun accidents unless it is modified. These modifications should include：compelling either that the gun be kept in a locked container or unloaded；the inclusion of long guns in the Act；and making violation of the Act a felony offense.

现在该句以"unless it is modified"结尾（原句要求"some critical modifications"），另一句以"These modifications should include"开头。如果我们将其合并并删掉重复的部分后，结果如下：

The Child Firearms Safety Act will probably do little to protect minors from fatal handgun accidents unless it is modified to compelling either that the gun be kept in a locked container or unloaded；the inclusion of long guns in the Act；and making violation of the Act a felony offense.

新的短句比原来两句放到一起更简洁，也不会长得无法读下去。

5. 我们现在改一下该句的语法，使之符合句子结构的变化（"it is modified to compelling"是错的），但在此过程中我们发现原来的语法本身就有问题：建议修改的三处（"compelling"/"inclusion of"/"making"）在语法上不一致（修改过程中经常会暴露出由过多词汇所掩盖的逻辑和语法上的错误。）整理语法并进一步精简，我们得到：

The Child Firearms Safety Act will probably do little to protect minors from fatal handgun accidents unless it is modified to cover long guns, to treat violations as felonies, and to allow guns to be kept in a locked container or unloaded.

修改前：88个单词，454字符。

修改后：42个单词，198字符。

信息相同，但单词减少了一半。

现在来看，第二篇文章的开头段落：

The proposed Child Firearms Safety Act(the "bill")is an inconsequential piece of legislation. Aside from the significant political impact of the bill, it carries little weight and makes little difference. Despite public misconceptions, the few benefits of the bill, notably the probable slight decrease in the number of childhood gun accidents, do not exceed the drawbacks, such as the inaccessibility of guns during a home invasion and loss of civil liberties. Therefore, unless some strong amendments are made to the bill, I recommend that you oppose the bill.

下面是对所有单词的处理和对短语层面问题的快速标记：

The proposed Child Firearms Safety Act [(the "bill")] [obvious] is an [inconsequential] [word choice] [piece of legislation] [legalese]. [Aside from the significant political impact of the bill,] [throatclearing/obvious] it [carries little weight] [word choice] and [makes little difference] [redundant]. [Despite public misconceptions,] [throatclearing] the few benefits of the bill, notably the probable slight decrease in [the number of] [not really necessary] childhood gun accidents, do not exceed the drawbacks, such as the inaccessibility of guns during a home invasion and [loss of civil liberties] [vague/possibly redundant]. Therefore, unless some [strong] [word choice] amendments are made to [the bill], I recommend that you oppose [the bill] [repeated phrase].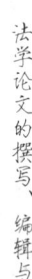

---

① 对于希望有详细解释的读者：
　　括号中的 "(the 'bill')" 没有增加任何新东西；在一个备忘录中讨论一项法案，当你说 "the Act" 或 "the bill" 时，指代是很清楚的。
　　"Inconsequential" 不太符合语法习惯。可以说 "inconsequential arguments"，但却很少听人说 "inconsequential law"
　　"Piece of legislation" 通常是诸如 "law" "bill" 这类词的法律术语。
　　"Aside from the significant political impact of the bill" 没有增加任何东西。参议员很容易判断该法的政治影响，你并没有超过她在此问题上的专业知识。
　　一项主张会 "carry little weight"，但在法律中一般不这么说。
　　"Carries little weight" 和 "makes little difference" 看起来在其背景下表达的是相同含义。
　　"Despite public misconceptions" 并未增加任何东西。有时可以增加信息，例如，如果你被要求研究公众怎么看待该法律。但对此问题，你可能对公众态度的了解并不比参议员多。
　　"Loss of civil liberties" 指代不清楚：这指的是第二修正案的权利吗？还是第四修正案的权利呢？是普遍性的自卫权吗？如果不是前两个，就应当清楚表明。如果是第三个，那么该句就成了多余的。我推断，实际上是第三个，因为该文在下面并未提及任何有关第二或者第四修正案的东西。
　　"Strong" 用作描述修正案是误用。
　　最后一句中的 "the bill" 重复了；第二次提及应该用 "it"。那就是代词的用法。

下面纠正了错误以后的文本：

The proposed Child Firearms Safety Act would be ineffective. It will do little good. The few benefits of the bill, notably the probable slight decrease in childhood gun accidents, do not exceed the drawbacks, such as the inaccessibility of guns during a home invasion. Therefore, unless some amendments are made to the bill, I recommend that you oppose it.

修改后的文本更简短了，但修改暴露了更深的问题：这四句大幅重叠。

（1）第一句说法律是无效的（原第一句将其称为"inconsequential"（"无关紧要"））。

（2）第二句说的是同样的内容，原句称法律"carries little weight"（"无关紧要"）和"makes little difference"（"换汤不换药"）。

（3）第三句解释了为什么法律是无效的？它使得前两个句子显得多余：并解释法律利不大于弊，所以经权衡法律是无效的。

（4）第四句说参议员应当反对现行法，相对于前三句而言没有增加什么内容。

以下是"瘦身"后的文本（删减了第一句、第二句和第四句的大部分内容）：

I recommend that you oppose the proposed Child Firearms Safety Act. Its few benefits, notably the probable slight decrease in childhood gun accidents, do not exceed the drawbacks, such as the inaccessibility of guns during a home invasion.

这样更简短，并且几乎表达了原句所有的意思，但它仍如同原文一样乏力。而且，这次修改使缺陷更明显。而该缺陷在于第二句中主要侧重抽象表达（"好处"和"缺点"）而非该抽象表达的具体所指（"儿童枪支事故略有下降"和"遭入室侵犯时无法获取枪支"）。另外，第二个短语（"无法获取枪支……"）的具体表述本身就有点抽象：问题在于不是就其"无法获取"的本义，而是其具体所指的对自卫的妨害。虽然抽象有时是政治性说辞，聪明的读者通常更容易被具体表述打动。

因此，替代表述如下：

I recommend that you oppose the proposed Child Firearms Safety Act. The Act will probably only slightly decrease childhood gun accidents, but will likely make it substantially harder for people to defend themselves and their children against criminals.

这并不是最佳改法，但比前一个版本要好些——而比我们开始时好得多。

修改前 89 词；477 字符。

修改后 38 词；214 字符。

同样的信息，不到一半的单词。

（二）修改得更具体，第 104 页

这里还有一段话，为了方便，每句话都标了序号：

[1] The existence of antimask laws poses difficult questions of constitutional law. [2] We know that the freedom of speech is one of our most cherished rights, [3] especially when there is a danger that the free expression of unpopular speakers would be deterred by the fear of negative consequences. [4] And yet the prevention of crime, [5] including crime facilitated by the wearing of masks, [6] must surely be ranked as one of the more compelling of the possible government interests. [7] The public understandably wants to avoid the harm to property, persons, and the social fabric that may flow from such crime.

第1句没有说出实质性内容。它试图说服读者相信本文是重要的，为此最好是循循善诱地描述问题让读者自己得出结论。而只断言问题的难度和重要性于事无补。

第2句话同样似是而非，没有为分析增加任何东西。读者要么已经相信言论自由是重要的，要么他们会认为说过头了。在两种情况下，该句都无用。

第3句话的确增加了实质性内容，它指出了反面具法（antimask）可能阻止有些人说话。但这句话所谓的"消极后果"是什么呢？我们一般是否会说"他不想说出来是因为他害怕消极后果呢"？

不是这样的，我们会倾向更具体地说明什么是消极后果——担心被解雇，被警察骚扰，或被熟人疏远（ostracized），等等。这种具体例子是很生动的，较之于一般地表述"不计后果"更有说服力。

只看到"消极后果"的读者可能并不知道确切的意思，或者无法想象我们希望他想得到的后果是什么。例如，他可能会想到监禁，但会得出结论，如果言论是受保护的，那么这样的担心就没有必要。他可能推理认为第一修正案将会保护人们免于因言论而被监禁，如果第一修正案不保护这样的言论，那么说话的人就应当克制。在任何情况下，读者不得不做更多的工作把"消极后果"转化为直观的和可评估的具体实例。

同样，"不受欢迎的说话者"过分抽象。由此，我们会想到什么样的说话者呢？我们希望读者想到什么样的说话者呢？即便该陈述是所有或大多数不受欢迎的讲话者的真实说法，如果我们能给出一些令读者相信的（这是一个很可能经常出现的真问题的）具体实例，那么这种做法也是有帮助的。

第4句和第6句同样增加了一些实质性内容，它们向读者表明：阻止犯罪相当重要，可以使约束言论的法律取得正当性。但其增加得仍不够，这点是非常明显的，也可以说在一定程度上不明显。更好的修改是向读者展示反面具法可能会引发的某些犯罪，由此让读者自己推断出结论：预防那类犯罪很重要。第5句就更是如此（"包括戴面具所引发的犯罪"）：当然，该段意已涵盖由戴上面具所引发的犯罪，但还应该借助为何戴上面具会加剧犯罪的事实描述这一问题来修改。

最后，第7句几乎完全是在重复第4句和第6句。

下面是与原文放在一起的一个可能的修改方式：

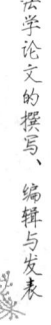

The existence of anti-mask laws poses difficult questions of constitutional law. We know that the freedom of speech is one of our most cherished rights, especially when there is a danger that the free expression of unpopular speakers would be deterrd by the fear of negative consequences. And yet the prevention of crime, including crime facilitated by the wearing of masks, must surely be ranked as one of the more compelling of the possible government interests. The public understandably wants to avoid the harm to property, persons, and the social fabric that may flow from such crime.	Unpopular speakers, whether Klansmen, civil rights advocates, or anti-globalization protesters, often understandably fear retaliation: social ostracism, firing, government harassment, or worse. If they are barred from wearing masks while demonstrating, the risk of retaliation may deter them from speaking. Wearing a mask. though, can help people get away with crimes. Masked demonstrators may feel that they can break windows, throw stones, or even attack people with relative impunity. because eyewitnesses will find it hard to identify exactly who did what.

用具体实例替代或补充了笼统性和抽象性的描述：

"unpopular speakers"	becomes "Klansmen, civil rights advocates, or anti-globalization protesters"
"negative consequenees"	becomes "social ostracism, firing, government harassment"
"crime facilitated by the wearing of masks" and "harm to property, persons, and the social fabric"	become "break windows, throw stones, or even attack people"

增加一个具体联系：不再让读者去推测何以会导致言论"因为担心消极后果而受到钳制，"修改后的版本使得该因果关系更清楚——"如果他们在游行示威时被禁止戴面具，出于遭到报复的担心，他们就不敢说话"。该具体联系可能并不绝对必要，但它足够明显，所以我认为是有帮助的。

同时，有两处冗余的地方被删掉了："the freedom of speech is one of our most cherished rights" 以及 "the prevention of crime... must surely be ranked as one of the more compelling of the possible government interests." 这样的陈词滥调几乎无法说服读者。在我看来，大多数读者都更容易被修改后的具体例子说服：不受欢迎的说话者的例子以及所引发犯罪的例子。

（三）更多的修改，第 105 页

练习 1：

修改前：

The Appellate Division in Sorge, supra held that the publication event or date was the point in time where the newspapers containing the defamatory inserts were actually placed for sale and/or made available to the public as the intended audience, and not the earlier date when the defamatory inserts were provided or released to the carrier which was merely holding same for delivery to points of sale of the newspaper to such intended audience.

修改后：

The Appellate Division in Sorge, supra, held that the statute of limitations began to run when the weekly newspapers containing the defamatoryinserts were actually distributed to readers—not when they were merely delivered to a distributor.

练习 2：

修改前：

Such a broad reading would allow, for example, a police officer, under the color of an "official investigation," free reign to make wildly inaccurate and defamatory statements to the media about individuals or groups, whether it be, private citizens, softball coaches, judges, or otherwise, without fear of any legal liability….This is an outcome that would negatively affect not only the accused, especially those falsely accused, but also victims, and society as a whole.

修改后：

Such a broad reading would, for example, let a police officer freely defame anyone weather a softball coach, a judge, or anyone else, simply by making the statement while engaging an "official investigation." …this would harm not just then falsely accused, but also victims[how?], and society as a whole, [how?].

练习 3：
修改前：

[Summary of the Judgment]

Ms. Proskow-Hill's mere reference in her divorce action to Ms. Flocco's allegedly adulterous conduct is absolutely privileged in reference to the counts for libel and invasion of privacy. The privilege attaches because said allegations reasonably relate to issues in the divorce action, to wit, Ms. Proskow-Hill's counterclaim for alimony and her pending prior New Jersey action for divorce.

The mere assertion in a divorce pleading of Ms. Flocco's alleged adulterous relationship with Ms. Proskow-Hill's husband is not sufficiently outrageous to sustain a cause of action for intentional infliction of emotional distress. Similarly, such pleaded statements alone cannot give rise to a valid claim for negligent infliction of emotional distress when no sufficient physical injuries or the threat thereof are adequately pled….

[Argument]

Based upon the current Pennsylvania law, it is clear that as a matter of law that the alleged libel relating to statements concerning adultery in a divorce action made outside the presence of Ms. Flocco do not constitute sufficiently "outrageous!" conduct as to be actionable. Lastly, it should be mentioned that the absolute judicial immunity has been applied to claims of intentional infliction of emotional distress. Thompson v. Sikov, 340 Pa. Super.382, 490 A. 2d 472（1985）.

修改后：

[Summary of the Judgment]

Ms. Proskow-Hill's allegations that Ms.Flocco committed adultery, which were made in Ms. Proskow-Hill's divorce action, reasonably related to Ms.Proskow-Hill's alimony counterclaim and to her pending New Jersey divorce action.They are therefore absolutely privileged against the libel or invasion of privacy claim.

The allegations were also not sufficiently outrageous to be actionable as intentional infliction of emotional distress. And they cannot be actionable as negligent infliction of emotional distress, because Ms.Flocco has not pledany actual or threatened physical injuries.

[Argument]

Allegation of adultery made in an divorce pleading（rather than in a face-to-face）confrontation are not sufficiently"outrageous!"to qualify as an intentional inflation of emotional distress. And in any event, absolute privilege would preclude liability for intentional inflation of emotional distress based on such statements in a pleading. Thompson v. Sikov, 340 Pa.Super.382, 490 A.2d 472（1985）.

二、理解你的资料来源，第 116 页

1. 引文说："[T]he annual accidental death toll for handgun related incidents is slightly under 200,"并提到了我在下文转载的如下的伤害事实摘录。"受伤事实"列出了 187 起涉手枪、93 起涉短猎枪（shotguns）、50 起涉长猎枪（hunting rifles），以及 804 起涉"其他类型和不明枪械事件"。①

---

① 细心的读者可能会注意到有一个分类有点奇怪：真正的自动手枪很少。看起来，该标签不太准确。(自动)手枪的这种分类是一个 CDC 的来源告诉我的，包括所有的散弹枪。

表 1 美国 1995—1997 年因伤害导致的死亡

事故或伤情类型	1997	1996	1995
机械窒息，E931	1,145	1,114	1,062
床上或摇篮中的死亡，E913.0	236	219	207
塑料袋，E931.1	44	40	37
空气匮乏（在冰箱或者其他密闭间中），E913.2	21	15	14
（非灾难性）倒地，E913.3	54	57	59
其他以及非具体机械性窒息，E913.8，E913.9	790	783	745
被下落物体打击，E916	727	732	656
回击以及被人或物打击，E917	247	171	198
被夹在物体之间，E918	85	71	90
机械，E919	1,055	926	986
农业机器，E919.0	530	496	514
起重机和设备，E919.2	119	115	141
推土机以及其他挖掘机械，E919.7	85	73	106
其他非特定机械，E919.1，E919.3–E919.6，E919.8，E919.9	321	242	225
切割、切片以及其他工具或设备，E920	104	97	118
枪炮导弹，E922	981	1,134	1,225
手枪，E922.0	161	187	233
（自动）猎枪，E922.1	84	93	116
猎枪，E922.2	65	50	64
其他及非特定的发射武器，E922.3，E922.9	671	804	812
爆炸物，E923	149	130	170
火器，E923.0	8	9	2
爆炸性气体，E923.2	57	49	62
其他及非特定爆炸物，E923.1，E923.8，E923.9	84	72	106
其他及灼热物质或物体、腐蚀性物质和蒸气，E924	111	104	97
电流，E925	488	482	559
家用导线和设备，E925.0	53	66	88
发电站、配电站和输电线路，E925.1	139	135	158
工业接线电器和机械，E925.2	27	15	26
其他的和非特定电流，E925.8，E925.9	269	266	287
放射性物质，E926	0	0	0
其他和非特定的，E914，E915，E921，E927，E928	3,007	2,984	2,730
迟滞性结果（事故一年以上的死亡），E929	1,204	1,126	1,091
药物治疗中的不良反应，E930–E949	248	253	206

因此，对于在最致命的涉枪事故中，枪的种类没有报道，或报道并未进入《伤害事实》所依赖的数据库。"不到 200 起"仅仅是目前已知由手枪引发的致命事故量的唯一数据。致命手枪事故的实际数量无疑包括这 804 起中许多（也许是大多数）归为"其他类型和不明枪械"所引发的致命事故。了解所列各项专案间是如何相互关联的。

2."刑事司法资料大全在线统计表"（见下文）的确记载：在其数据库中，69.4%的性侵犯罪行的确是由"土著美国人、阿拉斯加土著人、亚裔和太平洋岛民"所犯。但正如其标题"美国地区法院所判处罪犯"以及短评第四行显示的，该表仅报道了联邦起诉的犯罪。

表2　1999年美国地区法院依据《美国量刑委员会指南》对罪犯的量刑分析

（按主要犯罪、性别种族和民族的犯罪情况）

主要罪行	案件总数	性别				种族							
		男性		女性		总数 cases	白人		黑人		西班牙人[a]		其他[b]	
		数量	占比	数量	占比		数量	占比	数量	占比	数量	占比	数量	占比
总数	55,388	46,841	84.6%	8,547	15.4%	54,394	16,728	30.8%	14,246	26.2%	21,231	39.0%	2,169	4.0%
谋杀	108	95	88.0	13	12.0	103	29	29.2	18	17.5	17	16.5	39	37.9
杀人	57	38	66.7	19	33.3	57	10	17.5	6	10.5	8	14.0	33	57.9
绑架、劫持	81	77	95.1	4	49	80	19	23.8	19	23.8	22	27.5	20	25.0
性犯罪	230	226	98.3	4	17	229	42	18.3	17	7.4	11	4.8	159	69.4
暴力威胁	455	404	88.8	51	112	437	120	27.5	96	22.0	72	16.5	149	34.1
抢劫	1,790	1,638	91.5	152	85	1,771	732	41.3	852	48.1	138	7.8	49	2.8
纵火	82	79	96.3	3	3.7	82	60	73.2	10	12.2	3	3.7	9	11.0
毒品犯罪														
贩毒	21,993	18,992	86.4	3,001	13.6	21,780	5,311	24.4	6,743	31.0	9,345	42.9	381	1.7
通讯设施	397	320	80.6	77	19.4	395	120	30.4	137	34.7	130	32.9	8	2.0
简单持有	689	565	82.0	124	18.0	612	275	44.9	171	27.9	146	23.9	20	3.3
枪支	2,679	2,570	95.9	109	4.1	2,647	1,064	40.2	1,179	44.5	328	12.4	76	2.9
夜盗、破门而入	54	52	96.3	2	3.7	54	14	25.9	10	18.5	2	3.7	28	51.9
汽车盗窃	189	178	94.2	11	58	184	87	47.3	56	30.4	37	20.1	4	2.2
盗窃	2,082	1,322	63.5	760	36.5	1,977	981	49.6	705	35.7	170	8.6	121	6.1
欺诈	6,196	4,517	72.9	1,679	27.1	6,077	3,127	51.5	1,876	30.9	752	12.4	322	5.3
侵占	959	386	40.3	573	59.8	939	519	55.3	272	29.0	80	8.5	68	7.2
伪造、变造	1,295	1,008	77.8	287	22.2	1,287	526	40.9	533	41.4	167	13.0	61	4.7
贿赂	196	177	90.3	19	97	194	91	46.9	49	25.3	33	17.0	21	10.8
税收	728	596	81.9	132	18.1	712	519	72.9	83	11.7	53	7.4	57	8.0
洗钱	1,001	766	76.5	235	23.5	991	442	44.6	166	16.8	321	32.4	62	6.3
敲诈勒索	977	893	91.4	84	8.6	961	344	35.8	291	30.3	200	20.8	126	131
赌博、彩票	136	124	91.2	12	8.8	136	112	82.4	6	4.4	5	3.7	13	9.6

续表

主要罪行	案件总数	性别				总数 cases	种族							
		男性		女性			白人		黑人		西班牙人[a]		其他[b]	
		数量	占比	数量	占比		数量	占比	数量	占比	数量	占比	数量	占比
侵犯公民权利	81	73	90.1	8	9.9	78	52	66.7	16	20.5	10	12.8	0	X
移民	9,659	9,053	93.7	606	6.3	9,531	363	3.0	339	3.6	8,652	90.8	177	1.9
色情、卖淫	414	405	97.8	9	2.2	410	347	84.6	24	5.9	22	5.4	17	4.1
监狱犯罪	299	270	90.3	29	9.7	289	101	34.9	107	37.0	75	26.0	6	2.1
司法行政罪	866	631	72.9	235	27.1	840	350	41.7	182	21.7	271	32.3	37	4.4
环境、野生动物	211	195	92.4	16	7.8	205	160	78.0	6	2.9	24	11.7	15	7.3
国防	20	17	85.0	3	15.0	20	15	75.0	0	X	2	10.0	3	15.0
反垄断	44	42	95.5	2	4.5	43	37	86.0	2	4.7	1	2.3	3	7.0
食物与药品	78	67	85.9	11	14.1	76	48	63.2	12	15.8	9	11.8	7	8.2
其他	1,342	1,065	79.4	277	20.6	1,197	711	59.4	263	22.0	125	10.4	98	8.2

注：依据《犯罪综合控制法》的量刑改革[98-473（1984）号公法]创建了美国量刑委员会。该委员会的主要职能是推动和监督联邦法院的量刑政策与实践。1987年4月13日，该委员会向国会提交了一个初步的量刑指南和政策声明。上面的数据来源于美国量刑委员会1999财年（从1998年10月1日到1999年9月30日）的数据。由于数据文件的性质和报告的要求，以下案件类型没有包括在上述数据中：立案但没有定罪的案件；被告人被定罪但尚未宣判刑罚的案件；被告人虽然被判刑，但没有数据提交给委员会的案件；以及依据《量刑改革法》（而不适用量刑指南）所作判决的案件。

即便有多项起诉，有多项定罪被宣判刑罚，一个被告人的案件仍被界定为一个单一的量刑事件。

一个量刑案件中虽有多名被告仍作为一个单独案件。如果一个被告人在一个财年中被判处了一次以上刑罚，每次判刑都被视为一个单独案件。（来源 p.A-4.）

在55557个依指南量刑的案件中，由于信息缺失，有些案件被排除了。性别方面169个案件被排除，因为其符合下面的一个或两个条件：缺失主要犯罪类型149个，缺失性别信息48个。种族和民族方面1163个案件被排除是因为以下一个或两个原因：缺失主要犯罪类型149个；缺失种族或民族信息1124个。

毒品犯罪案件中，"通讯设施"指的是这样的设备，如，在毒品交易犯罪中使用的手机。

a：包括了西班牙裔中的白人和黑人。
b：包括美国的土著人、阿拉斯加的土著人、亚裔人和太平洋岛民。

资料来源：1999年美国量刑委员会：《联邦判刑统计资料手册》（华盛顿特区：美国量刑委员会，2000年），第14-15页，图表由资料手册的工作人员采编。

几乎所有的性犯罪案件都是在州法院起诉的；涉及性虐待的主要联邦法律适用于印第安保留地。因此，美国印第安人所犯的性虐待案比例仅是全国该类案件的一小部分，但却占到由联邦政府所起诉的性虐待案的很大一部分。了解你的数据涵盖了哪些管辖权。

三、《今日美国》调查报告，第124页

正如所提到的问题，该图表中的问题指的是第九巡回法院得出的结论，其认为：效忠誓词中的"上帝面前"违反了立教条款。

By Lori Joseph and Marcy E. Mullins. *USA TODAY*

（1）第一个问题是不是统计问题：上诉法院没有裁定："效忠宣誓……是违宪的"；其裁决的是"上帝面前"的誓词违宪。这意味着，尽管当前文本的誓词是不允许的，但现有 30 个单词的誓词中有两个词依然可以用。简单地将该裁决称为"宣誓效忠违宪"可能会误导诸多读者。

（2）从标题（"大多数人说'宣誓'是合宪的"），你觉得大部分人中的谁如是说过？当一个全国性报纸说："大部分人说"，多数读者会认为指的是"大部分美国人"，"大部分公民"，或诸如此类。但在表格底部的小字说"来源：JD Jungle 在线调查的 235 名法律系学生和法律组织，6 月 26 日至 27 日。误差率：±3 个百分点。"

因此，调查数据仅基于法科生和法律机构（无论"法律机构"确切指的是什么），而不是有代表性公众样本。某学术文章如是表述："大多数人说'宣誓'是合宪的"（"是含 27%；否含 73%"）——而该文并非针对法律人——这是对法律界中一个不确定团体调查的准确归纳方法吗？

（3）此外，投票并非是对"法律专业学生及法律机构"观点的一个有效评估。该调查是一个"网上调查"意见，所以它不是一个随机样本，而是一个自行选择的样本：它只登记那些听说并足够关注调查而参与的人——可能是那些对该主题有兴趣的人，而并非任何团体的代表性样本。①

（4）最后，即便用 235 人的随机样本也无法产生 ±3% 的误差率（确信报告的结果未能反映人们意见的比例不超过 3% 的比例为 95%）的结果。如果将 100 除以 235 的平方根，你会得到大约 ±6.5% 的误差率，如果你更精确，并按照 162 页脚注的说明处理，你会得到大约 ±5.8% 的误差率。

---

① 我打电话向 JD Jungle 确认了，正如《今日美国》上的"在线调查"这个表述所强烈暗示的那样，该调查确实是（被调查对象）自选的调查。

随机选择而不是自行选择样本，误差率才有意义，但即使我们忽略了该问题，±3%误差率也是不正确的。

四、《酒驾研究》，第131页

回想一下该练习：假设某研究表明：15%的16岁至25岁的纽约司机每月至少酒驾一次。明尼苏达州的立法机构考虑对16至18岁的年轻人酒驾者进行新的处罚。支持该法律的评论员写道："酒驾已在青少年中盛行，处于驾龄段的青少年每月至少有一次酒驾经历的概率达15%。"你可以在该声明中发现什么错误或暗含的假设？

（1）从一个地点与时间推论另一个地点和时间。评论员说的是一般人的情况。读者大概会推论说：他指的要么是全国，要么是明尼苏达州，而他现在泛指所有人。评论员应明确，在研究进行时，该数字指的是纽约司机。结果可能与今天明尼苏达州的情况相似，但读者应该被告知，这是一个假设而不是一个被证明的事实。

（2）从一个群体的行为推断另一群体的行为：该研究主要关注年龄在16至25岁的司机，但评论员推断"驾龄段的少年"——也许读者会将其解读为16到18岁的年轻人或16至19岁的年轻人，这是"驾龄段少年"的字面意思（假设驾龄起点为16岁）——他们会有相同表现。

此推论可能正确也可能不正确。总体而论，16到18岁的年轻人酒后驾车的比例会高于16至25岁的年轻人，因为他们不太成熟，或一般低于16至25岁的年轻人，因为他们不能合法买酒，或者是因为他们不太可能拥有自己的汽车。在任何情况下，评论员应再次清楚地表明他正在进行假设。

（3）误报研究结果：最后，评论员误报了该研究的一个方面。研究报告称：16岁至25岁的纽约司机中15%的人每月酒驾至少一次，而不是16岁至25岁的酒驾者中15%的人至少每月酒驾一次。该评论员的最终观点可能是正确的：明尼苏达州青少年中的确存在严重的酒驾问题，也许该法律将有助于打击此行为。但该报告研究的错误和疏漏需要予以纠正。

五、资料来源与检查练习，第136页

我们来快速回顾资料。

学生的论文如下：

Proponents of manufacturers' liability further argue that handguns are almost useless for self-protection: a handgun is six times more likely to be used to kill a friend or relative than to repel a burglar, and a person who uses a handgun in self-defense is eight times more likely to be killed than one who quietly acquiesces. [Footnote cites source A.]

资料来源A（认为生产商有连带责任的论者进一步辩驳），相关部分如下：

The handgun is of almost no utility in defending one's home against burglars. A Case Western Reserve University study showed that a handgun brought into the home for the purposes of self-protection is six times more likely to kill a relative or acquaintance than to repel a burglar. [Footnote cites source B.] .... The handgun is also of questionable utility in protecting against robbery, mugging or assault .... The element of surprise the robber has over his victim makes handguns ineffective against robbery .... A survey of Chicago robberies in 1975 revealed that, of those victims taking no resistance measures, the probability of death was 7.67 per 1000 robbery incidents, while the death rate among those taking self-protection measures was 64.29 per 1000 robbery incidents. [Footnote cites source C.] The victim was 8 times more likely to be killed when using a self-protective measure than not!

Although handguns possess little or no utility as self-protection devices, some may have a socially acceptable value when properly marketed under restricted guidelines [such as to the police].

资料来源 B（the Case Western study），引述相关部分如下：

During the period surveyed in this study [1958–73 in Cuyahoga County, Ohio], only 23 burglars, robbers or intruders who were not relatives or acquaintances were killed by guns in the hands of persons who were protecting their homes. During this same interval, six times as many fatal firearm accidents occurred in the home.

资料来源 C，对芝加哥抢劫案的研究，引述相关部分如下：

Of those victims taking no resistance measures, the probability of death was 7.67 per 1000 robbery incidents, while the death rate among those taking self-protection measures was 64.29 per 1000 robbery incidents.

Method of Victim Self-Protection	Extent of Injury to Victim			
	Death	Injured	None	TOTAL
Physical force	7(6.1%)	66	41	114
With Weapon Not a gun	0	1	4	5
Handgun	0	2	4	6
Verbal Denial of goods	2(4.5%)	17	25	44
Verbal Shouting	2(3.7%)	20	32	54
Flight	7(18.9%)	10	20	37
Verbal or Phys. Resis. & Flight	0	1	13	20
Unknown	23(79.3%)	3	3	29
None	7(0.8%)	132	774	913
TOTAL	48(3.9%)	258	916	1222

1. 第一个主张

（1）第一处错误很小——从句

a handgun is six times more likely to be used to kill a friend or relative than to repel a burglar 这一句意图总结材料 A（"a handgun brought into the home for the purposes of self-protection is six times more likely to kill a relative or acquaintance than to repel a burglar"）。但它用"acquaintance"替代了"friend"。两者是假的同义词；听起来可以互换，实则不同。比如，敌对帮派的成员可能是熟人，但不是朋友；同样的还有，毒品贩子及其客户，或妓女与嫖客。①虽非大错，但值得避免。

---
① 材料 A 也说"为了自卫才带回家的手枪"，而不仅仅是哈佛文章上所引述 A 的"手枪"。但实际上错误来源于材料 A，而不是哈佛的文章：原始材料 B 的关注点在一般的枪支上，而未涉及为何枪被带回家。

更严重的问题是材料 A 对材料 B 的引述，B 实际上是这样说的：During the period surveyed in this study [1958—73 in Cuyahoga County，Ohio]，only 23 burglars，robbers or intruders who were not relatives or acquaintances were killed by guns in the hands of persons who were protecting their homes. During this same interval, six times as many fatal firearm accidents occurred in the home.

让我们比较学生的论文和最初的研究（资料 B），注意差别（用斜体字标出来了）：

d. than "to repel" (*iv*)	d. than to "kill"
e. "burglar" (*v*)	e. "burglars, robbers, or intruders who wore not relatives or acquain-tances"
f. [No place / time specified] (*vi*)	f. Cuyahoga County. Ohio. 1958-73

（2）研究讨论的是枪支的总体情况而并不是专门讨论手枪（第一点）。老百姓手中接近 2/3 的枪支都是来复枪和猎枪（shotguns）而并不是手枪。[60]当你在从总体性数据（包括所有的枪支）推断其中的一部分（手枪）的时候要弄清楚这个情况。

（3）研究讨论了致命的枪支事故，这与枪支伤害朋友和亲属是不一样的（第三点）。绝大多数用枪支伤害朋友或亲属都是故意杀害，而并非过失；[61]很明显，大约有一半的致命枪击事故都涉及过失而枪杀了自己，其他则是枪杀了陌生人。[62]

（4）"驱逐入室窃贼"不同于"杀人"（第四点）。较之于打死入室窃贼，人们可以拿枪瞄准、击中、未击中或打伤而驱走入室窃贼。[63]避免误用同义词。

（5）"Burglar"并不同于"入室窃贼们、抢劫者们或非亲非故的闯入者们。"（第四点）。虽然差别可能不大，但确实有差别。

（6）该研究限于一个国家和一个时期（第 6 点）。枪支犯罪、事故、防卫性利用因不同地区和时代而异。例如，在所研究的期间（1958—1973 年），美国的致命枪支事故为大约每年 2400 起。而在 2004—2006 年，约为每年 700 起。[64]因此，很难判断该研究发现有多大的归纳可能性，但文章毫无疑问应该注明（至少用一个脚注）：限于特定时间和地点对枪支利用的研究，而非枪支利用的总体情况。当你在从具体部分（凯霍加县，1958—1973 年）推论一般性数据（该县所有时间的总体情况）或者推断出另一个部分的数据时（该县在该文写作那年的情况）一定要注明。

文章称"制造商责任论的支持者进一步争论说，手枪在自卫方面几乎没有作用……"。文章的观点是否可以基于下述理由而得到论证呢？——文章只是描述了支持者的观点，而不一定是正确的观点吗？如果是这样，我们就不应当责难作者对文章的引注进行检查，尽管我们会责怪资料 A 的作者。

但我认为这不对。作者肯定会指望读者这样来解释该主张，含蓄地赞同列举的数据就暗含了认可引用的统计数据——我们审查的那篇文章确实是因认可其所描述的统计数据而被引述的。如果作者引用错误的资料来源仅为证明其他人所相信的事实，他们应明确说明，这个所引材料可能有错：这是他们不误导读者的部分责任所在。

2. 第二个主张

第二个主张是 "a person who uses a handgun in self-defense is eight times more likely to be killed than one who quietly acquiesces"，文章所引用的资料 A 是这样说的：

A survey of Chicago robberies in 1975 revealed that, of those victims taking no resistance measures, the probability of death was 7.67 per 1000 robbery incidents, while the death rate among those taking self-protection measures was 64.29 per 1000 robbery incidents. The victim was 8 times more likely to be killed when using a self-protective measure than not!

在这里，资料 A 的确正确地总结了原始研究（资料 C）。但我们来将学生的文章与资料 A 进行一个对比：

The student article (citing source)	Source A (cited source)
a. [No place / time specified] (*vi ½*)	"A survey of Chicago [events] in 1975"
b. [No crime type specified] (*vi ½*)	"robberies"
c. "a person who uses a handgun in self-defense" (*vii*)	"[a] victim[] ... taking self protection measures"
d. "is eight times more likely to be Killed"	"[is] 8 times more likely to be Killed"
e. "than one who quietly acquiesces"	"[than one who] tak[es] no resistance measures"

（5½）As in error（vi）, source A talks about one place, Chicago, one time, 1975, and one crime, robbery; but the student article talks generally about "a person who uses a handgun in self-defense." The reader should be alerted to this limitation, since the specific data may not apply equally to self-defense more broadly (for instance, to self-defense against burglary, assault, rape, or attempted murder), to the country generally, or to the year that the article was written.

（7）但最大的错误是从"自卫手段"跳跃到"用手枪自卫"。资料 A 和原始研究（资料 C）都没有明确地将一般的自卫措施的相对危险性等同于用手枪自卫的相对危险性。学生的论文错误地主张了更小范围的某些东西，而其数据是与更大范围相关的。

再看一下资料 C 的表格：

Method of Victim Self-Protection	Extent of Injury to Victim			
	Death	Injured	None	TOTAL
Physical force	7(6.1%)	66	41	114
With Weapon Not a gun	0	1	4	5
Handgun	0	2	4	6
Verbal Denial of goods	2(4.5%)	17	25	44
Verbal Shouting	2(3.7%)	20	32	54
Flight	7(18.9%)	10	20	37
Verbal or Phys. Resis. & Flight	0	1	13	20
Unknown	23(79.3%)	3	3	29
None	7(0.8%)	132	774	913
TOTAL	48(3.9%)	258	916	1222

该研究发现，当用手枪来自卫时，6 起抢劫案当中没有一起造成死亡，而并非 287 起中 18 起造成死亡（占千分之 64.29），资料 A 所依据的比例，包括了那些徒手进行自卫的、用武器进行自卫的、做出语言回击以及逃跑的。这项研究没有告诉我们，手枪作为自卫工具的效果如何，因为 6 个案件对于作出任何推断而言都缺乏正当性。但研究并没有显示出"用手枪

自卫较之于默不作声，被杀的可能性高 8 倍。"

因此，这篇学生论文的作者犯了一个很严重的错误。那些资料来源 A 的作者也犯了错误，因为他对资料 C 的援引很可能会误导读者。紧接着"高 8 倍"这句话之前有三句话紧挨着，而紧随其后的一句必须与利用手枪进行自卫有关：

A Case Western Reserve University study showed that a handgun brought into the home for the purposes of self-protection is six times more likely to kill a relative or acquaintance than to repel a burglar.... The handgun is also of questionable utility in protecting against robbery, mugging or assault.... The element of surprise the robber has over his victim makes handguns ineffective against robbery.... A survey of Chicago robberies in 1975 revealed that, of those victims taking no resistance measures, the probability of death was 7.67 per 1000 robbery incidents, while the death rate among those taking self-protection measures was 64.29 per 1000 robbery incidents. The victim was 8 times more likely to be killed when using a self-protective measure than not!

Although handguns possess little or no utility as self-protection devices, some may have a socially acceptable value when properly marketed under restricted guidelines [such as to the police].

引用资料来源 C 的几句话很容易被误读为关注利用手枪来进行防身，而并非它们在字面上讨论的内容，也就是，整体上的自卫——而这篇学生论文的作者看起来恰恰是以这种方式误读了这些句子。如果资料来源 A 明确地说，它是从一般自卫推断出手枪自卫的数据，那么，学生论文的作者就可能认识到该数据的缺陷，至少可以向读者言明。

附录三 投稿函范例

一、致法律评论编辑函：投稿函

[你的名字]
[你的地址]
[你的电话号码]
[你的电子邮件地址]

稿件部

[法律评论的名字和地址]

[日期]

Dear Madam or Sir：

In the attached short article,① I aim to make two contributions. First, I argue that laws requiring bystanders to help crime victims—a hot subject in recent years②—may be practically counterproductive.③ The laws' likely practical effects have been largely ignored by the literature, which has focused almost exclusively on whether the laws are morally justifiable.④ As too often happens, discussion about a law's morality has driven out discussion about its wisdom. Such laws have been recently proposed both on the federal level and in some of the largest states; I hope my analysis will help the debate about these proposals.⑤

Second, I hope to start a broader discussion about what I identify as the potential "anticooperative effect" of criminal law and tort law generally：The tendency of some kinds of

---

① [注意：这些脚注当然是为了给本书读者做的解释。你不能在你的投稿函中将这些脚注加入，或者公开去讨论新颖性、创造性或实用性——这些应当暗含在你的投稿函中，而不能明说。]
我写这封信所投的文章相当短，大概只有10页。我认为有的读者可能会对此感到不满意，我就提前提醒了这一点。人们的判断大体是基于他们的预期做出的。如果他们预期到文章比较短，他们就不会太介意这一点。
同样，如果你的文章中有一些不同寻常之处，你最好提前提及。
这篇文章碰巧被排位前二十名的期刊所录用。
② 我尽量说服读者相信这是一个热点领域，文章对学术界有价值，因而会被引用。
③ 表示某法律如果产生了未曾预见或适得其反的结果就强调了文章是有创见的。
④ 暗示该主题有新颖性。
⑤ 旨在说服人们相信本文是有用的。

government coercion, even when they are in the abstract morally proper, to deter citizens from cooperating with the authorities. Sometimes, I suggest, even a morally justifiable urge to legally compel correct behavior can seriously backfire in this way. I hope the example of duty-to-rescue/report laws can stimulate attention to this practical effect of coercive rules.①

Please let me know if you have any questions about the piece.

Sincerely Yours,
[签名]

二、致潜在读者函：赠送单行本

[你的名字]
[你的地址]
[你的电话号码]
[你的电子邮件地址]

[接收人的姓名]
[接收人的地址]

[日期]

Dear [salutation]:

In the attached short article, I aim to make two contributions, which I hope will be of some use to criminal law teachers.②

First, I argue that laws requiring bystanders to help crime victims may be practically counterproductive.③ The laws' likely practical effects have been largely ignored by the literature, which has focused almost exclusively on whether the laws are morally justifiable. As too often happens, discussion about a law's morality has tended to drive out discussion about its wisdom. I hope my analysis will help broaden both the public, scholarly, and legislative debate about these proposals and class discussions about them.④ [Personalize to the extent possible, e.g., with a sentence such as this:] Given your work on [subject or article title], which I found to be quite helpful when writing my article and which I cite on p. ___, I thought you might find this topic particularly interesting.

---

① 第一句解释了本文的核心论点，第二句将本文与更广泛的争论联系到一起，其目的也是说服读者相信本文在学术上是有价值的。
② 我将该信发给了诸多刑事法学教授，包括案例书的作者。我的部分目的在于说服他们在案例书中引用本文，但我认为委婉提及为好。
③ 这是对文章主旨相当简洁的总结。你可能想略微详细地总结，但要记住，该信的目的是说服读者读你的导论。如果你认为一个短句可以实现该目的，坚持用一句话。
④ 这些句子旨在向读者迅速传达本文的新颖性、创造性和实用性。

Second, I briefly point to what I call the potential "anticooperative effect" of criminal law and tort law generally: the tendency of some kinds of government coercion, even when they are in the abstract morally proper, to deter citizens from cooperating with the authorities. I freely admit that the precise magnitude of this effect is hard to gauge, but I argue that the effect must be considered, both as to duty-to-rescue/report laws and as to other laws, such as prostitution laws, illegal immigration laws, and bans on carrying concealed weapons (see pp. ___-___).①

And I hope this discussion may be pedagogically helpful. Students often miss these sorts of indirect practical effects, and discussing the anticooperative effect in this context might help train students to analyze criminal law policy questions more comprehensively.②

I would love to hear any reactions you might have to this piece.

Sincerely Yours,

[签名]

三、致潜在读者函：赠送单行本给对其作品有实质依赖者

[你的姓名]
[你的地址]
[你的电话号码]
[你的电子邮件地址]

[接收人姓名]
[接收人地址]

[日期]

Dear [salutation]:

I much enjoyed reading your [article name], and found it very helpful in writing my own article, which I enclose; your article is of course cited heavily on pp. ___-___ [or "cited heavily throughout," if it is indeed cited throughout the piece]. [If you disagree with the recipient's article, write:] As you may notice, my analysis diverges in some measure from yours, but I nonetheless found your work to be very thought-provoking, and useful in helping me sharpen my own viewpoint.

In my article, I argue that laws requiring bystanders to help crime victims may be practically counterproductive. The laws' likely practical effects have been largely ignored by the literature, which has focused almost exclusively on whether the laws are morally justifiable. As too often

---

① 这将本文的主旨与更广泛的理论争点联系到一起。
② 如果你觉得你的价值既有教学价值又有学术价值，对此予以说明。

happens, discussion about a law's morality has tended to drive out discussion about its wisdom. I hope my analysis will help broaden both the public, scholarly, and legislative debate about these proposals and class discussions about them.

I also briefly point to what I call the potential "anticooperative effect" of criminal law and tort law generally: the tendency of some kinds of government coercion, even when they are in the abstract morally proper, to deter citizens from cooperating with the authorities. I freely admit that the precise magnitude of this effect is hard to gauge, but I argue that the effect must be considered, both as to duty-to-rescue/report laws and as to other laws, such as prostitution laws, illegal immigration laws, and bans on carrying concealed weapons (see pp. ___-___).

Finally, I hope this discussion may be pedagogically helpful. Students often miss these sorts of indirect practical effects, and discussing the anticooperative effect in this context might help train students to analyze criminal law policy questions more comprehensively.

I would love to hear any reactions you might have to this piece.

Sincerely Yours,
[签名]

尾　注

[1] "我们必须考虑物而不是词，至少我们必须不断地将我们的词翻译成其所代表的事实，如果我们要抓住真实(real and the true)的话。"Oliver Wendell Holmes, Jr., Law in Science and Science in Law, 12 Harv. L. Rev. 443, 460（1899）.

[2] 参见：Insulted Thai Convicted, L.A. Times, Mar. 3, 1988, Metro sec., at 2.

[3] 参见：Militia Act of May 8, 1792, ch. 33, §1, 1 Stat. 271, 271；United States v. Miller, 307 U.S. 174, 179（1939）.

[4] 参见：Eugene Volokh, "Necessary to the Security of a Free State", 83 Notre Dame L. Rev. 1（2007）.

[5] 参见：Christopher L. Eisgruber& Lawrence G. Sager, The Vulnerability of Conscience：The Constitutional Basis for Protecting Religious Conduct, 61 U. Chi. L. Rev. 1245, 1247(1994).

[6] 该讨论是基于：Eugene Volokh, Intermediate Questions of Religious Exemptions—A Research Agenda with Test Suites, 21 Cardozo L. Rev. 595（1999）；这些测试工具所建立的基础之例证，见前注：603页，注18；630页注106–109。Cf. KDM ex rel. WJM v. Reedsport School Dist., 196 F.3d 1046, 1056–57（9th Cir. 1999）（Kleinfeld, J., dissenting）（其也将计算机测试程序作为检验法律主张的模式）.

[7] 参见：Centers for Disease Control & Prevention, Injury Mortality Reports, 1999–2006, http://webappa.cdc.gov/sasweb/ncipc/mortrate10_sy.html（query selecting [1] Homicide, [2] Firearm, [3] Year(s)of Report 1999 to 1999）.

[8] 参见：Gary Kleck, Targeting Guns 149–62（1997）.

[9] Pamela Samuelson, Good Legal Writing：Of Orwell and Window Panes, 46 U. Pitt. L. Rev. 149, 158（1984）.

[10] Deirdre N. McCloskey, Economical Writing 31（2nd ed. 2000）.

[11] 参见：Samuelson, supra note 9, at 165.

[12] L.P. Hartley, The Go-Between 17（2002）.

[13] McCloskey, supra note 10, at 33.

[14] 见前注，50–52页。

[15] 参见：Centers for Disease Control & Prevention, Injury Mortality Reports, 1999–2006, http://webappa.cdc.gov/sasweb/ncipc/mortrate10_sy.html(query selecting [1] Unintentional, [2] Firearm, [3] Year(s)of Report 2006 to 2006, [unlabeled] custom age range <1 to 14)；Centers for Disease Control & Prevention, WISQARS Nonfatal Injury Reports, http://webappa.cdc.gov/ sasweb/ncipc/nfirates2001.html（queries selecting [1] Unintentional, [2] Firearm, [3] Year(s)of Report 2006 to 2006 and Disposition either "Treated

and Released" or "Transferred or Hospitalized,"[unlabeled] custom age range <1 to 14）.

[16] 参见：Garry Wills, Lincoln at Gettysburg: The Words that Remade America 34, 36（1992）.

[17] 此例来自：Webster's Dictionary of English Usage 640（1989）.

[18] 见前注，我本人未检查过该来源（韦氏词典并未给出精确引注），但是（1）我相信韦氏词典并且，（2）我无法忽视该例而以自己的取而代之。

[19] http://prawfsblawg.blogs.com/prawfsblawg/2006/12/thoughts_on_the.html.

[20] 见前注。

[21] 肯塔基州1835年的法律在该参考文献中被列为："Digest of the Statute Laws of Kentucky. Edited by C.S. Morehead and Mason Brown. 2 vols. Frankfort, Ky.: A.G. Hodges." 由于该刊物是跨学科的，它采用的是社会科学的引注规范而不是法律评论中常见的引注规范。

[22] Ky. Const. art. X, § 23（1799）, in 3 Francis N. Thorpe, The Federal and State Constitutions 1290（1909）.

[23] 见前注：art. III, §§ 28–30, in 3 Thorpe, 前注22, 第1283–84页。

[24] 参见前注 art. IX, in 3 Thorpe, 前注22, 第1288页；Legislative Research Comm'n, A Citizen's Guide to the Kentucky Constitution, http://www.lrc.state.ky.us/lrcpubs/rr137.pdf, at 159（"以前，肯塔基州的宪法并不承认宪法修正案，而是要求更精细的修改程序"）.

[25] Ky. Const. art. XIII, § 25（1850）（"州政府不得质疑公民有持有防身武器的权利；但是，国民大会可以通过法律阻止个人私藏武器"）, in 3 Thorpe, 前注22, 第1314页。

[26] 参见：Henry A. Kelly, Rule of Thumb and the Folklaw of the Husband's Stick, 44 J. Legal Educ. 341（1994）.

[27] 521 U.S. 844, 877（1997）.

[28] 参见：Virginia State Bd. of Pharmacy v. Virginia Citizens Consumer Council, Inc., 425 U.S. 748, 761（1976）.

[29] 参见：In re Application of Pacifica Found., 50 F.C.C.2d 1025（1975）（将 Pacifica 描述为"非商业性教育调频广播电台的被许可人"包括"纽约的 WBAI"；In re Citizen's Complaint Against Pacifica Foundation Station WBAI（FM）, 56 F.C.C.2d 94（1975）, eventually aff'd sub nom. FCC v. Pacifica Found., 438 U.S. 726（1978）（确认广播确实在 WBAI 上）。

[30] Marina Wants to Send Too-Salty Sailboat Back to Sea, Ventura County Star, Apr. 4, 2002, at B01.

[31] Compare Neighborliness Between Trying Neighbors, Boston Globe, Apr. 27, 1997, at E2（"在朝拉丁美洲摇摆期间，另外一位副总统 Dan Quayle 讲话说希望自己学过拉丁文，以便能交流。"）with A Dan Quayle Joke, Wash. Post, June 1, 1989, at A24（描述了这个故事的来源）.

[32] 参见：See http://www.c-span.org/search/basic.asp?BasicQueryText=dc+rally+against.

[33] All Things Considered: Important Supreme Court Decisions From This Past Term, Nat'l Pub. Radio, July 3, 2002.

[34] Corrections, N.Y. Times, Apr. 7, 1995, at A2.

[35] 参见：Bureau of the Census, Historical Statistics of the United States: Colonial Times to 1970 at 116（1976）.

[36] 433 U.S. 562, 573 n.10, 576 (1978) (强调最高法院处理的是狭义问题而不是广义问题)。

[37] 例如，可参见：Comedy III Prods., Inc. v. Gary Saderup, Inc., 80 Cal. Rptr. 2d 464, 471 (Ct. App. 1998) (在一个姓名或肖像权案件中得出结论认为，Zacchini 案"考虑并反驳了依据第一修正案的侵犯姓名或肖像权的抗辩"), aff'd, 25 Cal. 4th 387 (2001); Landham v. William Galoob Toys, Inc., 227 F.3d 619, 622 (6th Cir. 2000) ("姓名或肖像权 [指的是掌控自己的名字或肖像的权利] 是州普通法和制定法创设的，起源于普通法中的隐私权。最高法院承认了其与联邦知识产权法和宪法第一修正案的一致性，总体参见 Zacchini……")。一些法律评论文章犯了同样的错误。

[38] Schenck v. United States, 249 U.S. 47, 52 (1919) (着重号为作者所加)。

[39] 在律商联讯"NEWS；US"中检索"(在一个剧院大呼着火了；在某个特定的剧院大呼着火了；在某个拥挤的剧院谎称着火了)，时间范围：(< 1/1/2002)"共获得333个结果。在"shouting"之前用"falsely"同样的方式查询，只得到了72个结果。其中一些结果是误报（比如，对比喻的采用超过了言论自由的背景范围，偶尔有讨论"谎称"一般性事项的内容。

[40] 参见：Editorial, Misjudgment of "Nuremberg," Omaha World-Herald, Mar. 30, 2001, at 16（承认霍姆斯所引用的仅限于谎称但主张同样应当适用于那些暗含了敦促废止堕胎条款的言论）。

[41] 例如，可参见：国家安全委员会的《事故真相》9（2000）。

[42] 该文引用了国家安全委员会的《事故真相》（1980），虽然没有写明页码，但致命枪支事故的统计出现在《事故真相》的第7页。5岁以下的儿童事故数量为60起；5岁到14岁事故数量为300起；15到24岁的事故数量为600起。因此，1000这个数字应当指的是从0岁到24岁。

[43] 参见：Centers for Disease Control & Prevention, Injury Mortality Reports, 1999–2006, http://webappa.cdc.gov/sasweb/ncipc/mortrate10_sy.html (queries selecting [1] Unintentional, [2] Firearm, [3] Year(s) of Report 2004 to 2006, [unlabeled] custom age range <1 to 17).

[44] 参见：Centers for Disease Control & Prevention, Injury Mortality Reports, 1981–1998, http://webapp.cdc.gov/sasweb/ncipc/mortrate9.html (queries selecting [1] All Intents, [2] Firearm, [3] Year(s) of Report 1995 to 1995, and [1] Suicide, [2] Firearm, [3] Year(s) of Report 1995 to 1995).

[45] U.S. Census Bureau, Table 3: Annual Estimates of the Resident Population by Sex, Race, and Hispanic Origin for the United States, http://www.census.gov/popest/national/asrh/NC-EST2008/NC-EST2008-03.xls (Nov. 1, 2000 estimates).

[46] 参见：Peverill Squire, Why the 1936 Literary Digest Poll Failed, 52 Pub. Opin. Q. 125, 128–30 (1988).

[47] Vote Now, USA Weekend, Dec. 29–31, 1995, at 5; Call-in Results, USA Weekend, Feb. 2–4, 1996, at 10.

[48] Squire, 前注 46, 第 130–31 页。

[49] 如可参见：Levin v. Harleston, 966 F.2d 85 (2nd Cir. 1992) (主张教授在课外的写作是受

宪法保护的); 对比: Dambrot v. Central Mich. Univ., 55 F.3d 1177, 1190 (6th Cir. 1995) ("教师对教学方法的采用并不会上升到受保护的言论高度"), 以及: Cohen v. San Bernardino Valley College, 92 F.3d 968, 971 (9th Cir. 1996); ("最高法院或者这个巡回法院都没有确定第一修正案应当给予公立大学的教授多大的课堂言论保护范围。我们今天不划定第一修正案给大学教授课堂言论保护的确切范畴……"); Hardy v. Jefferson Community College, 260 F.3d 671, 679 (6th Cir. 2001) ("由于教师本质的作用是为学生能在社会上立足并成为一个负责任的公民而做准备, 因此, 课堂教导就属于最高法院广义的'公众关切'")。

[50] 数据源于: International Dairy Foods Ass'n, Dairy Facts 45 (2003), 以及: FBI, Uniform Crime Reports—Crime in the United States, 2000, tbl. 2.18 (2002), http://www.fbi.gov/ucr/cius_00/00crime2_4.pdf.该图显示了冰激凌的产量(数百万加仑), 与之相对的是每月强奸数的10倍(占2000年强奸案件总数的百分比)的关系。将强奸数放大10倍是为了使两条线在纵坐标上达到同样的高度, 因此凸显其相关性。

[51] FBI, Uniform Crime Reports—Crime in the United States, 2002, at 45 (2003), http://www.fbi.gov/ucr/cius_02/pdf/02crime2.pdf.

[52] U.S. Department of Justice, Bureau of Justice Statistics, Criminal Victimization, 2002, tbl. 1, http://bjs.ojp.usdoj.gov/content/pub/pdf/cvus02.pdf.

[53] U.S. Department of Justice, Bureau of Justice Statistics, Homicide Trends in the U.S., http://bjs.ojp.usdoj.gov/content/homicide/tables/totalstab.cfm.本文中的对比并不精确。最高法院的赞同意见仅仅引用了该表中"在1973年到1995年研究期间所发生的杀人案件, 该县居民所在州有一个有效的死刑立法。"当我们用142,228除以该县杀人案件总数(487,590), 我们大概应该以更好的测量分子匹配度的方式来调整分母, 这样的比例最终可能是29%以上。但29%在任何情况下也仅仅是一个粗略估计(例如, 我们或许不应该用杀人总数来除, 而应该用最严重杀人案件数来除), 其底线在任何情况下都是相同的: 死刑判决和杀人之间的差距比赞同意见所表明的要少得多。

[54] Arthur L. Kellermann & Donald T. Reay, Protection or Peril?An Analysis of Firearms-Related Deaths in the Home, 314 New Eng. J. Med. 1557, 1560 (1986).

[55] 见下文注63和相应的正文。

[56] Sherbert v. Verner, 374 U.S. 398 (1963); Hobbie v. Unemployment Appeals Comm'n, 480 U.S. 136 (1987); Frazee v. Illinois Dep't of Emp. Sec., 489 U.S. 829 (1989); Thomas v. Review Bd., 450 U.S. 707 (1981); Wisconsin v. Yoder, 406 U.S. 205 (1972).

[57] World Christian Handbook 99-101 (H. Wakelin Coxill & Sir Kenneth Grubb eds., 1962) (estimating the number of Seventh-Day Adventists, Seventh-Day Baptists, and members of the Seventh-Day Church of God); American Jewish Comm., American Jewish Year Book 63 (1961) (estimating the number of Jews); Samuel C. Heilman & Steven M. Cohen, Cosmopolitans & Parochials: Modern Orthodox Jews in America 2 (1989) ("作为一个教派, [东正教]在近600万的美国犹太人人口中保持10%左右的比例不变, 并已经持续了一代人以上的时间。当然, 有些基督徒守安息日的行为可能不属于代表性的守安息日教派, 而一些星期天守安息日者(如1989年的Frazee)可能利用宗教豁免(虽然在1963

年，许多国家的法律已经保护了许多信徒在星期天守安息日的权利，甚至无需一个强制性自由行使宗教权利条款的支持）。尽管如此，似乎有理由认为：犹太人于 1963 年形成过美国守安息日的多数派，且有很充分的理由认为，他们至少构成了美国守安息日的很大一部分。

[58] 参见：First Covenant Church of Seattle v. City of Seattle，787 P.2d 1352（Wash. 1990）（exemption from landmark preservation ordinance）；State v. Hershberger，444 N.W.2d 282（Minn. 1989）（免于在马拉车上展示橙色的缓慢行驶标志的徽记）；People v. Swartzentruber，429 N.W.2d 225（Mich. Ct. App. 1988）（与 Hershberger 案相同）；Cabinet for Human Resources Kentucky Health Facilities v. Provincial Convent of the Good Shepherd，Inc.，701 S.W.2d 137（Ky. Ct. App. 1985）（免受某些养老院法规的约束）。20 世纪 80 年代之前的案例参见：Frank v. State，604 P.2d 1068（Alaska 1979）（免于禁止狩猎驼鹿的规定）；Bureau of Motor Vehicles v. Pentecostal House of Prayer，Inc.，380 N.E.2d 1225（Ind. 1978）（驾驶证照片要求豁免）；In re Palmer，386 A.2d 1112（R.I. 1978）（exemption from ban on headgear in courtroom）；Whitehorn v. State，561 P.2d 539（Okla. Ct. Crim. App. 1977）（exemption from peyote ban）；State v. Whittingham，504 P.2d 950（Ariz. Ct. App. 1973）（仙人掌禁令豁免）；McMillan v. State，265 A.2d 453（Md. 1970）（禁止在法庭内戴头饰的豁免）；People v. Woody，394 P.2d 813（Cal. 1964）（仙人掌禁令豁免）；In re Jenison，125 N.W.2d 588（Minn. 1963）（担任陪审员豁免）。First Covenant Church and Hershberger（First Covenant Church and Hershberger）被最高法院撤销原判发回重审，其依据是：Employment Division v. Smith，但是这作为该条的目的并不重要。

[59] 参见：Terri LeClercq，Failure to Teach：Due Process and Law School Plagiarism，49 J. Legal. Ed. 236，254（1999）.

[60] 参见：Gary Kleck，Targeting Guns 96–97（1997）.

[61] 近年来，故意枪杀案在美国每年的致命枪击事故中的比例已超过 17∶1（尽管该统计并不局限于家庭内杀人）。参见：Centers for Disease Control & Prevention，Injury Mortality Reports，1999–2006，http://webappa.cdc.gov/sasweb/ncipc/mortrate10_sy.html（queries selecting [1] Homicide，[2] Firearm，[3] Year(s)of Report 2004 to 2006，yielding 36，767，and selecting [1] Unintentional，[2] Firearm，[3] Year(s)of Report 2004 to 2006，yielding 2，080）。

2005 年凶杀案中 15% 左右的案件中杀的是家人、男友、女友，而且数量似乎与枪杀案数量差不多。参见：U.S. Department of Justice，Bureau of Justice Statistics，Homicide Trends in the U.S.—Family Homicides，http://bjs.ojp.usdoj.gov/content/homicide/tables/familytab.cfm（2005 年的数据）（1242 起杀人案是不包括配偶的家庭成员之间）；U.S. Department of Justice，Bureau of Justice Statistics，Homicide Trends in the U.S.—Intimate Homicides，http://bjs.ojp.usdoj.gov/content/homicide/intimates.cfm & http://bjs.ojp.usdoj.gov/content/homicide/tables/intimatestab.cfm（2005 data）（1510 起凶杀人是配偶、前配偶、男朋友和女朋友）；Centers for Disease Control & Prevention，supra（query selecting [1] Homicide，[2] Year(s)of Report 2005 to 2005，报告了总共 18，124 宗杀人案件）。我没有当前涉及的杀害友人（相对于陌生人）的数据。注意数据可能因时间和地点不同而不同。

例如，致命的枪支事故曾在 20 世纪 70 年代中期或多或少地稳步下降过，但枪支杀人案数量在20世纪60年代末迅速飙升，然后，在1990年代末回落。然而，这个差别相当大，以至于我怀疑：枪支的故意杀人总是比致命枪支过失杀人要常见得多。

[62] Kleck认为（前注60第294页）："约半数的意外枪击伤害事故都是由自己引发的"；我没有见过特别限于致命枪击事故的数据，但我看不出结果会明显不同的任何理由。我不知道有多少涉及意外射杀陌生人事故的数据。

[63] 我已经看到的对此最好的研究表明：在所有90%以上的防身用枪致人伤亡事件中，攻击者甚至没有被防卫者伤害，更不用说打死。另一项研究则表明，大约6.25起伤害致死案中才有一起是枪伤引起的。参见：Gary Kleck & Marc Gertz, Armed Resistance to Crime：The Prevalence and Nature of Self-Defense With a Gun, 86 J. Crim. L. & Criminology 150，185（1995）；Gary Kleck，Point Blank：Guns and Violence in America 62（1991）。此数据针对的是一般攻击，而不是专门针对自卫枪击事件，但我知道没有理由认为自卫的比例会显著增高。参见：Gary Kleck，Targeting Guns 151，152，163（1997）（描述了不同的估计）。如果所有的枪支的自卫用途只有一半成功击退攻击者，驱走和杀害之间的比率仍从10∶1（64000/2/3200）到900∶1（250万/2/1400）不等。

[64] 国家安全委员会，前注41，第42-43页；参见："疾控中心"：《伤亡报告》，1999-2006年，http://webappa.cdc.gov/sasweb/ncipc/mortrate10_sy.html（查询选项：[1]过失死亡；[2]枪械；[3]报告年份：2004-2006）。

译后记

"终于可以交出去,长舒一口气!"——历时近两年,终于完成翻译本书这项极富挑战性的工作。本书开始翻译是以 2010 年出版的原书第四版为基础的,在初稿基本完成之时,适逢其第五版于 2016 年上半年出版,译者遂根据第五版对译文做了全面修订。虽然,这个变故增加了不少工作量,但能较快将最新版的中文版奉献给读者,译者也甚感欣慰!

萨缪尔森说:"能做研究的都做着科研;那些不能做科研的就胡扯其方法论。"也许于我而言,作为一个不会写文章的人就只能去看别人"扯写法"。带着这份好奇心,2014 年在西南民族大学法学院面晤参加国际会议的日本指宿信教授和美国戴维·西格尔教授时,请教了他们关于英文论文写作的问题。无巧不成书,作为国际化刑诉法学者,指宿信教授不但对英文论文的写作发表有浓厚兴趣,而且也是本书的日文版(根据第三版译出,2009 年在日本出版)的译者。他强烈建议我将此书翻译成中文。西格尔教授盛赞此书在美国国内和世界的影响,作为我的老友,也"撺掇"我将其译成中文。随后,应西华大学之邀,西格尔教授做了题为"中国法学学者在 SSCI 刊物上发表文章的技巧探究"的讲座,加深了我对本书的理解。回国后,他很快给我邮寄来本书。

一个不容回避的问题是,本书本来是面向母语为英文的法律人写作与发表论文而写的,有必要翻译成中文吗?!这个问题一度困扰着我。不过,经过认真思考,我有个基本判断:我国法学学术性写作的专门教学确实相对薄弱,实用性中文写作教材有限,专门针对法学学科英文论文写作的原版引进或译介几乎还是空白。因此,如果承认中国法学论文英文写作与发表在国际学术交流中的必要性,无论从法学教学实践还是法学教育教学研究的角度,更多的中国读者对本书有深入的了解都很有必要。同时,对于中文法学论文写作乃至于中外学术交流的不少方面本书也能提供诸多启示。随着对本书的初步阅读和择要翻译,更加坚定了我的译介出版信念。如果本书能提高读者诸君的阅读效率、加深理解,则善莫大焉!考虑到本书毕竟主要针对的是英文写作,对于原书部分较为集中的举例与练习保留了原文,以供读者更好地研习。

作为翻译过程中研习该书心得的附带成果,我在西格尔教授指导下,尝试写了一篇英文论文,于 2015 年 12 月发表在香港大学的《香港法律学刊》上。在写作过程中具体运用了书中的一些技巧,有效地绕过了一些歧途,明显提升了效率。写作是一项实践性很强的工作,必须在"做中学",本书有助于初学者迅速了解英文论文的写作与发表的技巧和基本流程。对于已经有一定写作经验的人来说，一些很实用的技巧也是值得关注的。

翻译在当今的学术评价体系内几乎没有容身之处，一切全凭兴趣。不过值得一提的是，2016年4月，西南交通大学教务处将以此书翻译为基础的教改项目（"英文法学论文写作课外实训机制研究"）列为"重点培育"项目，也让译者看到学校的支持，对于推动本书的翻译工作有积极意义。在此，对项目评审的校内外诸位专家和教学研究科的张国正老师致以深深的谢意！同样基于对语言教学的兴趣并为深化对本书的思考与研究而申报的另一科研项目（"英文法学论文写作的理论与方法研究"）也获得2016年度"四川外国语言文学研究中心"的立项。十余年来，本着一份兴趣，我曾独立或合作翻译出版了专著三部、发表译文多篇。翻译是精读的过程，通过翻译本书，我对英文法学论文写作的认识有了进一步提高。有一种说法是，现在中国法学学术的"英译汉"时代已渐行渐远，而"汉译英"正当时，也许，此译介也将成为此种转型的隐喻之一。

我于2016年3月获得国家留学基金委的"西部项目"资助，赴瑞士苏黎世大学访学一年。这让我暂时放开了教学工作并摆脱了一些繁杂的事务以及这个隆冬成都连日的"雾霾"。将该书翻译纳入访学计划也得到了我的指导教授苏黎世大学法学院萨拉·萨默斯的大力支持。作为国际著名刊物的编审，她也大赞此书的指导意义。苏黎世大学法学院图书馆的建筑与藏书闻名遐迩，除了提供了一个极好的研习环境外，在资料信息获取方面也给我提供了极大便利，这也是顺利完成本书翻译的重要原因之一。

西南交通大学出版社的编辑在得知此书的具体情况后，协助此书翻译计划通过评审。其编辑耐心细致的编审工作无疑提升了本书的质量。对他们的支持深表感谢！

前述教改项目研究的开展中，作为提升学生法学写作能力的一种尝试，特将有一定语言基础的多名优秀在校本科生和研究生列为本书初稿文字审校者，推动他们在"校中学"。实践证明，这项探索是有一定成效的——项目开展过程不但在一定程度上有效地提升了他们的阅读能力，也让他们对英文法学论文写作有了更深入了解。这些同学是：徐文晶、杨珏、张耀、唐杰、彭枥然、杨露、石佳意、孙文心、黄雅涵、洪姝瑜、万子千、吴影跃等。译文部分初稿也曾与以下友人分享，并得于益他们极富洞见的修改建议，在此谨致谢忱！他们是西南交通大学"依法治校办"的蒋罗林老师，西南交通大学外国语学院的陈思本、王俊棋老师，荷兰马斯特里赫特大学法学院的于亮博士，中国政法大学的罗淦博士，以及贺辉、张慧、安琪、王立、张雨颖、毛博、苗紫萱等。

译　者

2016年12月11日于苏黎世大学法学院图书馆

2017年10月15日审定于西南交通大学犀浦校区樟菊园